시스템 분석 및 설계

-개념의 이해와 활용-

이명섭 지음

홍릉과학출판사

머리말

Preface

시스템이란 독립된 기능을 갖는 여러 구성요소들이 상호 유기적으로 연결되어 공동의 목표를 추구하는 집합체를 의미하며, 당면하는 여러 문제점들을 극복하고 효율성을 높이기 위하여 끊임없이 변화하고, 성장한다는 특징을 가지고 있다.

우리가 처해 있는 환경은 수시로 변화하게 마련이고, 변화는 새로운 문제를 야기 시키며, 사람들은 새로운 문제 해결을 위하여 노력을 하는 것이 일반적이다.

상식적인 수준에서 생각하더라도 문제 해결의 과정은 문제의 본질을 파악하여 분석하고, 해결책을 찾기 위한 요구사항들을 정의하며, 대처 가능한 해결책들을 마련하여 실시할 것이다. 다양한 해결책이 제시된다면 그 중에서 가장 좋은 해결책을 선택할 것이며, 아울러 선택된 해결책의 효과를 관찰, 평가하여 지속적으로 보완 수정해 나가는 과정을 거치게 될 것이다. 이러한 일련의 과정을 보다 효율적으로 수행하기 위하여 나름대로 여러 가지 특장점을 갖는 다양한 시스템 분석 및 설계 기법들이 제안되어져 왔으며, 각기 자신의 환경 여건에 따른 적합한 기법들을 적용하고 있다.

이 책에서는 시스템 분석에 관한 개념을 보다 쉽게 확립할 수 있도록 하기 위하여 여러 경로를 통해 이미 검증받은 대표적인 소프트웨어 분석 기법들을 쉽게 풀어서 설명하였으며, 근래에 들어와서는 데이터베이스의 활용이 보편화되고 있는 점을 감안하여 이를 바탕으로 한 시스템 설계 방안에 대해 언급하고 하였다.

그러나 여러 가지 한계점으로 인하여 부족한 점이 많을 것으로 사료된다. 부족한 점은 향후 지속적으로 보완할 것을 약속드리고, 여러분의 많은 관심과 함께 지도를 당부드린다.

2019년 2월

이명섭

차례

Contents

CHAPTER 10 프로세스/프로그램 설계

CHAPTER 11 시스템 평가와 문서화

CHAPTER 12 개선된 프로그래밍 기법

Chapter 01

시스템 개발 개요

문명이 발달하면서 인간이 가장 먼저 발명한 것은 인간의 육체적 노동을 대신해줄 역학적인 도구들이었다. 그러다가 사회가 점점 더 발달하면서 인간의 지적 노동을 대신해 줄 도구의 필요성을 절실히 느꼈으며, 이러한 필요와 요구에 의해 생겨난 것이 컴퓨터이다.

이후, 반도체 제조 기술의 급속한 발달과 통신망의 발달로 인하여 우리의 사회는 점차 지식정보화 사회로 이행하게 되었고, 새로운 사회 환경과 그로 인한 패러다임(paradigm)의 변화는 기존의 질서 체계와 가치 체계를 상당 부분 변화시켜 온 것도 사실이다.

이에 따라 각 조직의 생산성과 효율성을 좌우하는 소프트웨어 시스템의 중요성이 더욱 부각되었으며, 과거에 비해 더욱 더 치밀한 시스템 분석 및 설계가 요구되고 있는 것으로 판단된다.

더욱이 컴퓨터 시스템과 저장 장치의 성능이 급격히 향상되고, 데이터베이스 활용이 보편화됨에 따라 종래의 파일 중심 시스템 분석 · 설계 기법에서 벗어나 데이터베이스 활용을 염두에 둔 시스템 분석 및 설계가 이루어져야 할 것으로 사료된다.

1.1. 시스템의 개념

시스템

- 독립된 기능을 갖는 구성 요소들
- 상호 유기적 결합
- 공동 목표 추구

이 세상에는 하나의 구성 요소로서 그 자체가 완전한 것은 아주 드물다.

우리가 늘 접하고 사는 자연계는 물론이거니와 인간들이 인위적으로 구성한 국가나 사회, 학교나 기업 등도 다양한 구성 요소들이 상호 유기적으로 연결되어 제 나름의 목표를 추구하고 있다.

이처럼 『독립된 기능을 갖는 여러 구성 요소가 상호 유기적으로 연결되어 공동 목표를 추구하는 집합체』를 **시스템(System)**이라 정의한다.

이러한 측면에서 본다면 세상 모든 것들은 각기 규모나 계층을 달리할 뿐 모두 다 시스템이 될 수 있으며, 관점에 따라 다양하게 분류할 수 있다.

예를 들면, 인위적으로 만든 것이 아닌 우주 시스템, 지구 시스템, 인체 시스템, 물리 시스템, 생물 시스템, 지리 시스템 등등과 같은 **자연 시스템**을 비롯하여 인간이 인위적으로 만든 국가 시스템, 사회 시스템, 경제 시스템, 운송 시스템, 통신 시스템, 제조 시스템, 정보 시스템, 자료처리 시스템, 업무처리 시스템, 의사결정 시스템 등등의 **인공 시스템**이 있다.

이 책에서는 컴퓨터를 이용하여 업무 효율을 향상시키기 위해 구축되는 응용 소프트웨어 시스템, 즉 전산화 시스템 개발 및 구축과 관련되는 분석 및 설계 기법에 대해서만 다루기로 한다.

1.1.1 시스템의 구성 요소

시스템 구성 요소?

- 입력(input)
- 처리(process)
- 출력(output)
- 제어(control)
- 되돌림(feedback)

시스템은 그 정의에 따라 당연히 여러 구성 요소를 포함하게 되며, 시스템의 종류 및 특성에 따라 다양한 구성 요소들로 어우러질 수 있으나, 그 기능에 따라 다섯 가지 기본 요소로 정형화시킬 수 있다.

- **입력**(input): 시스템 활동에 필요한 시스템 외부로부터의 모든 데이터를 시스템 내부로 입력하는 기능을 말하며, 구체적으로는 키보드, 마우스, 코드입력기(code reader), 스캐너(scanner) 등의 입력 장치를 이용하여 처리대상 데이터를 시스템 내부로 입력한다.

- **출력**(output): 입력된 자원에 대한 시스템의 처리 결과물을 시스템 외부로 내보내거나 나중의 사용을 위하여 저장하는 기능을 말하며, 표준적으로는 프린터에 의한 출력, 디스플레이 장치에 의한 출력, 하드디스크를 비롯한 보조기억장치에 출력하는 경우 등이 이에 해당한다.

- **처리**(process): 입력된 데이터를 가치 있는 산출물로 변환하는 활동을 말한다. 이 처리과정은 시스템의 실질 목적을 달성할 수 있도록 하기 위한 핵심적인 과정이다. 왜냐하면 동일한 데이터라 할지라도 시스템의 목적에 따라 처리하는 방법이 달라질 수 있을 뿐만 아니라 그로부터 산출해 내는 결과도 달라질 수 있기 때문이다.

- **제어**(control): 시스템의 원활한 작동을 위한 전반적인 관리를 담당한다. 입력된 데이터로부터 시스템의 목적에 부합되는 산출물을 만들어내기까지의 전 과정에 대한 제어 및 관리를 담당한다.

- **되돌림**(feedback): 일반적으로 피드백, 귀환(궤환) 등의 용어로 설명되며, 일종의 시행착오적인 방법으로서 시스템의 목적에 합당한 결과를 얻기 위하여 제어나 수정의 목적으로 출력 결과를 다시 입력하는 등의 과정을 말한다. 이 과정에서 중간

결과나 외부 환경을 처리과정에 반영시킬 수 있게 되어 산출물의 정확도를 단계적으로 향상시킬 수 있으므로 시스템의 목적 달성을 위한 필수적인 기능이라 할 수 있다.

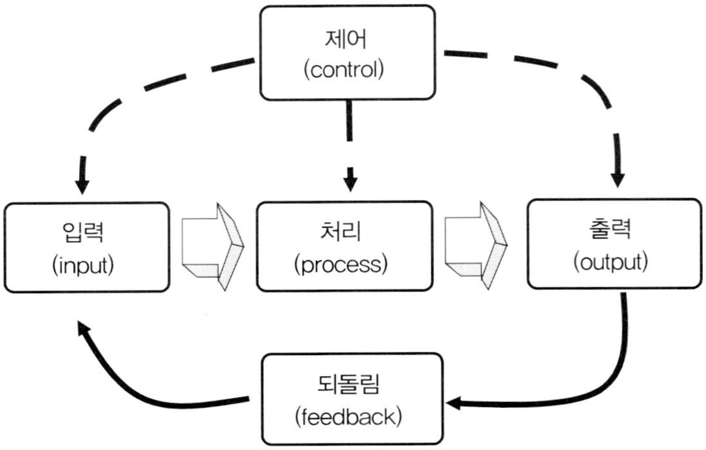

그림 1-1 시스템의 기본 구성도

1.1.2 시스템의 특성

시스템의 특성

- 목표 지향성
- 종합성(진화성)
- 제어성
- 자동성

모든 시스템은 제각각의 고유한 특성을 가지고 있지만, 「독립된 기능을 갖는 여러 구성 요소가 상호 유기적으로 연결되어 공동 목표를 추구하는 집합체」 라는 측면에서 다음과 같은 공통적인 특성을 갖는다.

- **목표지향성**: 기본적으로 시스템은 '여러 구성 요소들이 상호 유기적으로 연결되어 공통 목표를 추구하는 집합체'라는 정의에서 볼 수 있듯이 시스템은 반드시 목표를 가지고 있으며 설정된 목표를 달성하기 위하여 작동한다는, 즉 목표지향성을 가진다.

- **종합성**: 시스템을 구성하는 각 요소들과 서브시스템(subsystem)들은 각기 고유의 기능을 수행하지만 상호간에 협력 · 의존 · 규제 · 촉진하는 등의 유기적인 관계를 맺게 되는데 이를 종합성이라 한다. 부분별로 설정된 공동 목표의 일부분을 추구하는 개별 시스템들은 그 자체로서 만족될 수 없다. 따라서 모든 시스템은 항상 최종적인 공동 목표를 향하는 **종합 시스템(total system)**으로 **진화**해 나아가야 한다.

- **제어성**: 시스템이 고유의 기능을 제대로 발휘하려면 정해진 기능을 수행하는데 필요한 여러 요건들을 준수할 수 있도록 제어할 수 있어야 한다. 이러한 제어성은 시스템의 신뢰성을 평가하는 척도로서 대단히 중요하다. 제어성이 발달한 시스템은 신뢰성이 그 만큼 높다고 할 수 있다.

- **자동성**: 시스템이 목표 달성을 위해 동작하는 과정 중에 발생하는 여러 조건이나 상황 변화에 대응할 수 있도록 판단 · 결정 · 선택 등에 관한 사항들을 미리 시스템에 설정해둠으로써 시스템의 동작이 자동적으로 이루어지게 하는 것이다. 이러한 자동성은 궁극적으로 인간이 설정하는 처리과정 속에 포함되며, 컴퓨터와 관련해서는 프로그램에 의해 보장된다.

1.2. 시스템 개발은 왜 하는가?

시스템 개발 목적

- 환경 변화로 인한 문제 해결
- 경영 목표의 효율적 달성

사용자들은 왜 그 많은 돈을 들여가면서 시스템을 개발하는가?

시스템 개발 목적은 조직이 추구하는 바를 효율적으로 달성하기 위함이다. 그렇다면 시스템을 한 번 구축하고 나면 두 번 다시 시스템을 새로 구축하지 않아도 되는가? 대답은 '그렇지 않다'이다.

물론 새로운 시스템을 구축할 때마다 오래도록 좋은 시스템이 되도록 미래의 환경 변화에 대처할 수 있도록 여러 가지를 예측하여 설계 · 개발하지만 세월의 경과에 따른 환경 변화가 점점 누적되어 시스템이 수용할 수 있는 한계를 넘어서게 되는 것이 일반적이다.

환경의 변화가 시스템의 유연성 한계를 벗어나게 되면 기존 시스템은 더 이상 쓸모가 없게 되고, 변화된 환경을 수용하여 조직의 생산성을 향상시킬 수 있는 새로운 시스템을 구축하게 되는 것이다.

즉, 현 시스템의 문제점들이 뚜렷이 부각되면, 새로운 시스템의 도입을 고려하게 되고, 새로운 시스템을 통하여 야기된 여러 문제들을 해결할 수 있을 것이라는 판단을 하게 되면 변화된 환경을 극복할 수 있는 새로운 시스템을 도입하게 된다. 아니면 최소한 대대적인 보수작업을 하게 되는 것이다.

궁극적으로는 환경 변화에 의해 야기되는 시스템 내부의 모순을 해결하여 조직의 생산성과 효율성을 향상시키기 위해 새로운 시스템을 구축하게 된다.

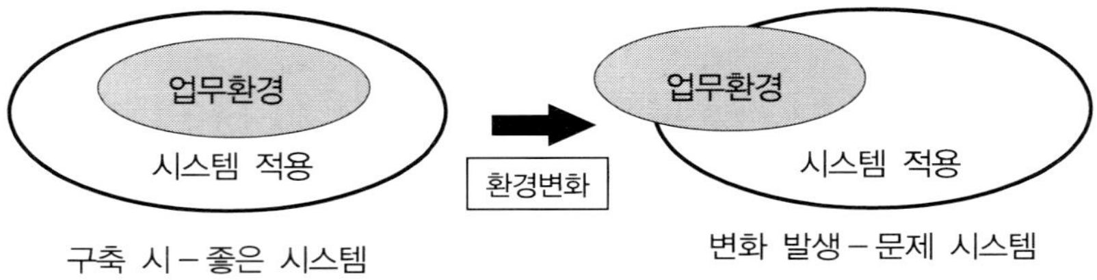

그림 1-2 시스템 개발의 필요성

1.3. 좋은 시스템

좋은 시스템

- 사용자가 원하는 만큼의 시스템

좋은 시스템이란 어떤 것일까?

빠른 시스템인가? 다양한 기능을 가진 시스템인가? 아니면 고도의 성능을 가진 시스템인가? 그것도 아니면 비싼 시스템인가?

물론 이상의 여러 요구조건을 다 감당할 수 있는 여건이라면 나쁠 것도 없지만, 시스템 구축의 일차적인 목적은 야기된 문제를 해결함으로써 조직의 목표를 효과적으로 달성하기 위한 것이므로, 사용자가 요구하는 이상의 기능이나 성능을 가질 필요도 이유도 없으며, 자본주의 체제 하에서는 당연히 가격 대 성능 비(cost performance)가 좋아야 한다는 점을 염두에 두어야 한다.

결론적으로 말하자면 좋은 시스템은 사용자가 원하는 만큼의 시스템이어야 한다. 지나치게 많은 기능을 보유함으로써 사용자로 하여금 혼란을 일으키게 해서도 안 되며, 고도의 성능을 위해 막대한 비용을 투입하는 것도 바람직하지 않다.

그러나 많은 사용자들이 이러한 점을 무시하고 막연하게 좋은 것을 원하는 경향이 없지 않으며, 개발자는 기술자 특유의 버릇대로 사용자의 처지를 감안하기 보다는 자신의 기술적인 구현 능력을 과시하려는 경향이 없지 않다. 이러한 원인(遠因)에 의해 막대한 비용을 들여 구축한 시스템을 제대로 활용해 보지도 못한 채 그 생명을 다해 버리는 경우가 종종 있어 왔다.

정보 시스템 구축의 일반 법칙과 사용자들의 특성을 감안할 때 좋은 시스템을 구축하려면 다음의 사항을 염두에 두는 것이 바람직하다.

01 **기능성**(functionality): 시스템 구축 목적이나 사용자 요구 사항을 제대로 반영하여야 한다. 구체적으로는 업무상 필요로 하는 제반 기능을 갖추어야 하며, 아울러 편리성도 고려하여야 한다.

02 **성능**(performance): 업무를 효율적으로 처리할 수 있어야 한다. 이로 인하여 생산성 향상과 업무 처리 시간이 단축되고, 양질의 서비스를 제공할 수 있어야 한다.

03 **신뢰성**(reliability): 시스템의 처리 결과가 정확하여 믿을 수 있어야 한다. 특히 전산 시스템의 생명이 정확성이라는 점을 감안한다면 신뢰성은 시스템의 존폐를 결정짓는 주요한 요소가 될 수 있음을 인식하여야 한다. 이와 더불어 안전성도 확보해야 한다.

04 **유연성**(flexibility): 업무 환경은 사회 변화에 따라 지속적으로 변화하며, 사용자의 요구도 수시로 변화하기 때문에 그러한 변화를 수용할 수 있도록 시스템이 구축되어야 한다. 즉, 업무 환경이 변하더라도 적은 비용과 노력으로 신속하게 변화에 적응할 수 있어야 하며, 궁극적인 경우에는 다른 시스템으로 교체될 수도 있어야 한다.

1.4. 시스템 분석과 시스템 설계의 개념

시스템 분석

- 문제의 원인과 배경을 조사하여 효과적인 해결 방안을 모색하는 일련의 활동
- 프로젝트의 방향과 활동 전략을 결정

시스템 설계

- 목표 달성 방안을 구체적으로 확정하는 일련의 활동
- 시스템 분석 결과를 구현하는데 필요한 사항을 구체적으로 확정

'시스템 분석과 설계'라는 학과목을 배우고 나서도 '시스템 분석'이 무엇을 하는 것이냐고 물으면 제대로 답을 못하는 사람들이 의외로 많으며, 또 '시스템 설계'가 무엇을 하는 것인지를 물어도 그 결과는 마찬가지인 경우가 많다.

[1] 시스템 분석의 개념

'분석(analysis 分析)'이란 '복합된 사물을 그 요소나 성질에 따라서 가르는 일'이라고 국어사전에서는 풀이하고 있다.

그렇다면 분석은 왜 하는가?

예를 들면, 시합에 지고 난 선수들이 패인 분석을 하는 경우, 시합은 이미 끝났는데 시합에 진 이유를 왜 분석하는가? 그 이유는 여러 가지가 있을 수 있겠지만 '시합에 졌다'는 문제에 대한 원인과 배경을 조사하여 이를 극복하기 위한 방안을 수립하기 위함일 것이다. 또 사고가 발생하면 왜 사고가 발생했는가를 분석하게 되는데 이는 사고 재발을 막기 위한 일련의 조치라고 보아야 할 것이다.

이런 점들과 시스템 개발 목적을 종합적으로 고려할 때, 시스템 분석 및 설계 차원에서의 '**시스템 분석(analysis)**'은 '업무 환경변화에 의해 현 시스템이 안고 있는 문제의 원인과 그 배경을 조사하여 요소나 성질별로 나누고 그에 합당한 해결 전략을 모색하는 일련의 활동'이라고 정의할 수 있다. 이에 따라 '시스템 분석' 활동은 업무환경 변화 조사(기업환경조사), 현 시스템의 문제점과 그 배경 조사(기존 시스템과 사용자 요구조사), 그에 합당한 해결전략(새로운 대안 시스템 정의, 기본 설계)을 찾아내기 위

한 매우 광범위하고도 복잡한 작업이다.

시스템 분석 결과에 따라 전체적인 시스템의 특성과 기능이 달라질 수 있기 때문에 제대로 된 분석결과를 도출하기 위해서는 '어디서, 어떤 문제가 왜 발생하는가?'를 파악 하기 위한 **환경조사**와 기존 시스템이 '이러한 문제에 대해 어떻게 대처해 왔는가?'를 파악하기 위한 기존 시스템에 대한 조사가 먼저 이루어져야 한다. 또 이러한 문제들에 대한 해결방법을 강구하기 위해서는 사용자 요구에 대한 조사(기능 분석)가 이루어져야 하고, 그에 따른 해결 방안, 즉 새로운 시스템의 정의(기본 설계)가 이루어져야 한다.

성공적인 시스템 분석 작업이 이루어지기 위해서는 기업 환경과 기존 시스템에 대한 현상조사와 사용자 요구에 대한 철저한 조사가 먼저 이루어져야 한다.

궁극적으로 시스템 분석은 문제 해결을 위해 새로이 개발하고자 하는 시스템을 전체적으로 정의하는 일련의 활동이라고 말 할 수 있으며, 시스템 분석이 완료되면 구축할 시스템의 특성과 기능이 결정되고, 이를 바탕으로 이후의 구체적인 작업들이 전개된다.

지금은 많이 개선된 것으로 판단되지만, 최근까지만 해도 이처럼 중요한 시스템 분석 작업이 제대로 이루어지지 않은 채 시스템 개발 작업이 진행된 적이 많았다. 시스템 분석가의 부족도 한 원인이지만 그 보다는 경제 논리에 쫓겨 시스템 분석 활동을 거치지 않은 채 경험 있는 프로그래머로 하여금 곧 바로 시스템 개발 작업에 착수하도록 하는 경우가 많았다.

처음 당장은 모르겠지만 시스템 분석을 소홀히 한 결과는 의외로 치명적이다.

분석이 제대로 이루어지지 않은 시스템은 사용자를 절대로 만족시킬 수 없다. 따라서 사용자들은 부실한 시스템에 대해 강한 불만을 가질 수밖에 없으며, 개발자는 사용자의 불만을 해소하기 위하여 지속적으로 시스템을 개선·유지 보수할 수밖에 없게 되고, 결과적으로는 유지보수 비용이 전체 개발비용을 능가하게 되어 개발팀의 생산성은 결정적으로 저하되게 된다.

일반적으로 시스템 분석이 제대로 이루어지 않은 경우에는 다음과 같은 상황과 요구가 연속적으로 되풀이된다.

- 정의 되지 아니한 사용자 요구가 개발 후기 단계로 갈수록 많아진다.
- 심각한 수준의 시스템 변경 요구가 빈번하게 발생한다.

- 시스템에 대한 사용자의 불만이 크며, 이로 인한 항의가 거세다.
- 이어지는 변경 요구와 유지 보수로 인하여 개발 인력이 지속적으로 낭비된다.
- 개발 후기 단계로 갈수록 업무가 폭주하며, 재작업의 요구도 많아져 마감 일정에 쫓기게 된다.

결론적으로는 시스템의 규모나 복잡도와 상관없이 시스템 분석의 과정을 거치는 것이 시스템 개발의 정석이며, 이를 준수하는 것이 바람직하다. 시스템 분석 활동은 현재의 상황을 조사하는 현상조사에서부터 출발한다.

[2] 시스템 설계의 개념

설계(design)는 '건축물이나 교량 등과 같은 구조물 또는 각종 기계·장치 등의 요구 조건을 만족시키고, 또한 합리적이며 경제적으로 만들기 위해서 그 계획을 종합해서 설계도를 작성하여 구체적으로 내용을 명시하는 일'이라고 백과사전에서는 설명하고 있다.

이것을 시스템 구축과 관련해서는 '시스템 구축 목표 달성 방안을 구체적으로 확정짓는 일련의 활동'이라고 정의할 수 있다. 그러므로 시스템 설계에서는 시스템 분석에서 조사·분석된 사용자 요구를 시스템으로 구현하는데 필요한 사항들을 구체적으로 확정짓게 되며, 이를 위해서는 사용자 요구를 수용할 수 있는 컴퓨터 시스템과 저장 장치 및 매체, 각종 양식의 선정을 비롯한 시스템 구성 요소의 선정과 구성, 속성 등을 확정짓는 것이 설계자의 임무이다.

프로그래머는 설계된 내용대로 코딩하고, 검사자는 설계 사항이 정확하게 구현되어졌는지를 검사하게 되는데, 이러한 작업들은 기계적인 작업에 속한다고 볼 수 있기 때문에 설계가 잘못되면 모든 것이 잘못될 수밖에 없는 구조를 이루고 있다고 말 할 수 있으며, 이는 곧 잘못된 설계에 의해서는 시스템 구축 목표를 제대로 달성할 수 없게 됨을 의미한다.

시스템 설계는 (시스템 분석 과정을 거치면서) 정의된 시스템을 실질적으로 구현하는 밑그림이므로 프로그래밍 작업, 즉 코딩 작업 이전에 반드시 선행되어야 할 뿐만 아니라 충분한 검토가 반드시 이루어 져야 함에도 불구하고, 일반적으로 개발자의 입장에서는 '대충' 설계하거나 아니면 시스템의 규모가 작은 경우에는 개략적인 설계도 없이 곧 바로 구현 단계, 즉 코딩(프로그래밍) 단계로 진입하는 경우가 허다하다. 이런 경향은 실질적인 개발에 더 많은 시간을 투자하겠다는 의지로도 볼 수 있지만 결단코 잘못된 일이다.

설계는 결코 소홀히 해서는 안 된다.

건축 설계가 잘못되면 건축물이 붕괴되거나 아니면 쓸모가 없는 건물이 되고 말듯이 시스템 개발에서도 설계가 잘못되면 코딩이 제대로 진행되지 않거나 개발된 시스템이 원래의 의도한 기능을 제대로 발휘하지 못하게 된다. 또 쓸모없이 설계된 건물을 그나마 사용하기 위해서는 내부의 구조를 변경하거나 수리해야 하는 것과 같이 제 기능을 발휘하지 못하는 시스템을 그나마 운용하려면 개선·유지 보수를 해야 하는데 이 비용이 결코 만만치 않다. 결론적으로는 설계를 소홀히 하면 할수록 더 많은 문제가 발생하고 그 해결이 어려워진다는 점을 명심할 필요가 있다.

따라서 시스템 설계자는 개발상의 편이뿐만 아니라 시스템이 갖추어야 할 기능과 특성 특히 유지 보수까지를 고려하여 시스템을 설계하여야 한다.

시스템 설계는 기술적 시각에서 자료설계(입출력 설계), 구조설계(프로세스 설계), 절차설계(프로그램 설계)로 나눌 수 있으며, 관리자적인 입장에서는 기본 설계와 상세설계, 사용자적 시각에서는 내부설계와 외부설계로 나눌 수 있다.

또 시스템에 의해 생성되는 결과, 즉 출력은 사용자의 요구 사항들을 만족시키기 위한 것으로써 시스템의 궁극적인 목표가 되며, 시스템에 대한 평가도 출력의 유용성을 중심으로 이루어지기 마련이다. 그러므로 출력은 시스템에서 가장 중요한 구성 요소이며 궁극적인 목표라 할 수 있다.

따라서 출력은 다른 설계의 지침이 되므로 가장 먼저 설계되어져야 하고, 다른 구성 요소들은 출력을 만들어 내기 위해서만 포함되어져야 한다고 말할 수 있다.

1.5. 시스템 분석가

시스템 분석가의 역할

- 경영자, 사용자, 개발자 사이의 의견 상호 전달 및 조정 역할
- 시스템 도입 효과 분석→타당성 보고서
- 시스템 개발 방향과 활동 전략 결정

시스템 분석가의 자질

- 원만한 대인 관계 기술
- 전산 관련 지식 소유
- 업무 관련 지식 소유
- 문제 해결 능력 보유

사용자와의 대화 유의사항

- 겸손, 친절
- 사용자 눈높이 대화
- 사용자의 동의 획득

과거처럼 시스템의 규모가 작고, 단순했던 시절에는 어느 정도 경험만 있으면 웬만한 시스템을 프로그래머 혼자서도 구축할 수 있었다. 그러나 시스템이 복잡해지고 대형화되면서부터는 프로그래밍 능력 그 자체보다는 시스템 전체를 구상하여 시스템개발 방향을 설정하는 능력, 즉 분석 능력이 중요한 것으로 부상하게 되었다.

이에 따라 시스템 분석가의 역할도 주목받게 되었다. 겉으로 보기에는 시스템 분석가의 영향이 그리 커 보이지 않는 경우가 많지만, 실제로 시스템이 구축되고 난 다음을 비교해 보면 그 영향이 얼마나 큰가를 몸으로 느끼게 된다. 이는 축구 경기에서 감독의 역할과 같다고 할 수 있다.

[1] 시스템 분석가의 역할

소프트웨어 시스템 개발에 관련되는 인적 자원은 경영자, 개발자, 사용자로 구성된다. 경영자(CEO: Chief Executive Officer)는 효율적으로 경영 목표를 달성하기 위하여 문제 해결을 위한 새로운 시스템의 도입이나 개발을 결정하게 되고, 이러한 결정에 따라 전산관련 전문가들이나 개발팀은 새로운 시스템을 개발하게 되고, 현장 사용자들은 개발된 시스템을 사용하게 된다. 그러므로 새 시스템을 성공적으로 구축하려면 경영자, 개발팀, 사용자 모두가 긴밀하게 협조해야 한다.

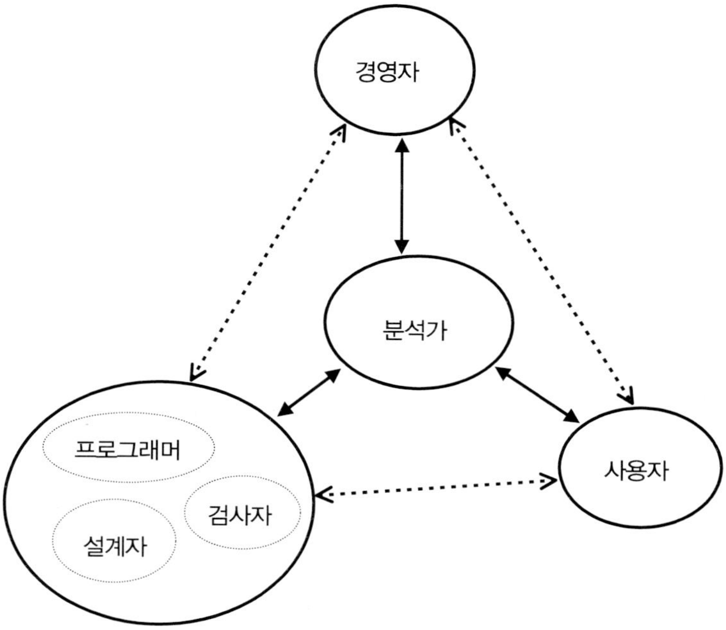

그림 1-3 분석가의 역할

그러나 이들의 관심 분야와 이해관계가 서로 다르기 때문에 상호 신뢰하고 우호적인 협조 분위기 조성이 매우 어렵다. 예를 들면, 경영자는 경영 목표 달성을 최우선으로 생각하기 때문에 무리한 요구를 제시하는 경우가 더러 있을 수 있고, 개발팀은 기술 구현을 중점적으로 생각하기 때문에 경영자의 의도나 사용자의 업무 파악을 소홀히 하게 되고, 그 결과로 경영자와 사용자의 기대에 부응하지 못하게 되며, 사용자는 기술 수준의 한계로 인하여 상상으로나 가능할 수 있는 기능을 요구하기도 한다.

이처럼 관심 분야와 이해관계가 서로 다른 세 부류의 인적 구성 요소들 간에 발생하는 의견의 차이를 조정하는 역할을 시스템 분석가가 담당하게 된다. 그러므로 분석가는 시스템 개발 초기단계, 즉 계획 단계에서부터 시스템 개발이 완료될 때까지 경영자와 사용자들을 대상으로 이들과 긴밀하게 대화하면서 상대방의 의견을 전달·조정하여 개발 진행이 원만하게 이루어지도록 이끌어 가는 역할을 수행해야 한다.

특히, 계획 단계에서는 시스템의 도입 효과를 분석하여 타당성 보고서를 통하여 경영자를 설득하기도 하고, 현상조사를 통하여 새 시스템의 구축 방향을 설정하기도 하며, 각종 조사 분석을 통하여 시스템의 기능과 특성을 정의하기도 한다.

[2] 시스템 분석가의 자질

이처럼 막중한 역할을 수행하는 분석가는 기본적으로 소프트웨어 시스템을 구성하는 인적 구성 요소와 상호 교감을 나눌 수 있어야 할 것이다. 그러기 위해서는 각 영역별 지식과 경험을 두루 갖추어야 하며, 구체적으로는 01 원만한 대인 관계, 02 전산 관련 지식, 03 업무 관련 지식, 04 문제 해결 능력 등을 필요로 한다.

01 **원만한 대인 관계**: 우리 속담에 "말 한 마디로 천 냥 빚을 갚는다."라는 말이 있다. 이처럼 상대방과의 대화에서 어떠한 태도와 어투로 대화를 하느냐에 따라 상대방의 마음이 열리기도 하고 닫히기도 한다.
분석가는 시스템을 구성하는 인적 요소들, 즉 경영자 및 사용자의 의견을 중계하고 조정해야 하는 경우가 많다. 따라서 이들을 대하는 대인관계 기술과 의사소통 기술은 무엇보다 중요하다. 겸손한 태도, 온화한 언동, 침착하고도 흔들림 없는 확고한 결단력과 추진력, 상대방을 배려하는 대화술, 재치와 유머가 함께하는 언사 등은 분석가가 갖추어야 할 덕목이라 할 수 있다. 이러한 능력이 부족하거나 내성적이어서 대인 관계를 원만하게 형성하기가 어려운 사람이라 할지라도 포기하지 말고, 적절한 교육과 훈련으로 자신의 능력을 개발하고 자신의 성격을 개조하는 것이 바람직하다.

02 **전산 관련 지식**: 분석가는 전체 시스템을 정의해야 하므로, 전산 관련 전 분야에 걸친 해박한 지식을 필요로 한다. 특히 요즈음에 와서는 데이터베이스, 통신 분야에 대한 지식도 함께 요구되고 있다. 이런 전문 지식은 관련 분야를 전공하거나 다양한 방법을 통하여 습득할 수 있다. 그러나 전산 관련 기술과 지식은 발전 및 변화의 속도가 대단히 빠르기 때문에 최신 기술과 지식을 습득하기 위한 탐구적 자세를 항상 필요로 한다.
오늘날 분석가로 활동하고 있는 사람들 중에는 과거 프로그래머로서의 경험을 바탕으로 하고 있는 사람들이 상당 수 있다. 물론 프로그래밍 능력이나 경험이 풍부한 것이 여러 가지로 도움이 되는 것이 사실이다. 그러나 유능한 프로그래머라고 해서 반드시 유능한 분석가 되는 것은 결코 아니다.

03 **업무 관련 지식**: 분석가는 현재 시스템의 문제점을 파악하여 해결책을 제시해야 하므로, 당연히 관련 업무에 대한 지식을 필요로 한다. 대부분의 경우 시스템의 문제와 그 해결책을 가장 잘 아는 사람은 바로 사용자이다. 그러므로 분석가 자신이 전산화 대상 업무에 대한 해박한 지식을 가져야 할 필요는 없으며, 사용자의 의견을 제대로 이해할 수 있을 정도의 지식으로 충분하다.

04 **문제 해결 능력:** 분석가는 사소한 문제에 집착하기 보다는 시스템 전체 목적을 효율적으로 달성할 수 있도록 하기 위하여 시스템적인 사고를 해야 한다. 특히, 근본적이고 중요한 것 중심으로 사고해야 하며, 각종 방법론을 실제로 적용할 수 있는 능력도 배양해야 한다.

[3] 사용자와의 대화 과정에서 유의해야할 사항

시스템 분석가는 현행 시스템의 문제점과 개선책, 사용자의 요구 사항 등을 파악하기 위하여 사용자와 많은 대화를 나누게 되는데, 사용자들이 마음의 문을 열고 진솔하게 대화에 응하도록 하기 위해서는 다음의 사항들을 고려할 필요가 있다.

01 **사용자들은 방어적이기 쉽다:** 많은 사용자들이 새로운 시스템 구축을 긍정적인 측면에서 받아들이기 보다는 자기 업무 영역을 축소, 바꾸어 말하자면 자기 밥그릇을 빼앗아 갈 것으로 오해하는 경우가 의외로 많다. 이 때문에 사용자들이 저항감을 갖게 되고, 마음의 문을 닫게 되어 진솔한 대화가 이루어지지 않게 된다. 따라서 시스템 분석가는 현상조사나 사용자 요구를 조사한답시고 고압적인 자세 또는 전공 용어의 남발 등과 같이 사용자에게 심리적인 부담을 줄 수 있는 언행을 절대로 해서는 안 된다. 이럴 경우에는 잘못된 정보를 제공하거나 아니면 방관자 내지는 비협조적인 자세로 일관하기 때문에 우리가 일반적으로 상상할 수 있는 것보다 훨씬 심각한 문제를 발생시킬 수 있음에 각별히 유의해야 한다. 이러한 문제점들을 방지하기 위해서는 시스템 분석가의 태도가 겸손하고 친절해야 한다. 또 제도적으로는 최고 경영자나 의사결정권자의 결심이나 허락을 공식적인 문서로 작성해두는 것도 하나의 방법이 될 수 있다.

02 **조사 결과에 대해 사용자와 공동으로 정확성을 검토하라:** 서로 같은 용어를 사용하더라도 업무와 관련되어 그 의미가 다르게 사용되기도 하며, 상대방의 관념에 따라 다양하게 해석될 수 있기 때문에 사용자의 요구사항 및 현행 시스템의 문제점과 개선책을 정확하게 파악하기 위해서는 사용자와 함께 조사 결과를 반드시 재확인할 필요가 있다.

03 **사용자들의 수준에 적합한 질문과 결과를 제시한다:** 전산 관련 기술자들은 현장의 시스템 사용자들이 자신과 대등한 정도의 전산관련 지식이 있는 것으로 착각하는 경우가 의외로 많으나, 절대로 그러하지 않다. 시스템 분석가의 수준을 기준으로 한다면 그 차이는 더 심해 질 것이다. 그럼에도 불구하고 시스템 분석가가 자신의 전문 용어 중심으로 현상이나 사용자 요구 사항을 조사한다면 사용자들은 제대로 알아듣지 못할 것이다. 그렇게 되면 조사 결과는 불문가지(不問

可知)이다. 그렇기 때문에 시스템 분석가는 업무 중심의 사용자 용어를 사용하는 것이 바람직하며, 정보 처리용 전문 용어의 사용은 자제하는 것이 바람직하다. 그렇게 함으로써 사용자 중심의 대화 분위기를 조성할 수 있게 되고, 그러한 분위기에서는 사용자 스스로가 자발적으로 업무 현황에 대해 설명하게 될 것이다. 자발적인 협조는 수동적이고도 타의적인 협조에 비해 얼마나 효과적인지는 경험해 보면 절실히 알게 된다.

또 한 가지 각별히 유념해야 할 사항으로는 개발할 시스템에 대한 결론이나 약속이나 제안을 하지 말아야 한다. 이러한 약속이나 제안을 사용자가 정확하게 이해한다면 별 문제가 없겠지만 상상력을 동원하여 이해하는 수준이라면 현실과 이상의 차이에 의해 사용자는 배신감을 느끼게 되거나 아니면 실망감으로 인하여 새 시스템을 불신하게 된다.

1.6. 시스템 개발 원칙

시스템 개발 원칙

- 사용자 참여
- 문제해결방법론 적용
- 단계 및 단계별 활동 설정
- 개발과 문서화의 표준화
- 자본 투자 측면을 고려한 시스템 평가
- 취소와 수정 범위를 과감히 수용
- 분할과 정복의 원칙 적용
- 발전과 변화를 고려한 설계

제반 기능과 우수한 성능 그리고 효율성까지를 두루 갖춘 시스템을 개발하기 위해서는 여러 가지 사항들을 고려해야 할 것이다. 이하에서는 좋은 시스템을 개발하는데 참고가 될 만한 사항들을 나열해 보았다.

[1] 사용자를 반드시 참여시켜라.

제 아무리 유능하고 탁월한 기술력을 보유한 개발자라할지라도 사용자의 요구를 모두

다 알 수는 없다. 그리고 개발된 시스템은 사용자들에 의해 사용된다. 그러므로 모든 관점을 사용자 중심에 맞추어야 한다. 또, 시스템의 운영환경을 가장 잘 아는 사람은 사용자이기 때문에 전문가 백 사람보다 사용자 한 사람의 의견이 더 현실적이라는 점을 지나쳐서는 안 된다. 또, 사람들은 변화를 싫어할 뿐만 아니라 새로운 시스템을 구축한다고 하면 자신의 업무가 없어져 일자리를 잃게 될 것을 우려하는 경향이 있으며, 자신의 '밥그릇'과 관계된다고 판단되면 상상을 초월하는 강력한 저항을 하게 되므로 도무지 시스템 개발 업무를 진행시킬 수 없는 상태에 이르고 만다. 이러한 점들을 고려하면, 사용자의 참여는 필수적이다.

따라서 시스템 개발 책임자는

- 사용자에게 충분한 시간을 제공하고,
- 사용자의 참여 기회를 제공해야 하며,
- 사용자들에게 영향을 미치는 모든 의사결정 과정에서 사용자의 동의를 얻는 것이 바람직하다.

[2] 문제 해결 방법을 적용하라.

방법론이란 어떤 일을 수행하기 위하여 공통적으로 거치는 단계와 각 단계에서의 지침을 정리한 것을 말한다. 시스템 개발의 실패율을 최소화하려면 그 타당성이 입증된 방법론을 적용하는 것이 옳다.

우리가 상식적으로 생각하더라도 어떤 문제가 발생하게 되면, 그 문제를 해결함에 있어 굳이 방법론을 적용하지 않더라도 문제인식→계획→조사 분석→해결책 강구→해결책 적용→부작용 검토 및 재시도 등의 과정을 당연히 거치게 될 것이다. 그러나 상식적인 수준에서 이루어지는 이런 과정보다는 전통적으로 그 효용성이 입증된 방법론을 적용하면 과정 중에 누락되거나 중복되는 경우를 최소화할 수 있을 것으로 생각된다.

전통적인 문제 해결 방법에서는 일반적으로 다음의 과정을 거친다.

01 문제를 식별한다.

02 문제의 환경과 문제의 원인 및 영향 등을 이해한다.

03 정확한 해결책을 찾기 위해 요구사항을 정의한다.

04 대체할 수 있는 해결책(대체 대안)을 마련한다.

05 가장 좋은 해결책을 선택한다.

06 해결책을 도출하기 위해 설계하고 구현한다.

07 해결책의 효과를 관찰, 평가 및 정제한다.

[3] 시스템 개발 단계와 각 단계별 활동을 설정하라.

시스템을 개발하는 데는 통상적으로 개발계획 수립, 분석, 설계, 구현, 유지보수의 단계를 거치게 되는데, 각 단계별 활동을 설정하고 그 이행 여부를 단계별로 점검할 필요가 있다. 만약 시스템 개발이 무계획하게 진행된다면 우연이나 요행에 의지할 수밖에 없는 상황이 되어 성공적인 시스템 구축을 보장받기는 어려워진다.

[4] 일관성 있는 개발과 문서화를 위한 표준화를 설정하라.

시스템 개발에 참여하는 모든 사람들의 원활한 의사소통과 일관성 있는 정보 시스템 개발을 보장하기 위해서는 활동, 책임, 문서화, 요구사항 또는 평가에 대한 표준화가 절대적으로 필요하다. 특히 문서화의 중요성과 그 표준화에 대한 필요성은 대단히 중요하다. 심지어는 문서가 일을 한다고 할 정도로 문서화는 중요하다. 그러므로 사소한 사항까지도 일일이 문서화하는 습관을 들이는 것도 바람직하다.

[5] 자본 투자 측면에서 시스템을 평가하라.

시스템 기초 조사 단계에서의 결과물은 타당성 보고서이다. 타당성 보고서는 투자와 그에 대한 효과가 타당한지를 가리는 보고서이다. 그러므로 가격대 성능비가 좋은 시스템이 되도록 구축해야 한다.

[6] 취소와 수정 작업을 두려워하지 마라.

시스템 개발에 대한 단계적 접근 기법을 적용하게 되면 한 단계에서 다음 단계로 넘어갈 때마다 각 단계별 이행 사항의 수행 여부를 점검할 뿐만 아니라 그 타당성에 대한 평가도 아울러 행해진다. 그러므로 각 단계별 접근 방법에서는 단계별 평가에 따른 수정 작업이 반복적으로 발생할 수도 있으며, 이러한 작업들을 귀찮아하거나 두려워해서는 안 된다. 이러한 작업들은 좋은 시스템을 만들기 위해서는 필연적으로 거쳐야하는 과정이다.

[7] 분할과 정복의 원칙을 적용하라.

아주 큰 바위 덩어리를 통째로 옮기는 것은 대단히 힘이 들거나, 혼자서는 도저히 옮길 수 없는 경우도 있지만, 큰 바위 덩어리를 잘게 부수면 그러한 문제는 쉽게 해결할 수 있다. 소프트웨어 시스템을 개발하는 경우에도 그러하다. 전체적으로 볼 때는 대단히 큰 하나의 덩어리이지만 업무의 성격이나 관련성 등을 중심으로 분할하여 문제 해

결과정을 단순화시키면 아주 효율적으로 개발할 수 있게 된다.

[8] 시스템의 발전과 변화를 고려하여 설계하라.

정보 시스템의 특성과 일반적인 구축 원칙에서도 보았듯이 시스템은 점진적으로 종합 시스템으로 나아가며, 또 항상 변화한다는 점을 염두에 두고서 설계해야 한다. 그러므로 단지 현재의 사용자 요구 사항을 만족하는 것보다는 향후의 예측을 통하여 변화에 대처할 수 있는 시스템을 구축해야 한다. 이러한 면에서 시스템 분석가는 참으로 많은 경험을 필요로 하게 되는 것이다.

1.7. 시스템 개발 방법

<table>
<tr><td rowspan="8">시스템 개발 유형</td><td rowspan="4">• 현실 중심법
• 축차적 개발법
• 귀납적 개발법</td><td>특징</td><td>- 기존 시스템 개선 발전</td></tr>
<tr><td>적용</td><td>- 기존 안정된 시스템 존재
- 환경 변화가 더딤
- 개발 일정 촉박</td></tr>
<tr><td>장점</td><td>- 개발 기간 짧음
- 시스템 적용이 용이</td></tr>
<tr><td>단점</td><td>- 임시적인 성격이 강함</td></tr>
<tr><td rowspan="4">• 이상 중심법
• 규범적 개발법
• 연역적 개발법</td><td>특징</td><td>- 새 시스템 개발 구축</td></tr>
<tr><td>적용</td><td>- 업무 변화의 변화가 심함
- 개발 기간이 충분</td></tr>
<tr><td>장점</td><td>- 가장 효율적 시스템 구축 가능</td></tr>
<tr><td>단점</td><td>- 시스템 적용이 까다로움
- 장기간의 개발 기간 소요</td></tr>
</table>

업무 환경이 변화하더라도 결코 그럴 수는 없겠지만 문제가 발생하지 않거나, 문제가 발생하더라도 사용자가 인식하지 못하거나, 문제가 있음을 인식하더라도 해결할 의지가 없다면 불편을 감수하고서라도 기존 시스템을 사용하겠지만, 그렇지 않은 경우에는 새로운 시스템을 개발하게 된다.

시스템을 개발하는 데는 시스템의 여러 특성이나 정황 등을 고려해야 할 뿐만 아니라, 이외에도 해당 조직체만이 가지고 있을 수 있는 특수한 요구사항 등을 고려해야 할 것이다.

방법이란? 어떤 목적을 달성하기 위한 수단을 말한다. 인간들은 어떤 일을 가장 효과적으로 처리하기 위해 여러 가지 방법을 강구하게 되며, 그러한 방법들 중에서 가장 효과적인 것을 체계적으로 정리하여 반복적으로 적용할 수 있도록 하고 있다.

시스템을 개발하는 경우도 그러하다. 여태까지 개발되고 적용되어 온 여러 가지 방법이나 기법들 중에서 효과적이라고 입증된 것들을 적용하여 시스템을 개발하게 된다는 의미이다.

시스템을 개발하여 현장에 적용하기까지는 많은 활동과 작업이 단계적이고도 일정한 순서로 진행된다. 이처럼 시스템을 개발하기 위하여 공통적으로 거치는 단계와 각 단계별 작업방법, 절차, 산출물, 기법 등을 논리적으로 체계화한 것을 **시스템 개발 방법론**이라 한다. 이는 마치 음식을 만들 때 요리 책을 보고, 익히고, 따라하듯이, 개발자들은 방법론을 이해하고 참조하면서 시스템 개발을 수행하게 된다.

시스템 개발 방법론은 바로 시스템 개발의 이론적 기반이라고 할 수 있으며, 주요 구성 요소로는 다음과 같은 것들이 있다.

- **작업절차**: 프로젝트 수행 시 이루어지는 체계적인 작업 단계
- **작업방법**: 각 단계별로 해야 할 일들의 구체적인 설명
- **산출물**: 단계별로 만들어야 할 산출물의 목록과 작성방법, 또는 양식 등
- **기법**: 각 단계별로 작업 수행 시에 소요되는 기술 또는 기법의 설명
- **관리**: 프로젝트 관리자의 입장에서 수행해야 할 작업
- **개발지원도구(Tool)**: 상황에 따라 필요한 개발지원도구와 그 적용방법

시스템 개발 방법론 그 자체가 기술은 아니지만 이를 이해하고 작업을 표준화함으로써 개발 생산성을 높이는 수단이 된다. 따라서 시스템 개발 전문회사인 경우에는 자제 개발 방법론을 보유하는 것이 하나의 노하우(know-how)이자 아주 막강한 경쟁무기를 보유하게 되는 셈이다.

이러한 연유로 외국의 유명한 정보시스템 컨설팅 업체나 국내의 대표적인 SI업체들은 당연히 자기 고유의 개발 방법론으로 시스템 개발 프로젝트를 수행하고 있다.

이러한 개발 방법론은 분류 기준에 따라 다양하게 나눌 수 있으나, 우선 시스템 구축에 필요한 활동을 어떻게 수행하느냐?에 따라 시스템 개발 방법은 '**현실 중심법**'과 '**이상 중심법**'으로 대별할 수 있다.

[1] 현실 중심법

지금 현재의 상황을 중심으로 시스템을 구축하는 방법을 말한다. 즉, 현재 사용 중인 시스템의 결함을 보완하고 개선함으로서 새로운 시스템을 개발하는 방법을 말한다. 이러한 방법을 **귀납적 개발법, 문제 중심법** 또는 **축차적인 개발방법**이라고도 한다.

이 방법에서는 주로 기존 시스템의 효율을 저하시키거나 문제가 되는 부분을 중심으로 그 원인을 해소시킴으로써 문제를 해결한다.

이 방법은

- 시기적으로 새 시스템을 개발할 여유가 없는 경우,
- 업무 환경이 급격하게 변화하지 않는 경우,
- 안정된 기존 시스템이 존재하는 경우

등에 적용하는 것이 바람직하다.

이 방법에 의해 개발된 시스템은 기존 시스템과 유사하기 때문에

- 개발 기간이 짧고,
- 배우기 쉽고,
- 곧 바로 활용할 수 있다는

등의 장점을 갖는다.

그러나 기존 시스템이 제대로 구축되지 못한 경우에는

- 전체 시스템의 흐름을 재정의해야 하거나,
- 또 다른 부분들을 연쇄적으로 재구축해야 하는 등의

사태가 연속적으로 발생하여 개발 작업이 복잡해질 가능성이 있다는 단점도 갖고 있다.

[2] 이상 중심법

이상(理想)이란 실제로는 실현할 수 없다 하더라도 이성으로 생각할 수 있는 사물의 가장 완전한 상태나 모습을 나타내는 말이다. 그러므로 이상 중심법이란 기존 시스템에 얽매이지 않고, 가장 합리적이고 이상적인 업무 처리에 초점을 맞추어 새로운 시스템을 개발하는 방법을 말한다. 이러한 개발 방법을 **연역적 개발법, 규범적인 개발법** 또는 **목적 지향형 개발방법**이라고도 한다.

이 방법에서는 이상적인 시스템을 목표로 하기 때문에 성능이 우수한 시스템을 개발할 수는 있으나, 자칫 지나치게 이상주의적으로 흐를 때 업무 환경과 사용자 수준 등의 현실적인 문제를 간과하여 오히려 부적절한 시스템이 되고 마는 경우가 왕왕 있음에 유의해야 한다. 이러한 점을 방지하기 위해서는 합리적이고 이상적인 업무 흐름을 준수하도록 노력함과 동시에 자신과 동료들의 경험을 적극적으로 활용하는 것이 바람직하다.

이 방법은

- 새 시스템을 개발할 시간적 여유가 충분한 경우,
- 업무 환경이 급변하여 기존 시스템에 의존하기 곤란한 경우,
- 기존 시스템이 불안정하여 더 이상 유용한 것으로 판단하기 곤란한 경우 등에 적용하는 것이 바람직하다.

이 방법에 의해 개발된 시스템은

- 합리적이고 이상적인 업무 흐름을 반영하고 있으므로 업무 처리 효율이 우수하고,
- 우수한 성능을 갖는다는 등의 장점을 가진다.

그러나 기존 시스템과 판이하게 다른 경우가 많아서

- 시스템 사용법을 새로 배우고 익혀야 하는 부담과
- 현장 사용자들의 저항감을 불러일으킬 수 있다는 등의 단점도 갖고 있다.

[3] 개발 방법의 활용

사회가 복잡해짐에 따라 시스템도 점점 복잡해지고 대형화되고 있다. 이 때문에 현실 중심법이든 이상 중심법이든 어느 한 가지 방법만으로 시스템을 구축하기가 어려운 실정이다. 일반적으로는 각 방법의 장점들을 모두 취할 수 있도록 상황에 따라 두 가지 방법을 적절히 병행 사용하는 경우가 많다.

일반적으로 생각할 때, 새로운 시스템을 처음부터 구축하는 것보다 기존 시스템을 보완하여 사용하는 것이 경제적으로나 시간적으로 유리할 것이므로 현실 중심법이 많이 사용된다. 그러나 전혀 새로운 환경이 대두되거나 복잡한 문제가 광범위하게 발생하는 경우에는 기존 시스템을 보완하는 것으로는 더 이상 버티기가 어렵게 될 뿐만 아니라 업무 효율이 떨어지게 되므로 새 시스템을 개발하는 것이 더 효과적이다.

개발 방법 선택에 영향을 미치는 또 다른 원인으로는 개발비용과 개발 기간을 들 수

있다. 이 두 가지 요소는 정비례적인 연관성을 갖고 있다. 즉, 개발기간이 길면 그 만큼 개발비용도 증가하게 되고, 그 반대의 경우도 성립한다. 그러므로 개발 기간과 개발비용을 충분히 확보할 수 있는 경우에는 우수한 성능의 새로운 시스템을 개발하는 것이 여러 모로 바람직하지만, 그렇지 못한 경우에는 기존 시스템을 보완하여 사용하는 것이 유리하다고 말 할 수 있을 것이다.

1.8. 시스템 개발 모델

실정에 맞는 개발자 고유의 개발 모델 정립 필요

주요 개발 모델
- 폭포수 모델; 전통적인 방법
- 프로토타이핑 모델; 사용자 의견 중시
- 점증적 모델; 위험부담 감소

어떤 일을 수행해 나감에 있어서 경험적으로든 이론적으로든 공통적으로 거치는 단계와 각 단계에서의 활동 지침을 정의한 것을 **개발 방법론**이라 하며, 시스템을 개발・구축하는 데에도 그에 합당한 개발 방법론이 적용되어야 한다.

물론 개발자의 실정에 맞는 고유의 개발 방법론을 정립・적용되는 것이 바람직하지만 일반적으로는 소프트웨어 생명주기 방법론이 널리 사용된다.

모든 시스템은 다른 모든 것들과 마찬가지로 수명이 있다. 환경 변화로 야기된 문제를 해결하기 위하여 새로운 시스템이 구축되지만, 새로이 구축된 시스템도 지속적으로 이루어지는 환경 변화를 수용하기 위하여 지속적으로 보수・유지 되다가 더 이상 변화의 폭을 수용할 수 없는 상황이 되면 기존 시스템은 폐기되고 새로운 시스템을 구축하게 된다.

이처럼 소프트웨어 시스템을 생명체로 간주하고, **계획→분석→설계→구현(개발)→인수/설치/시험→운영·유지보수→폐기**에 이르기까지의 변천과정을 **소프트웨어 생명주기(Software Life Cycle)**라 한다.

한편 경영학적인 시각에서는 우리가 시스템이라고 말하는 소프트웨어 시스템을 하드웨어, 소프트웨어, 데이터베이스, 네트워크 및 사용자 환경 등을 종합한 포괄적인 정보시스템의 일부분으로 간주하여 그 개발 절차와 개발단계의 반복현상을 **시스템 개발주기(SDLC: System Development Life Cycle)**라고도 하지만 생명주기와 그 내용에 있어 별 차이가 없다.

소프트웨어 생명주기 방법론은 가장 널리 알려진 소프트웨어 시스템 개발 방법론으로서 통상적으로 **계획→분석→설계→구현→시험→운영·유지보수**의 6단계로 구성되나 경우와 사정에 따라 다양한 형태로 변형되어 적용되기도 한다.

소프트웨어 생명주기 방법론의 모델로 여러 가지가 제안되었으나 대표적인 것으로는 전통적인 폭포수 모델(waterfall model)과 프로토타이핑 모델(prototyping model), 점증적(혹은 진화적 프로토타이핑, incremental or prototyping) 모델 등을 들 수 있다.

이 중에서 폭포수 모델은 단계적 생명주기라고도 불리며, 시스템 개발 방법론의 대명사처럼 인식되고 있는 가장 널리 사용되는 모델이다.

이러한 생명주기 모델들은

- 프로젝트 수행 절차를 알려주며,
- 프로젝트 수행의 기본 골격을 제공하고,
- 프로젝트 진행 상황을 파악할 수 있게 해 주는 등의 역할을 수행한다.

[1] 폭포수 모델(Waterfall Model)

폭포수(Waterfall) 모델은 W. W Royce가 개발한 모델로서 소프트웨어 시스템 개발 단계가 마치 폭포수가 떨어지듯 순서적으로 이루어진다는 의미에서 붙여진 이름이며, 또 다르게는 단계적 생명주기(phased life cycle)이라고도 한다.

이 모델은 **계획(planning) → 분석(analysis) → 설계(design) → 구현(implementation) →시험(test) → 운영·유지보수(operation·maintenance)**의 6단계로 나누어지고, 각 단계마다 확인, 검증, 시험을 거쳐 다음 단계로 이행하거나 이전 단계로 되돌아간다.

폭포수 모델에서는 일련의 개발 단계가 순차적으로 정의되어 있고 한 단계가 완결되어야 다음 단계가 착수되며, 실질적인 개발에 이르기까지 많은 시간이 걸리고 불필요한 문서들이 많이 산출된다는 등의 단점을 가지고 있다. 그러나 다른 분야에서도 널리 사용되는 전형적인 시스템 개발 기법으로서 고전적 라이프 사이클 패러다임이라고도 한다.

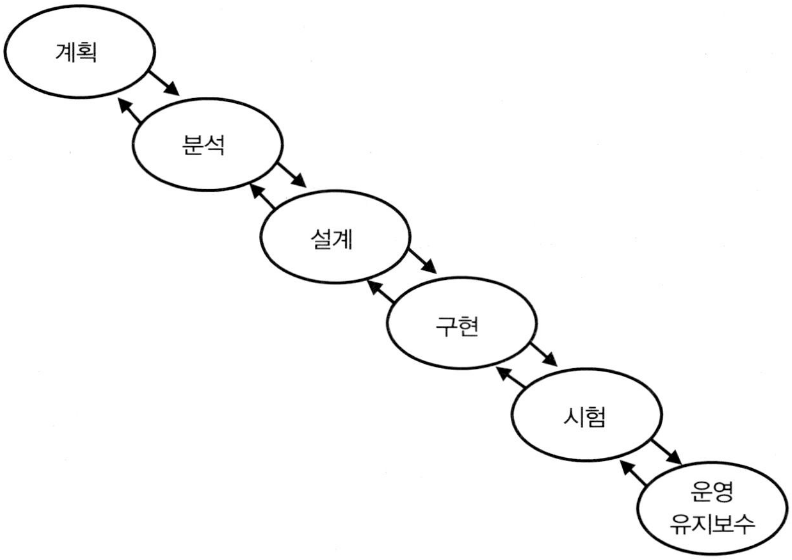

그림 1-4 **목포수 모델(Waterfall Model)**

01 **계획 단계**(planning stage): 이 단계는 환경 변화에 따른 문제 발생을 인식하고, 이를 해결하기 위하여 시스템 개발계획을 수립하는 단계로서, 실질적인 활동은 이루어지지 않으며 가능한 여러 방안들을 검토하고 확정하는 단계이다. 시스템의 주요 목적과 기능들을 파악하고, 기술적 · 경제적 타당성을 검토하여 시스템을 개발하는 것이 타당한 것으로 결론이 나면 수행할 단계와 단계별 세부 활동에 대한 계획을 수립하게 된다. 이 단계에서는 **시스템 정의서**(system definition)와 **개발계획서**(project plan)가 결과물로 만들어져야 한다.

02 **분석 단계**(analysis stage): 좋은 시스템은 사용자가 원하는 시스템이라야 한다. 아무리 우수한 성능을 지녔다고 하더라도 사용자의 요구에 부합되지 않으면 안 된다. 이처럼 사용자의 요구에 부합되는 시스템을 만들기 위해서는 사용자의 요구를 우선적으로 조사하여 시스템 개발 시에 반영할 방안을 찾아야 한다. 이 단계에서는 사용자 요구를 포괄적으로 조사하여 개발할 시스템의 개략적인 윤곽, 즉 정보 영역(information domain)을 확정한다. 이 단계에서의 조사는 시스템의 기능적인 측면뿐만 아니라 시스템의 성능 · 편리성 · 신뢰성 · 보안성 등과 같은 비기능적인 면 및 운영 환경까지를 망라하여 조사한다. 이 단계에서는 **사용자요구사양서**(user's requirements specification)가 만들어져야 한다.

03 **설계 단계**(design stage): 사용자 요구 분석을 토대로 실제로 구현하고자 하는

시스템을 설계하는 단계이다. 이 단계는 일반적으로 전체적인 윤곽을 결정하는 **기본 설계**(architecture design) 단계와 각 모듈의 세부적인 처리과정을 결정하는 **상세 설계**(detail design)의 두 단계로 세분된다.

우선, 기본 설계 단계는 시스템이 사용자에게 무엇(what)을 제공할 것인가를 정의하는 단계로서, 개발하고자 하는 소프트웨어 시스템 전반에 관한 구조, 내부 기능의 정의 및 기능분해, 구성 요소들 간의 관계 정립, 입출력 양식과 방법 등에 관한 사항들을 설계한다. 특히, 이 단계에서는 사용자와의 인터페이스, 즉 화면 등과 같이 사용자들에게 보여지는 부분들을 주로 설계한다. 기술자의 입장에서는 성능이나 기능 등을 우선시하지만, 사용자의 입장에서는 무엇보다도 사용의 편리성이 가장 우선하며, 사용자의 평가가 집중되는 곳이므로 다른 것에 우선하여 설계한다. 이러한 수준의 설계를 개략 설계, 개요 설계, **외부 설계, 논리적 설계**라고도 한다.

이어지는 상세 설계 단계는 시스템이 제공해야 하는 무엇(what)을 어떻게(how to) 구현할 것인가를 설계하는 단계로서, 논리적으로 설계된 각 모듈의 알고리즘과 데이터 저장방법을 명시하며, 모듈 상호 관계에 대해 세부적인 사항들을 설계한다. 이러한 것들은 시스템의 내부적인 기능에 해당하므로 **내부 설계, 물리적 설계,** 세부 설계, 모듈 설계 등으로 불린다.

이 단계에서 이루어진 설계결과는 **설계사양서**(design specification)로 문서화되어야 한다.

04 **구현 단계**(implementation stage): 이 단계는 프로그래밍 언어를 사용하여 설계 사양서에 제시된 바대로 각 모듈에 대한 코딩(coding)과 디버깅(debugging) 작업이 이루어지는 단계이다. 아울러 구현된 각 모듈의 동작에 대한 시험(module test)도 실시한다.

05 **시험 단계**(test stage): 이 단계는 세부적으로 각 모듈들을 결합했을 때의 이상 유무를 시험하는 **통합시험**(integration test), 통합된 시스템이 사용자 요구사항을 만족시키는지를 시험하는 **시스템시험**(system test), 사용자들이 직접 자기 업무와 관련된 분야에서 시험해 보는 **인수시험**(acceptance test)으로 분류되기도 한다. 전체적으로는 이 단계를 **시운전 단계**(test run stage)라고 한다.

06 **유지보수 단계**(maintenance stage): 시운전을 통하여 드러난 제반 문제점들을 해결한 시스템은 이제 본격적으로 운영되기 시작한다. 이와 동시에 사용자들의 새로운 요구에 부합되도록 새로 개발된 시스템을 보수하여 유지시키는 단계이다. 제 아무리 완벽하게 시스템을 개발한다고 하더라도 일정 기간 동안은 업무

환경과의 조절(tuning) 시기를 갖게 된다. 이는 새 집을 짓더라도 처음 얼마동안은 생활에 맞지 않은 부분들을 개조하는 것과 동일한 현상이다.

이상의 여섯 단계를 거치면서 시스템이 생성 · 유지보수 되다가 마침내 환경 변화로 인해 야기되는 문제에 대해 더 이상 대처할 수 없는 경우가 되면 기존 시스템은 폐기되고 다시금 새로운 시스템 개발계획을 수립하여 추진하게 된다.

[표 1-2] 폭포수 모델의 6단계와 단계별 작업

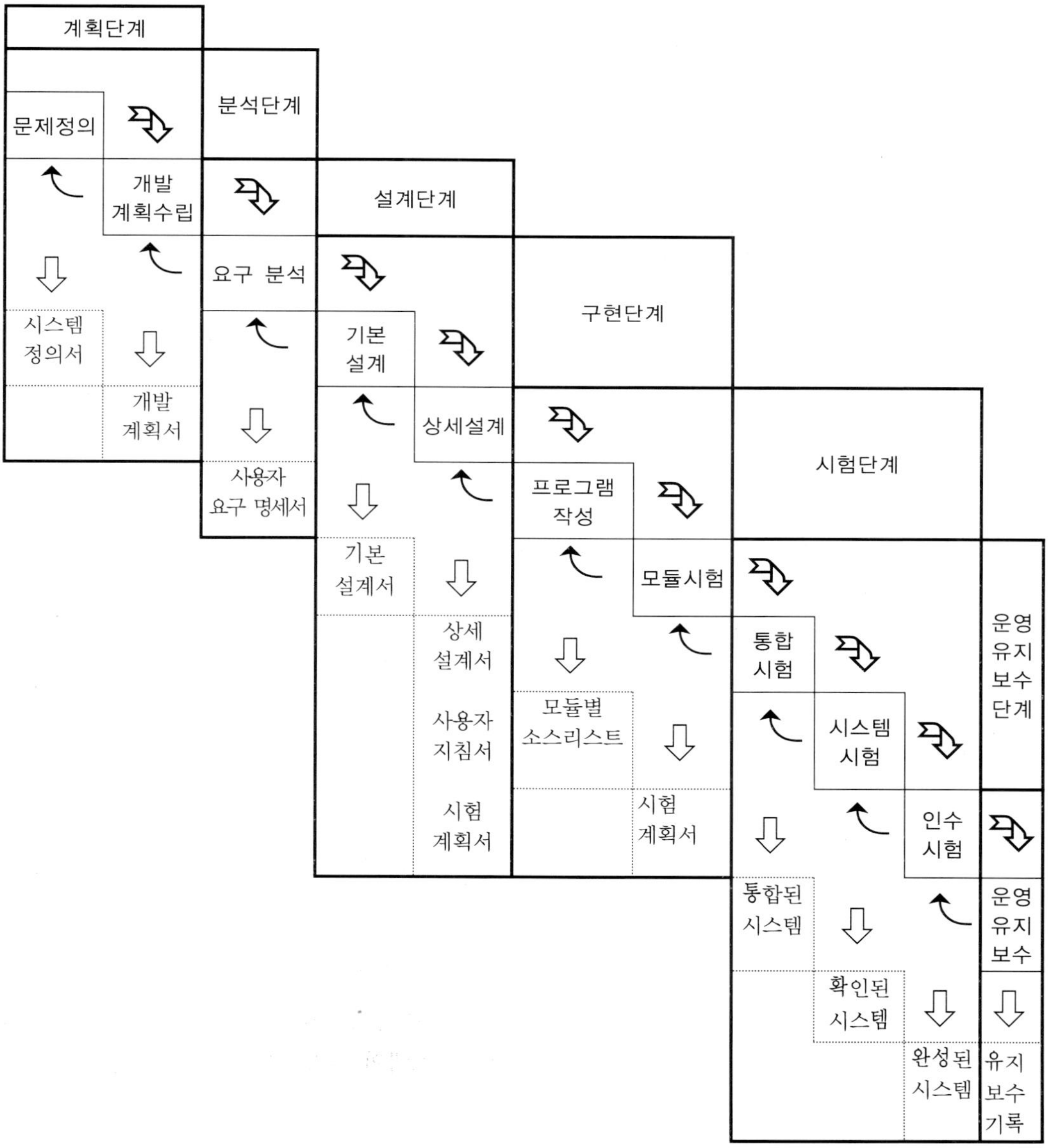

폭포수 모델에 대해 다양한 비판이 가해지고 수많은 변형이 생겨나기도 했지만 가장 보편적인 시스템 개발 모델로서 환경에 따라 적절히 변형되어 널리 이용되고 있다.

[2] 프로토타이핑 모델

프로토타이핑 모델(prototyping model)은 요구 분석의 어려움을 극복하기 위하여 제안된 모델로서 사용자에게 개발할 시스템에 적용할 프로토타입(원형)을 제시하고 이에 대한 사용자의 의견을 반영하여 프로토타입을 수정한다. 수정된 프로토타입을 다시 사용자에게 제시하고 그에 대한 의견을 다시 수렴하는 작업을 반복 수행함으로써 사용자의 요구를 보다 정확히 받아들이겠다는 개발 접근 방식이다.

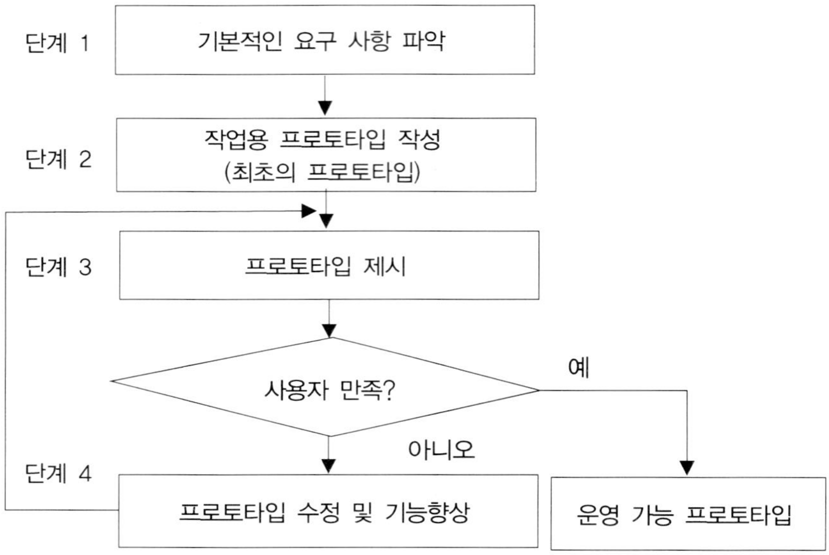

그림 1-5 프로토타이핑 모델

01 **단계 1(사용자의 기본적인 요구 사항 규명)**: 사용자의 기본적인 요구 사항을 찾아내는 단계로서 이를 위하여 시스템 설계자는 사용자와 상당기간 공동 작업을 수행한다.

02 **단계 2(초기 프로토타입 개발)**: 시스템 설계자는 프로토타입 개발을 촉진하기 위해서, 4세대 소프트웨어 도구를 사용하여 신속하게 작업용 프로토타입을 개발한다. 개발되는 프로토타입은 제안된 시스템의 가장 기본적이고도 중요한 기능만을 수행한다.

03 **단계 3(프로토타입 제시)**: 설계자가 개발한 시스템 프로토타입을 사용자에게 제시하는 단계이며, 사용자는 제시된 시스템 프로토타입이 얼마나 자신들의 요구 사항을 잘 충족하는지를 관측 · 평가하며, 부족한 부분은 수정을 요구하거나 개선 방안을 제시하기도 한다.

04 **단계 4(프로토타입 수정 및 기능 향상)**: 시스템을 구축하는 사람은 사용자들의 요구 사항 및 수정 사항을 반영하여 프로토타입을 더욱 정교하게 만든다. 그런 다음에는 다시금 사용자에게 수정된 프로토타입 모델을 제시한다. 사용자는 제시된 프로토타입 모델을 다시 관측 · 평가하여 자신의 요구 사항을 반영시켜 나간다. 이러한 과정은 사용자가 프로토타입을 만족할 때까지 반복되며, 더 이상의 추가 수정이 필요 없게 되면 사용자에 의해 승인된 프로토타입은 개발 시스템의 최종 사양을 포함한 운영 시스템이 된다. 간혹 프로토타입이 최종 시스템으로 채택되기도 한다.

프로토타이핑 개발방법론의 목적은 시스템의 일부나 전부를 프로토타입이라고 하는 소규모 시스템 또는 시험용 시스템을 개발하는 것이며, 시스템 분석 단계와 시스템 설계 단계에서 널리 사용되어 시스템 분석과 설계 단계를 종결시키는데 소요되는 시간을 단축시킨다. 또 프로토타이핑 개발 방법론은 기업에서 비용 절감의 일환으로 의사결정지원 시스템(DSS), 중역지원 시스템(ESS), 전문가 시스템(ES)과 같은 소규모 시스템을 개발하기 위해 사용되기도 한다.

프로토타입은 최종 시스템에 의해 교체되거나 수정될 목적으로 저렴하고 신속하게 구축된 사용 가능한 초기 시스템으로서, 사용자가 직접 프로토타입을 사용하기 때문에 사용자 자신이 프로토타입을 향상시킬 수 있는 실질적인 방안을 제시할 수 있다는 특징을 가지고 있다. 제안된 개선 방안은 현재 사용 중인 프로토타입에 반영되며, 이러한 절차는 지속적으로 반복된다. 최종적으로 사용자를 만족시키는 프로토타입을 개발하였을 때, 이 프로토타입은 최종 시스템으로 전환되거나 폐기 처분된다. 만약 프로토타입을 폐기 처분한다면 프로토타입을 구축하는데 얻은 지식은 실제 시스템을 구축하는데 이용된다.

시스템 개발 시에 프로토타이핑 모델을 적용하면

- 시스템 분석가는 작업용 시스템을 빠르게 구축할 수 있다.
- 개발 과정에서 사용자가 적극적인 역할을 수행하기 때문에 최종 시스템에 대한 사용자 만족도가 높아진다.

- 사용자가 시스템의 개발 과정에서 많은 경험을 얻기 때문에 최종 시스템을 잘 사용할 수 있다는 등의 장점을 갖는다.

그러나

- 사용자는 프로토타입이 최종 시스템의 일부라는 사실을 깨닫지 못하여 안일하게 생각하는 경우가 발생하며,
- 이에 따라 예외 상황의 처리, 오류메시지 설정 등과 같은 부분이 누락되기도 하며,
- 이처럼 누락되는 부분이 최종 시스템을 완성시키는데 필요한 소요 시간의 80% 이상을 차지하게 되는 등의 단점을 갖는다.

[3] 점증적 모델

대규모 시스템이나 기술적으로 실현 가능성이 불투명한 시스템은 부분별 혹은 단계별로 구현해 나가는 것이 바람직하다. 왜냐하면 가장 어려운 부분이나 위험할 것으로 예상되는 단계를 먼저 개발해 보고, 실패했을 경우에는 즉시 개발을 중단함으로써 더 이상의 손실을 줄일 수 있기 때문이다.

이처럼 위험부담이 높은 시스템을 개발할 경우에 각 부분별 혹은 단계별로 **계획수립(planning)→위험분석(risk analysis)→개발(engineering)→고객평가(customer evaluation)**의 과정을 거치면서 점진적으로 개발을 진행 나가는 개발 모델을 **점증적 모델(incremental model)**이라 한다.

점증적 모델은 폭포수 모델과 프로토타이핑 모델에서의 장점을 따온 모델로서 진보된 프로토타입 모델(advanced prototype model)이라고도 하며, 가장 널리 알려진 점증적 모델은 1988년 Boehm이 제안한 **나선형(spiral)** 모델이다.

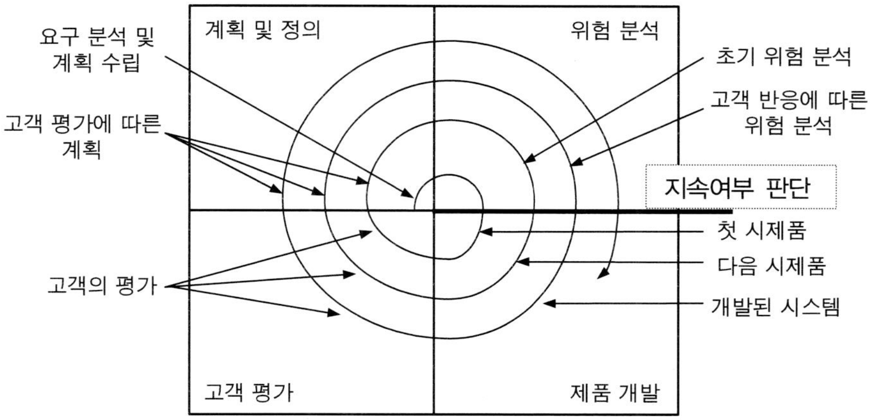

그림 1-6 **나선형 모델**

이 모델에서는 밀접한 관련이 있는 기능들을 한 덩어리로 구분 짓고, 이를 설계➔프로그래밍➔시운전을 수행하면서 점진적으로 전체 시스템을 완성시켜 나간다. 결국, 완전한 시스템을 만들기까지 단계적으로 발전해 나가게 된다. 이 과정에서 요구 사항을 사용자가 직접 확인하고 반영한 시스템 개발이 가능하다는 특징을 지니게 된다.

또한, 한꺼번에 개발하기 힘든 대규모 시스템을 성공적으로 개발하기 위해서 "**나누어 해결하기(divide-and-conquer)**" 원칙을 적용하여 대형 시스템을 여러 서브시스템(subsystem)으로 나누고, 실패할 확률이 가장 높은 것부터 우선적으로 개발하여 위험 요소를 조기에 제거하는 모델이다.

이 모델에서는 위험분석 단계에서의 분석결과에 따라 시스템 개발 지속 여부를 결정 짓게 되며, 성공에 대한 확신이 설 경우에만 다음 단계로의 작업을 진행함으로서 실패했을 경우의 손실을 최소한으로 줄일 수 있게 된다.

나선형 모델은 최근 들어 가장 바람직한 개발 절차 모델로 평가받고 있다.

복습문제

01. 시스템을 정의하고, 구체적인 사례를 들어 시스템을 각 구성 요소 단위로 분석하시오.

02. 어떤 시스템을 좋은 시스템이라 하는가?

03. 시스템 개발 이유를 설명하시오.

04. 시스템 분석이란 무엇을 의미하는 것인가?

05. 시스템 설계란 무엇을 의미하는 것인가?

06. 시스템 분석가의 자질 중에서 가장 중요하다고 생각되는 것에 대해 그 이유를 설명하시오.

07. 시스템을 개발할 때 지켜야 할 원칙들 중에서 각자의 생각으로 가장 중요하다고 판단되는 항목을 선정하고, 그 이유에 대해 설명하시오.

08. 시스템 개발 유형에 대해 조사하고, 각 유형의 장·단점을 비교 분석하시오.

09. 소프트웨어 생명주기에 대해 설명하시오.

10. 폭포수모델의 각 단계별 활동을 설명하시오.

11. 프로토타이핑 모델의 장점에 대해 설명하시오.

12. 나선형 모델의 장점에 대해 설명하시오.

Chapter 02

시스템 개발계획

계획이란 누가, 언제, 무엇을, 어떻게 할 것인가를 미리 정하는 것으로서, 규모가 크고 작음에 관계없이 어떤 과업을 무계획하게 추진한다는 것은 절대로 바람직하지 않다. 물론 경우에 따라서는 계획 없이도 주어진 과업을 성공적으로 이끌어가는 사람이 있기도 하고, 참으로 묘하게도 모든 요소들이 우연적으로 잘 조화되어 일이 성공리에 마쳐지는 경우가 없는 것은 아니다.

그러나 일반적으로 계획 없이 과업을 수행하게 되면 그때그때의 상황에 따라 즉흥적이거나 임기응변식으로 대응하게 되어 소기의 목적을 달성하지 못하거나 시간과 경비를 허비하게 되는 경우가 많다.

그러므로 시스템을 효율적으로 개발하기 위해서는 전반적인 사항에 대한 개발계획이 선행되어야 한다.

상식적으로 생각해도 개발하고자 하는 시스템이 가장 먼저 정의되어야 할 것이다. 그러나 시스템 개발 목적이 문제 해결을 통한 업무 능률 향상이라는 사실을 생각한다면 문제 파악과 그 해결방안을 찾기 위한 기초조사가 선행되어야 함을 쉽게 짐작할 수 있다.

이를 위해 고전적으로는 핵심적인 사항에 대하여 기업 환경과 현재 시스템에 대한 조사, 즉 현상조사를 포괄적으로 실시하고, 이것을 토대로 개략적인 개발비용을 산정하며, 개발비용과 기대효과에 따른 타당성이 분석되고, 경영진의 추진 의지가 보태어져 최종적으로 시스템 개발 여부를 확정지었다.

새 시스템 개발 여부가 확정되면 보다 구체적인 개발계획이 수립되며, 그에 따라 작업이 통제되기 시작한다.

2.1. 개발계획서와 문서화계획

개발계획서

• 현실 사정을 반영한 구체적인 계획서

문서화계획

• 문서화에 필요한 표준을 제시

관점에 따라서는 시스템 개발 여부가 확정되고 나서 개발계획을 수립하는 것이 옳다고 볼 수도 있고, 아니면 시스템 개발 여부를 확정 짓기 위해 사전에 이루어지는 시스템 정의와 타당성 검토 과정까지를 포함하여 개발계획을 수립해야 한다고 볼 수도 있다.

이 책에서는 후자의 경우, 즉 시스템 개발에 관한 모든 사항은 개발계획에 의거하여 진행되는 것이 타당하다고 간주하고 있다.

[1] 개발계획서

개발계획서는 새로운 시스템을 개발하고 구축하는 데 필요한 모든 내용을 담고 있는 아주 중요한 문건이다. 따라서 개발계획서 혹은 프로젝트 계획서 작성이 겉치레로 또는 일종의 요식적인 행위로 이루어져서는 절대로 안 되며, 현실 사정을 치밀하게 반영한 구체적인 계획서가 되도록 해야 한다.

이를 위해서는 개발절차 적용과 각 단계마다에서의 산출물에 관한 계획, 개발사업 추진체계 구축계획, 개발지원 환경 구축계획, 개발인력투입계획, 추진일정계획, 예산지원계획 등과 같은 개별 계획들을 종합적으로 망라하여 수립하여야 한다.

일반적으로 개발계획서에는

- 개발계획 요약,

· 개발 목표,

· 적용개발방법론 / 시스템 구축 전략과 방안 - 개발도구 및 기법,

· 사업수행 추진 조직 - 프로젝트 감시 및 제어 기구(품질관리계획),

· 추진일정계획 - 인력 및 자원소요계획 / 문서화계획 / 진도관리계획,

· 시스템 납품 및 설치 추진전략과 방안,

· 기술지원 방안,

· 교육 훈련 방안,

· 운용 및 유지보수지원 방안,

· 시스템 보안 및 비상대책 방안 등의 내용이 포함되는 것이 바람직하다.

그러나 계획서는 어디까지나 훌륭한 시스템을 개발하기 위한 계획서이기 때문에 위에 열거한 항목들이 반드시 모두 포함되어야 하는 것은 아니며, 경우와 필요에 따라 얼마든지 항목을 추가 / 삭제해도 무방하다.

[2] 문서화계획

'일은 문서가 한다.'는 말도 있고, 또 소프트웨어는 프로그램과 데이터와 문서로 구성된다고 주장하는 사람들도 있다. 이러한 말들은 문서가 그만큼 중요하다는 것을 반증하는 것이기도 하다.

과거에는 이러한 인식이 제대로 이루어지지 못한 관계로 프로그램 개발만이 전부인 양 오로지 프로그램 개발에만 매달려 왔고, 문서화란 개발이 완료되고 난 다음에 수행하는 추가적인 작업으로 인식되어 이를 기피하는 경우가 많았던 것이 사실이다.

그러다 보니 자연스레 요식을 갖추기 위한 것으로 전락하게 되었고, 그로 말미암아 체계화가 되어 있지 않아 문제 발생 시 필요한 문서를 제대로 찾을 수 없게 되고, 설사 필요한 문서를 찾았다고 하더라도 정작 필요한 정보를 찾지 못하는 경우가 비일비재했던 것도 사실이다. 뿐만 아니라 표준화가 되어 있지 못했던 관계로 문서 작성자마다 제각각의 형식과 용어를 구사할 수밖에 없었고 이것은 또 다른 혼란을 야기 시키게 되었으며, 또 유지보수 과정에서의 변동사항이 제대로 반영되지 않아 관련 문서들이 그야말로 무용지물로 전락하게 되는 경우가 참으로 많았다.

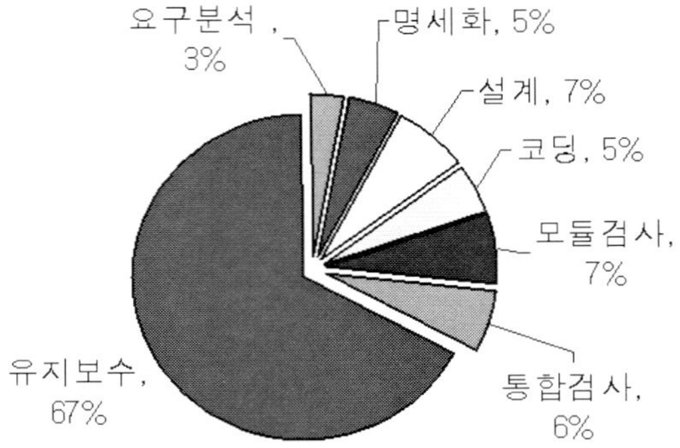

그림 2-1 소프트웨어 생명주기별 비용 분포

소프트웨어 생명주기에서 각 단계별 소요 비용을 분석해보면 유지보수 단계에 무려 67% 정도의 비용이 소요되며, 이는 개발의 전 과정에 소요되는 비용을 모두 합친 것보다 훨씬 더 많은 것으로 나타난다. 그러나 만약 문서화가 잘 되어 있다면 시스템 유지보수의 막대한 비용을 크게 줄일 수 있다는 것이 정설이다.

근래에 들어서는 이런 과거의 경험을 거울삼아 문서 표준화 및 체계화에 대한 필요성을 절실히 인식하게 되었고, 더구나 최근에는 시스템 개발은 물론이거니와 운영 환경마저도 날로 복잡해지고 각 모듈 간의 인터페이스가 점차 중요시됨에 따라 개발된 시스템을 유지・보수하는데 있어서 관련 문서의 중요성이 그 어느 때보다 절실해지고 있는 실정이다.

따라서 개발계획에 따라 시스템 구축 작업이 진행되는 과정에서 발생하는 모든 일들과 각 단계마다에서의 산출물은 반드시 기록물로, 즉 문서로 남겨져야 하며, 이를 **문서화(documentation)**라 한다.

이러한 문서들을 만드는 목적, 즉 **문서화의 목적**으로는

- 정보 축적,
- (시스템 분석가, 개발자, 사용자 사이의) 의사소통,
- 프로젝트 진척사항 관리,
- 소프트웨어 공유화,
- 교육 및 참고용 자료,
- 병행 개발 등이 있으며,

위의 목적에 대한 구체적인 사례로는

- 향후 새로운 시스템을 개발할 때 참고 문헌으로 활용할 수 있다.
- 시스템 분석가의 분석결과를 토대로 구체적인 시스템 설계를 하는 경우, 또 설계에 따라 프로그램을 개발하는 경우에는 당연히 각 단계별 산출물을 이용하게 되고, 시스템 개발 완료 후에는 운영자에게 인계인수를 쉽게 할 수 있도록 해 준다.
- 각 단계별 산출물을 문서화함으로써 개발 상황을 쉽게 파악할 수 있고, 프로젝트 진행 상황을 통제할 수 있다.
- 프로그램은 개발자의 특성에 매우 종속적이기 때문에 개발자 이외의 사람이 이해하거나 유지보수하기가 아주 어렵다. 이런 어려움은 문서화를 통하여 피할 수 있으며, 이는 곧 여러 사람이 소프트웨어를 공유하게 됨을 의미한다.
- 사용자를 교육시키거나 시스템 사용 중에 발생하는 오류 등을 처리하기 위한 참고용 자료로 사용된다.
- 모듈 간의 인터페이스를 문서화함으로써 여러 사람에 의한 동시 병행 개발이 가능하다.

이러한 문서화의 목적을 달성함으로써 얻어지는 이익, 즉 **문서화의 효과**로서는

- 쉽게 정보 교환이 이루어질 수 있다.
- 책임 범위가 명확해진다.
- 기술 수준이 향상된다.
- 인계인수가 쉽게 이루어질 수 있다.
- 전반적으로 생산성이 향상된다.
- 고객의 신뢰를 얻을 수 있다는 점을 들 수 있다.

이렇게 문서화의 목적과 필요성(중요성)이 강조되고 있고 대부분의 사람들이 그런 점들을 인정하면서도 현실적으로는 잘 지켜지지 않고 있는 실정이다.

이러한 문서를 보다 효율적으로 작성하기 위한 문서작성방법의 표준화를 제시하는 것을 **문서화계획(documentation planning)**이라 한다.

즉, 문서화계획을 통하여 각 단계별로 문서에 사용될 항목(문서화 항목의 표준화)과 표기법(문서화 표기의 표준화) 등을 표준화하고 모든 문서 작성자가 이를 준수하도록 명시함으로써 문서작성 효율을 높이고, 또 모든 문서의 결재절차, 보관규정, 활용방법

등을 명시함으로써 책임 소재를 명확히 할 수 있을 뿐만 아니라 능률적으로 프로젝트를 수행할 수 있도록 뒷받침하게 된다.

이외에도 일관된 작성 규칙을 적용함으로써 문서 작성자와 이용자 사이에 의사소통을 원활히 하며, 이를 통한 소프트웨어 생산성 증대, 업무 합리화, 개발 및 유지보수 비용 최소화, 고객 신뢰성 증대 등의 효과를 얻을 수 있다.

이를 위하여 모든 문서는 표준화된 양식(형태, 구성)과 표기법에 따라 작성되어야 함은 물론이고 효율적인 문서작성과 명확한 의사 전달을 위하여 다음의 몇 가지 사항들도 고려하는 것이 바람직하다.

- 표준화된 구성 체계를 확립하고 이를 적용한다.
- 표준 용어를 사용하고 다른 의미로 해석될 수 있는 모호한 표현은 피한다.
- 필요한 사항의 누락을 피하기 위하여 문서의 전체 윤곽을 정한 후에 구체적인 부분을 작성한다.
- 주관적인 주장이나 표현은 피한다.
- 가급적 표나 도표 등을 사용하여 간결하고 명료하게 표현한다.
- 프로그램 그 자체가 하나의 보고서가 되도록 작성한다.
- 다른 프로그램을 작성하는 지침서로 활용할 수 있도록 작성한다.

문서화의 종류 혹은 그 대상 영역은 다음의 네 가지로 대별할 수 있다.

- **사용자를 위한 문서화**: 통상적인 용어로는 사용자 메뉴얼(user's manual)을 말하며, 시스템 사용자들을 위한 문서화를 말한다. 여기에는 **온 라인 도움말** 등도 포함된다.
- **소프트웨어의 문서화**: 이 부류의 문서들은 주로 시스템 유지 보수를 목적으로 작성되는 문서들이다. 이 문서 속에는 프로그램에서의 각종 처리절차와 관련된 내용들이 주를 이루게 된다.
- **시스템의 문서화**: 개발 주기의 각 단계가 끝날 때마다 작성하는 각 단계별 산출물을 말한다. 예를 들면, '사용자 요구 분석 단계'가 끝나면 '사용자 요구 분석 완료 보고서'를 작성하게 되고, '시스템 설계 단계'가 끝나면 '설계 완료 보고서' 등을 작성하게 된다.
- **시스템 운영을 위한 문서화**: 대규모 시스템인 경우에는 전반적인 시스템 운영과 관리를 위한 별도의 운영자(operator)가 있게 마련이고, 바로 이러한 운영자를 위한

문서를 말한다. 컴퓨터 운영자는 각 프로그램별 논리의 흐름에는 그다지 관심을 갖지 않으며, 다만 작업 진행을 위한 제반 사항들에 대해서만 관심을 갖는 경향이 강하다.

이러한 문서화의 종류를 소프트웨어 개발주기 별로 다음과 같이 나누어 볼 수도 있다.

[표 2-1] 소프트웨어 개발 단계별 문서화

SDLC의 단계	주요 문서(산출물)	해당자
계획 단계	시스템 정의서 타당성 검토 보고서 개발계획서	프로젝트 관리자 시스템 분석가
분석 단계	프로젝트 작업일지 요구사항 명세서	프로젝트 관리자 시스템 분석가
논리적(기본, 외부) 설계단계	외부설계 명세서 외부설계 완료 보고서	프로젝트 관리자 시스템 설계자
물리적(상세, 내부) 설계단계	내부설계 명세서 프로세스 흐름도 내부설계 완료 보고서	시스템 설계자 시스템 프로그래머
구현 단계	프로그래밍 설계서 소스 코드 사용 지침서(설명서)	개발 프로그래머
유지보수 단계	각종 문서에 변동사항 반영	유지보수 관리자 사용자 개발 프로그래머

2.2. 일정계획

일정계획

- 프로젝트의 진행 통제

도구

- PERT(Project Evaluation and Review Technique)
- Gantt 도표

프로젝트 기획단계에서 시스템이 정의되고, 소요인력 및 개발기간 추정이 이루어지고 나면 프로젝트의 진행을 전반적으로 통제하기 위한 세부일정계획을 반드시 수립할 필요가 있다.

세부 일정계획을 수립하는데 보편적으로 사용되는 도구로는 **PERT**(Project Evaluation and Review Technique)와 **Gantt 도표**가 있다.

[1] PERT(Project Evaluation and Review Technique)

PERT는 1958년 미해군 군수국 특수 프로젝트부에서 폴라리스잠수함용 미사일의 개발 진척 상황을 측정·관리하기 위하여 부즈알렌앤드해밀턴사(社)가 개발하였다.

이 기법에서의 구성 요소는 이벤트(events)와 작업(tasks), 완료일, 소요기간 등의 네 가지이며, 작업 진행과정을 네트워크 모양으로 나타낸다.

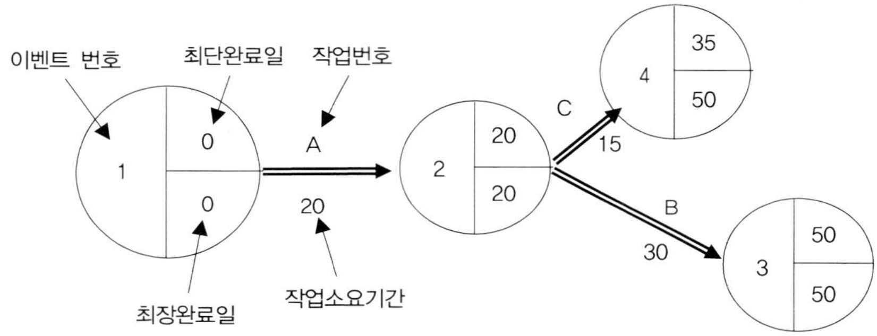

그림 2-2 PERT 사용 예

앞의 그림에서 원은 이벤트를, 그 속에 적힌 숫자는 최단/최장 완료일을, 화살표는 작업을, 그리고 화살표 밑의 숫자는 작업에 소요되는 기간을 표시한다. 여기서 이벤트란 작업의 종료를 나타내는 것으로 더러는 이정표라 부르기도 한다.

가령 앞의 그림에서 각각의 이벤트와 작업이 다음과 같다고 가정하면 앞의 그림은 소프트웨어 개발주기의 앞부분 3단계를 PERT로 표시한 것이 되며, 이벤트 번호 2, 즉 '타당성 조사완료'는 '현 시스템 이해'라는 작업 A를 거쳐 이루어지되 소요기간이 20일이며, 이벤트 3인 '사용자 요구 분석 완료'는 작업 C인 '대안 검토'를 거쳐 최단 15일 만에 완료될 수도 있고, 작업 B인 '사용자 요구 분석'을 감안하면 최장 50일이 소요될 수도 있음을 나타내고 있다.

이벤트 번호	이벤트 내용	작업 번호	작업 내용
1	프로젝트 승인	A	현 시스템 이해
2	타당성 조사완료	B	사용자 요구 분석
3	사용자 요구 분석 완료	C	대안검토
4	신 시스템 제안서	D	.....
....	.....	....	.....

PERT의 장점은 프로젝트 구성 요소의 상호연결 관계와 작업순위를 일목요연하게 보여줌으로써 전체 작업의 진행일정 관리를 손쉽게 해준다는 것이며, 전체 작업의 최장 기간경로를 크리티컬 패스(critical path)라 하며, 이 크리티컬 패스를 단축하는 것이 일정을 단축하거나 또는 납기를 엄수하는 데 있어 매우 중요하다. 이 때문에 건축공사 등의 프로젝트 관리기법으로 널리 활용되고 있다.

그러나 소프트웨어 시스템 개발 시에는 PERT의 장점이 별로 두드러지지 않을 뿐만 아니라 크리티컬 패스의 개념이 그다지 적용되지 않기 때문에 많이 사용되지는 않지만 일부 전문가들이나 학자들이 시스템 개발 시에 PERT 적용을 주장하고 있으며, 일부 전문가들에 의해 사용되고 있기도 하다.

[2] Gantt 도표

Gantt 도표는 1917년 Henry Gantt라는 사람이 개발한 생산관리기법으로서 계획도표와 통제도표를 겸한 것이라고 할 수 있다.

Gantt 도표에서는 시간과 관련시켜 계획과 그 실적을 함께 표시하고 있으며, 또 계획에 따라 시간의 눈금을 자유롭게 변경시킬 수 있기 때문에 그 용도가 광범위한 것으로 알려져 있다. 이러한 이유로 인하여 근래에 들어서는 프로젝트 관리 기법으로도 널리 사용되고 있다.

Gantt 도표에서는 작업 소요일수를 막대기의 길이로 표시하고, 가로 축은 날짜를 표시함으로써 작업의 진행 상황을 쉽게 파악할 수 있게 해준다는 장점이 있는 반면 작업 상호간의 관련성 파악이 어렵다는 단점을 갖고 있다.

근래에는 개발자 개개인의 노임단가와 담당 업무를 지정하면 Gantt 도표 및 개발비용을 자동으로 생성시켜주는 프로젝트 관리용 소프트웨어(예: Microsoft사의 Project)들이 제공되고 있어서 이를 이용하여 쉽게 Gantt 도표를 작성하기도 한다.

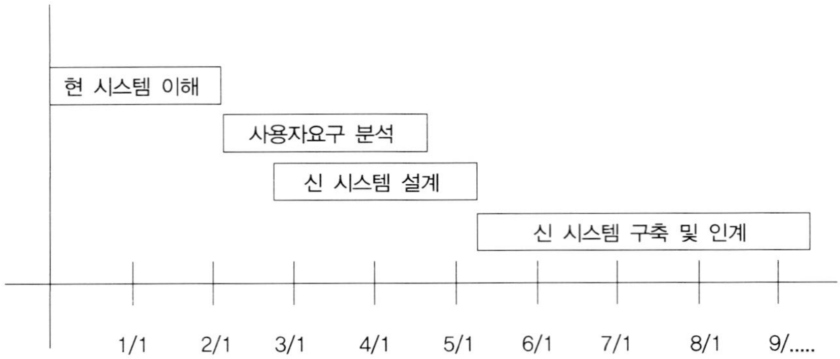

그림 2-3 Gantt 도표의 사용 예

2.3. 현상조사

현상조사 (現狀調査)

- 효율적인 시스템 정의
- 기업환경조사
- 현 시스템조사
- 자료조사(document study)

시대의 변화와 함께 조직이나 기업 그 자체는 물론이거니와 업무의 종류와 그 처리행태 등도 다양하게 변하게 마련이다. 이러한 변화가 기본 시스템이 포용할 수 있는 유연성의 한도를 넘게 되면 새로운 문제가 발생하게 되고, 새로이 발생되는 문제를 해결하기 위해서는 변화된 환경에 적용할 수 있는 새로운 시스템을 다시 구축할 수밖에 없다.

새로운 시스템을 구축하기 위해서는

01 새로운 시스템이 적용될 기업이나 기관의 환경은 어떠한가?

02 현 시스템의 문제점이 무엇인가?

03 업무의 처리는 어떻게 이루어지고 있는가?

등을 순서대로 먼저 조사하고, 이를 토대로 지금의 문제를 해결하고 향후의 변화에 유연성 있게 대처할 수 있는 새로운 시스템 개발 목표를 설정하여야 한다.

결국 이러한 것들에 관한 정보들은 새로운 시스템 구축에 근본적으로 지대한 영향을 미치게 되므로 그 중요성은 한층 더 강조되어도 무방하다.

현상(기초)조사방법으로는 기본적으로 자료조사(document study)가 적용되지만, 문서화가 잘 이루어져 있지 않는 경우에는 업무 담당자와의 면담을 통하거나 흔히들 앙케이트(enquete) 조사라고 하는 설문지를 이용하는 조사방법, 또는 현장의 현상들이나 작업이 이루어지는 과정을 추적해 가면서 조사하는 방법 등을 병행하는 것도 좋은 전략이다.

2.3.1 기업 환경조사

- 경영정보 – 경영 방침 / 목표
- 조직정보 – 기능 / 지리정보
- 제약사항 – 경영 / 법 / 업무특성 / 기술 / 시·공간
- 경향정보 – 사회적 / 기술적 / 업종별

기업(기관)의 환경은 개발되는 새로운 시스템이 실제로 적용되는 곳이므로 기업 환경에 부합되지 않는 시스템을 개발한다면 이는 무용지물이 되고 만다. 따라서 새 시스템이 적용될 기업 환경을 파악한다는 것은 대단히 중요하다.

물론 문제점을 조사할 적에 어느 정도 그 내용들이 포함되게 마련이지만 여기서는 기업 내부 활동에 관해 보다 구체적인 사항들을 중심으로 조사를 진행하게 된다. 이러한 것들에 관한 정보는 방대하고 다양한 형태로 존재한다는 특성을 동시에 갖기 때문에 체계적으로 분류하고 정리하지 않으면 산만해지기 쉬우므로 기업 환경 조사와 관련해서는 경영정보, 조직정보, 제약사항 경향정보 등으로 나누어 분류·정리하는 것이 좋으며, 조사방법으로는 문서나 서류형태로 기록된 기록물 중심의 조사, 즉 자료조사가 보편적으로 적용된다.

기업 환경에 관련된 정보들은 시스템 구축 전반에 포괄적으로 영향을 주는 정보들로서 시스템 개발이 완료될 때 까지 수시로 참조되면서 시스템 개발의 진행 상태와 방향을 조절 및 점검하는 기본 자료로 꾸준히 활용된다.

기업 환경에 관한 조사 결과는

- 새로운 시스템의 구축 목적과 목표
- 도입효과 평가기준
- 적용 범위와 주요 기능 및 성능 결정

- 개발 우선순위와 중요도
- 추진전략
- 시스템 설계 시에 반영해야 하는 제약조건 설정 등에 결정적인 영향을 주게 된다.

[1] 경영정보(management information)

기업(기관)은 경영자의 경영방침에 따라 그 조직이나 업무의 추진행태 및 특성이 정해지기 마련이다. 이런 면에서 본다면 시스템은 경영자의 경영방침을 보다 효율적으로 구현하기 위한 수단으로 개발된다고도 생각할 수 있다.

그러므로 경영정보는 개발하고자하는 시스템의 규모와 성격을 결정짓는 기본 자료가 되며, 시스템 개발 목적은 경영정보 테두리 내에서 설정되는 것이 바람직하다.

이에 따라

- 경영 방침(전략)
- 구체적인 경영 목표
- 경영 계획과 내용 등에 관하여 가능하다면 수치화하여 구체적으로 조사할 필요가 있다.

예를 들어,「올해의 경영 목표는 매출을 작년 보다 다소 증가 시키고, 원가도 가급적이면 줄이는 것이다.」라는 식의 경영 목표는 참으로 애매모호하기 짝이 없다. '다소 증가'시킨다는 것이 얼마나 애모호한 표현인가? 또, '가급적'이면 줄인다는 표현에서 '가급적'이란 단어가 의미하는 것은 진정 어떤 뜻인가? 이런 식으로 경영정보를 조사해서는 안 된다. 노련한 경영자라면 이런 식으로 표현할리도 없겠지만, 설사 경영자가 이런 식으로 표현하더라도 시스템 분석가나 경영정보 조사자는 어떻게 해서든지 이런 표현이 되지 않도록 해야 한다.

결론적으로는「올해의 경영 목표는 매출을 작년 대비 10% 향상시키고, 원가는 5% 줄이는 것이다.」라는 식의 표현이 되도록 만들어 내어야 한다.

이외에도 기업의 이름, 기업의 위치, 업종, 취급 제품, 주력 제품 등과 같은 기업의 일반적인 정보에 관해서도 조사해 두어야 한다.

[2] 조직정보(structure information)

기업의 활동은 기업의 조직에 의해 행해지고, 각 조직에 의해 행해지는 업무 처리 활동은 시스템 개발의 대상이 된다. 궁극적으로는 시스템을 개발한다는 것은 기업의 각 부서에서 수행하는 업무를 전산화한다는 의미이며, 기업의 조직 구성에 따라 시스템의 주요 기능이 결정된다는 의미가 된다.

따라서 각 부서에서 행해지고 있는 업무의 종류와 기능, 그리고 다른 부사와의 상호 관련성 등 조직에 관한 정보를 조사할 필요성이 당연히 있다.

조직정보를 조사할 적에는 각 조직의 구성형태, 담당자와 그들이 수행하는 기능, 각 부서간의 관련성 등에 관한 정보는 물론이거니와 제조업과 유통업의 경우에는 물품의 흐름에 따라 정보도 동반하여 흐르기 때문에 지리적인 정보도 포함시켜 조사하여야 하며, 이에 따라 조직정보는 각 부서에서 수행하는 업무와 그 기능에 관한 정보, 즉 **기능정보**와 위치 등에 관한 **지리정보**로 대별하여 조사・관리하는 것이 바람직하다.

각 부서별 기능 파악은 각 부서별 업무나 담당자를 통해서 비교적 쉽게 할 수 있으나, 부서 사이의 업무 관련성은 상대적으로 파악하기가 어려운 경향이 있다. 이럴 경우에는 하향식으로 조사범위를 좁혀가는 것이 바람직하다. 즉, 기업 전체→사업부나 공장과 같은 다음 단계의 큰 조직→실질적인 전산화 대상 부서의 순으로 조사를 진행하는 것이 효과적이다.

물론 이와는 반대의 순서로 각 부서별 기능을 먼저 조사한 후, 이들을 종합하여 전체 조직의 상호 업무 관련성을 파악하는 것도 한 방법이 될 수는 있으나, 효과적이지 못하다는 것이 일반적인 견해이다.

또 지리적인 정보는 업무 처리를 위해서만이 아니라 컴퓨터 시스템의 구성 형태와 그 규모를 결정하는데 아주 중요한 정보가 된다. 물론 요즈음은 고성능의 개인용 컴퓨터가 비교적 저렴한 가격에 공급되고 있고, 인터넷이 각 가정까지 보급된 상황이기 때문에 분산시스템 구성이 보편적이기는 하지만 서버의 구축과 배치, 통신망의 구성 등과 관련해서는 여전히 지리정보를 필요로 하고 있다.

[3] 제약사항[restriction]

자유를 마음껏 누린다고 하더라도 타인의 권익을 침해해서는 안 된다는 사실을 우리 모두는 이미 잘 알고 있지만, 인간의 이기주의적인 성향으로 인하여 이익 집단 사이에는 끊임없는 분쟁이 일어나고 있으며 이러한 분쟁을 조정하고 건전한 사회활동이 이루어지도록 하기 위하여 존재하는 것이 각종 법이며 제도이다.

기업을 운영함에 있어서도 준수해야 할 각종 법이나 규제 등이 물론 있으며, 경영자의 의도에 의해 제한되는 사항, 업무 특성상 제한되는 사항, 사회적 제약, 기술적 제약 등이 있을 수 있다.

제약사항들은 시스템의 기능에 직접적인 영향을 미치지는 않지만 시스템의 개발 범위와 적용 수준 등과 같이 프로젝트의 근간에 대해 영향을 미치는 중요한 요소이며, 제약사항을 수용하지 못하는 시스템은 당연히 심각한 문제를 일으키게 되어 성공하지 못한다. 따라서 시스템 분석가들은 제약사항에 대한 조사를 면밀히 수행해야 할 필요가 있다.

각종 제약사항은 사용자들에 의해 요구되어 지기도 하지만 일반적으로 경영정보, 관행, 업무처리지침, 현장의 특성, 사회적 분위기, 상식 등에 포괄적으로 녹아 있는 경우가 많기 때문에 다양한 방법을 동원하여 이에 관한 정보를 수집해야 한다.

일반적으로 프로그래머들은 기술자적인 경향이 강하기 때문에 이들은 자신의 프로그래밍 기술 구현에 집중적인 관심을 기울이는 반면 제약사항들에 대해서는 그다지 대수롭지 않게 생각해 버리는 경우가 많으며, 그로 인해 프로젝트 자체를 망치게 만드는 수도 있다. 따라서 시스템 분석가들은 각종 제약사항들을 수용할 수 있는 방안을 강구하여 제시하는 것이 바람직하다.

시스템 개발에 영향을 미칠 수 있는 주요한 제약사항들을 다음의 표에 정리하였다.

[표 2-2] 시스템 개발에 영향을 미칠 수 있는 각종 제약사항들

분야	제약사항	영향
경영적 제약	· 업종이나 업태에 대한 사항 · 조직의 구성에 관련된 사항 · 투자 계획(예산)	· 시스템 개발의 전반적인 방향 설정 · 시스템 기능의 구성 및 개발 순서 · 시스템 도입 시기 및 일정
법적 제약	· 관련 법규(상법, 세법 등) · 회사 내규 · 관습 등의 불문율	· 상세설계 - 기능 구현과 적용 · 상세설계 - 업무 흐름과 연결 · 상세설계 - 세부 기능의 구현과 적용
업무 특성	· 특수성 · 처리 방식 및 절차 · 보안 · 처리시간	· 상세설계 - 업무의 흐름과 타이밍 · 상세설계 - 세부 처리 구현 · 시스템 구성 - 방화벽 설치 검토 · 시스템 성능 - H/W 구성
공간적 제약	· 지리적인 여건 · 공간적인 여건 · 네트워크 구성	· 시스템 구성 - 분산 시스템 · 설치 장소 · 접속방법 및 관련 장비 구성
기술적 제약	· 기술 동향 · 구현 기술 · 실현 가능성	· 시스템 구현 전반 · 시스템 성능 · 시스템 개발 방향

[4] 경향조사[trend analysis]

패션이 유행을 타듯이, 세태에 따라 불리는 유행가가 제각각 다르듯이 업무의 처리형태와 그 유형, 그리고 시스템 개발 방법에도 어떠한 흐름이 존재한다.

우리가 새로운 시스템을 개발할 때, 1차적으로는 현재의 문제점을 해결하기 위해 노력하겠지만, 2차적으로는 향후에 발생하게 될 문제점들을 예측하여 그에 대비할 수 있도록 해야 할 것이다. 그렇게 함으로써 시스템의 유연성이 형성되고, 시스템의 수명이 길어지게 될 것이다.

그러므로 시스템 분석가는 현재의 상태에 집착해서는 안 되며, 앞으로 다가올 변화와 그러한 변화가 시스템에 미칠 영향까지 신중하게 분석하고, 그에 대한 대비책을 고려하여 설계해야 한다. 물론 미래의 일을 어느 누구도 정확하게 예측하고 맞힐 수는 없겠지만 현 상황에서 가능한 모든 수단과 방법 그리고 경우의 수를 고려하여 최상의 결과가 도출되도록 노력하여야 한다. 이런 면에서 유능한 시스템 분석가가 되려면 참으로 광범위한 분야에 걸쳐 해박한 지식을 가지고 있을 필요가 있다.

예를 들어, 컴퓨터 시스템의 구성 및 운영형태만 보더라도 과거 30여 년 전에는 중앙집중식 컴퓨터에서 일괄처리방식으로 업무처리를 해 왔고, 그 이후에는 중앙집중식 컴퓨터에서 실시간 처리를 해 오다가, 개인용 컴퓨터의 보급으로 단말기가 사라졌으며, 지금은 네트워크의 발달로 다양한 형태의 컴퓨터 시스템 구성이 가능해 졌다.

최근 들어서는 네트워크를 통하여 상호 연결된 서버와 클라이언트 시스템 형태의 업무처리가 유행하다가 관련 소프트웨어 관리의 어려움이 문제점으로 대두되어, 지금은 웹 호스팅(Web Hosting) 형태의 업무처리가 상승세를 타고 있는 실정이다.

만약 지금의 환경에서 시스템을 개발한다면 어떻게 해야 방향을 설정해야 시스템의 수명이 길어지게 할 수 있을까? 그 대답은 뻔 할 것이다.

미래에 대한 예측에는 항상 위험과 기회가 대등한 비율로 내포하고 있다고들 하지만 요즈음과 같이 그 변화의 폭과 속도가 큰 경우에는 위험부담이 더 크다고 말할 수 있으며, 이러한 위험부담을 줄이기 위해 여러 가지 방법들을 활용하게 된다.

그중에서 가장 보편적으로 생각할 수 있어서 널리 사용되는 방법이 다른 기업의 시스템 도입 사례를 수집하고 분석하여 자신의 경우에 적용시키는 것이다. 물론 이 방법에 의해서는 결코 최고 선두주자가 될 수는 없지만 실패할 가능성이 아주 적으며, 이미 다른 기업에서 실패한 부분은 보완할 수 있다는 장점을 갖고 있다. 이러한 기법을 **벤치마킹(bench-marking)** 기법이라 한다.

그러나 경쟁자보다 우위에 서려면 뭔가 독창적인 면들을 포함하도록 시스템을 개발할 필요가 있다. 이를 위해서는 경쟁자의 동향만을 주시할 것이 아니라, 경기의 흐름과 같은 사회적인 경향도 조사할 필요가 있다.

시스템 개발에 필요한 경향조사 항목들을 다음의 표에 정리하였다.

[표 2-3] 시스템 개발에 필요한 경향조사 항목

분야	경향 조사 항목
사회적 경향	· 정치 및 사회의 전반적인 변화 추세 · 경제 지표, 물가변동 추이 등 경기 흐름 · 각 이익 집단의 특성과 성향 변화 · 각종 규제의 변화
기술적 경향	· 컴퓨터 관련 기술의 변화와 추이 · 네트워크 기술 변화와 추이 · 소프트웨어 구현 기술의 변화
업종별 경향	· 동종 업체의 적용 기술 변화 추세 · 동종 업체의 업무 처리 형태 변화 추세 · 동종 업체의 도입 시스템 추세와 특성

2.3.2 시스템 조사

현재 시스템 조사

- 업무 개요 – 기능 / 목적 / 코드체계
- 출력 정보 – 사용처 / 정보량 / 형태
- 입력 정보 – 발생원 / 형태 / 정보량
- 데이터베이스 정보 – 구성/상호관련성
- 처리 절차 – 시기 / 소요시간 / 빈도 / 주기

조사 결과

- 항목별 분류 정리 – 그림 / 도표

현재 사용하고 있는 시스템도 처음 개발되었을 때는 아무런 문제없이 잘 운영되었을 것이고, 그 이후로도 점진적인 환경 변화에 대처하기 위한 유지보수가 꾸준히 이루어져 왔을 것이다.

그럼에도 불구하고 마침내는 새로운 시스템으로 교체되어야 할 수준으로 전락시킨 원인, 즉 현 시스템이 감당할 수 없는 문제점이 무엇인가를 찾아내어야 그에 대한 대책을 세울 수 있을 것이다.

그러므로 다음과 같은 항목들을 생각하면서 조사를 하는 것이 바람직하다.

01 현 시스템의 무엇이 문제인가?

02 문제의 원인은 무엇인가?

03 제기된 문제를 근본적으로 해결하기 위한 방법은 무엇인가?

04 제기된 문제로부터 파생되는 부차적인 문제를 파악한다.

05 문제나 상황에 대한 경영진이나 사용자의 요구사항을 파악한다.

06 문제 해결을 위한 개선안이나 새로운 해결책을 수집한다.

07 개선안이나 해결책의 현실성을 검토한다.

현 시스템에 대한 조사는 평소 문제점으로 의식하고 있던 사항들을 중심으로 정리하는 형식으로 시작한 다음, 구체적인 현상과 원인 등을 관찰 · 조사하여 객관성을 확보하여야 한다. 객관성 확보를 위해서는 다수의 관련자가 참여하는 것이 바람직하다.

이러한 조사를 수행하는 방법으로는 면접(interview) 조사가 가장 보편적으로 이용되고 있으나, 현장조사(field study), 자료조사(documentation study), 설문지조사(enquete) 등의 방법을 이용하거나 브레인스토밍(brainstorming), 버즈세션(buzz session) 등의 기법을 동원하기도 한다.

현 시스템을 조사하는 시점에서도 시스템은 운영되어야 하므로 면접조사를 하는 경우에는 업무 담당자에게 부담을 주거나 업무 처리에 지장을 초래하게 해서는 안 된다는 점에 유의하여 조사 항목 등을 미리 알려주는 등의 배려가 필요하다.

시스템 개발 방법에 따라 현 시스템에 대한 조사를 할 수도 있고 안 할 수도 있다.

시스템 개발 방법이 현실중심으로 이루어진다면, 즉 현재의 시스템을 근간으로 문제점을 보완하여 새로운 시스템을 구축하려는 경우에는 현 시스템의 문제점을 정확히 알아야 하기 때문에 기업 환경조사와 더불어 현 시스템의 장단점과 문제점을 세밀히 조사할 필요가 있다. 현 시스템에 대한 조사에서는 업무 처리에 필요한 정보의 발생에서부터 최종 결과가 얻어질 때까지의 관련된 정보와 처리 방식 및 처리과정을 조사하게 된다. 물론 문제가 발생한 업무를 중심으로 조사가 이루어지지만 경우에 따라서는 관련 업무 전반에 걸쳐 광범위하게 조사가 이루어지기도 한다.

그러나 기존 시스템을 완전히 무시하고 새로운 기술이나 기법을 도입한 새로운 시스템을 구축하고자하는 경우에는 참고용으로 현 시스템 전반에 걸쳐 포괄적으로 조사해도 무방하며 어떤 경우에는 기존의 관행에 얽매이지 않기 위해 전혀 조사를 하지 않는 것이 바람직할 수도 있다. 현 시스템에 대한 조사를 실시하지 않는 경우에는 추후 사용자 요구 분석을 보다 면밀히 실시함으로써 현재의 다양한 문제점 해결과 동시에 사용자 요구에 정확히 부합되는 시스템을 구축하기도 한다.

현 시스템에 대한 조사 내용으로는

- 현재의 시스템이 적용되는 업무의 개요, 기능, 목적, 적용 코드 체계
- 업무 처리 절차, 시기, 소요시간, 빈도(주기)
- 입력정보 발생원, 입력정보형태, 입력정보 변화량
- 출력정보 사용처, 출력정보량, 출력정보형태
- 데이터베이스 구성 및 상호관련성 또는 파일 관련 정보
- 예외적인 처리 사항 등이 주를 이룬다.

기존 시스템을 조사하는 경우에는 이미 작성된 업무처리지침, 또는 기존 시스템에 적용했던 입력 양식, 기존 시스템의 출력 양식 등을 이용할 수 있기 때문에 주로 자료조사방법이 적용되지만, 처리과정에서 발생하는 문제점들을 찾아내기 위해서는 실제의 처리과정을 따라가면서 관찰하는 **현장관찰법**이 적용되기도 한다.

시스템 개발 목적이 "문제 해결을 통한 업무 능률 향상"이라고들 말하며, 문제 해결은 시스템의 출력을 통해 이루어진다. 이 때문에 시스템 설계 시에 출력에 관한 내용이 가장 먼저 다루어지며, 입력 설계 단계에서도 출력을 생성하는 데 필요한 정보만 입력이 되도록 설계가 이루어진다.

최근에는 데이터베이스 활용이 보편화되면서 입력과 출력을 파일 단위로 명시적으로 관리하는 사례는 거의 없어지고, 데이터베이스 자체를 통한 추상적이거나 개념적으로 입출력을 관리하는 형태가 보편화 되어있다.

어찌되었건 간에 업무 처리 과정에서 이루어지는 입력과 출력은 결국 정보의 흐름이 되기 때문에 현 시스템의 조사 결과 중에서 각 업무별 입력과 출력에 관한 사항은 흐름에 따른 일정표(schedule)와 각 업무별 입출력 분석표로 정리해 두는 것이 효과적이다.

아울러 현 시스템 조사를 통해 수집된 정보의 활용 가치와 유용성을 높이기 위해서는 항목별로 분류 · 정리해 두어야 한다. 필요에 따라서는 설명을 덧붙이되 중요 사항만 함축적으로 표현하는 것이 효과적이다. 이보다 더 효과적인 방법은 조사 결과를 그림이나 도표로 요약하는 것이다.

2.4. 시스템 정의 – 목표 설정

시스템 정의

- 신 시스템의 구체적인 개발 목표 설정

성공적인 시스템 구축을 위해서는 가장 먼저 시스템 개발 목표가 구체적으로 정해져야 한다.

물론 포괄적으로는 시스템 개발의 1차적인 목표는 지금 현재의 문제를 해결하는 것이고, 2차적인 목표는 향후 예측되는 여러 가지 환경 변화에 유연하게 대처할 수 있도록 하는 것이다.

그러나 이러한 포괄적인 목표나 추상적인 개념으로는 시스템을 개발할 수 없기 때문에 현 시스템의 문제점과 앞으로의 환경변화를 예측하기 위한 현상조사를 실시하며, 현상조사 결과를 토대로 새로운 시스템의 목표를 구체화시키게 되는데 이러한 작업을 **시스템 정의(system definition)**라 한다.

궁극적으로 시스템 개발 목표는 '**시스템 정의서**'라는 문서로 구체화되어야 한다.

그런데 소프트웨어 개발 작업에는 언제나 불확실성이 도사리고 있기 때문에 2중 작업을 해야 하는 경우가 많다. 물론 이전의 작업이 전혀 쓸모없게 되지는 않지만 번거롭기도 하고 더 많은 수고가 요구되는 것은 사실이다.

예를 들면, 거의 대부분 개발자들은 보다 정확한 목표를 설정하기 위하여 보다 구체적인 시스템 정의서를 만드는 것이 바람직하다는 것을 잘 알고 있다. 이를 위해 현상조사뿐만 아니라 많은 시간과 비용이 소요되더라도 사용자들의 요구까지도 조사하고 분석하는 것이 바람직하다.

그러나 만약 타당성 분석과정에서 타당성이 없는 것으로 결론이 난다든지 아니면 경영진의 추진 의지가 부족하여 더 이상 추진하지 않게 되는 경우를 고려한다면 그렇게 할 수가 없게 되는 것이다.

이 때문에 정확도가 좀 떨어지더라도 개괄적으로 현상조사 · 분석만으로 목표 시스템과 개발비용을 정의하고 추정하여 타당성을 분석하게 되고, 타당성 분석에서 시스템 개발이 확정되면 2차적으로 다시금 사용자 요구를 조사 · 분석하여 시스템이 갖추어야 할 특성과 그 기능들을 확정짓게 되는 것이다. 결국 이중적인 작업을 하게 되는 셈이다.

어쨌거나 시스템 정의서에는 해결되어야 할 문제들과 그러한 문제들이 시스템적으로 해결되어야 할 이유(시스템 개발 필요성)와 시스템의 목표, 시스템의 목표를 달성하기 위해 포함되어야 할 기능과 성능, 사용자의 특성과 제약사항, 추진전략과 개발의 우선순위 등이 포함되어야 할 것이며, 혼란방지와 의미 통일을 위한 용어 해설과 참고자료에 관한 내용도 포함된다면 더욱 좋을 것이다. 또한 실무적으로는 경영진의 판단을 돕기 위해 요약문을 작성 · 첨부하는 것도 바람직하다.

별도로 확정된 시스템 정의서 양식은 없으며, 그 구성은 학자나 실무자의 관점에 따라 다양하게 제시되고 있으나 일반적으로 다음의 내용들을 포함시킬 것을 권한다.

01 문제 및 시스템 정의에 관한 전반적인 요약문

02 문제 제기

03 시스템 개발의 필요성

04 시스템 목표

05 시스템 기능 및 성능 - 시스템 개발 내용 및 범위

07 추진전략 - 조직, 일정, 방법론

07 사용자 특성 및 제약사항

08 소요 예산

09 기대효과 및 활용 방안

10 참고 자료

⑪ 용어 정의

궁극적으로 새로운 시스템을 개발하기 위해서는 문제인식→현상조사 및 정보수집→목표 설정(시스템 정의)→타당성 분석→개발 여부 결정의 과정을 어떤 형태로든 거치게 마련이다.

2.5. 타당성 분석

타당성 분석

- 기술적 타당성: Can we build it?
- 경제적 타당성: Should we build the system?
- 법적 타당성, 일정 타당성, 조직적 타당성...

시스템 개발에 무한정의 비용과 시간을 투자할 수 있거나 투자에 대한 효과를 따질 필요가 없는 경우라면 **타당성 분석**(feasibility analysis)은 하지 않아도 무방할 것이다. 그러나 그런 경우는 절대로 없다고 단정 지어 말할 수 있다.

기업의 입장에서는 시스템을 개발(도입)한다는 것이 그냥 재미로 해 보는 것이 아니라 분명 하나의 투자 행위에 속하며, 투자(投資)는 이익 추구를 기본으로 하기 때문에 투자 행위 이전에 그에 대한 타당성 분석이 이루어져야 한다.

시스템 개발 초기에는 개괄적인 기업 환경과 현 시스템의 문제점 정도만 파악된 상태일 뿐 구체적인 사용자 요구사항들은 제대로 파악되지 않은 상태이기 때문에 시스템 개발비용 산정이 어렵다. 이 말은 결국 시스템 초기단계에서 이루어지는 타당성 분석은 투자비용을 제대로 모르는 상태에서 이루어지기 때문에 불완전하다는 점을 의미한다.

따라서 시스템 개발 초기단계에서는 타당성이 입증된다고 하더라도 시스템 분석과 설계 과정을 거치면서 새로운 요인들에 의해 그 타당성이 상실되면 그때까지의 투자비용은 침잠비용으로 간주하고 프로젝트를 포기해야 한다. 이러한 이유로 휘튼(Whitten, 미국 퍼듀 대학의 교수) 등은 시스템 개발 주기의 각 단계마다에서 타당성 분석이 이루어져야 한다고 주장하기도 한다.

시스템 개발에 대한 타당성은 우선 **기술적 타당성**(Technical feasibility), **경제적 타당성**

(Economic feasibility)을 중심으로 행해지지만, 이외에도 법적 및 계약적 타당성(legal and contractual feasibility), 일정 타당성(schedule feasibility), 운영 타당성(operational feasibility), 정책적인 타당성(political feasibility) 분석이 필요하다고 주장하기도 하고, 또 다르게는 조직적인 타당성(organizational feasibility) 분석이 필요하다고 주장하기도 한다.

일반적으로는 현실 여건을 감안하여 "시스템을 구축할 수 있을까(Can we build it)?"를 검토하는 기술적 타당성 분석, "시스템을 구축해야만 하는가(Should we build the system)?"를 검토하는 경제적 타당성 분석을 중점적으로 하게 된다.

최근에는 지적재산권(知的財産權, intellectual property)에 대한 관심이 높아지고, 컴퓨터프로그램보호법 등이 실행되면서 시스템 개발에 사용되는 각종 개발도구들의 사용과 그러한 개발도구들을 사용하여 개발된 시스템의 배포와 관련하여 그 적법성에 대한 검토가 절실히 필요하게 되었다.

영리를 목적으로 소프트웨어를 불법 복제하여 사용하는 경우에는 엄한 법적 제제를 받게 되므로 각별히 유의하여야 한다.

특히 우리가 무의식적으로 또는 습관적으로 행해지고 있는 행위들 중에도 법적 제제의 대상이 되는 행위가 상당수 포함되고 있음을 인식하고 법 및 계약적 타당성에 대한 검토가 철저히 이루어져야 한다.

시스템 개발 일정에 대한 타당성 검토도 거치는 것이 바람직하다. 시스템 개발 일정은 투입 인력과 관계가 깊으며, 투입 인력은 곧 바로 인건비와 연결되므로 전체적으로는 경제적 타당성과도 연결된다고 할 수 있다. 이와 관련하여 시스템 개발 수행 조직에 대한 검토도 이루어져야 한다. 이외 관련해서는 이후의 절에서 상세히 언급하기로 한다.

2.5.1 기술적 타당성 분석

기술적 타당성 분석(Can we build it?)

- 시스템 구축 가능성 검토

기술적 타당성(technical feasibility) 분석은 말 그대로 기술적인 타당성을 분석하고 검토하는 작업이다. 즉, 사용자가 요구하는 기능과 성능의 구현 가능성을 기술적인 측면에서 따져 보는 것이다.

우리가 생각이나 말로서 표현할 수 있는 것들이 현실적으로 그대로 구현되기는 일반적으로 어렵다. 따라서 사용자들이 요구하는 기능과 성능을 현재 상태로서 구현할 수 있는지, 하드웨어적으로 제공되어야 할 성능이 보장되는지, 또는 개발자의 능력이 그러한 수준에 도달하고 있는지 등을 미리 분석하고 그 가능성 여부를 검토하는 것이다. 한 마디로 말하자면 요구하는 시스템을 구축할 수 있는가?를 검토하는 작업이다.

기술적 타당성이 결여되는 경우, 바꾸어 말해서 기술적으로 구현 가능성이 없는 경우라면 제 아무리 많은 비용을 투입해도 사용자가 원하는 시스템은 결코 개발할 수가 없게 된다. 따라서 기술적인 타당성 검토는 세밀하게 이루어지되 가급적 최대한 빠른 시간 내에 이루어져야 경제적 손실을 그마나 줄일 수 있다는 점을 명심해야 한다. 기술적으로 구현 불가능한 시스템을 붙잡고 타당성 분석에 많은 비용을 소모한다면 그 비용은 그야말로 낭비이기 때문이다.

그러나 요즈음과 같이 기술 변화의 속도와 변화량이 엄청나게 빠른 경우에는 기술적 타당성에 대한 검토도 대단히 어려운 작업임에 틀림이 없다. 이러한 작업을 원만히 수행해 나가기 위해서 시스템 분석가 및 개발자는 여러 분야에 걸쳐 해박한 지식과 식견을 갖추고 있어야 한다.

사실 프로그램을 직접 개발하는 프로그래머의 입장에서는 자칫 시스템 분석가는 빈둥거리며 여기저기 기웃거리기만 하는 사람처럼 보일 수도 있지만, 시스템 분석가의 역량에 따라 전체 프로젝트의 성공 여부가 결정되기도 하고, 아니면 최소한 추진 전략과 방향, 그에 따른 프로젝트 수행 효율이 달라지게 하는 등, 그야말로 아주 핵심적인 역할을 시스템 분석가가 수행하고 있다는 점을 인정해 주어야 한다.

기술적 타당성을 검토하는 경우에는

- 성공 / 실패 사례연구(case study)
- 모의실험(simulation)
- 프로토타이핑(prototyping) 등의 방법을 이용하면 위험부담을 줄이고, 타당성 여부를 보다 효율적으로 판명할 수 있다.

여기서 말하는 '성공 / 실패 사례연구(case study)'는 개발하고자하는 새 시스템과 유사한 이전의 사례 중에서 성공한 경우와 실패한 경우를 각각 찾아 비교 · 검토해 보는 것으로서, 이러한 사례연구를 통하여 귀중한 교훈과 간접적인 경험을 얻게 되어 시행착오를 줄일 수 있게 되므로 대단히 중요하다.

또 사례연구를 하다보면 기술적인 면만 아니라 시스템 개발비용에 관한 정보도 어느 정도 파악할 수 있게 되며, 이를 토대로 시스템 규모에 대비한 개발비용까지도 추정해 낼 수 있어서 경제적 타당성 검토에도 많은 도움을 받을 수도 있게 된다.

2.5.2 경제적 타당성

경제적 타당성 분석: 투자효율성 평가(Should we build the system?)

▌이득

- 시스템 구축으로 얻어지는 모든 이득
  - 유형 이득: 비용절감, 업무처리 효율 향상 등
  - 무형 이득: 기업 이미지 제고, 홍보효과 등

▌개발 비용

- 시스템 개발에 투입되는 모든 비용
  - 유형 비용: 하드웨어 구입비용, 부대경비 등
  - 무형 비용: 개발기간 동안의 업무 장애 등

경제적 타당성(economic feasibility)이란 시스템 개발에 투입되는 비용에 대한 효과, 즉 **투자효율성**(cost performance, cost benefit analysis)을 평가해 보는 것이다.

막대한 비용을 들여 개발한 시스템이 별 효용이 없다면 그것은 돈을 낭비한 결과가 된다. 물론 여기서 말하는 효과가 단순하게 업무 효율만을 의미하지는 않으며, 대외적인 기업 이미지 제고를 비롯한 신뢰도 향상 등과 같이 눈에 보이지 않으면서도 그 영향력이 큰 무형의 효과까지도 고려해야 하며, 기업의 홍보 효과까지도 감안해야 하기 때문에 경제적 타당성 분석이 쉬운 것이 결코 아니다.

경제적 타당성을 분석하려면 투자비용과 시스템 구축에 따른 이득을 먼저 셈해 보아야 한다. 이득에도 유형적인 이득과 무형적인 이득이 있고, 시스템 개발에 소요되는 비용에도 유형적인 것과 무형적인 것이 있기 때문에 경제적 타당성 분석은 유형적인 부분과 무형적인 부분에 걸쳐 총체적으로 이루어져야 한다.

그러나 개략적인 시스템 목표만 정의되어 있는 단계에서는 구체적이고도 정확한 이득 평가나 시스템 개발비용 평가가 매우 어렵기 때문에 경제적 타당성 분석 그 자체도 대단히 어렵기 마련이다.

개발계획수립 단계에서의 시스템 개발비용은 동종 업계의 시스템 구축 사례들을 조사・분석하여 추정하거나 기존의 여러 학설들을 이용하여 계산하기도 하며, '소프트웨어사업대가의 기준'과 같은 정보통신부 고시에서 규정한 내용이나 한국 소프트웨어

산업협회가 통계청장의 위임을 받아 조사한 소프트웨어 기술자 노임 단가를 적용시켜 결정하기도 하지만 어느 것이라도 정확한 경우는 없다고 말할 수 있다.

경제적 타당성을 검토하는 과정에서 각 기능에 대한 비용과 이득을 세밀히 분석하다 보면 개발 순서를 변경하거나, 개발 우선순위를 설정하거나, 동시 개발에서 점진적인 개발로 또는 그 반대로 개발전략을 바꿈에 따라 개발비용을 줄일 수 있는 여러 방법을 발견할 수도 있기 때문에 타당성 검토는 항상 다양한 경우를 염두에 두고 유연하게 이루어지는 것이 바람직하다.

[1] 시스템 개발로 인한 이득

시스템 개발로 인한 이득은 **유형적인 이득**(tangible benefits)과 **무형적인 이득**(intangible benefits)으로 대별된다.

유형적인 이득이라 함은 금전적으로 평가할 수 있거나 확실하게 또는 명백하게 드러나는 이득을 말하며, **직접 효과**라고도 한다. 대표적인 경우의 예로 직원들의 급여 지출 감소, 물류비용 감소, 수익률 향상, 업무 처리시간 단축 등을 들 수 있다. 그러나 업무 처리 시간 단축 등과 같은 이득들은 시스템 개발로 얻어지는 확실하고도 분명한 이득, 즉 유형 이득이기는 하지만 이것을 계량화하기는 어렵다는 점에서 유형적인 이득이라고 해서 모두 계량화하기는 어렵다는 사실을 이해해야 한다.

또 통상적으로 '시스템에 따라 얻어지는 이익이 다 다르다'는 표현대로 개발된 시스템이 적용되는 환경과 경우에 따라 얻어지는 이득의 종류와 그 양이 다 다르다는 점을 알고 경제적 타당성을 분석 · 검토해야 한다.

일반적으로 유형적인 이득에 속하는 항목으로는

- 비용 절감(cost reduction)
- 오류 감소(error reduction)
- 유연성 증가(increased flexibility)
- 업무처리 속도 증가(increased speed of activity)
- 관리계획 및 통제의 개선(improvement in management planning or control)
- 새로운 시장 개척(opening new markets)
- 판매기회 확대(increasing sales opportunities) 등을 들 수 있다.

이러한 항목들이 시스템 제안서 등과 같은 문서에서는 '기대효과'라는 항목 속에

- 업무 효율화를 통한 고용 비용 감소
- 업무 증가에 대한 신속한 대응으로 고용비용 회피
- 업무 프로세스 개선으로 인한 유연성 증가
- 각종 자료 관리의 일원화로 오류 감소 및 업무 처리시간 단축
- 효율적인 인터페이스 구축으로 효율적인 관리 계획 및 통제 계획 수립 등의 표현으로 나열된다.

이에 비해 고객으로부터의 신뢰성 증대, 기업 이미지 제고(提高), 고객 만족도 향상, 서비스 품질 향상 등과 같이 효익(效益; 보람과 도움)에 속하는 항목들은 계량화하기가 매우 어렵다는 특성을 갖고 있으며, 이러한 형태의 이득을 무형적인 이득 또는 **간접 효과**라고 한다.

무형의 이득에 속하는 항목으로서는

- 정보 가용성 증대(availability of new, better, or more information)
- 보다 빠른 의사결정(faster decision making)
- 보다 즉각적인 정보(more timely information)
- 정보 처리의 효율성(information processing efficiency)
- 조직의 유연성 증가(increased organizational flexibility)
- 자원 통제 개선(improved resource control)
- 업무 정확도 향상(increased accuracy in operations)
- 사회에 대한 긍정적인 측면에서의 기여(positive impacts on society) 등을 열거할 수 있다.

이러한 항목들은

- 시스템 운영의 최적화
- 고객 중심의 서비스 제공
- 관련 업계의 표준 모델 제시
- 경영 전략 추진의 선진화
- 사용자 중심의 용이한 시스템 구성
- 서비스 지원 강화

· 신뢰도 및 경쟁력 제고 등의 표현으로 구체화된다.

시스템 개발이 진행되는 과정 속에서 시스템 구축에 따른 파급효과를 보다 잘 이해하게 되면 무형적인 이득이 유형적인 이득으로 변할 수도 있으며, 이에 따라 프로젝트 추진 여부에 관한 사항이 변경될 수도 있게 된다.

[2] 시스템 개발비용

시스템 개발 이득에 대한 평가가 이루어지고 나면 그 다음으로는 개발비용에 대한 것을 분석하고 검토해야 한다. 시스템 개발에 소요되는 비용도 개발 이득과 마찬가지로 유형적인 비용과 무형적인 비용으로 구성된다.

시스템 개발비용 중에서 하드웨어 구입비용, 노동비용, 고용인 훈련비용과 건물 수리비용 등과 같은 조직 운영에 소요되는 비용들이 유형 비용이 되고, 이에 비해 금전적으로 환산하기 어려운 비용, 예를 들면 시스템 개발에 관련되는 사람들이 시스템 개발을 위해 자신이 맡고 있는 본연의 업무 이외에 추가로 담당해야 하는 업무 비용과 그로 인한 업무 지연, 고객 신뢰도 저하, 영업적인 손실, 종업원의 사기 저하, 조직의 비효율성 등과 같은 비용들은 무형적인 비용에 속하게 된다.

자체적으로 시스템을 개발하는 경우에는 당연히 시스템 개발로 인해 얻어지는 이득과 함께 시스템 개발에 소요되는 비용을 엄밀히 분석하여 경제적 타당성을 검토하여야 한다.

거듭 말하거니와 실제로 시스템 개발비용을 예측하는 것은 부정확한 과학(inexact science)이기 때문에 정확한 예측은 대단히 어렵다. 그러나 가능한 여러 가지 방법을 동원해서라도 개발비용을 과소평가(underestimating) 또는 과대평가(overestimating) 하는 경우를 피해야 한다.

기업체로부터 시스템 개발을 의뢰받는 외주용역업체의 경우, 시스템 개발비용을 과소평가하게 되면 경쟁 입찰에서는 우위를 차지하게 되겠지만 이윤을 만들어내기는커녕 개발 인건비 지불에도 큰 부담을 느끼게 되고 종국에는 개발된 시스템의 품질이 저하되는 결과를 초래하기가 쉽다.

이에 반해 개발비용을 과대평가하게 되면 일차적으로 경쟁 입찰에서 불리한 위치에 놓이게 되고, 그로 말미암아 시스템 개발 기회조차 놓치게 되는 경우가 많기 때문에 개발비용 평가는 대단히 중요한 작업이다.

2.5.3 개발비용 산정

개발비용 산정 어려움

- 불확실한 여러 요소들을 포함
  - 다양한 산정 기법
  - 전문가에 의한 감정이 널리 사용됨

개발비용 요소

- 프로젝트 자체 요인 – 난이도, 크기, 요구 신뢰도
- 자원 요소 – 프로그래머, 하드웨어 / 개발지원 소프트웨어
- 생산성 요소 – 개발방법론, 개발자 능력, 개발기간

개발비용 산정법

- 하향식 – 전문가의 감정, 델파이식 산정
- 상향식 – 프로그램 줄 수 기법, 개발단계별 인월수 기법
- 수학적 – COCOMO 모형, 기능점수 모형 등

개발계획을 수립함에 있어 사실 가장 어려운 부분이 개발비용 산정이다.

왜냐하면 개발비용 산정 당시에는 도저히 확정할 수 없는 불확실한 여러 요소들이 내재하고 있어서 정확한 개발비용 산정이 어려울 뿐만 아니라 시스템을 도입하려는 기업체의 입장에서는 시스템 도입 자체가 하나의 투자행위이기 때문에 투자효율성을 따지지 않을 수 없으며, 외주 용역업체의 경우는 시스템 개발용역을 수주(受注)하는 것 그 자체가 바로 자신들의 주된 수입원이기 때문에, 한마디로 말해서 얼마나 많은 개발비를 획득할 수 있느냐? 하는 것이 바로 자신들의 사활(死活)과 직결되는 문제이기 때문이다. 특히 외주용역을 주로 하는 시스템 개발 전문 업체의 경우는 현실적으로 경쟁 입찰에서의 우위 선점과 이윤 극대화라는 두 마리 토끼를 한꺼번에 잡아야 하는 부담을 안고 있기 때문에 참으로 힘든 작업이다.

개발비용과 개발기간은 밀접한 상관관계를 맺고 있다 우선 상식적으로 생각해도 개발기간이 늘어난다는 것은 그 기간만큼 인건비가 더 지불되어야 한다는 의미이며, 역으로 개발기간을 단축시키기 위해 많은 인력을 투입하면 그 만큼의 인건비 부담이 늘어나게 마련이다.

현실적으로 대부분의 시스템 개발 계약서에는 개발기간 초과, 즉 개발 지연에 따른 벌칙 조항(통상은 벌과금 부여)을 두고 있으므로 개발기간 내에 시스템 개발을 완료하지 않으면 그 만큼의 손해를 보게 된다. 또 일단 계약이 맺어지고 나면 계약금액의 범위 내에서 시스템 개발에 대한 책임이행이 요구되기 때문에 기술적인 난이도 및 개발 업무의 범위 및 다양한 환경 변화 등을 고려하여 개발비용과 개발기간을 산정되어야 한다.

요즈음과 같이 **아웃소싱**(outsourcing)이 보편화되어 있는 경우에는 시스템 개발비용 산정에 대한 부담은 거의 대부분 외주용역업체가 떠안게 된다.

이에 비해 발주하는 기업체 측에서는 외주용역전문 업체들로부터 정보를 수집하고 나름대로 적정선이라고 판단되는 수준에서 예산을 확보하거나 편성하고, 그 범위 안에서 시스템 개발 작업을 진행시키게 되므로 자체 개발하는 경우에 비해 위험부담과 작업부담을 크게 줄이게 되었다.

[1] 개발비용 산정에 영향을 미치는 요소들

소프트웨어 시스템 개발에서의 두드러진 특징은 유일한 해법이 존재하지 않는다는 점이다. 다시 말하자면 다양한 해결 방법이 언제나 존재한다는 것이며, 이 말은 동일한 문제에 대해서도 개발자 혹은 개발팀의 능력이나 인원 수, 개발에 지원되는 여러 자원들, 개발기간, 개발방법론 등에 따라 소프트웨어 시스템의 품질과 개발비용이 천차만별일 수 있음을 의미하는 것이다.

개발비용 산정에 영향을 주는 요소들로서는

- **프로젝트 자체 요소**: 문제의 난이도, 시스템의 규모, 요구 신뢰도 등
- **투입 자원 요소**: 인적(프로그래머) 자원, 하드웨어 자원, 개발지원 소프트웨어 자원 등
- **생산성 요소**: 적용 개발방법론, 개발자의 능력과 자질, 개발기간 등이 있다.

이러한 요소들 중에서 문제의 난이도(難易度)는 프로젝트의 복잡도(複雜度)라고도 볼 수 있으며, 복잡도가 높아질수록 고급 개발자와 더 많은 개발기간을 필요로 하게 되어 개발비용이 상승하게 되며, 시스템의 규모가 클수록 개발비용은 기하급수적으로 증가한다는 사실에 유의해야 한다. 또 요구되는 신뢰도가 높을수록 철저한 분석과 설계, 완벽한 구현과 검증 및 확인 절차가 필요하게 되어 역시 개발비용이 상승할 수밖에 없게 된다.

이와 관련하여 보헴(Boehm)과 부룩스(Brooks)는 소프트웨어 제품을 응용 프로그램, 유틸리티(개발지원) 프로그램, 시스템 프로그램의 세 범주로 나누고, 시스템 프로그램을 개발하는 것은 유틸리티 프로그램을 개발하는 것보다 3배 어렵고, 유틸리티 프로그램 개발은 응용 프로그램 개발보다 3배가 어렵다는 연구결과를 발표한 적이 있다.

인적자원요소의 자질, 즉 프로그래머의 자질은 생산성과도 밀접한 관계를 맺는 주요 요소로서 개발에 투입되는 하드웨어 및 개발지원용 소프트웨어와 함께 그 양과 질에 의해 개발비용이 크게 달라지게 한다.

특히 프로그래머의 능력 차이는 어느 한 특정 작업이나 환경에 제한적으로 일정한 비율로 적용되는 것이 아니라 컴퓨팅 환경이 복잡하거나 어려운 작업일수록 그 차이가 훨씬 크며, 소규모 프로젝트에서는 매우 큰 영향을 미치는 것으로 연구되었으며 전형적으로는 프로그래머의 자질에 따라 5배 정도의 생산성 차이가 나는 것으로 알려져 있다. 따라서 탁월한 능력을 소유한 프로그래머를 투입할수록 생산성은 높아지게 마련이다.

그러나 우수한 능력을 가진 프로그래머는 그만큼의 좋은 대우를 요구하게 될 것이므로 전체적인 개발비용을 최소화하기 위해서는 고급, 중급, 초급 기술자들을 적절히 활용하는 방안을 강구해야 할 것이다.

보통의 사람들이 대수롭지 않게 여기거나 모르고 있는 주요 요소 중의 하나가 바로 적용 개발방법론 요소이다. 시스템을 개발하는데 어떤 개발방법론은 적용하느냐에 따라 생산성에 있어 많은 차이를 보이게 되며, 이는 바로 개발비용 증감으로 나타나게 된다.

이외에도 개발기간이 늘어날수록 인건비가 상승하게 되는 것은 당연하지만 같은 규모의 시스템을 개발한다고 가정했을 때 개발기간이 길면 길수록 전체 개발비용이 낮아지는 것으로 조사되고 있다. 이는 개발기간이 늘어날수록 생산성이 향상된다는 것을 의미하며, 이 때문에 가능하다면 투입인력을 반으로 줄이더라도 개발기간을 늘여 잡는 것이 개발비용을 절감한다는 측면에서는 효과적이다.

[2] 하향식 개발비용 산정방법

개발비용을 산정함에 있어 마치 구구단을 외우듯이 일정한 공식을 적용할 수는 없으며 어찌 보면 아주 주먹구구식으로 개발비용을 산정하는 것처럼 보일 수도 있다. 왜냐하면 모든 것이 불분명하기 때문이다. 개발할 시스템의 각 기능들을 구현하는 데 필요한 원시 프로그램 줄 수(lines of code)를 산정하는 것도 그러하고, 각 단계별로 투입할 인월 수를 산정하는 것도 그러할 뿐만 아니라 개발환경과 특성, 개발자의 품질 자체가 명약관화(明若觀火)하게 드러날 수 없기 때문에 다만 우리가 할 수 있는 것이라고는 예측의 정확성을 상대적으로 높이는 것뿐이다.

이러한 이유로 인하여 시스템 개발비용을 상정함에 있어 많은 개발경험과 전문지식을 가진 전문가들의 감정(鑑定)이나 회의로부터 도출되는 결과를 중시하게 되는 것이다.

이처럼 전문가나 경험과 전문지식이 풍부한 개발자들이 모인 회의에서 인력, 시스템 규모 등을 고려하여 필요한 비용을 거시적으로 예측(산정)하는 방법을 **하향식(top-down) 개발비용 산정법**이라 하고, 세부적으로는 **전문가의 감정**(**expert judgement**)과 **델파이(Delphi)식 산정법**이 있다.

- **전문가의 감정**: 전문가의 감정에 의해 개발비용을 산정하는 방법은 하향식 산정기법의 일종으로서 가장 널리 사용되고 있다. 이 방법의 장점은 편리하며 믿을 만하다는 점이다. 특히 급하게 개발예산을 산정해야 하거나 입찰에 응해야 하는 경우 등에는 아주 유용하게 적용할 수 있다. 그러나 어디까지나 과거의 경험을 바탕으로 한 추측의 결과이므로 비과학적이며 전문가 개인의 견해에 따라 변동 폭이 클 수 있다는 점, 개인적인 관련성, 정책적인 배려, 외부로부터의 압력 등등의 요인으로 인해 객관성이 결여 될 수 있다는 점 등이 단점으로 꼽힌다. 이를 보완하기 위한 수단으로 델파이식 산정법이 사용된다.
- **델파이식 산정**: 회의를 통하여 개발비용을 산정하기란 참으로 어려운 일이다. 왜냐하면 개발비용 산정 회의에 참석하는 사람이라면 나름대로 모두 전문가 수준일 것이고, 이들은 자신의 견해나 경험 등을 토대로 강력한 주장을 펼칠 것이기 때문이다.

자신들의 견해나 경험을 토대로 한다고는 하지만 흔히 말하는 '뻥튀기기' 또는 '축소'된 주장이 제기될 수 있고, 입장에 따라 기준을 달리하는 경우도 있을 수 있으며, 토론의 과정에서 감정적인 대립의 양상으로 발전할 수도 있기 때문에 결국 의견 일치로 개발비용을 산정하기란 매우 어려운 것이 현실이다.

이러한 문제점들을 해결하기 위한 방안의 하나로 등장한 것이 바로 델파이식 기법이며, 이 기법에서는 개발비용 산정을 위한 전문가들이 분위기나 편견에 지배받지 않도록 하기위하여 조정자(coordinator)를 둔다.

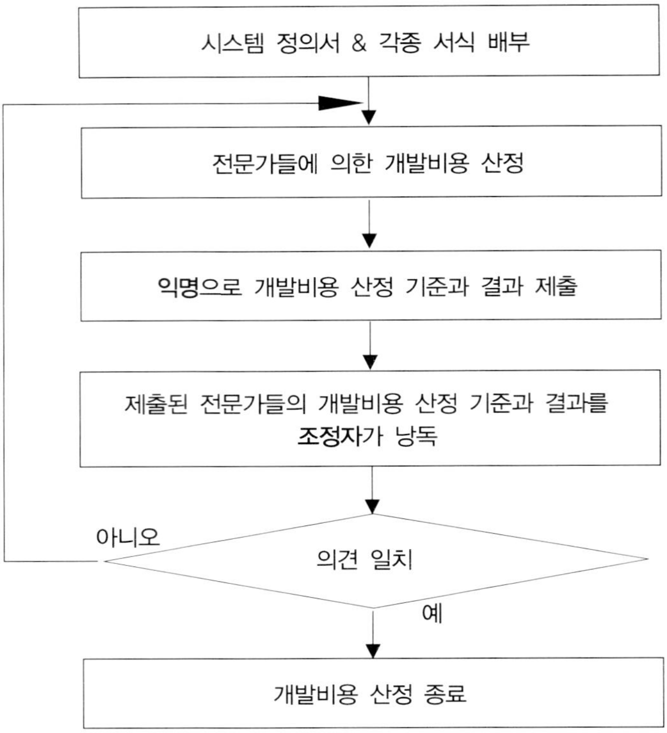

그림 2-4 델파이식 개발비용 산정 과정 흐름도

델파이식 기법으로 개발비용을 산정하는 과정은 다음과 같다.

01 조정자는 개발비용 산정을 위해 참석하는 전문가들에게 시스템 정의서와 개발비용 산정 기준과 산정된 개발비용을 기록할 서식을 배부한다.

02 참석자들은 이름을 밝히지 않은 채로, 즉 익명으로 자신의 비용 산정 기준과 결과를 적은 서류를 조정자에게 제출한다.

03 조정자는 제출된 서류의 내용, 즉 각 참석자의 산정 기준(견해)과 결과를 낭독하고, 의견 일치가 이루어지면 회의를 종료하지만 그렇지 못한 경우에는 다시 비용 산정 과정을 거치도록 한다.

04 개발 비용이 산정될 때 까지 앞의 02와 03의 과정을 반복한다.

델파이식 산정 기법에서는 조정자를 통해서 알게 되는 다른 참석자들의 산정 기준을 통해 자신의 과오를 깨닫게 될 것이고, 이를 반영하여 개발비용을 다시 산정할 것이므로 이런 과정을 반복함으로써 결국 의견 일치를 이룰 수 있게 될 것이라는 것이 주된 개념이다.

궁극적으로 시작단계에서 큰 차이를 보이는 견해라 할지라도 토론 없는 비용 산정 → 조정자에게 기준과 결과 제출 → 조정자에 의한 산정 기준과 결과 낭독의 과정을 되풀이 하면서 마침내는 의견 일치를 이루어 가는 기법이라 할 수 있다.

[3] 상향식 개발비용 산정법

하향식 개발비용 산정방법은 보기에 따라서는 아주 비과학적이고 비합리적으로 보일 수도 있다. 이러한 점을 타파하기 위하여 시스템을 업무분류구조(WBS; Work Breakdown Structure)로 세분하고, 각 구성 요소에 대한 개발비용을 독립적으로 산정한 후, 이를 집계하는 미시적인 접근 기법이 바로 **상향식(bottom up) 개발비용 산정 기법**들이다.

상향식 개발비용 산정기법에서는 이 기법의 근간이 되는 WBS를 시스템이 제공하는 기능 중심으로 정의하는 것을 원칙으로 하나 경우에 따라서는 프로세스 중심으로 정의하기도 하며, 각 기능을 구현하는 프로그램의 줄 수(lines of source program) 또는 개발단계별로 소요되는 인월 수(number of man-month)를 예측하여 이를 비용으로 환산시킨다.

- **프로그램 줄 수 기법**: 이 기법에서는 WBS 상의 각 기능을 구현하기 위한 프로그램의 줄 수(lines of source program)를 근간으로 개발비용을 산정한다.
  프로그램의 줄 수는 PERT(project evaluation and review technique)의 예측 공식을 이용하여 계산하는 것이 가장 효율적인 것으로 알려져 있다.

$$\text{예측치} = \frac{\text{낙관치} + (4 \times \text{기대치}) + \text{비관치}}{6}$$

  이 공식은 확률론에서의 베타 분포도(beta distribution)에 근거하여 낙관치(optimistic estimate), 기대치(most likely estimate) 및 비관치(pessimistic estimate)의 확률적 집합으로 예측치를 계산하고 있다. 이 공식에 의한 예측치(예상 프로그램 줄 수)에 프로그래머 한 사람이 한 달에 작성할 수 있는 프로그램 줄 수, 즉 평균생산성을 적용시키면 필요한 인력을 예측할 수 있고, 이 결과에 평균 인건비를 적용시키면 전체 인건비도 계산할 수 있게 되어 전체 개발비용 산정이 가능해진다.

- **개발단계별 인월 수 기법**: 이 기법에서는 시스템 개발의 각 단계에서 요구되는 인력을 예측하고, 이를 토대로 개발비용을 산정하게 된다. 이 기법을 적용하게 되

면 프로그램 줄 수를 근간으로 하는 기법보다 더 정확한 개발비용을 산정할 수 있는 것으로 알려져 있다.

왜냐하면 프로그램 줄 수를 근간으로 하는 경우에는 전 개발과정에 걸쳐 동일한 수준의 인력이 투입되는 것으로 가정될 수밖에 없지만 현실에서는 각 단계별로 요구되는 인력의 기술수준이 다 다른 것이 사실이기 때문이다.

따라서 이 기법을 적용한다면 각 단계별로 투입되는 실질 인력의 인건비를 반영할 수 있어서 보다 정확한 개발비용 산정이 가능해지는 것이다.

이 기법에서 요구하는 각 단계별 인월 수 산정에도 PERT의 예측 공식이 적용되지만 이 경우에는 프로그램 줄 수를 예측하는 것이 아니라 소요되는 인월 수를 예측하게 된다.

[4] 수학적 개발비용 산정법

수학적 개발비용 산정기법은 하향식 및 상향식 산정기법에서의 불확실성과 수동성을 개선하기 위해 고안된 기법이라 할 수 있다. 즉, 정해진 공식에 필요한 인수를 입력하는 것만으로 개발비용을 정확히 산정할 수 있기 때문에 산정된 개발비용에 대한 불확실성을 감소시킴과 동시에 작업의 자동성을 확보할 수 있게 되는 것이다.

수학적 개발비용 산정기법에서 사용되는 공식들은 이미 개발 구축이 완료된 시스템의 결과 분석을 토대로 유도되어졌으며, 보다 정확한 공식을 유도하려면 다양한 사례와 요인들에 의한 변화를 반영하여야 할 것이다.

예를 들면 다양한 사례의 실제로 구축된 시스템의 주요 기능, 복잡도, 신뢰도 수준, 제약조건, 전체 프로그램의 줄 수, 투입된 인월 수, 산출 문서들의 총 분량, 개발기간, 총 개발비, 각종 개발지원도구들, 유지보수비용 등을 반영함으로써 보다 보편적으로 경우에 적용할 수 있는 정확한 개발비용 산정 공식을 얻을 수 있을 것이다.

이러한 시도는 이미 오래 전부터 있어 왔으며, 그 결과로 IBM사에 근무했던 Walston과 Felix라는 두 사람은 다양한 프로젝트의 실적 분석 결과를 토대로 개발비용 계산공식을 유도하고 이를 1977년에 발표한 바 있다. 이들이 발표한 공식은 간단명료하기 때문에 이용하기 편리하다는 장점은 있었으나 결과의 정확성이 비교적 낮았던 것으로 평가되어 왔다.

최근 들어서는 Boehm이 주창하는 COCOMO(COnstructive COst MOdel) 모델, Putnam의 비용추정 모델, Albrecht의 기능점수(function point) 모델 등이 널리 통용되고 있는 추세이다(보다 상세한 내용은 소프트웨어 공학 분야를 참조할 것).

- **COCOMO 모델:** 이 모델에서의 기본 개념은 여러 프로젝트 실적 분석 결과로부터 유도된 기본공식을 적용하되, 개발 예정 시스템의 여러 특성에 따라 산정 결과를 보정하자는 것이다.

  기본(basic) COCOMO 모델에서는 소프트웨어의 유형을 시스템 소프트웨어처럼 하드웨어에 종속적인 내재(Embedded) 형태, 유틸리티(utility)처럼 하드웨어에 준종속적인 준분리(Semi-Detached) 형태, 일반 응용프로그램처럼 유기적(organic) 형태의 세 가지 형태로 구분하고, 각 형태에 따라 적용 가능한 기본 공식을 제공하고 있다.

[표 2-4] 기본 COCOMO 모델에서의 기본 공식

소프트웨어 유형		기본 공식	
유형	설명	총 인월(MM)	개발기간(TDEV)
유기형	일반 응용프로그램 50 KDSI 이하 규모	$2.4 \times [\text{KDSI}]^{1.05}$	$2.5 \times [\text{MM}]^{0.38}$
준분리형	유틸리티, 개발지원도구 50-300 KDSI 규모	$3.0 \times [\text{KDSI}]^{1.12}$	$2.5 \times [\text{MM}]^{0.35}$
내재형	시스템 소프트웨어 300 KDSI 이상	$3.6 \times [\text{KDSI}]^{1.20}$	$2.5 \times [\text{MM}]^{0.32}$
KDSI: thousands of delivered source instruction = 1,000 줄(스텝) MM: Man-Month, TDEV; Total Development Time 단, 수행 명령 줄만 인정			

COCOMO 모델의 기본 공식 적용 사례

- 예상 프로그램 줄 수 = 32 KDSI → 유기형에 해당
  - 인월수(MM) = 2.4×[32]1.05 = 91.3311064.... ≒ 91
  - 개발기간(TDEV) = 2.5×[91]0.38 = 13.87956... ≒ 14개월
  - 적정투입인원수 = 인월수(MM) / 개발기간(TDEV)
  - 개발비용 = 적정투입인원수 × 개발기간(TDEV) × 월평균임금 으로 계산될 수 있다.

기본 COCOMO 모델에서 제공하는 기본 공식도 근본적으로 부정확한 요소를 안고 있기는 마찬가지이다. 왜냐하면 기본 공식에서 시스템 개발 초기에는 예측이 어려울 뿐만 아니라 부정확할 수밖에 없는 프로그램 줄 수를 요구하고 있기 때문이며, 이 점이 COCOMO 모델의 가장 큰 약점으로 지적되고 있다.

기본 COCOMO 모델에서는 단지 프로그램 줄 수만을 고려하여 개발비용을 산정하고 있으나, 현실적으로는 프로젝트의 규모와 난이도, 분석가의 자질 등에 따라 개발비용

이 크게 달라진다. 이러한 특성들을 반영하여 보다 정확한 개발비용을 산출하기 위해서는 기본 COCOMO 모델의 산정 결과를 보정할 필요가 있다. 이를 위해 사용되는 값을 **노력조정인수(effort adjustment factor)**라고 부르며, 제품의 속성, 컴퓨터의 속성, 개발자의 속성, 프로젝트의 속성과 세부 내용에 따라 15가지로 분류하고 각각의 값을 할당해 두었다.

이처럼 15종류의 노력조정인수를 적용하여 기본 COCOMO 모델의 결과를 보정하는 모델을 **중간(intermediate) COCOMO 모델**이라 한다.

또, 시스템을 모듈, 서브시스템으로 세분한 후 중간 COCOMO 모델과 동일한 방법으로 개발비용을 구할 수 있는 **상세(detailed) COCOMO 모델**도 있으나, 이 모델은 후반부 개발단계에 적용 가능하다.

- **Putnam의 비용추정 모델**: 이 모델은 L. H. Putnam이라는 사람이 주장한 모델로서, 일반적인 연구나 개발 프로젝트 수행에 필요한 인원수는 레일리히(Rayleigh) 분포도를 따른다는 1958년 Norden의 이론을 개발비용 산정 공식에 적용시킨 것이며, **동적 모델(dynamic model)**이라는 특징이 있다.

$$\text{인월수(MM)} = [\text{프로그램 줄 수(DSI)}]^3 / ([\text{개발기술지수}]^3 \times [\text{개발기간}]^4)$$

$$\text{프로그램 줄 수(DSI)} = \text{인월수(MM)} \times [\text{개발기술지수}] \times [\text{개발기간}]^{4/3}$$

이 모델에서 사용하는 개발비용 산정 공식에서는 프로그램 줄 수를 1,000줄 단위로 적용하지 않으며, 개발기술지수는 좋음(10,000)을 기준으로 매우 좋음(12,500)과 매우 나쁨(6,500)의 범위로 제한하고 있다.

- **기능점수**(function point) **모델**: 이 모델은 A. J. Albrecht라는 사람이 소프트웨어 생산성 측정을 위해 개발한 모델로서, 입력, 출력, 처리(프로그램), 파일 및 외부 인터페이스 등과 같은 여러 요인별로 가중치를 부여하여 기능점수를 계산하고, 이 결과에 프로젝트의 특성을 고려한 영향도를 추가로 곱하여 최종 기능점수를 산정하며, 이를 토대로 총 소요 인월 수와 시스템의 규모를 산정하게 된다.

[5] 소프트웨어 기술자의 등급별 노임 단가

소프트웨어 시스템 개발비용 추정에 꼭 필요한 요소인 개발기간, 인월 수, 적정투입인원 등은 앞서 살펴 본 여러 가지 방법으로 할 수 있으며, 이들은 상호 연관성이 아주 높기 때문에 상황에 따라 유리한 쪽을 선택해야 한다.

예를 들면 총 인월 수가 15일 경우, 5개월 동안 3명을 투입하는 방법도 있고, 3개월 동안 5명을 투입하는 경우도 생각해 볼 수 있으며, 심지어는 1개월에 15명을 투입하거나, 1명이 15개월에 걸쳐 개발하는 극단적인 경우까지도 고려해 볼 수 있다. 이럴 경우 어떤 방법을 선택하는 것이 옳을까?

일반적으로 개발기간이 늘어나면 개발자의 생산성이 높아지는 것으로 알려져 있기 때문에 가급적이면 투입 인원수를 줄이더라도 개발기간을 늘이는 것이 낫다.

이렇게 개발기간과 인월 수가 확정된다고 하더라도 실제의 개발비용이 얼마인가를 확정하려면 소프트웨어 개발을 직접 담당하는 기술자의 노임 단가와 관련 작업의 난이도를 알아야 하는 데, 노임 단가는 해마다 변동하고 있기 때문에 유동적이다.

우리나라에서는 "**소프트웨어산업진흥법**"과 동 시행령에서 "소프트웨어기술자의 등급별 노임단가"를 규정하고 있으며, 대부분의 개발비용 산정에 적용되고 있다.

"소프트웨어산업진흥법" 제22조에서는 사업대가기준을 다음과 같이 정하고 있다.

> 제22조(사업대가기준) ① 지식경제부장관은 국가기관등에서 소프트웨어사업의 계약을 체결하는 경우 원가계산업무에 활용할 수 있도록 소프트웨어사업의 대가기준을 정하여 고시하고 그 기준에 의하여 시행할 것을 권장할 수 있다.
> ② 제1항에 따른 대가기준은 소프트웨어산업의 건전한 발전과 소프트웨어사업의 품질을 보장할 수 있는 적정한 수준이어야 한다.
> ③ 제1항에 따른 소프트웨어사업의 대가기준을 결정하는데 필요한 소프트웨어기술자의 등급별 노임단가 등에 관하여 필요한 사항은 대통령령으로 정한다.
> ④ 지식경제부장관은 제1항에 따라 소프트웨어사업의 대가기준을 정하고자 하는 때에는 기획재정부장관과 협의하여야 한다.

또 소프트웨어산업진흥법 시행령 제16조에서는 소프트웨어기술자의 등급별 노임단가에 대해 다음과 같이 규정하고 있다.

> 제16조(소프트웨어기술자의 등급별 노임단가) 법 제22조의 규정에 의한 사업대가기준에 적용할 소프트웨어기술자의 등급별 노임단가는 법 제26조의 규정에 의한 한국소프트웨어산업협회가 「통계법」에 의하여 조사·공표한 바에 의한다.

이에 따라 한국소프트웨어사업협회에서는 매년 소프트웨어기술자의 임금동향을 조사·분석하여 공표하며, 이것이 당해 연도 공인 노임단가가 된다.

[표 2-5] 소프트웨어기술자 등급별 평균임금

구분	2017년 조사인원	평균임금(일평균)		평균임금 (월평균)	평균임금 (시간평균)
		2016년	2017년		
기술사	348	437,227	452,611	9,414,309	56,576
특급기술자	17,531	381,502	391,068	8,134,214	48,884
고급기술자	10,302	284,440	305,353	6,351,342	38,169
중급기술자	10,533	226,537	239,506	4,981,725	29,938
초급기술자	13,939	190,790	191,320	3,979,456	23,915
고급기능사	90	187,093	191,177	3,976,482	23,897
중급기능사	235	147,483	158,490	3,296,592	19,811
초급기능사	211	119,232	114,914	2,390,211	14,364
자료입력원	174	117,078	113,959	2,370,347	14,245

* SW기술자 평균임금은 소프트웨어산업진흥법 제22조(소프트웨어사업의 대가지급) 4항 '소프트웨어기술자의 노임단가'를 지칭함.
* 월평균임금은 일평균*근무일수(20.8일), 시간평균임금은 일평균÷8시간으로 각각 산정함.
* SW기술자 평균임금은 기본급, 제수당, 상여금, 퇴직급여충당금, 법인부담금을 모두 포함한 결과임.
* 2017년의 월평균 근무일수는 20.8일로 조사됨.
* SW기술자 평균임금은 2016년 대비 3.1% 증가함.
* DB구축비 대가기준 가이드에서 활용되는 자료입력원 평균임금의 기본급은 2017년 88,096원으로 조사됨.

※ SW기술자 평균임금은 공공분야의 SW사업 추진 시 참고자료로 활용 할 수 있으며, SW기술자 등급 산정 시, 수·발주자간 자율적 협의에 의한 기준을 마련하여 적용할 수 있음.

[시행일] 2017년 9월 1일부터 적용.

[표 2-6] 평균임금 적용을 위한 소프트웨어기술자 분류 기준

구분	기술자격자	학력·경력자
기술사	· 기술사	
특급 기술자	· 고급 기술자 자격 취득 후 3년 이상 소프트웨어 기술 분야에서 일정 기간 경력을 갖추거나 근무한 사람	
고급 기술자	· 중급 기술자 자격 취득 후 3년 이상 소프트웨어 기술 분야에서 일정 기간 경력을 갖추거나 근무한 사람 · 박사학위를 가진 자로서 기사자격을 취득한 자	
중급 기술자	· 기사 자격을 취득한 자로서 3년 이상 소프트웨어 기술 분야에서 일정 기간 경력을 갖추거나 근무한 사람 · 산업기사 자격을 취득한 자로서 7년 이상 소프트웨어 기술 분야에서 일정 기간 경력을 갖추거나 근무한 사람 · 기사 자격을 취득한 자로서 석사학위 취득 후 2년 이상 소프트웨어 기술 분야에서 일정 기간 경력을 갖추거나 근무한 사람	
초급 기술자	· 기사 자격을 취득한 자 · 산업기사 이상의 자격을 취득한 자	· 전문학사 이상의 학위를 가진 자 · 고등학교를 졸업한 후 3년 이상 소프트웨어 기술 분야에서 일정기간 경력을 갖추거나 근무한 사람
고급 기능사	· 산업기사의 자격을 취득한 자로서 4년 이상 소프트웨어 기능 분야에서 일정기간 경력을 갖추거나 근무한 사람 · 기능사의 자격을 취득한 자로서 7년 이상 소프트웨어 기능 분야에서 일정기간 경력을 갖추거나 근무한 사람	
중급 기능사	· 산업기사의 자격을 취득한 자 · 기능사의 자격을 취득한 자로서 3년 이상 소프트웨어 기능 분야에서 일정기간 경력을 갖추거나 근무한 사람	
초급 기능사	· 기능사의 자격을 취득한 자	

2.6. 아웃소싱(outsourcing)

시스템 구축 방안

- 자체개발
- 위탁개발
- 패키지 도입

아웃소싱 주요절차

- 제안요청서 발부(RFP; Request For Proposal)
- 제안서 접수
- 제안서 평가 및 개발업체 선정

기업체의 전산 환경도 빠르게 변화하고 있다. 전자기술과 제조기술의 발전으로 인한 하드웨어적인 변화도 물론이거니와 인적 자원의 구성과 관리 측면에서도 많은 변화를 가져왔다.

특히 근래에 들어 인적자원보유에 대한 부담이 증가하고, 사무자동화용 유틸리티(패키지 소프트웨어)들이 널리 보급되기 시작하면서 각 기업체들은 많은 수의 전산요원을 확보하고 소프트웨어를 자체적으로 개발(**자체 개발**)하던 행태에서 벗어나 시스템 개발 업무를 외주용역 회사에 맡기는 **위탁개발**방식, 소위 말하는 **아웃소싱**(outsourcing)이나 ERP(Enterprise Resource Planning, 전사적 기업 자원 계획) 등과 같은 **패키지 구매**를 통하여 소프트웨어 시스템을 구축하기 시작했으며, 이에 부응하여 이러한 작업들을 전문으로 하는 많은 회사들이 생겨났다.

일반적으로 어느 정도 정형화되거나 보편화된 업무 또는 그렇게 할 수 있는 업무에는 패키지를 도입 · 적용하는 것이 가능 하지만 제각각 고유의 처리방식이 필요한 업무에는 패키지를 적용할 수가 없다. 따라서 규모가 비교적 크거나 독자적인 처리방법을 적용해야 하는 업체에서는 패키지 도입보다는 위탁개발, 즉 전문적인 외주용역업체를 통하여 시스템을 구축하는 경우가 많다.

궁극적으로는 시스템 구축방법이 비용절감이라는 경제성과 실용성에 입각하여 자체개발에서 위탁개발로, 위탁개발에서 점차 패키지를 구매하는 방향으로 변하고 있으며,

각 방법들은 나름대로의 장단점을 가지고 있다.

[표 2-7] 시스템 개발 방법의 장단점 비교

개발방법	장점	단점
자체개발	· 자신의 환경에 가장 부합되는 시스템 개발 · 유지보수 용이	· 인력보유에 따른 비용부담이 큼 · 전문기술력 부족 · 생산성이 비교적 낮음
위탁개발	· 고도의 전문기술력 활용 · 개발인력에 대한 부담 감소 · 업무량 감소	· 사용자 요구사항에 부합되는 시스템 개발이 어려움 · 유지보수 비용 부담 · 진행과정 관리 비용 소요
패키지 구입	· 검증된 높은 신뢰도 · 도입기간이 아주 짧음 · 도입비용이 상대적으로 아주 적음	· 패키지의 기능과 성능이 사용자 요구사항과 완전히 일치하기 어려움

우리가 흔히 아웃소싱이라고 하면서 시스템 개발을 외주용역회사에 위탁하는 경우, 일반적으로 발주업체에서는 새로운 시스템이 가져야 할 포괄적인 기능과 현재의 상황 및 제약조건들을 알려주고는 외주용역회사로 하여금 그에 합당한 시스템과 구현 방안을 제안해달라고 요청하게 되며, 제안된 방안에 대한 검토를 거쳐 개발업체를 선정하고, 선정된 개발업체로 하여금 프로젝트를 수행하게 한다.

이에 따라 발주업체가 필요로 하는 요구사항을 어떻게 개발업체에 알려 주느냐?하는 것과, 어떠한 외주용역업체가 파트너(parter)로 선택되느냐에 따라 시스템의 성공적인 구축 여부가 결정되는 사례가 점차 늘어가고 있는 추세이다.

아웃소싱의 일반적인 진행 절차는 다음과 같다.

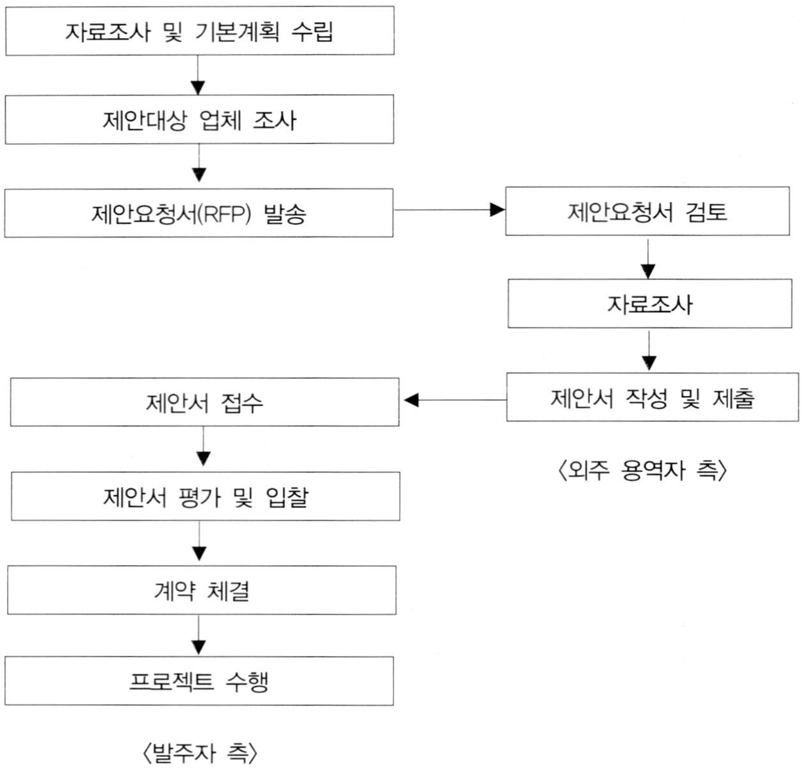

그림 2-5 **아웃소싱에 의한 시스템 구축절차**

[1] 제안요청서 작성

제안요청서는 말 그대로 제안을 요청하기 위해 만드는 문서로서 **제안요청서**보다는 통상적으로 **RFP**(Request for Proposal)라는 약어로 더 많이 사용되고 있다.

발주업체가 외부용역업체들로 하여금 자기들이 원하는 시스템을 구축하기 위한 방안을 제안해달라고 요청하기 위해서는 당연히 자기들의 요구사항이 무엇인지를 외주용역업체에 알려 주어야 할 것이다. 즉, 개발하고자하는 시스템이 가져야 할 포괄적인 기능과 현재의 상황 및 제약조건들을 알려주고는 외부용역회사로 하여금 그에 합당한 시스템 구현 방안을 제안해달라고 요청해야 하는 것이다.

이처럼 발주업체가 자기들의 요구사항을 체계적으로 정리한 문서로서 외주용역업체가 제안서를 작성할 때 기본적인 자료로 활용되는 문서를 **제안요청서** 또는 **RFP**(Request for Proposal)라 한다.

최근 들어서는 정보기술의 발전 속도가 급속도로 빨라지고, 다양한 기술을 통합한 정보시스템에 대한 요구가 높아지면서 제안요청서에 대한 중요성이 어느 때보다 커지고 있으며 얼마나 체계적으로 제안요청서를 작성하느냐에 따라 제안서의 품질이 결정되고 시스템 구축의 성공여부에도 큰 영향을 미친다는 인식이 점차 확산되고 있다. 기술에 대한 정보가 부족할 경우에는 같은 유형의 프로젝트 사례를 조사하거나 주변의 관련 회사에 관련 정보제공을 요청하게 되는데, 이때 사용하는 문서를 **RFI**(Request for Information)라 한다.

제안요청서에 대한 중요성이 점차 높아지면서 제안요청서를 작성할 때는

- 여러 전문 업체의 도움이나 검증을 받을 것,
- 애매모호한 정성적인 표현 대신 가능한 한 정량적으로 표현할 것,
- 문제점 진단과 명확한 목표 설정을 위해 충분한 시간을 가질 것,
- 체계적인 절차를 갖출 것,
- 전산화 추진위원회 등과 같은 조직을 구성하여 공동 추진할 것,
- 양질의 제안서를 얻기 위한 제안서 작성지침을 포함할 것 등이 요구되고 있다.

발주업체의 특성에 따라 제안요청서 내용이 제각각 다를 수 있지만 일반적으로는

- **제안을 요청하게 되는 사업에 대한 개요:** 이 속에는 사업 배경, 사업 목표, 사업 기간, 사업비용, 기업체의 현황 등을 포함하게 된다.
- **제안 요청 내용:** 이 속에는 제안에 기본적으로 적용되는 요건, 개발환경, 대상업무, 교육지원 조건, 유지보수 조건, 기술지원 조건 등이 포함되어야 한다.
- **제안 안내:** 이 속에는 말 그대로 제안에 필요한 사항들을 안내하는 내용이 포함되어야 한다. 예를 들면, 제안서 작성지침(제안서 목차와 작성 방법을 비롯한 입찰참가 신청서, 업체현황, 자본금 및 매출액, 가격제안서, 유사분야 사업실적, 프로젝트 추진조직도, 투입인력 내역 등과 같이 제안사에서 작성해야 하는 각종 서류 양식도 포함), 제안서 제출조건(제출 서류 포함), 제안서의 효력, 사업자 선정방식, 제안서 평가지침(제안서 평가 기준 포함) 등의 내용이 포함되어야 한다.

특히 가격제안서 등과 개발업체 선정에 직접적인 영향을 줄 수 있는 항목들은 추후 계약 시에 민감하게 작용할 수 있는 부분이므로 세심한 주의를 기울여 작성해야 한다.

[2] 제안서 작성

한편 발주업체의 제안요청서에 대해 외주용역회사에서 작성하는 제안서(proposal)는 기술력을 판매하기 위한 영업 활동의 기본이 되는 문서로서 아주 중요한 의미를 지니며, 이 속에는 시스템을 구축하려는 조직에서의 요구 사항들을 해결하기 위한 방법, 절차, 일정, 조직 및 투입 인력, 예산 등에 관한 내용들이 당연히 포함되어야 한다. 특히 모든 내용들은 사용자의 입장에서 정리되고 표현되어야 한다.

사용자들은 제안서를 통하여

- 유사업무 개발 경험 유무,
- 개발요원 및 개발기술 확보 여부,
- 개발업무에 대한 이해도,
- 교육훈련 방안 및 유지보수 방안,
- 개발업체의 대외적 인지도(명성) 및 신뢰도(재무구조, 관리능력),
- 개발 일정의 적합성,
- 개발 방법론 등을 주로 파악하고자 하므로, 이에 대한 사항들은 가급적 빠짐없이 언급하여야 한다.

이러한 사항들을 표현함에 있어

- 제안요청서에 제시된 제안서 작성지침 준수,
- 가시적인 효과를 높이기 위하여 그림이나 도표 활용,
- 논리적 순서에 의거하여 조직적으로 작성,
- 지나친 기술적인 언급 자제,
- 타 업체와의 부적절한 비교 자제,
- 근거 없는 감성적 또는 감정적 표현 자제,
- 제안에 대한 타당성 근거 제시 등이 요구된다.

제안서의 구성형태는 제안업체마다 다 다를 수 있지만, 기본적으로는 제안요청서에서 제시하는 제안서 작성지침에 따라야 한다. 이 말은 이하에 설명되는 내용에 따른 제안서 작성지침이 제안요청서 속에 포함되어야 한다는 것을 의미하기도 한다.

일반적으로 제안서는 다음의 형태로 구성되는 것이 바람직하다.

- **제안 내용의 요약**: 제안의 주요골자를 인식시킬 수 있으며, 이를 통하여 제안업

체의 이미지를 제고할 수 있다.

- **제안의 목적과 배경**: 개발업체의 입장에서는 제안 목적이 당연히 돈을 벌기 위해서 일 것이며, 이러한 목적은 말하지 않아도 모두가 암묵적으로 인정하고 있는 사실이다. 따라서 새로운 시스템 개발과 관련하여 개발자의 입장에서 본 시스템 구축의 타당성, 개발업체의 기술력, 기대효과 등을 언급하면서 새로운 시스템 구축에 적임자임을 강조하는 것이 좋다.

- **제안업체 소개**: 개발업체에 대한 내용을 소개한다. 이는 제안 평가자들로 하여금 신뢰를 얻기 위함이기 때문에 유사 분야에서의 수주 및 개발 실적, 기술 인력 보유 현황, 재무구조 등과 같은 기업 환경에 대해 정확히 알려 줌으로써 신뢰를 얻을 수 있도록 해야 한다.

- **해결책 제시**: 제안 요청서에 나타난 문제점들에 대한 해결책을 제시해야 한다. 구체적으로는 제안하는 시스템의 개요, 특성, 구성, 개발업무의 범위, 기능설명, 개발전략, 구현방안 등에 관하여 체계적으로 그러면서 설득력 있게 제시되어야 한다.

- **추진전략 제시**: 추진전략을 제시한다는 것은 개발 공정관리를 성실히 하겠다는 것을 표명하는 것이다. 이에 따라 프로젝트 운영전략, 개발사업 추진체계(조직), 프로젝트 추진일정과 개발인원 투입 계획, 품질보증계획, 추진단계별 주요 활동 및 산출물 등에 관하여 기술하여야 한다.

- **사후 관리전략**: 사용자 입장에서는 무엇보다 가장 큰 관심사인 인수시험을 비롯한 시험절차, 교육훈련계획, 운용 및 유지보수 지원계획, 시스템 보안 및 비상대책 등과 같이 시스템 개발 후에 이루어질 활동들에 대해 언급함으로써 보다 큰 신뢰감을 얻을 수 있다.

- **가격 제안서**: 현실적인 측면에서는 가장 중요한 내용으로서, 다른 용역업체와의 경쟁 때문에 그 내용을 절대 공개할 수 없는 부분이다. 따라서 이 부분은 제안서 작성자가 결정하는 것이 아니라 경영진의 검토와 승인을 필요로 하는 부분이며, 통상적으로 밀봉하여 제출하거나 생략하는 경우도 많다. 가격 제안을 생략한 경우에는 별도의 입찰과정을 통해 개발업체를 선정하게 된다.

통상적으로 제안서에 의해 기술력을 검증받게 되며, 그 결과에 따라 입찰 참가 여부 및 계약 체결, 즉 용역수주가 결정되므로 제안서는 아주 성실하게 작성하여야 한다. 이 때문에 우수한 제안서 작성 기법들이 많은 책과 논문으로 발표된 바 있으며, 선진국에서는 이의 이행을 당연시하고 있다.

자신의 제안이 채택되지 못한 경우에는 그 동안 제안서 작성을 위해 기울인 노력과 시간, 경제적인 모든 것들이 수포로 돌아가기 때문에 그야말로 막대한 손해를 감수하지 않으면 안 된다. 특히 정신적인 타격도 감수해야 한다. 이러한 손실과 타격을 입지 않기 위해서는 최선을 다해야 할 것이다.

그래도 탈락하는 경우는?

제안서 작성에서 가장 어려운 부분은 개발비용(가격제안서)을 산정하는 것이다. 제안서를 작성하는 시점에서는 구체적인 요구사항과 개발 여건을 정확하게 파악할 수가 없기 때문에 개발비용을 개괄적으로 산정할 수밖에 없으며, 입찰경쟁에서 이기기 위해서는 무턱대고 개발비용을 높게 책정할 수도 없는 실정이며, 계약이 체결되고 나면 책임이행을 요구하기 때문이다. 이 때문에 외주용역업체에서는 나름대로의 개발비 산정 조직과 기준을 갖추고 있어야 한다.

근래에 들어와서는 시스템 개발에 소요되는 비용과 소프트웨어의 품질이 정비례하지는 않지만 깊은 상관관계가 있다는 인식이 확산되면서, 무조건적인 최저가격에 의한 낙찰보다는 소프트웨어의 복잡성이나 규모 등에 걸맞은 적정 수준의 합리적인 개발비용이 되도록 협상하는 경향이 높아지고 있다.

제안서를 작성함에 있어 항상 간직해야 할 내적 자세는 "고객은 왕이며, 언제나 옳으며, 언제나 만족되어야 한다는 것"을 철저히 인식하는 **프로정신**이다.

[3] 제안서 검토 및 평가

제안요청서에 의거하여 여러 외주용역업체들의 제안서를 접수하게 되면 발주업체에서는 이를 평가하여 우수한 용역업체를 선정하게 된다. 획일적인 기준으로 제안서를 일괄 평가할 수만 있다면 문제는 간단하지만, 제각각의 장단점과 다양한 평가 요소 및 영향 요소들로 인하여 제안서를 공정하게 평가한다는 것은 결코 만만한 일이 아니다.

물론 제안요청서에 제안서 평가기준이 제시되고, 이를 그대로 적용한다고 하더라도 시스템의 규모와 제안업체의 전략에 따라 제안서의 분량이 달라지기는 하지만 보통 2~3백 페이지는 족히 되는 제안서들을 획일적인 기준으로 평가하기란 거의 불가능하다.

또 아주 특별난 경우를 제외하고는 거의 동등한 기술력을 갖춘 대기업과 유망 중소기업들이 동참하게 되는데 이들의 기술력과 신뢰성에 대한 평가도 지극히 어려운 것이 사실이며, 이외에도 소위 로비활동이라고 일컬어지는 용역업체의 막후교섭이나 상부의 압력, 학연 지연 등과 같은 개인적인 친분 관계 등으로 인하여 제안서 평가가 제대로 이루어지기가 지극히 어려운 것이 현실이다.

그러나 건전한 소프트웨어 개발 문화가 정착되기 위해서는 공정한 기준에 의해 제안서 평가가 이루어져야 하며, 특히 개인적인 인간관계나 막후교섭과 같은 비정상적인 거래관행은 철저히 배제되어야 할 것이다. 또 평가자의 감정이나 주관에 따라 평가되는 것도 방지해야 할 것이다.

그렇게 하기 위해서는 무엇보다 제안요청서에 포함된 '제안서 평가지침'이나 '제안서 평가기준'을 적용한 '제안서 평가표'를 적용하되, 평가항목 및 배점한도를 정하여 평가결과의 객관성을 확보하는 것이 바람직하다.

이를 위해서 국가기관을 대상하는 외주용역의 경우에는 정보통신부 고시 "**소프트웨어 기술성평가기준**(제2007-51호)"에서 정해 놓은 '**기술제안서 평가항목 및 배점한도**'를 준용하되 각 기관별 실정에 맞게 평가항목을 추가, 조정하거나 항목별 배점한도를 가·감하여 제안서를 평가할 수 있도록 규정되어 있으며, 민간업체인 경우에도 이를 준용하는 경우가 많다.

[표 2-9] 기술제안서 평가항목 및 배점한도(정보통신부 고시)

대항목	중항목	평가요소	배점 기준		
			SW개발사업	ITA·ISP사업	운영유지 보수사업
개발 계획 부문	유사분야에서의 개발경험	- 개발경험의 유사성 - 개발경험 건수 및 시기 - 개발분야의 규모 및 역할 - 자체개발기술 등 관련기술 보유	30	35	20
	개발대상사업의 이해도	- 개발목표 및 내용의 이해도 - 문제파악의 정확성 - 업무분석체계의 명확성 - 목표시스템 구성의 적정성 - 제안요청서와의 부합성			
	개발전략	- 추진전략의 창의성 - 추진전략의 타당성 - 적용기술의 혁신성 - 적용기술의 최신성 - 제안기술의 실현가능성			

<table>
<tr><th rowspan="2">대항목</th><th rowspan="2">중항목</th><th rowspan="2">평가요소</th><th colspan="3">배점 기준</th></tr>
<tr><th>SW개발사업</th><th>ITA·ISP사업</th><th>운영유지 보수사업</th></tr>
<tr><td rowspan="3">개발 부문</td><td>기능 및 성능</td><td>- 기능요구 충족도
- 성능요구 충족도
- 운용요구 충족도
- 표준요구 충족도
- 사용자편의성 충족도</td><td>25</td><td rowspan="3">35</td><td rowspan="3">20</td></tr>
<tr><td>개발방법론</td><td>- 개발절차의 타당성
- 개발산출물의 적정성
- 도구와 기법의 적정성과 경험
- 적용방법론의 경험</td><td rowspan="2">10</td></tr>
<tr><td>개발환경</td><td>- 개발장비 보유현황 및 확보방안
- 개발도구 보유현황 및 확보방안</td></tr>
<tr><td rowspan="5">관리 부문</td><td>경영상태</td><td>- 재무구조
- 신용 평가기관의 신용도</td><td rowspan="5">10</td><td rowspan="5">15</td><td rowspan="5">20</td></tr>
<tr><td>사업수행조직</td><td>- 조직체계의 적정성
- 참여인력의 적정성</td></tr>
<tr><td>품질보증방안</td><td>- 품질보증계획의 적정성
- 품질보증인력의 자질
- 사업자 품질보증 능력
- 국제 소프트웨어 개발 프로세스 품질인증 획득 여부</td></tr>
<tr><td>관리방법론</td><td>- 위험관리 방안의 적정성
- 자원관리 방안의 적정성
- 진도관리 방안의 적정성
- 보안관리 방안의 적정성
- 형상관리 방안의 적정성
- 문서관리 방안의 적정성</td></tr>
<tr><td>일정계획</td><td>- 세부활동 도출 및 기간의 타당성
- 세부활동 배열의 합리성
- 중간목표 정의의 타당성
- 자원배분의 합리성</td></tr>
</table>

<table>
<tr><th rowspan="2">대항목</th><th rowspan="2">중항목</th><th rowspan="2">평가요소</th><th colspan="3">배점 기준</th></tr>
<tr><th>SW개발사업</th><th>ITA·ISP사업</th><th>운영유지
보수사업</th></tr>
<tr><td rowspan="5">지원
부문</td><td>시험운영</td><td>- 시험운영 방법의 적정성
- 시험운영 내용의 적정성
- 시험운영 일정의 적정성
- 시험운영 조직의 적정성</td><td rowspan="5">5</td><td rowspan="5">5</td><td rowspan="5">25</td></tr>
<tr><td>교육훈련</td><td>- 교육훈련 방법의 적정성
- 교육훈련 내용의 적정성
- 교육훈련 일정의 적정성
- 교육훈련 조직의 적정성</td></tr>
<tr><td>유지보수방안</td><td>- 유지보수 계획의 적정성
- 유지보수 조직의 적정성
- 유지보수 절차의 적정성
- 유지보수 범위의 적정성
- 유지보수 기간의 적정성</td></tr>
<tr><td>기밀보안</td><td>- 기밀보안 체계의 적정성
- 기밀보안 대책의 확신성
- 저작권존중여부</td></tr>
<tr><td>비상대책</td><td>- 백업/복구 대책
- 장애대응 대책</td></tr>
<tr><td rowspan="3">전문
업체
참여
및
상호
협력
부문</td><td>전문업체 참여</td><td>- 전문업체기술의 부합성
- 전문업체의 자질
- 전문업체 활용방안의 적정성</td><td rowspan="2">10</td><td rowspan="2">5</td><td rowspan="2">10</td></tr>
<tr><td>상호협력</td><td>- 컨소시엄 구성의 적정성
- 소프트웨어산업진흥법에 의한 공제사업 재원조성 참여
- 소프트웨어산업진흥법에 의한 소프트웨어사업자신고제도의 성실한 이행</td></tr>
<tr><td>중소기업
보호·육성</td><td>- 중소기업 GS인증제품 적용여부 및 규모
- 중소기업의 컨소시엄 참여 여부 및 규모
- 중소업체 보호·육성을 위한 법령 준수 여부
- 소프트웨어임치제도 활용여부</td><td>10</td><td>5</td><td>5</td></tr>
</table>

[표 2-23] 상용소프트웨어 평가항목 및 배점한도

대항목	중항목	평가요소	배점 한도	비고
소프트웨어 기능부문	기능성	- 업무형태 적합성(업무서식, 한글화 등) - 업무절차 적합성 - 기능구현의 정확성 - 상호운용성(데이터 교환 등) - 보안성(접근통제/감시 등)	30	「국가를 당사자로 하는 계약에 관한 법률 시행규칙」 제84조에 의한 분리발주 소프트웨어 등 커스터마이징이 필요한 상용 소프트웨어 선정 시에는 커스터마이징을 중항목으로 추가하여 평가
	사용성	- 이해 용이성 · 기능, 인터페이스, 메시지 등 - 인터페이스 일관성 - 인터페이스 조정 가능성 - 내용 일관성 - 오류 방지성 - 오류 복구 용이성 - 진행상태 파악 용이성 - 운용절차 변경 용이성 - 기능학습 용이성 · 사용자 / 관리자 매뉴얼 제공 수준 · 온라인 도움말 / 학습기능		
소프트웨어 관리부문	이식성	- 설치용이성 - 제거용이성 - 호환성(H/W, 소프트웨어, N/W 등) - 기능 및 데이터 지속성 - 공존성	30	
	유지보수성	- 문제 진단/분석 기능 지원 - 문제 해결 기능 지원 - 환경설정 변경 가능성 - 내장시험 가능성 - 환경설정 변경 안정성 - 백업지원		
소프트웨어 성능부문	효율성	- 반응시간(Response Time) 효율성 - 자원사용 효율성 · 메모리/디스크/CPU/입출력장치 등 - 데이터 전송 효율성	25	
	신뢰성	- 문제해결성 - 결함발생률 - 다운/고장 회피성 - 오조작 방지성 - 데이터 회복성 - 복구성		

공급업체 지원부문	운용지원	- 제품공급일정/능력 - 패키징 수준 - 유지보수 지원 - 오류복구/문제해결 정책 · Help Desk, 응급복구, 상시 지원인력 등 - 확장 가능성 · 용량, 기술, 기능 등	15	
	교육훈련	- 교육훈련 프로그램 · 교육내용, 교육기간, 교육방법 등 - 교육훈련 전담조직 및 요원		
	업체신뢰성	- 제품매출현황 - 시장점유율 - 레퍼런스 사이트 - 사용자 그룹 규모 및 활동 정도 - 재무안정성		

이외에도

- 모든 평가는 제안서의 내용을 근거로 평가가 이루어져야 하고,
- 평가 조직이 있어야 하고,
- 부분별 혹은 항목별로 평가가 이루어져야 한다.

공정한 평가 원칙과 기준에 따라 제안서를 평가했을 때 적격업체를 선택할 수 있다면 매우 다행한 일이지만, 그렇지 못한 경우에는 참으로 난감한 일이 아닐 수 없다.

적격업체를 선발하지 못하는 경우에는 제안서를 다시 받는 방법도 있지만, 기존의 제안업체 중에서 선별적으로 보완사항을 지적하고 가장 빠른 시간 내에 수정 제안서를 받아 재평가를 하는 방법도 권할만한 방법이다.

복습문제

01. 실제 시스템 구축 사례를 수집하고, 그 과정을 정리하시오.

02. 개발계획서의 중요성과 필요성을 나열하시오.

03. 일정계획의 필요성을 시스템 개발 과정과 연계하여 설명하시오.

04. 현상조사에서의 유의점들을 기술하시오.

05. 타당성 분석의 필요성을 설명하시오.

06. 개발비용산정 방식의 종류를 정리하시오.

07. 수학적 개발비용 산정을 위한 모델을 조사하고 그 장단점을 정리하시오.

08. 아웃소싱의 사례를 조사하시오.

09. 아웃소싱의 일반적인 진행절차를 조사하시오.

Chapter 03

조사 전략

성공적인 시스템 구축을 위해서는 가장 먼저 시스템에 대한 정의가 구체적으로 이루어져야 한다. 물론 포괄적으로는 환경변화에 의해 발생하는 현재의 문제점을 해결하고 미래의 환경변화에 대처할 수 있게 하는 것이 시스템의 목표이기는 하지만 구체적으로 현재의 문제점이 무엇인가를 파악하고, 앞으로의 업무 환경변화가 어떻게 일어날 지를 예측하는 것은 아주 어려운 작업이다.

무엇이든지 처음 시작이 중요하듯이 시스템을 개발할 때도 시스템 분석이 가장 중요하다. 시스템 분석은 조직이 안고 있는 현재의 문제점에 대한 원인 및 배경을 찾아내어 그에 대한 해결 방안을 찾는 과정으로서, 그 활동 결과에 따라 시스템 개발 방향과 그 활동이 결정되므로 진실로 중요한 단계이다.

궁극적으로 시스템 분석이 제대로 이루어지지 않으면 시스템 설계가 제대로 될 리가 없고, 제대로 설계되지 못한 시스템은 당연히 실패하는 시스템이 되고 말 것이다.

시스템 분석가는 이러한 잘못을 저지르지 않기 위해 부단한 노력을 기울여야 한다. 구체적으로는 전산화할 업무와 현 시스템의 상태 파악은 물론이고, 더 나아가 향후의 기술 변동 추이와 관리상의 문제점까지를 고려하여 시스템을 분석하고, 새 시스템 개발에 소요될 예산까지를 포함한 타당성 보고서를 도출하여야 한다.

노련한 분석가라 할지라도 분석 초기에는 무엇을, 어디에서, 어떻게 시작할지를 잘 몰라 '그저 막막하기만 하다.'는 표현으로 대체할 수밖에 없는 심정으로 시간을 낭비하는 사례가 더러 있다.

이럴 때는 전산화할 업무가 무엇인지, 그리고 현재 시스템의 상태를 파악하는 것, 즉 현상조사로부터 활동을 개시하는 것이 바람직하다. 왜냐하면, 현상조사를 통해 수집되는 정보나 바로 사용자들의 요구 사항이며, 이를 바탕으로 새 시스템이 가져야 할 기능과 특성을 구체화해야 하기 때문이다.

이 장에서는 이러한 조사 활동을 효율적으로 수행하는데 필요한 여러 가지 조사방법과 기술, 그 태도에 관하여 설명한다.

3.1. 조사방법

조사방법

- 자료조사(documentation study)
- 면접조사(interview study)
- 설문지조사(enquete)
- 현장조사(field study)

시스템 분석을 성공적으로 수행하기 위해서는 **유용한 정보**를 가능한 많이 수집해야 한다. 그러나 아무리 많은 양의 정보를 수집하더라도 이를 제대로 활용하지 못하거나 유용성이 별로 없다면 그것은 단지 쓰레기일 뿐이다.

따라서 시스템 분석가는 유용한 정보를 효율적으로 수집하기 위해서는 각각의 목적과 상황에 부합되는 조사방법을 택해야 할 것이다. 또 정보는 다양한 형태로 곳곳에 존재하기 때문에 이를 갈무리하는 것에도 신경을 써야 한다.

일반적으로 정보 수집과 관련해서 가장 먼저 떠 올리는 조사방법은 자료조사일 것이다. 물론 문서를 통해서 많은 유용한 정보를 수집할 수 있다. 그러나 시스템 개발과 관련해서는 기록물보다는 현장 근무자, 즉 사용자 머릿에 더 많은 정보가 들어 있을 것으로 추정할 수 있다.

왜냐하면, 우선은 다양한 환경에서 다양한 형태로 발생하는 수없이 많은 경우를 일일이 문서화할 수 없기 때문이며, 다음으로는 도저히 문서화할 수 없는 현장에서의 여러 가지 상황들도 존재하기 때문이며, 마지막으로는 사람의 모든 생각을 문서화할 수 없기 때문이다.

그러므로 시스템 분석가는 수집할 가치가 있는 정보의 존재 위치, 중요성, 용도 등을 고려하여 적절한 조사방법을 선택 · 적용해야 할 것이다.

보편적으로 많이 사용되는 조사방법으로는

- 자료조사(documentation study)
- 면접조사(interview)
- 설문지조사(enquete)
- 현장조사(field study) 등이 있다.

물론 조사 시에 이 중 어느 한 방법만을 적용시켜야 하는 것은 아니며, 상황과 필요에 따라 여러 방법을 병행 사용해도 무방하다.

이러한 조사방법에 나름대로의 작성 기법이나 분류 기법 등을 부가하면 수집된 정보의 가용성을 한층 더 높일 수 있게 되는데, 통상적으로는 신문기사 작성에 적용되는 육하원칙(六何原則)을 적용하여 자료를 수집하면 필요한 정보를 빠트리지 않고 수집할 가능성이 높아진다.

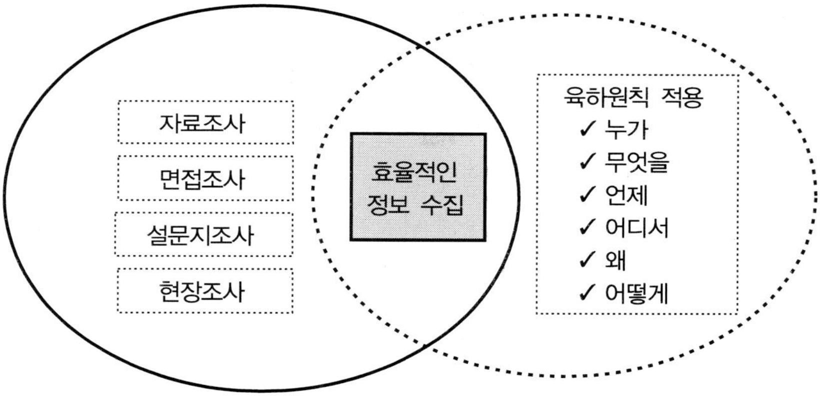

이러한 조사방법 이외에도 **브레인스토밍(brainstorming)**, **버즈세션(buzz session)** 등의 방법을 이용하여 정보를 수집하거나 의견을 도출해 내기도 한다.

3.2. 자료조사

자료조사

▌자료수집

- 육하원칙 적용 및 기록
- 실제로 사용된 견본 수집

▌자료평가

- 정보 누락
- 거짓 정보
- 현실성이 결여된 자료

많은 분석가들이 가장 쉽게 떠올리는 조사방법이 자료조사이긴 하지만 이 방법은 필요한 정보들이 체계적으로 잘 정리되어 문서 형태로 기록 보존된 경우에 유용한 조사방법이다.

이 방법의 가장 큰 특징(장점)으로는

- 자료를 수집할 때를 제외하고는 업무 담당자를 거의 만날 필요가 없다.
- 분석가의 개인적인 능력에 따라 수집된 자료로부터 원하는 유용한 정보를 쉽게 빨리 얻어 낼 수 있다.
- 분석가 개인 능력에 따라 조사의 성공 여부가 결정되므로 조사 과정을 통제하고 관리하기가 수월하다는 점 등을 들 수 있으며,

단점으로는

- 수집된 정보의 신뢰성이 낮다는 점을 들 수 있다.

이 때문에 자료조사는 면접조사, 설문지조사, 현장조사를 실시하기 전에 기본 지식을 얻기 위한 수단으로 자주 사용된다.

[1] 수집 대상 자료

자료조사에서 조사 대상이 되는 자료의 종류는 필요한 정보가 기록된 것이라면 문서, 도표, 컴퓨터 저장 매체, 영상 매체 등 모두 해당된다고 볼 수 있다. 그 중에서도 가장 풍부한 자료를 담고 있는 매체는 바로 문서이다. 이 때문에 자료조사라 하면 곧 바로

문서 조사를 떠 올리게 되는 것이다. 이런 유형의 자료들은 그 양과 종류가 방대한 경우가 많기 때문에 수집하기는 쉬워도 관리하기가 어렵다. 이러한 혼란을 피하기 위해서는 육하원칙에 의거하여 '**누가, 무엇을, 언제, 어디서, 왜, 어떻게**'를 추가로 기록해 두는 것이 좋으며, 빈 양식만으로는 각 항목의 의미와 기록 방법, 제한 사항 등을 파악하기가 어렵기 때문에 실제 데이터가 기록된 양식을 견본으로 수집하는 것이 바람직하다.

주된 조사 대상 문서들로는 다음과 같은 것들을 꼽을 수 있다.

조사 대상 분야	조사 대상 문서
기업 관련 정보	경영 자료, 회사 소개서, 사업계획서, 제품 일람표, 각종 보고서, 각종 통계자료, 조직 구성도, 사내 규약집, 복무 지침서, 업종 관련법규, 해설서
업무 양식	각종 공문 양식, 기존 시스템의 입출력 양식, 보고서 업무에서 사용하는 각종 기록 대장, 각종 전표
시스템 관리	사용자 안내서, 운영 지침서, 시스템 코드 북
외부 문서	업종 관련 간행물, 논문, 신문기사, 경쟁사 정보

[2] 수집된 자료의 선별 및 평가

자료조사는 문서 중심으로 이루어지는 경우가 많기 때문에 업무 자체가 수작업으로 이루어질 수밖에 없으며, 이로 인한 신뢰성 결여, 노동 집약적이며 문서 양식의 비표준화로 인한 혼란 초래 등으로 인하여 수집한 자료를 완전히 신뢰하기 어렵다는 문제점을 내포하고 있다.

이러한 문제점은

- 작성자의 관점에 따라 사실이 왜곡되거나 허위로 기재되기도 하므로 허위 정보가 혼재할 가능성이 높다는 점,
- 인간 속성상 특히 한국인 특유의 사고방식에 의한 과장이나 미화, 또는 책임 회피를 위한 허위 정보 삽입 및 정보 누락 가능성이 높다는 점,
- 무사안일주의 내지는 주인 의식 결여로 말미암아 현실과 동떨어진 과거 관습을 그대로 답습함에 따라 현실성이 결여된 자료가 많다는 점 등에서 기인한다.

따라서 수집된 문서 자료는 반드시 다른 조사방법을 통하여 확인하는 등의 평가 또는 확인 과정을 거치거나 다른 조사의 기초 자료로 활용하는 것이 바람직하다.

3.3. 면접조사

면접조사방법	개인면접	· 일대일 면접 - 많은 시간이 소요 · 독창적인 의견 청취 가능 · 편향된 정보일 가능성이 높음
	집단면접	· 일대다 면접 - 시간 절약 · 집단 구성원에 따라 상호 경계심이 발동 · 공통 관심사 청취 가능
	표준화 면접	· 동일 내용과 절차에 따라 반복 진행
	비표준화 면접	· 질문 내용이나 순서가 상황에 따라 변함
면접구조	피라미드구조	· 구체적 선택형 → 일반적 서술형 질문 진행
	깔때기구조	· 일반적 서술형 → 구체적 선택형 질문 진행
	다이아몬드구조	· 피라미드구조 + 깔때기구조
면접 자세		· 예의, 겸손, 공손

면접조사(전화를 이용한 면접 포함)를 통상적으로 인터뷰(interview)라고도 하며, 업무 담당자와 직접 만나거나 전화 등을 통하여 대화를 나누면서 그 사람의 머릿속에 들어 있는 정보를 직접 청취하는 조사방법으로써 문서에 기록되지 아니했거나 때로는 문서에 기록될 수 없는 형태의 다양한 정보를 얻기 위하여 사용되는 조사방법이다.

면접조사의 장점으로는

- 응답자의 자연스러운 반응을 포착할 수 있다.
- 응답 회수율이 높다.
- 복합적이고 논쟁적인 내용을 알 수 있다.
- 응답자에 대한 의존도가 줄어든다.
- 응답자의 환경조건, 개인적인 특성, 응답 시의 분위기 등과 같은 보충자료의 획득이 쉽다는 점 등을 들 수 있다.

단점으로는

- 면접자에 따라 결과가 달라질 수 있다.

- 인력과 시간과 비용이 많이 든다.
- 표준화된 정보 수집이 어렵다는 점 등을 들 수 있다.

[1] 면접조사방법의 종류

면접의 종류는 피면접자의 수에 따라 **개인 면접**과 **집단 면접**으로 구별된다. 개인 면접은 분석가와 업무 담당자가 일대일로 만나서 대화하는 면접 방식이고, 집단 면접은 관련자들을 한꺼번에 면접하는 것을 말한다.

이 두 가지 면접 방식은 각각 나름대로의 장단점을 갖는다.

일대일 면접에서는 무엇보다도 많은 시간이 소요된다는 것이 가장 큰 문제점이긴 하지만 개별적으로 독창적인 의견과 전략을 청취할 수 있다는 장점이 있으나 개인의 관점에 따라 한쪽으로 편향된 의견일 수도 있음을 염두에 두어야 한다.

이에 비해 집단 면접은 시간을 절약할 수 있다는 장점을 가지고 있기는 하지만 집단면접 대상자들 상호간의 경계심으로 인하여 침묵으로 일관하거나 방관하는 경우가 많기 때문에 실패할 확률이 높다는 단점을 갖는다. 이를 피하기 위해서는 구성원들의 업무 영역이나 지위, 연령, 학력 등이 유사한 사람들끼리 한 집단을 구성함으로써 동류의식을 갖게 하여 경계심을 풀어 주는 것이 매우 중요하다.

결론적으로는 가능하다면 개인 면접을 실시하고, 그 결과를 종합・분석하는 것이 바람직하다.

또 질문의 내용과 진행 방식이 일관성 있게 준비되고 동일한 절차로 반복적으로 진행되는 **표준화 면접**(구조화 면접, 지시적 면접)과 질문의 순서나 내용이 상황에 따라 달라질 수 있는 **비표준화 면접**으로 나눌 수도 있다.

표준화 면접을 실시하려면 모든 질문과 예상되는 답변이 준비되어 있어야 하고, 비표준화 면접을 실시하려면 면접자는 자신이 수집해야 하는 정보가 무엇인지를 분명하게 알고 있어야 한다.

따라서 표준화 면접은

- 면접자의 훈련이 쉽다.
- 면접자의 행동에 일관성이 있다.
- 수집된 정보의 신뢰도와 객관성이 높다는 장점과
- 구체화 되지 않은 정보와 새로운 정보를 발견할 수 있는 가능성이 낮다는 단점

을 갖는다.

이에 비해 비표준화 면접은

- 새로운 정보를 발견할 가능성이 높다는 장점과
- 면접 결과의 분석이 쉽지 않다.
- 면접자의 능력과 자질, 훈련정도에 따라 정보의 신뢰도가 달라진다는 단점을 갖는다.

[2] 면접조사를 잘하기 위한 준비

모든 일들이 그러하듯이 사전 준비가 잘 이루어질수록 결과도 좋게 마련이다. 면접조사에서도 그러하다. 막연히 무턱대고 업무 담당자를 찾아가는 것만으로는 좋은 성과를 얻을 수 없다.

면접조사를 통하여 필요한 정보를 제대로 수집하려면 가장 먼저 누구로부터 어떤 정보를 확보해야 되는지, 즉 면접조사 대상자와 그 목표를 정해야 하고, 대부분의 면접 대상자들이 바쁜 업무시간의 일부분을 할애해야 하므로 제한된 시간을 효율적으로 사용할 수 있도록 질문 내용과 순서, 즉 진행에 대한 계획도 세워야 한다.

그러나 그보다 앞서 면접조사 대상 영역에 대한 기초 지식을 반드시 가져야 한다. 예를 들어 회계 관리 시스템을 구축하기 위한 면접에서 상대방이 사용하는 용어조차 그 의미를 제대로 이해하지 못하여 동문서답을 하거나 엉뚱한 질문을 한다면 이것은 바로 코미디가 아닐 수 없을 것이다.

면접 대상자로는 업무와 직접 관련이 있는 사람이 우선적으로 고려의 대상이 되겠지만, 일반적으로 조직은 계층적으로 구성되어 있기 때문에 획득하고자 하는 정보의 성질에 따라 그 대상자가 달라질 수도 있음을 염두에 두어야 한다. 예를 들어 하나의 업무가 사원→중간 책임자→상급 책임자→최고 의사결정권자를 거쳐 처리될 때 누구를 면접 대상자로 할 것인가?를 먼저 정해야 한다는 것이다. 이 경우 구체적인 세부처리 사항에 대한 것을 조사할 것인가? 혹은 정책적인 처리 방향에 대한 것을 조사할 것인가에 따라 면접 대상자가 달라질 수 있음과 수집 대상 정보의 종류도 달라질 수 있음을 고려해야 한다는 것을 의미한다.

또 수집 대상 정보의 성질에 따라 질문의 종류도 "당신은 의사 결정을 어떻게 합니까?"하는 것처럼 정해진 답이 없이 면접 대상자의 개인 의견을 말하게 하는 소위 **서술식 질문**(주관식 질문, 열린 질문, 개방형 질문)을 할 것인가? 아니면 "이 업무를 담당한지가 얼마나 되었습니까?"하는 것처럼 한정된 범위의 몇 가지 답 중에서 고르게 하는 **선택식 질문**(객관식 질문, 닫힌 질문, 폐쇄형 질문)을 할 것인지를 정해야 하고, 체계적으로 정보 수집이 가능하도록 질문 순서도 정해야 한다.

물론 이들 각 질문의 유형은 나름대로의 장단점을 갖고 있으므로 수집하고자 하는 정보의 성질에 따라 적절히 적용하여야 한다.

먼저 서술식 질문은 면접 대상자로 하여금 자유롭게 자신의 견해를 말할 수 있는 기회를 제공하기 때문에 상대적으로 편안함을 느끼게 되어 다양하고도 구체적인 정보를 많이 제공하게 되고, 그 과정 속에서 면접자가 의도하지 않았던 정보를 얻을 수 있을 뿐만 아니라 면접 대상자의 내적 상태와 인간적인 특성까지도 읽어낼 수 있다는 장점이 있다.

그러나 대화의 방향이 잘못 설정되거나 주제와 관계없는 사항이나 지나치게 세부적인 사항에 대해 언급함으로서 많은 시간을 낭비할 가능성이 높다는 단점이 있다. 이 경우에는 면접자의 대화기술이나 제어 능력에 따라 면접조사 결과가 좌우되므로 면접자는 이러한 경우를 대비하여 평소 능숙한 대화 기술을 습득해 두거나 관련 기술을 교육받거나 훈련할 필요도 있다.

이에 비해 선택식 질문은 구체적인 주제와 그에 합당한 한정된 답을 선택하게 함으로써 면접 진행이 신속하게 이루어져 시간을 절약할 수 있으며, 다른 사람으로부터 수집되는 정보와 상호 비교할 수 있다는 장점이 있다.

그러나 응답이 한정되어 면접 대상자 개개인의 고유한 의견을 제한하게 되며, 이로 인하여 추가적인 정보 획득은 기대할 수 없다는 단점이 있으며, 심지어는 면접자와 그 대상자는 시스템 구축의 동반자이어야 함에 불구하고 무미건조한 사무적인 관계가 형성되어 버릴 수도 있다.

물론 모든 질문이 서술식이거나 단답식이어야 한다는 것은 아니다. 이 두 가지를 적절히 혼용하여 사용해야하는 경우가 많으며, 경우에 따라서는 추가 질문을 통하여 보다 명확한 정보를 수집하도록 노력하여야 한다.

또 면접 대상자에게 적용되는 질문의 유형과 순서에 따라 면접조사 방식을 피라미드 구조(pyramid structure), 깔때기(funnel) 구조, 다이아몬드(diamond) 구조로 구분할 수 있다.

- **피라미드 구조**(pyramid structure): 피라미드 꼭대기에서 밑면으로 내려오는 형태로 질문의 유형을 전개하는 것을 말한다. 즉, 구체적이며 선택적인 질문으로 시작해서 일반적이고도 서술적인 질문으로 전개해 나가는 방식이다. 이런 형태의 진

행 방식은 면접 대상자로 하여금 아이디어 발굴에 도움을 주고자 하거나 주제에 대한 논의를 부담스럽게 느낄 때 이를 완화시켜 줄 수 있는 방식이다.

- **깔때기 구조**(funnel structure): 이 구조는 피라미드 구조와는 상반되게 일반적이며 서술적인 질문으로 시작하여 점차 구체적이고 선택적인 질문으로 면접조사를 진행하는 형태를 말한다. 이 구조는 감정적이거나 자신의 아이디어를 강조하고 싶어 하는 사람이나 면접조사에 부담감을 느끼는 사람들에게 효과적으로 적용할 수 있는 형태이다.

- **다이아몬드 구조**(diamond structure): 이 구조는 피라미드 구조와 깔때기 구조를 혼합한 것으로서 두 구조의 장점을 모두 포함하고 있다. 즉, 피라미드 형태의 진행이 이루어지고 난 후, 다시금 깔때기 형태의 진행으로 마무리하게 된다.

즉, 구체적인 질문으로 시작하여 일반적인 질문으로 진행되다가 다시금 구체적인 질문으로 최종 결론을 유도해 내는 형태로 면접조사가 진행된다. 이 방식은 다른 방식에 비해 많은 시간이 소요된다는 단점은 있지만 면접 대상자의 주의와 흥미를 유발할 수 있다는 장점이 있다.

실무 경험이 적은 사람들은 면접조사를 쉽게 생각하는 경향이 많지만 사실 사람의 마음을 움직여 자기의 협조자로 만든다는 것은 참으로 어려운 기술이다. 따라서 시스템 분석가로서 면접조사를 실시해야 하는 경우에는 여러 가지 면들을 고려하여야 한다. 같은 내용의 질문이라도 어떤 순서 혹은 어떤 형태로 하느냐에 따라 그 결과가 많이 달라질 수 있음에 유의해야 한다.

[3] 면접조사 할 때의 유의 사항

면접조사는 취조나 심문과는 아주 다르다. 면접조사는 말이 조사이지 시스템 개발에 필요한 정보를 수집하기 위하여 업무 담당자를 만나 대화를 나누는 것이다. 한 마디로 사람을 만나는 것이다.

사람은 감정의 동물이기 때문에 사람을 만남에 있어서는 앞서 언급한 여러 준비사항보다 더 중요한 것들이 있다. 바로 상대방에 대한 예의와 배려이다. 이것은 비단 면접조사에서만 적용되는 것이 아니라 이웃들과 함께 어울려져 살아가는 우리 인간 삶의 일상에서도 꼭 필요한 사항들이다.

일반적으로 현대인들은 거의 대개가 자기중심적이어서 자기 기분이나 비위에 거슬리면 협조를 잘 하지 않는 경향이 강하다. 그렇다고 해서 강요할 수도 없는 노릇이다. 강요하게 되면 더욱 강하게 반발하거나, 무관심해지거나, 침묵으로 일관하는 식으로 비협조적이 되고 만다.

'가는 떡이 커야 오는 떡도 크다'라는 속담도 있고, '가는 말이 고와야 오는 말도 곱다'는 속담도 있으며, '남에게 바라는 대로 남에게 해 주어라'는 성경구절도 있다. 사람을 만남에 있어 가장 중요한 것은 상대방에 대한 배려이며, 배려의 근본은 예의(禮儀)와 겸손(謙遜)과 공손(恭遜)이다.

특히 시스템 구축과 관련해서 업무 담당자를 만나는 경우에는 더더욱 겸손해야 하고 공손한 말투와 친절한 자세를 유지해야 한다.

왜냐하면 지난 몇 년 동안 많은 변화를 가져왔다고는 하지만 지금도 업무 전산화는 바로 인력 감축이라는 식으로 생각하는 사람들이 많기 때문이다. 이 때문에 업무 담당자들은 전산화로 인하여 자기 자리를 잃게 되지나 않을까?하는 걱정을 먼저 하게 되고, 결과적으로는 시스템 분석가나 개발자들을 자기 밥그릇을 빼앗아 가는 앞잡이로 인식하기 때문에 경계심이나 적대감을 갖고 대하는 경우가 많다.

사실 전산화는 시대적 요청이자 보다 업무 능률을 향상시키고 양질의 서비스를 신속하고도 정확하게 지속적으로 제공하기 위해서 이루어져야 하는 것인데도 불구하고 아직도 그렇지 못한 경우가 많다.

그런데 참으로 아이러니컬한 사실은 이러한 사람들이 전산화에 맛을 들이면 더 깊이 빠져든다는 사실이다. 즉, 시스템 개발 초기의 면접조사에서는 아주 배타적으로 비협조적이고 불친절하고 방관자적인 태도를 취했던 사람이 시스템 개발이 점차 진행되면서 전산화의 장점에 맛을 들이게 되고 그때부터 참으로 많은 요구를 추가로 하게 되는 경우를 자주 봐 왔으며, 심지어는 추가 요구 사항 때문에 시스템 분석을 새로 해야 하는 경우까지도 경험한 적이 있다.

이런 업무 담당자들을 대상으로 정보를 수집하려면 시스템 분석가는 어떤 자세를 가져야 할까? 그리고 어떤 전략으로 임해야 할까?

상대방을 진실로 배려하는 것이 중요하다.

예를 들어 사전에 약속도 양해도 없이 업무 담당자를 불쑥 찾아 갔을 때와 미리 연락을 하거나 양해를 구한 다음에 찾아 갔을 때의 상대방 태도가 같을까? 다를까?

고압적인 언동으로 몰아세우듯이 질문을 했을 때와 진실된 마음으로 협조를 구하듯이 질문했을 때의 상대방 응답 내용이나 태도가 같을까? 다를까?

또는 자신과 상대방의 입장을 바꾸어 놓고 생각을 해 보면 많은 것을 깨달을 수 있을 것이다.

업무 담당자로 하여금 동반자적인 관계에서 우호적이면서 적극적으로, 자발적으로 정보를 제공하고 싶어 하는 마음이 생기도록 하려면 그 무엇보다 상대방에 대한 배려가 우선되어야 한다.

면담자가 그렇게 되기 위해서는 다음과 같은 사항에 유의하면서 상대방을 배려하는 자세가 습관화가 되도록 노력할 필요가 있다.

- 미리 알려 주거나 약속함으로써 상대방이 준비할 수 있는 여유를 제공하고 일정을 조정할 수 있게 해 주어야 한다.
- 상대방을 이해하려고 노력하라. 마음이 통하면 진심을 말한다.
- 상대방을 찾아가라. 상대방의 기분을 좋게 그리고 마음을 편하게 할 것이다.
- 되도록이면 핵심사항에 대해서 간단명료하게 질문하고, 주로 들어라. 입은 하나지만 귀는 둘인 이유가 바로 이것이다.
- 상대방의 수준에 맞추어 질문하라. 전문 용어나 특수 용어들을 사용하면 오해하거나 열등의식을 가지거나 거부감을 일으킬 수 있으므로 사용하지 않는 것이 바람직하다.
- 순진하게 질문하라. 상대방의 자존심을 높여 줄 것이며, 이에 따라 상대방은 친절하고, 자세하게, 구체적으로 정보를 제공하게 될 것이다.
- 상대방을 칭찬하라. 칭찬은 인정하고 있음을 나타내므로 상대방은 신바람이 나서 더 많은 생각을 말하게 될 것이다.
- 상대방을 평가하거나 반박하지 않는다. 면접조사는 상대방과 토론하는 것이 목적이 아니다. 따라서 설사 어긋나거나 틀린 부분이 있다고 판단되더라도 직접 비판하거나 힐책해서는 안 된다. 이는 상대방의 자존심을 상하게 할뿐만 아니라 방어적이 되게 하여 면접조사에 부정적인 영향을 주게 된다.
- 동일한 질문을 반복하지 않는다. 상대방의 이야기가 모호하여 이해되지 않더라도 동일한 질문을 반복하게 되면 상대방을 짜증나게 하므로 이를 피하는 것이 좋다. 관점을 바꾸거나 다른 표현으로 질문하여야 한다.
- 주요 내용을 기록한다. 상대방의 말을 받아 적는다는 것은 상대방 말의 중요성을 깊이 인식한다는 것을 의미하기 때문에 면접 대상자는 신이 나게 된다. 그러나 무작정 받아 적으면 오히려 의아하게 생각하거나 책임에 대한 걱정을 하게 되므로 상대방이 허락한 범위 내에서 주요 내용만 기록하는 것이 좋다.

- 상대방이 편안함을 느끼도록 면접장소를 꾸미고, 좌석배치에도 신경을 써야 하며, 무엇보다도 친밀감을 느낄 수 있도록 분위기를 형성해야 한다.

그러나 무엇보다도 상대방에 대한 배려가 형식적이거나 습관적인 배려가 아닌 진심어린 배려이어야 하고, 이를 통해 상호 동반자적인 유대관계를 형성하는 것이 바람직하다.

3.4. 설문지조사

설문지조사	장점	· 많은 양의 정보 수집 가능 · 시간, 노력, 비용 절약 · 비밀 보장 → 솔직한 응답 · 표준화된 응답 형식 → 비교 분석 용이 · 조사자의 편견이 개입 안 됨
	단점	· 무응답 처리 곤란 · 설문지 통제 곤란 · 생략 부분 보충 곤란
설문 형태	서술형	· 자유롭게 의견 표시 · 장점: 새로운 정보 획득 가능 · 단점: 응답결과 요약 정리 곤란
	선택형	· 찬반형, 척도형, 순위형 포함 · 제시된 일정 범주 내의 선택 · 장점: 응답 결과 정리 및 분석 용이 · 단점: 무성의한 응답 가능
설문 조사 방법	조사범위	· 전체조사 · 표본조사
	응답방법	· 서술형조사 · 선택형조사
	신분노출	· 기명식조사 · 익명식조사
	회수방법	· 개별면접조사 · 전화조사 · 우편조사 · 집단조사

설문지조사는 조사대상자들이 지역적으로 널리 분산되어 있거나 다양한 계층의 의견을 수렴하고자 하는 경우, 또는 시스템 전체에 대한 의견 조사가 필요한 경우 등에 널리 사용되는 조사방법으로서 주로 설문지를 배부하고 그 응답을 종합적으로 정리·

분석하여 정보를 수집한다.

설문지를 이용한 조사법은

- 많은 사람에게 동시에 적용할 수 있기 때문에 많은 양의 정보를 빠르게 수집할 수 있다.
- 비용이 적게 든다.
- 무기명 응답인 경우에는 비밀이 보장되므로 솔직한 응답을 얻을 수 있다.
- 면접조사와는 달리 조사자의 편견이 개입되지 않는다.
- 모든 응답자에 대해 표준화된 응답 형식을 갖출 수 있다.
- 응답자는 충분히 생각할 시간을 가질 수 있으므로 신중을 기할 수 있다는 등의 장점을 갖는다.

이에 비해

- 무응답 시에는 그 처리가 극히 곤란하며, 이로 인해 편견이 개입될 수 있다.
- 설문지에 대한 통제를 제대로 할 수 없다.
- 생략된 부분의 보충이 곤란하다는 등의 단점도 있다.

설문지조사를 통하여 제대로 된 정보를 수집하려면

- 설문지조사 실시 목적,
- 설문 내용과 조사 대상 범위,
- 설문 형식,
- 설문지 체제(문항순서, 글자크기, 설문지 크기, 인쇄형태),
- 실시방법(개별면접법, 전화조사, 집단조사, 우편조사), 등에 관한 사항을 미리 검토하고 결정하여야 한다.

위의 각 항들은 상호 관련성을 갖고 있기 항상 종합적인 관점에서 검토하고 결정하는 것이 바람직하다.

우선 설문지조사 실시 목적이 결정되면 그와 관련되는 설문 내용과 조사 대상 범위는 어느 정도 윤곽을 드러내게 마련이고, 그에 따라 설문 형식에 대한 것도 어느 정도 결정되게 마련이다.

[1] 설문 형태

설문지조사에서 어떤 형식으로 설문을 하느냐에 따라 상대방의 응답이 달라질 수 있기 때문에 설문 형태를 결정하는 것도 설문지조사를 성공으로 이끄는 중요한 요인이 될 수 있다. 따라서 설문지조사 목적이나 내용, 또는 그 대상에 따라 적절한 설문 형식을 선택하고 적용하는 것이 바람직하다.

보편적으로 널리 사용되는 설문 형태로는

- **선택형 설문**: 제시된 몇 개의 범주 중에서 선택하도록 하는 설문 형식
- **서술형 설문**: 자유롭게 응답하도록 하는 형태의 설문 형식
- **찬반형 설문**: '찬성(예)', '반대(아니오)' 중에서 선택하도록 하는 설문 형식
- **순위형 설문**: 서열이나 순위를 정하도록 요구하는 설문 형식
- **척도형 설문**: 선호도, 만족정도, 찬성정도와 같이 응답자의 의견이나 태도를 측정하기 위한 설문 형식 등을

들 수 있으나 찬반형, 순위형, 척도형 등과 같은 설문 형식도 제시된 범주 내에서 응답을 선택하게 한다는 측면에서는 일종의 선택형 설문 형식으로 간주할 수 있으므로 전체적으로는 서술형과 선택형 설문의 두 종류로 대별할 수 있다.

선택형 설문인 경우에는

- 답변이 표준화 되어 있으므로 응답하기가 쉽다.
- 응답 결과를 정리 · 분석 · 비교하기가 쉽다.
- 응답을 꺼리는 내용이라 할지라도 선택할 범주를 제시하면 쉽게 응답을 얻을 수 있다는 등의 장점을 갖는다.

이에 비해

- 선택항목 중 적절한 답이 없거나 특별한 견해가 없는 경우 무성의한 응답이 나올 수 있다. 이를 방지하기 위해서는 설문에 대한 모든 가능한 응답이 포함되어야 한다.
- 응답자의 설문을 잘못 이해하고 응답한 것 혹은 잘못 기재한 것을 구분할 방법이 없다는 등의 단점도 갖는다.

서술형 설문은 응답자에게 선택의 범주를 제시해 주지 않기 때문에 응답자의 응답 능

력과 성실한 응답을 확신할 때 사용할 수 있으며, 일반적으로는 전문가의 의견을 참고하거나 질적인 자료조사 혹은 설문지 작성을 위한 예비조사에 주로 사용되는 경향이 있다.

서술형 설문의 장점으로는

- 연구자가 생각지 못했던 응답을 찾을 수 있다.
- 답변 내용이 복합적인 경우도 처리가 가능하다는 점 등을 들 수 있다.

단점으로는

- 반응결과를 요약 정리하기가 어렵다.
- 응답자에게 많은 시간과 노력을 요구하기 때문에 무성의한 응답이 나올 가능성이 높다.
- 응답자가 일정 이상의 교육수준을 갖추어야 한다는 점 등을 들 수 있다.

설문지는 통상적으로 선택형 설문과 서술형 설문이 혼합되어 구성되지만 조사 결과의 정리 및 분석 등 여러 가지 이유로 선택형 설문이 주를 이루고 특수한 목적이나 항목을 대상으로 서술형 설문을 부여하는 경우가 많다.

궁극적으로 조사 목적에 따라 그에 부합되도록 설문 형식을 결정하는 것이 바람직하다.

[2] 설문지 구성 방법

설문지조사의 성공 여부는 설문지 구성이 좌우된다고 할 만큼 중요하지만 일반적으로는 특별한 훈련을 받지 않은 일반인도 쉽게 할 수 있거나 해도 무방한 것처럼 생각하는 경향이 짙다. 이러한 연유로 적당히 만들어진 설문지에 의해서는 조사자의 의도가 응답자에게 제대로 전달되지 않는 경우를 숱하게 볼 수 있다.

좋은 설문을 구성하는 두 가지 핵심 요소는 **타당성(validity)**과 **신뢰성(reliability)**으로 요약할 수 있다. 타당성은 조사자의 설문 의도를 응답자가 제대로 이해하고 응답하는 것이고, 신뢰성은 응답자가 자기 의견을 솔직하게 밝히는 것을 의미하는데, 그것은 응답 내용의 일관성을 통해 측정할 수 있다. 따라서 타당성과 신뢰성 모두를 갖도록 설문지를 구성하려면 조사자는 자신의 설문 의도를 응답자가 제대로 이해할 수 있도록 쉬운 용어로 체계적으로 그 내용을 명확하게 표현하는 것이 필수적이고, 또 응답자가 최대한 솔직히 응답할 수 있도록 배려해야 한다. 사실 설문을 조금만 애매하게 표현해도 응답자들은 각자 편리한 대로 해석하여 응답하게 마련이고, 그러한 조사 결과는 아무 짝에도 쓸모없는 쓰레기가 되고 만다.

또 동일한 내용을 묻는 설문이라도 그 표현이나 형식, 설문의 배열 순서에 따라 응답자의 반응, 즉 조사결과가 많이 달라지기 때문에 이에 대한 것을 소홀히 생각해서는 안 된다.

설문지 작성에 사용되는 낱말들은

- 응답자 누구나 알 수 있는 단순한 단어이어야 하고,
- 둘 이상의 의미를 가진 단어는 피하는 것이 좋다.

또 각 설문들은

- 가능한 간단명료한 문장을 사용하고 설문의 길이는 짧게 한다.
- 응답자의 수준에 맞는 용어를 선택한다.
- 하나의 문항에는 하나의 설문내용만 포함한다.
- 설문 시 가정은 하지 않는다.
- 설문은 가치중립적이어야 한다.
- 필요한 내용을 묻는 범위에서 최소화 한다.
- 정확한 응답을 얻기 위하여 숫자의 범위를 사용한다.
- 응답자가 난처해할 내용은 포함하지 않아야 한다.

최종적으로는 보기 좋고 이해하기 쉽도록 설문지를 구성해야 하되, 소요 시간이 대략 30분 전후가 되도록 구성한다.

- 설문지의 앞부분에는 응답자의 협조를 구하는 협조문을 포함한다.
- 조사 목적과 응답 결과의 사용과 비밀 보장에 관한 안내를 포함한다.
- 조사자의 소속과 이름 연락처를 안내한다.
- 첫 번째 설문은 응답자에게 가장 큰 영향을 주므로 주제를 담고 있어야 하고, 응답자의 관심을 촉발시키는 설문을 해야 한다.
- 조사 목적에 따라 설문 형식을 결정하고 일관성을 유지한다.
- 단순한 설문에서 복잡한 설문으로, 일반적 내용에서 특수한 내용에 대한 설문 순으로 배열한다.
- 내용이 명확한 설문을 앞에 배치한다.
- 응답자의 입장에서 설문의 순서를 정한다.

· 관련된 내용의 설문은 차례로 이어서 배치한다.

· 서술형 응답에 대비하여 설문지에 충분한 여백을 확보한다.

[3] 설문지조사방법

조사방법은 조사 범위, 설문의 형태, 신분 노출 상황, 설문지 수집 방법 등 여러 가지 기준에 따라 다양하게 분류할 수 있다.

먼저 조사범위에 따라

- **전체 조사**: 관련자 전원을 대상으로 조사,
- **표본 조사**: 관련자 중의 일부를 대상으로 조사하여 전체를 추정,

로 나눌 수 있다.

전체 조사는 전체 의견을 수집할 수 있지만 많은 시간과 비용이 소요되고, 표본 조사는 짧은 시간에 필요한 정보를 수집할 수 있기 때문에 널리 사용되기는 하나 표본 선정에 따라 결과가 달라진다는 문제점을 안고 있으므로 객관성이 인정될 수 있도록 표본을 선정하는 것이 중요하다.

설문 형태에 따라

- **선택형 조사**
- **서술형 조사**

로 나눌 수 있다. 응답 결과의 수집과 분석의 편이성을 감안한다면 선택형 조사가 효과적이지만 조사 대상자의 수가 많지 않으면 서술형 조사를 실시하는 것도 무난하다.

응답자가 자신의 신분을 밝히는지 여부에 따라

- **익명식 조사**: 응답자의 신분을 밝히지 않는 조사방법
- **기명식 조사**: 응답자의 신분을 밝히는 조사방법

으로 나눌 수도 있다.

익명식 조사에서는 응답자가 자신의 신분을 밝히지 않기 때문에 솔직하게 응답할 가능성이 높기는 하지만 무성의하게 또는 악의적인 의도로 왜곡된 응답을 할 수도 있음에 유의해야 한다. 한편 기명식 조사에서는 응답자가 자신의 신분을 밝히기 때문에 책임 있는 정보를 수집할 수 있다는 장점이 있지만 솔직한 응답을 기대하기는 어렵다

는 단점이 있다.

또, 설문지 회수(수거, 수집)방법에 따라

- **개별면접조사:** 조사자가 설문을 읽어주고 응답 내용을 기록하는 방법,
- **전화조사:** 전화를 이용하여 설문을 읽어주고 응답 내용을 기록하는 방법,
- **우편조사:** 우편을 이용하여 설문지를 배부하고 수집하는 방법,
- **집단조사:** 조사대상자가 모여 있는 자리에서 설문지를 배부/회수하는 방법,

으로 나눌 수도 있다.

개별면접조사는 응답률이 높고 응답 내용을 확인할 수 있다는 장점을 갖고 있기 때문에 설문지조사방법 중에서 가장 널리 사용되는 방법이고, 전화조사는 설문이 내용이 적고, 응답 결과를 급하게 알아야 하는 경우에 사용된다.

우편조사는 말 그대로 우편을 이용하여 설문지조사를 하는 방법으로서 회수율이 낮다는 단점을 갖고 있지만 비용이 싸고, 광범위한 지역을 대상으로 대량의 정보를 수집할 수 있다는 점 때문에 보편적으로 사용되는 방법이다. 우편조사에서는 반송용 봉투를 기본적으로 동봉하여야 한다. 또한 회수율이 30% 정도로 저조한 편에 속하기 때문에 응답이 지연되면 1주에서 3주 사이에 첫 번째 독촉, 그 후로는 1에서 2주 간격으로 독촉을 하기도 한다.

끝으로 집단조사는 조사 대상자가 집단으로 모인 자리에서 설문지를 배부 · 응답 · 회수하는 방법이다. 조사 대상자를 한 곳에 집단으로 모으기가 쉽지 않기 때문에 보편적으로 실시할 수 있는 방법은 아니다. 그러나 직접 배부하고 회수하기 때문에 회수율이 아주 높다는 장점은 있다.

3.5. 현장조사

방법

- 작업추적법: 업무 흐름을 따라가면서 업무 전반을 관측
- 정점관측법: 특정 위치나 업무 영역을 집중적으로 관측

현장조사 정보 특성

- 현재성
- 신뢰성
- 충분성

똑같은 일을 하더라도 사람에 따라 느낌이 다르고 생각이 다를 수 있으며, 똑같은 현상을 보더라도 사람에 따라 달리 표현할 수 있다. 따라서 자료조사는 물론이거니와 면접조사, 설문지조사 등을 통하여 얻어지는 정보들도 응답자나 조사자의 편견이나 견해가 은연중에 스며들어 있게 마련이다.

사람에 따른 편견이나 견해 차이를 없애고자 한다면 정보가 발생하는 현장을 직접 조사하는 것이 상책이다.

현장조사는 업무 현장에 실제로 찾아가 업무의 진행 과정을 관찰하거나 경험하면서 직접 정보를 수집하는 조사방법으로서 업무 현장의 상황을 있는 그대로 파악하고 조사할 수 있는 방법이다. 따라서 현장조사를 통하여 수집된 정보는 업무에 대한 현재의 상황을 있는 그대로 반영(**현재성**)하고 있을 뿐만 아니라 제삼자를 통하는 것이 아니기 때문에 믿을 수 있으며(**신뢰성**), 백문이 불여일견(百聞不如一見)이라는 말에서 알 수 있는 것처럼 현장의 진행 상황을 통해 기록으로 남겨지지 않는 무형의 정보와 순간순간의 대응마저도 포착할 수 있기 때문에 다른 조사로는 얻을 수 없는 많은 정보(**충분성**)를 얻을 수 있다. 궁극적으로는 현장조사를 통해 소위 말하는 **현재성, 신뢰성, 충분성**을 두루 갖춘 정보를 얻을 수 있게 된다.

[1] 현장조사방법의 종류

현장 상황을 조사하는 방법으로는

- **정점(定點)관측법**: 특정 위치나 업무 영역을 집중적으로 관측
- **작업추적(追跡)법**: 업무 흐름을 따라가면서 업무 전반을 관측

으로 대별 된다.

정점관측법은 특정 업무 분야나 특정 단계, 특정 장소에 대한 구체적인 정보나 문제점을 파악하기 위해 주로 사용되며, 이 방법에 의해서는 비정기적이거나 찰나적인 정보를 보편적인 정보로 오해할 수 있는 경우도 생기기 때문에 정보의 신뢰성을 높이기 위해서는 같은 지점이나 같은 업무를 여러 번 관측하여 비교 분석할 필요가 있다.

작업추적법은 업무 전반에 걸친 정보를 수집하기 위해 주로 사용되며, 시스템 전체를 이해하고, 업무 상호간의 연관성 등을 파악하는데 효과적인 방법이다.

[2] 현장조사 실시

현장조사를 통해 얻어지는 정보라 하더라도 모두가 시스템 개발에 유용한 것은 아니다. 따라서 조사자는 현장에서 발생하는 수많은 정보들 중에서

- 현장의 입지 조건이나 업무 환경,
- 전반적인 업무의 흐름,
- 작업 시간을 가장 많이 소요하는 부분(임계 경로, 처리 시간 지연),
- 업무 및 처리절차의 표준화 정도,
- 업무의 자동화 정도,
- 작업자의 숙련 및 교육정도 등과 같은 담당자의 특성,
- 발생하는 문제와 해결 기술 및 적용 방법,
- 작업 일지, 작업 자료 등의 기록 여부,
- 현재 업무를 자동화할 경우 담당자의 협조 여부 등과 같이 시스템 개발에 필요한 것들을 중점적으로 관측해야 한다.

이러한 정보들을 제대로 획득하기 위해서는 먼저 전반적인 업무의 흐름을 먼저 파악한 다음, 특정 업무나 특정 단계에서의 처리과정을 관측하는 것이 바람직하다. 따라서 현장조사를 실시할 때는 작업추적법으로 업무 전반의 흐름을 먼저 파악하고, 그 다음으로 정점관측법으로 특정 부분의 처리과정과 발생되는 문제 및 그 해결방안을 관측하는 것이 바람직하다.

현장의 상황은 항상 변하게 마련이어서 고정적인 정보를 얻기가 어렵다는 특성을 갖고 있다. 또 사람이라면 누구나 남에게 돋보이고 싶어 하는 속성을 가지고 있기 때문에 현장의 업무 담당자들도 별로 자랑스럽지 못한 상황은 숨겨 버리는 경우가 많다. 따라서 조사자는 현장 실무자들의 도움을 받되 현장 전반을 직접 살펴보고 자신의 판단 하에 종합적으로 정보를 수집해야 한다.

그렇지 않을 경우에는 지엽적인 부분을 전체로 알거나 편중된 정보로 그릇된 판단을 내릴 수도 있음에 유의해야 한다.

3.6.
기타조사방법

브레인스토밍(brainstorming)

- 자유연상법
- 아이디어 제시→토론

버즈세션(buzz session)

- 소그룹 토론→전체 토론
- 구성원 전원 참여→일체감, 협동심 형성

앞서 설명한 네 가지 조사방법 이외에도 경우나 상황에 따라서는 브레인스토밍(brainstorming)이나 버즈세션(buzz session) 등의 방법을 이용하여 정보를 수집하기도 한다.

- **브레인스토밍(brainstorming)**: 브레인스톰(brainstorm)이란 단어는 '갑자기 일어나는 정신착란'이라는 의미를 가지고 있지만 구어에서는 '갑자기 떠오른 묘안, 인스피레이션, 영감; 엉뚱한 생각'이라는 의미로 사용된다.

그러나 시스템 분석 등에서 정보 수집의 한 방안으로 적용되는 **브레인스토밍**은 10명 내외의 구성원들이 리더(leader)의 진행에 따라 회의형식으로 특정 과제에 관하여 40~60분간에 걸쳐 자유롭게 서로 아이디어를 제시하고 토의하는 것을 말하는 것으로서 이를테면 일종의 **자유연상법**이라고도 할 수 있다.

이 방법은 문제의 해결, 창조적 사고의 촉진, 정보 수집, 아이디어 개발 등을 목적으로 그룹의 개개인이 자유로이 기발한 생각을 해냄으로써 참가자 상호간에 의해 새로운 발상을 얻을 수 있다는 장점을 지니고 있다.

이 방법의 밑바탕에는

- 한 사람보다 여러 사람에 의해 많은 아이디어가 제시되고,
- 아이디어 수가 많을수록 질적으로 우수한 아이디어가 나올 가능성이 높으며,
- 일반적으로 비판이 가해지지 않으면 아이디어는 많아진다는 등의 원칙이 적용되고 있다.

따라서 브레인스토밍에서는

- 어떠한 내용의 발언이라도 그에 대한 비판을 해서는 안 되며,
- 오히려 자유분방하고 엉뚱하기까지 한 의견을 출발점으로 해서,
- 되도록이면 많은 아이디어를 전개시켜 나가도록 하며,
- 다른 사람의 아이디어를 개량하거나 두 개의 아이디어를 짜 맞추는 것도 생각하게 한다.

이 방법은 1939년에 미국의 유력한 광고회사 BBDO의 부사장으로 근무하던 오즈번(Osborn, Alex F. 1888～1966)이라는 사람이 아이디어를 도출하기 위한 집단적사고기술로 제창하였고, 1953년 그의 저서 『독창력을 신장하라』를 통하여 세계적으로 소개되었다.

- **버즈세션**(buzz session): 버즈세션은 집단의 구성원 모두가 적극적으로 참가하여 발언함으로써 어떤 문제에 대하여 일치되는 견해나 결론을 얻기 위해 조직적으로 토론하는 문제 해결의 사고 과정으로서 미시간대학교의 J. D. 필립스가 창안한 소집단 토의법의 하나이며, 윙윙거린다는 뜻의 버즈(buzz)라는 이름이 붙여진 것은 구성원들의 토론 소리가 마치 벌 떼가 날아갈 때 소리처럼 들리기 때문에 붙여진 것이다.

원래 버즈세션은 먼저 여섯 사람씩 짝지어 작은 그룹을 만들고, 6분간 자유롭게 의견을 나눈 뒤에 그 결과를 가지고 전체가 토의하는 방식으로, '육육토의(discussion 6-6)'라고도 한다. 이 방법은 구성원 전원을 토론에 적극적으로 참여하게 함으로써 일체감과 협동심을 높일 수 있으며, 다수에 의한 심리적 압박감을 없애고 짧은 시간에 전원의 의견을 들을 수 있다는 장점이 있다.

이러한 방법을 이용하면 집단 토의를 통한 새로운 문제를 발견하거나 새로운 해결 방안이나 개선 방안 등에 관한 정보를 수집할 수 있기 때문에 조사방법으로 분류되기도 한다.

3.7. 조사방법의 선택

앞서 여러 가지 조사방법을 소개하고 그 장단점에 대해서도 설명하였다. 또 수집하고자 하는 정보가 임의의 어떤 한 매체에 일목요연하게 정리・정돈되어 존재하는 것이

아니라는 사실도 이미 설명하였다.

수집하고자 하는 정보가 더러는 기록물로, 더러는 업무담당자의 머릿속에 노하우(know-how)로 저장되어 있기도 하므로 이러한 정보들을 제대로 수집하기 위해서는 상황에 따라 적절한 조사방법을 선택하고 적용하여야 할 것이다.

실무적인 차원에서는 각 조사방법의 장단점과 특징에 따른 한계점을 극복하기 위하여 여러 방법들을 병행 적용하는 경우가 많다.

	자료조사	면접조사	설문지조사	현장조사
정보 소재	각종 기록물 각종 매체	담당자 머리	담당자 머리	업무 활동
정보량	대량	소량	대량	대량
성공 요인	조사자 이해력	담당자 협조 조사자 대화기술 조사자 태도	표본 선정 설문지 구성 대상자 협조 응답 분석력	조사자 관찰력
소요시간	적음	많음	보통	많음
정보발생시기	과거	최근	최근	현재
신뢰도	낮음	담당자에 의존	담당자에 의존	높음

보편적으로는 조사를 본격적으로 진행하기 전에 개발할 시스템에 관한 기본적인 정보나 지식 또는 다른 조사를 위한 기초 자료를 얻기 위해 어느 경우든 자료조사가 가장 먼저 실시된다.

자료조사를 통해 수집된 정보가 기록물의 특성으로 인하여 신뢰성이 낮거나 모호하거나 충분치 않으면 면접조사나 설문지조사를 실시하여 추가적인 정보를 확보하고, 이들을 상호 비교하여 확인 검증할 필요가 있다.

이처럼 자료조사, 면접조사, 설문지조사 등을 통하여 얻어지고 검증된 정보라 할지라도 이들 정보는 조사자에게 간접적으로 전달되는 정보이기 때문에 얼마든지 왜곡될 수 있다. 따라서 이미 수집된 정보의 진위(眞僞)를 확인하기 위해서는 현장조사를 실시할 필요가 있다.

복습문제

01. 일반적으로 널리 사용되는 조사방법을 정리하시오.

02. 자료조사의 장단점과 특성을 설명하시오.

03. 면접조사에서 면접자가 지켜야할 면접태도를 설명하시오.

04. 면접구조를 종류별로 설명하시오.

05. 설문지조사의 성패를 결정짓는 요인들을 설명하시오.

06. 표본 추출 방법과 각 방법의 장단점을 조사 · 정리하시오.

07. 설문지 수집 방식의 종류와 그 특징들을 정리하시오.

08. 현장조사의 특징을 정리하시오.

09. 현장조사의 필요성에 대해 설명하시오.

10. 각 조사방법의 특징과 장단점을 요약 · 정리하시오.

11. 바람직한 조사방법에 대해 토론하시오.

Chapter 04

요구 분석

좋은 시스템은 사용자가 원하는 바를 만족시켜 주는 시스템이다.

따라서 아무리 훌륭한 전문가가 나름대로 최선을 다해 시스템을 개발하더라도 사용자의 요구를 제대로 만족시켜 주지 못한다면 그 시스템은 실패작이다.

이 때문에 시스템 개발 원칙으로 '반드시 사용자를 참여시켜라'고 주문하고 있으며, 이는 바로 사용자가 요구하는 것들을 충분히 반영시켜 사용자를 만족시키라는 의미인 것이다.

그런데 사용자의 요구를 모두 만족시킨다는 것이 여간 어려운 일이 아니다.

십인십색(十人十色)이라고 사용자마다의 요구와 취향, 그리고 습관, 태도, 가치관, 중요도 등이 모두 다 다를 수 있기 때문에 사용자의 요구를 만족시켜 모든 사람으로부터 좋은 평을 받는다는 것이 아마 불가능할지도 모른다.

그러나 시스템 개발 및 구축과 관련해서는 업무적으로 어느 정도 한계를 지울 수가 있기 때문에 상대적으로 사용자를 만족시키기가 쉬울 수도 있다.

이 장에서는 향후 개발된 시스템을 사용하게 될 사람들, 즉 사용자들의 요구 사항을 조사하고 분석하는 것 전반에 대해 살펴보기로 한다.

4.1. 요구 분석이란 무엇인가?

요구 분석

- 사용자 요구 조사/수집/분석
- 개발 시스템의 구체적인 목표 설정
- 요구 명세서, 시스템 기능 명세서 작성

요구 분석(requirement analysis)에서의 요구는 사용자로부터의 요구를 의미하며, 사용자로부터의 다양한 요구를 수집하고 분석하는 것은 바로 개발할 시스템의 목표를 구체적으로 설정하기 위함이다. 따라서 이 과정은 성공적인 시스템 구축을 위해 반드시 거쳐야 하는 필수 과정이며, 일반적으로 현상조사와 병행하되 시스템에 대한 구체적인 설계, 즉 상세설계를 시작하기 전에 마무리를 해야 한다.

모든 조직은 나름대로의 목표를 설정하고 이를 추구하고 있으며, 추구하는 목표를 효율적으로 달성하기 위한 형태로 조직을 구성하게 된다. 또, 조직을 구성하는 각 구성원들에게는 나름대로의 임무가 부여되고, 각자 맡은 바 임무를 완수함으로써 조직이 추구하는 목표를 공동적으로 달성하도록 되어 있다.

이러한 임무 수행 과정에서 각 구성원들이 업무를 효율적으로 처리할 수 있도록 도움을 주는 것이 바로 (전산) 시스템이며, 우리가 지금껏 "사용자"라고 일컬어 온 바로 그 대상들이 이런 구성원들이다.

그렇다면 상식적으로 생각하더라도 업무 담당자들, 즉 사용자들이 원하는 바가 무엇인지를 조사하는 것은 당연한 절차이며, 그러한 절차를 통해 수집된 요구사항들을 분석함으로써 시스템이 갖추어야 할 기능과 특성, 그리고 환경 등을 구체적이고도 종합적으로 파악할 수 있게 될 것이다.

사용자 **요구 사항 분석**은 시스템 개발계획 단계에서 수립한 시스템 정의(system definition)나 아웃소싱(outsourcing)에서 작성하는 제안서보다 훨씬 구체적이고 세부적인 사항까지를 고려한 실질적인 시스템 개발 목표를 설정하는 작업이다.

그러므로 사용자 요구 분석이 제대로 이루어지지 않으면 시스템 개발 목표를 제대로 설정할 수 없게 되고, 목표가 잘못 설정된 시스템 개발은 결코 성공할 수가 없게 되므로 시스템이 만족시켜야 할 사용자들의 요구사항을 완전하게 파악하는 사용자 요구 분석은 시스템 개발을 성공시키기 위한 필수적인 과정이다.

궁극적으로 시스템이 갖추어야 할 모든 기능, 특성, 환경, 제약사항 등은 사용자로부터 요구되어지며, 사용자가 원하는 모든 것은 어떠한 형태로든지 만족되어져야 하므로 사용자의 요구 분석은 훌륭한 시스템을 성공적으로 개발하기 위한 필수과정이며 또한 시스템 분석과정에서의 가장 핵심적인 작업인 셈이다.

따라서 사용자 요구 분석은 아주 철저하게 이루어져야 하므로 당연히 많은 시간과 노력이 투자되어야 한다. 사용자 요구 분석 단계에서 시간과 노력을 많이 투자할수록 시스템 목표는 보다 확실하게 수립되며, 확실하게 수립된 시스템 목표에 의해서는 개발단계에서의 작업이 당연히 차질 없이 진행될 것이므로 사용자 요구 분석에 투자한 시간과 노력에 대한 보상은 개발단계에서 반드시 이루어진다고 볼 수 있다. 이 때문에 "요구 분석을 명확히 한 후에 개발하라"는 말이 그 빛을 발하는 지도 모른다.

요구 사항 분석결과는 문서화계획에 따라 당연히 문서로 작성되어야 하며, 이것을 '**사용자 요구 사항 명세서**(user's requirements specification)' 또는 '**기능 명세서**(functional specification)'라고 부르며, 시스템 개발 과정 전반에 걸쳐 기준을 제시할 뿐만 아니라 향후 개발 완료된 시스템의 검사 기준이 되는 아주 중요한 문서이다.

4.2. 요구 조사 및 분석의 어려움

요구 조사/분석의 어려움

- 사용자의 무지
- 의사소통의 문제
- 시스템의 복잡함
- 다양한 요구와 잦은 변경
- 자발적 / 적극적 요구 유도
- 쉽고 일상적인 용어 사용
- 원하는 것(What)에 초점
- 충분한 조사 → 확인 → 종합 → 분석
- 분석결과 문서화→공동 확인

사용자 요구를 조사하고 수집하여 분석하는 작업은 많은 사람들이 일반적으로 생각하는 것 보다 훨씬 더 어렵다는 것이 시스템 분석가들의 공통된 견해이다.

왜냐하면

- 사용자들은 사실 자신들이 무엇을 요구해야 하는지를 잘 모르고 있고,
- 시스템에 대한 이해가 넓어지면서 새로운 추가 요구가 발생하기도 하고,
- 사용자의 범위가 넓어서 그 요구가 너무나 다양하며,
- 입장이나 관점에 따라 상반된 것을 요구하기도 하며,
- 사용자의 생각을 눈으로 볼 수가 없기 때문에 그 요구를 정확히 알기 힘들며,
- 자신의 요구를 애매모호하게 표현하기도 하고,
- 추상적이거나 터무니없거나 엉뚱한 것을 요구하기도 하고,
- 시시때때로 요구를 바꾸기도 하므로 사용자 요구 조사 및 분석은 많은 노력과 시간적인 투자를 요구한다.

특히 전산관련지식이 없거나 부족한 사용자의 경우에는 더더욱 그러하다. 전산지식이 부족한 경우에는 이런 것을 요구해도 되는지 아니면 이런 것은 불가능한 것이기 때문에 요구해서는 안 되는지를 제대로 판단하지 못할 뿐만 아니라 인간적인 체면 때문에 이런 것을 요구하면 무식하다고 업신여김을 당하지나 않을까? 등등을 걱정하기 때문에 자신의 생각을 이야기조차 잘하지 않는 경우가 많다.

또, 시스템 개발이 진척됨에 따라 시스템에 대한 이해의 폭이 넓어지기 시작하면서부터는 당초 처음부터 요구했었어야 하는 사항들을 뒤늦게 요구하여 전면적으로 분석을 새로 해야 하는 등의 사례도 발생하여, 시스템 분석가를 궁지에 몰아넣기도 한다.

사용자 요구를 조사/분석하는 것이 어려운 일임에는 분명하지만 사용자의 요구가 비록 터무니없고 엉뚱한 것이라 할지라도 사용자가 원하는 것은 어떤 형태로든 만족되어야 사용자의 만족도를 높여 상품(商品)으로 성공할 수 있기 때문에 개발자의 입장에서는 사용자의 요구를 샅샅이 조사하여 알아내고 이를 해결해 주어야 한다.

사용자 요구 조사 / 분석을 어렵게 하는 여러 이유들의 근본 원인으로는

- 사용자의 무지,
- 의사소통의 문제,
- 시스템의 복잡함,

- 잦은 요구 변경을 들 수 있다.

사용자들은 각자 자기가 맡은 바 업무에 대해서는 전문가이지만 시스템 개발과 관련해서는 약간의 상식을 가지고 있거나 아니면 거의 무지에 가까운 경우가 많다. 이로 인하여 여러 파생적인 문제가 발생되는 것이다.

또, 시스템 개발자와 사용자는 관점과 입장이 다를 뿐만 아니라 전문지식 배경이 다르기 때문에 대화에 사용되는 용어나 어휘가 다르며, 또 같은 어휘를 구사하더라도 그 의미가 다를 수도 있고, 어감의 차이도 있을 수 있기 때문에 의사소통에 장애를 겪는 것은 어쩌면 당연할 일인지도 모른다.

게다가 한 조직체에서의 요구 사항들을 수용할 수 있을 정도의 시스템 전반을 이해할 수 있거나, 프로그래밍 과정을 이해할 수 있는 사용자가 그다지 많지 않을 것임은 자명하다. 이처럼 시스템과 개발과정에 대한 이해 부족으로 인하여 자신의 요구를 체계화할 수 없게 되고, 그로 말미암아 터무니없는 것을 요구하거나 자주 요구를 변경하게 되는 것이다.

이러한 원인을 근원적으로 제거할 방법은 없다. 그러나 다음의 사항들에 유의한다면 효과적으로 대처할 수 있다.

- 사용자가 자신의 요구를 조리 있게 표현하지는 못하더라도 무엇을 원하는지는 자신이 가장 잘 알기 때문에 시스템 분석가가 임의적으로 해석→유추→판단→결정해서는 안 된다. 오히려 사용자들이 자발적으로 적극적으로 자신의 요구를 표출하도록 유도해야 한다.
- 시스템 분석가는 전산 전문용어를 가급적 피하고 사용자들이 이해하기 쉽거나 동일한 의미의 일상용어를 구사하여 조사하는 것이 바람직하다.
- 표현이 애매모호하여 달리 해석될 수 있다고 판단되는 경우에는 자신이 이해한 바를 상대방으로 하여금 확인하도록 하는 것도 바람직하다.
- 궁극적으로 사용자의 요구는 사용자로부터 나오게 마련이므로 사용자의 생각이 자유롭게 표출되도록 유도할 것이며, 절대로 방해해서는 안 된다.
- 요구의 잦은 변경에 대비하기 위해서는 충분한 조사와 확인 과정을 거친 후, 이를 종합하여 분석하는 것이 바람직하다.
- 요구조사 단계에서 구현상의 어려움을 언급하는 것은 적절하지 않다. 요구 조사 단계는 '시스템이 무엇을 할 수 있어야 하느냐(what)'를 파악하는 것이 주 목적이며, '시스템이 어떻게 수행하느냐(how to)'는 개발자의 몫일뿐만 아니라 다음 단

계에서 고민할 내용이다.

따라서 필요하다면 사용자의 모든 요구를 경청하고 난 후, 정중하나 분명하게 기존 현상의 문제점을 이야기해 주어야 한다. 애매모호한 표현은 또 다른 오해를 불러일으킬 수 있기 때문에 적어도 시스템 분석 단계에서만큼은 의사 표현을 분명히 하는 것이 옳다.

개발할 시스템에 대한 사용자 요구는 꼭 사용자 머릿속에만 있는 것은 아니다. 사용자 요구는 다양할 뿐만 아니라 수없이 많으며, 관련 문서, 업무 현장에서 이루어지는 여러 가지 활동, 담당자의 기억, 각종 저장매체 속 등 곳곳에 산재해 있다.

따라서 사용자 요구 조사/수집은 조사전략에서 언급한 방법들을 활용하여 다음과 같이 다양하게 이루어질 수 있다.

- 자료조사, 즉 문서나 저장매체의 내용 조사,
- 담당자를 만나(면접) 조사,
- 업무 현장 관찰조사,
- 사용자들을 대상으로 한 설문지조사,
- 사용자 불만 조사,
- 사용자 모임을 통한 조사,
- 학술대회를 통한 조사.

요구 분석 결과는 '사용자 요구 명세서' 혹은 '시스템 기능 정의서'라는 이름으로 문서화 되어야 하며, 이것은 시스템 개발 완료시의 인수 또는 검사기준으로 적용되기도 하므로, 반드시 사용자와의 공동 검토과정 등을 거쳐서 공식화하는 절차를 밟는 것이 실무적으로 아주 현명한 방법이다. 만약 요구 명세서에 대한 공식화 절차를 거치지 않을 경우, 시스템 개발 도중에는 추가요구, 수정요구 등에 시달리게 되고, 개발 완료된 시스템을 인계인수할 때는 시스템 기능과 관련하여 자칫 피곤한 분쟁에 휘말릴 수도 있음에 유의해야 한다.

이외에도 전체 시스템의 정보 흐름도, 단위 시스템에 포함되는 활동의 종류와 관련 정보 등을 포함하는 산출물 작성도 향후 업무 추진과 관련하여 대단히 바람직하다.

시스템 분석가로서 실무적으로 유의해야 할 사항으로는 사용자와 개발자 사이에서 공통 인식한 사항이라 간주했던 것들이 상황에 따라 전혀 다르게 해석되어 작업의 진척을 방해하거나 분쟁의 소지로 발전하는 경우가 자주 발생하기도 하므로 이를 방지하기 위해서 정확하게 의사를 소통해야 함과 동시에 그에 대한_문서화 작업을 반드시 수행해야 하고, **관련자의 서명이나 날인을 받아 두어야 한다**는 점을 들 수 있다.

4.3. 요구 사항의 분류

- 기능적 요구와 비기능적 요구
- 전략적 요구와 현업부서에서의 요구

요구의 종류

사용자 요구는 궁극적으로 시스템이 갖추어야 할 모든 것이다. 사용자 요구는 그야말로 아주 다양하며 이것들을 일정한 기준으로 분류한다는 것이 결코 쉽지는 않다.

그러나 일반적으로는

- **기능적 요구**와 **비기능적 요구**,
- 사용자 조직에서의 **전략적 요구**와 현업 부서에서의 **구체적인 요구**로 크게 분류할 수 있을 것이다.

이 중에서 요구 분석의 기준으로 적용할 수 있는 것은 기능적/비기능적 요구에 의한 분류이다.

왜냐하면 전략적 요구는 미리 전략적으로 협의되거나 고려되고, 현업 부서에서의 요구는 거의 대부분 기능적/비기능적 요구에 포함되기 때문에 분류기준으로 적용하기에는 무리가 있다.

시스템에 대한 다양 요구들 중에는 반드시 필요한 **절대적 요구**와 가급적이면 수용되기를 희망하는 **선택적 요구** 등으로 다시 세분될 수 있고, 절대적 요구라 할지라도 개발일정과 개발비용의 한정으로 인해 한꺼번에 수용할 수 없는 경우에는 개발의 우선순위를 정하여 적용할 필요가 있다.

또 선택적 요구는 대부분이 비기능적 요구라 할 수 있는 시스템의 성능, 편리성, 신뢰성 등과 관련되는 요구들로서 사용자 만족도를 높일 수 있도록 가급적이면 만족시켜주는 것이 바람직하다.

사용자의 기능적 요구는 반드시 실현되어야 하는 것으로서 업무 그 자체이기 때문에 시스템 분석가는 업무 수행에 필요한 기능을 추출하기만 하면 된다. 또 업무 내용에 대해서는 업무담당자가 가장 잘 알고 있을 것이므로 당연히 업무담당자로 직접 양질의 정보를 제공받을 수도 있기 때문에 기능적 요구는 비기능적 요구보다 훨씬 쉽게 알아 낼 수 있다.

그러나 비기능적인 요구는 컴퓨터와 관련되는 내용들이 주를 이룰 뿐만 아니라 비용과도 관련되는 부분이 많기 때문에 사용자들로부터 수집되는 요구사항을 그대로 반영할 수 없는 경우가 많다. 따라서 분석가는 관련 기술들의 최신 동향에 관한 해박한 지식을 가지고 있어야 하며, 그것을 토대로 경영층 및 사용자들에게 믿음을 줄 수 있는 방안을 제시할 수 있어야 한다.

근래에 들어와서는 시스템 개발을 외주용역업체에 의뢰하는 경우가 절대적으로 많아지고 있다. 외주용역을 발주하기 위해서는 먼저 제안요청서(RFP: Request for Proposal)를 작성하게 되고, RFP속에는 개략적인 시스템 목표가 명시되어 있기 때문에 실무적으로는 구체적인 시스템 기능을 구현하기 위한 업무 분석만을 필요로 하는 경우가 대부분이다.

4.3.1 기능적 요구

기능적 요구

- 시스템이 수행해야 하는 역할(What)
- 시스템이 반드시 포함해야 하는 기능

'기능(機能)'이란 하는 '구실이나 작용' 또는 '일정한 분야에서 하는 역할과 작용'을 의미한다. 그러므로 전산 시스템에서의 기능이란 프로그램에서의 단위 동작 하나하나를 의미한다고 볼 수 있으며, 이는 바로 사용자가 필요로 하는 시스템의 정보처리능력, 즉 사용자의 요구사항 하나하나를 수행하는 기본 단위 동작을 포괄적으로 말하는 것이 된다.

예를 들어 문서의 작성, 편집, 저장, 삭제, 표 작성 등등은 문서편집기의 기능에 속한다고 말 할 수 있으며, 이러한 기능들은 반드시 문서 작성 시스템에 포함되어야 한다.

따라서 현장에서 수행되는 업무 활동 그 자체가 시스템의 기능이 될 수밖에 없으므로 기능적 요구는 자료조사나 업무담당자와의 면담조사를 통하여 비교적 쉽게 알아 낼 수 있다.

통상적으로 요구 조사가 진행됨에 따라 폭 넓은 의미의 요구는 그 속에 세분화된 의미의 요구를 포함하고 있는 경우가 많다. 이러한 현상은 계층적인 방법으로 각 기능을 구현할 수 있음을 나타내는 것이라 볼 수 있으며, 실질적으로 많은 소프트웨어의 메뉴들이 계층적으로 구성되어 있는 것도 이것과 무관하지 않다.

시스템이 수행해야 할 기능들을 정의하는 데는 보편적으로 사용되는 기능분석 기법을 비롯하여 자료흐름 또는 자료구조를 중심으로 한 구조적 분석 기법, 객체 지향적 분석 기법 등과 함께 다양한 자동화 도구들이 사용된다.

4.3.2 비기능적 요구

비기능적 요구

- 시스템 특성
- 시스템 환경
- 제약사항

동일한 기능이라 할지라도 가급적이면 빠르고, 편하고, 안전하게 수행되기를 원하는 것이 사용자의 심리이다. 이처럼 시스템 기능들이 수행되는 방법(How to)이나 관련 환경, 준수되어야 할 조건, 개발 우선순위 등과 관련되는 요구들을 비기능적 요구라 한다.

비기능적 요구는 비록 시스템의 기능은 아니지만 시스템의 특성을 결정짓거나 시스템 전체의 효율과 밀접한 관계를 이루는 요구들로서 시스템 특성, 시스템 환경, 제약사항, 개발 우선순위에 관한 요구 등으로 세분화할 수 있다.

[1] 시스템 특성

시스템 특성과 관련된 대표적인 비기능적 요구로는 시스템의 성능, 편리성, 신뢰성, 보안성 등을 들 수 있으며, 이것들에 의해 시스템의 생산성과 품질이 결정된다.

- **성능(performance)**: '성능'은 '기계 따위가 지닌 성질과 일을 해내는 능력'을 의미하는 말로서, 컴퓨터와 관련해서는 똑같은 일을 하더라도 얼마나 빠르게 하느냐를 척도로 삼는다. 이 말은 같은 일을 함에 있어 A 컴퓨터는 두 시간을 필요로 하는 반면, B 컴퓨터는 한 시간을 필요로 한다면 B 컴퓨터의 성능이 나음을 의미하

는 것이다.
따라서 성능이 좋으면 좋을수록 생산성이 높아지기 때문에 항상 빠른 처리를 갈망하는 사용자들의 입장에서 볼 때는 시스템의 기능 못지않게 성능을 중요시 하는 경향이 다분히 있다.
성능은 통상

- 처리율(throughput): 단위 시간 당 작업 처리량,
- 응답시간(response time): 컴퓨터에 명령이 주어진 후 컴퓨터가 외형적인 반응을 보일 때까지의 시간 등을 이용하여 평가한다.

- **편리성**(usability): 시스템을 편리하게 사용할 수 있도록 하기 위한 요구를 말한다. 동일한 일을 하더라도 이리저리 헤맨다든지, 또는 불필요한 중간 과정을 반복적으로 거치게 하는 등은 사용자들을 참으로 짜증나게 만들뿐만 아니라 업무 효율을 저하시키는 한 요인이 된다. 따라서 어떠한 경우이든 간에 편리성이 결여된 시스템, 즉 불편한 시스템을 개발해서는 안 되며, 불편한 시스템은 필연적으로 사용자들로부터 외면 당하게 됨을 명심할 필요가 있다.
가장 편리한 시스템은 사용자의 요구와 수준에 부합되는 시스템이므로 분석가는 사용자들의 나이, 성별, 전산지식, 취향 등을 파악하여 시스템 개발 시에 이를 반영할 필요가 있다.
특히,

  - 사용자의 치명적인 오류를 방지하는 기능,
  - 돌이킬 수 없는 실수를 방지하기 위한 기능,
  - 원하는 작업을 수행하기 위한 중간 단계 최소화,
  - 편안하고 접근이 쉬운 화면과 메뉴의 구성,
  - 적절한 순간에 간단명료한 메시지 제공 등의 요구가 만족되도록 시스템을 개발할 필요가 있다.

- **신뢰성**(reliability): 시스템의 성능과 편리성이 아무리 우수하더라도 정확한 결과를 제공하지 않는 시스템은 무용지물이다. 물론 엉터리 결과를 만들어 내는 시스템이라면 시운전과정을 통과할 수도 없겠지만, 처리 결과의 정확성은 바로 시스템의 품질을 의미하며 시스템의 생명이라고까지 말할 수 있는 중요한 요구이다.
그러므로 시스템은 정확한 결과를 생성하도록 개발되어야 함은 물론 사소한 장애마저 극복하지 못하고 오류를 발생시킨다면 시스템의 효율이 아주 저하될 것이므

로 처리 중에 발생하는 장애에 적절히 대처할 수 있도록 개발되어야 한다.

- **보안성**(security): 정보화 시대에는 정보 그 자체가 재화로 인정된다. 뿐만 아니라 기업체의 경우, 기밀에 속하는 정보나 기술 관련 정보가 유출되면 아주 심각한 문제를 발생시키거나 치명적인 손해를 보게 된다. 이 때문에 요즈음에 와서는 시스템 기능이나 성능 그리고 편리성 등에 못지않게 보안성이 아주 중요한 몫을 차지하고 있으며, 온라인 시스템인 경우에는 별도의 보안 시스템을 설치하거나 물리적으로 방화벽(firewall) 시스템을 구축하는 경우도 많다. 심지어는 요즈음과 같은 인터넷 시대에도 해킹(hacking)이나 불법 침입을 방지하기 위하여 아예 홀로 컴퓨터만을 사용하게 하거나 인트라넷만으로 업무를 처리하는 기업체들도 있다.
  기본적으로는 시스템에 접근하는 초기 단계에서 사용자(IDentification)와 암호(password)를 확인하거나 사용자의 직무와 직급에 따른 권한을 설정함으로써 무자격자의 접근을 차단하여 불법적인 정보 유출과 훼손을 막고 있다.

[2] 시스템 환경

시스템을 어떤 환경에서 사용할 것인가에 대한 요구이다. 여기서 말하는 환경이란 소프트웨어적인 측면 또는 하드웨어적인 측면 어느 한쪽만을 의미하는 것이 아니라 이 두 가지를 종합한 기본적인 운영환경을 의미하는 것이다.

우선 기본적으로 '개발하고자 하는 시스템이 어떤 운영체제 하에서, 어느 수준의 하드웨어 상에서 운영되기를 원하는가?', 그 다음으로는 '개발하고자 하는 시스템을 다른 어떤 시스템들과 연동시키기를 원하는가?'를 요구하는 것이다.

시스템을 개발한다고 하지만 시스템 운영에 필요한 모든 것을 개발할 수는 없다. 예를 들어 전자결재 시스템을 개발한다고 가정하자. 이를 위해서는 업무 처리 과정별 결재선을 지정하고, 지정된 결재선 따라 문서가 흘러가면서 각 단계별 처리가 이루어지도록 시스템을 개발해야 할 것이다.

그런데 결재에 사용될 문서 작성은 어떻게 하나?

문서 작성을 위한 시스템도 새로 개발해야 하나?

문서 작성용 소프트웨어까지도 개발해야 한다면 이는 바보짓이다. 왜냐하면 문서 작성용 소프트웨어, 통상 워드프로세스라고 부르는 소프트웨어가 절대로 단숨에 그리고 쉽게 개발되지 않을 뿐만 아니라 이미 개발되어져 있는 고기능의 문서 작성 프로그램을 이용하는 것이 훨씬 더 효과적이기 때문이다.

따라서 시스템 개발 시에 고려해야하는 환경으로는

- 기본 환경과
- 연동시키고자하는 다른 시스템과의 인터페이스라는 두 부류로 나눌 수 있다.

- **기본 환경**: 시스템 운영에 필요한 운영체제를 비롯한 관련 시스템 소프트웨어 및 하드웨어 등에 관한 요구들이다. 이러한 기본환경과 업무 관련 시스템 소프트웨어들은 대체적으로 시대적 조류와 기술 수준에 의해 거의 거의 자동적으로 결정된다.

  이외에도 업무 환경과 업계의 동향, 기술수준과 사용자 수준 등을 종합적으로 고려하고, 기 구축된 시스템이 있다면 이를 수용할 수 있도록 기본환경을 설정하는 것이 바람직하다.

  일반적으로 일선 실무자 수준에서는 당장의 경우만을 고집하는 경우가 많기 때문에 향후의 환경 변화에 대처하지 못하여 시스템의 수명이 짧아지는 경향이 있다. 이러한 점을 고려한다면 중장기적인 안목을 가진 경영권자 수준의 고위 결정권자들에 의해 기본 환경이 결정되는 것이 바람직하다.

- **시스템 인터페이스**: 종합적인 시스템을 개발하는 경우에는 이미 개발되어진 시스템들과 연동시키는 경우가 많다. 이런 경우에는 상호간의 인터페이스에 관한 사항을 가장 먼저 염두에 두어야 한다. 시스템 상호간에 인터페이스가 제대로 이루어지지 않으면 궁극적으로는 시스템을 연동시킬 수가 없게 되며, 억지로라도 연동시키고자 한다면 우회적인 여러 추가 작업을 수행해야 하므로 작업 능률이 아주 나빠진다.

  만약, 다른 시스템과 연동되어야 할 보조적인 시스템을 개발하는 경우에도 주 대상 시스템과의 인터페이스뿐만 아니라 점유율이 가장 높은 동종의 소프트웨어와 호환이 이루어지도록 할 필요가 있다(기생 전략 구현).

[3] 제약사항

시스템 개발이나 운영과 관련되어 반드시 지켜져야 할 요구사항들을 말한다. 이러한 사항들은 거의 대부분이 반드시 지켜져야 하는 필수 사항들이기 때문에 보편적으로 사전에 미리 고려되어 계약서에 명기되는 경우가 대부분이다. 아니면 최소한 프로그램 개발 시에 반영되어야 하는 사항들이다.

예를 들면, 시스템 개발 일정이나 개발비용, 기업이 준수해야 하는 각종 법규, 현장의 각종 상황들에 관한 사항들이 포함된다.

특히 시스템 개발 일정을 제대로 지키지 못할 경우에는 상당한 위약금을 물어야 하거나 상당기간 외주 용역 수주를 재한당할 수도 있기 때문에 외주 용역업체인 경우에는 보유 기술력과 맨 파워(man-power)를 고려하여 수주 경쟁에 임할 필요가 있다.

일반적으로 시스템을 개발할 때 고려해야 하는 제약사항으로는 다음과 같은 것들을 들 수 있다.

- **시간적인 제약** : 시스템 도입 / 개발 일정, 근무 시간 관리에 관한 규정 등
- **공간적인 제약** : 컴퓨터 설치 공간, 시스템 설치 영역, 작업 공간 등
- **법적인 제약** : 기업이 준수해야 하는 각종 법규, 관행 등
- **경영상의 제약** : 개발비용, 전반적인 전산화 계획 등

[4] 개발 우선순위

시스템 개발을 어느 한 순간에 완료하여 모든 기능을 한꺼번에 제공하기는 아주 어렵다. 더구나 개발일정과 개발비용의 제한으로 인하여 사용자 요구를 모두 수용할 수 없는 경우에는 더더욱 그러하다.

한편으로 사용자들은 당장 급한 것부터 우선적으로 해결되어지기를 요구하며, 이러한 요구는 사용자 만족도의 체감지수와 깊은 관련성을 가지고 있다. 바꾸어 말하자면 어차피 구현되어야할 기능들이라 할지라도 어떤 기능이 먼저 구현되고 어떤 기능이 나중에 구현되는냐? 즉 기능의 구현 순서에 따라 시스템에 대한 사용자 만족도가 크게 달라진다. 심지어는 모든 기능들이 다 구현되더라도 가장 필요로 하는 기능이 구현되지 않거나 구현 순위가 뒤로 밀린다면 사용자들은 상당한 불만을 토로하게 될 것이다.

따라서 시스템 분석가는 사용자들이 가장 원하는 것부터 우선적으로 구현할 수 있도록 모든 자원을 집중적으로 투입하는 전략을 구사할 필요가 있다. 그렇다고 해서 우선순위가 낮은 사항들을 무시하거나 아예 제외시키라는 것은 아니다. 왜냐하면 우선순위가 낮은 사항들까지 완전히 구현되어질 때 시스템의 효율성과 사용자 만족도가 높아지므로 우선순위가 낮은 사항들도 언젠가는 구현되어져야 하기 때문이다.

시스템 개발업체나 소프트웨어 개발 / 판매 업체의 경영전략적인 측면에서 본다면 처음부터 고기능의 완전한 제품을 출시하는 것보다는 가장 우선시되는 기능을 중심으로 한 초기 제품을 시발로 하여 점차 개선해 나가는 것이 위험부담을 줄이면서 시장점유율을 확대해 나갈 수 있는 한 방안이 된다. 우리가 널리 사용하고 있는 ‘훈글’ 문서작성기나 오피스 제품군들의 경우가 이런 예에 해당한다고 말할 수 있다.

그러나 일방적으로 구현 우선순위를 결정해서는 안 된다. 사용자들이 가장 우선적으로 원하는 것은 그들 자신이 가장 잘 알기 때문에 개발 우선순위는 사용자들로 하여금 결정하도록 하는 것이 옳다. 그렇다고 해서 모든 결정을 사용자에게 전가하고 방관하라는 것은 아니다. 시스템 분석가는 수집한 요구사항들의 중요성과 전산화 했을 때의 효과에 대해 사용자와 함께 검토하고 조언할 수 있는 기회는 반드시 가져야 한다.

4.4. 요구 분석

접근방식

- 추상화(abstraction) 원리
- 분할정복(divide and conquer)원리
- 계층적 조직화(hierarchical ordering) 원리
- 은폐(hiding) 원리
- 지역화(localization) 원리

요구 분석 원리(기능분석)

- 하향식 접근방식(top-down approach)
- 상향식 접근방식(bottom-up approach)

요구 분석 단계는 사용자들로부터 조사/수집된 요구사항을 분석하여 시스템 개발에 필요한 정보를 추출해 내는 단계로서 시스템의 구체적인 목표 또는 시스템이 가져야 할 구체적인 기능을 설정하는 것이 목적이다.

궁극적으로 소프트웨어는 입력 자료를 가공하여 사용자 원하는 출력을 만들어 내기 위한 도구이다. 바로 이처럼 입력되는 자료를 어떠한 정보로 변환시키는가?, 즉 업무의 본질을 찾아내는 작업이 요구 분석이며, 다른 말로는 **기능 분석**이라고도 한다.

시스템이 만족해야 할 요구사항들을 제대로 파악하는 것은 시스템 개발을 성공시키기 위한 필수조건이다. 목표를 잘못 설정한 경우에는 설사 그 목표를 달성한다고 하더라도 객관적으로 성공했다고 볼 수 없듯이 잘못된 요구 분석으로 말미암아 목표 자체가 잘못 설정된 시스템은 결코 성공할 수 없다.

요구 분석 작업은 사용자들의 다양하면서도 불확실한 요구, 잦은 요구변경, 시스템 개발이 진행되면서 시스템에 대한 이해도가 증가하게 되고 그로 인하여 발생하는 새로운 요구 발생 등으로 인하여 많은 협상과 타협이 이루어지기 때문에 고도의 기술을 요구하는 작업이다. 아울러 사용자와의 대화 장벽(communication barrier), 시스템의 복잡함(complexity of system), 문서화의 어려움 등으로 요구 분석 작업은 많은 어려움을 내포하고 있는 것이 사실이다.

요구 분석 작업의 어려움을 해결하기 위하여 지난 30여 년 동안 많은 전문가들이 시스템 개발주기 상에서 보편적으로 행해지는 기능분석 기법 외에 구조적 분석 기법, 객체지향 분석 기법 등을 비롯하여 나름대로 차별화된 개념과 표현법을 사용하는 여러 분석 기법을 제안한 바 있다. 구조적 분석기법에서는 시스템의 기능적인 측면에 초점을 맞추고 있고, 객체지향분석기법에서는 데이터와 동작(행위)을 통합한 객체(object)를 중심으로 사용자 요구를 분석하고 있는 등 각 분석기법들은 제각각의 관점에 따라 시스템의 각기 다른 면에 초점을 맞추고 있다. 각 기법들은 나름대로 차별화된 기법들을 적용하고 있지만, 정보의 흐름(flow)과 구조(structure), 그리고 그 내용(contents)을 중심으로 시스템이 담당해야할 정보영역 설정, 소단위 시스템으로 분할하여 정복하기, 원활한 의사소통을 위한 도식적 기법을 사용하고 있다는 점 등에서는 공통점을 보이고 있으며, 한 가지 기법만으로 만족할 수 없는 경우도 있기 때문에 필요에 따라서는 여러 기법들을 상호 보완적으로 적용하기도 한다.

구조적 및 객체지향 분석과 설계는 별도의 장으로 각각 다루기로 하고, 여기서는 시스템개발 주기 과정에서 행해지는 보편적인 요구 분석 방법과 절차에 관해서만 간략하게 언급하기로 한다.

요구 분석 과정에서 기본적으로 적용시켜야 하는 분석 원리 혹은 전략으로 다음과 같은 것들을 들 수 있다.

- **추상화(abstraction) 원리**: 지엽적이거나 세부적인 사항들은 숨기고, 본질적이거나 핵심사항만을 부각시키는 것을 **추상화** 또는 **요약화**라 한다. 이 원리를 적용하면 업무가 수행해야 할 근본적인 기능을 도출해 낼 수 있다. 즉, 업무 수행 방법에 관한 것을 모두 배제하고 무엇을 해야 하는지 만을 파악함으로써 잡다한 세부적인 얽매임으로부터 해방되어 문제의 핵심(본질)에 접근할 수 있게 된다. 하나의 기능 속에 세부적인 여러 기능이 포괄적으로 포함된 경우에는 단계별 상세화를 통하여 필요한 수준의 세부사항을 파악할 수 있다. 이는 곧 하향식(top-down) 개발의 근본 원리를 제공하게 된다.

이 원리에 따르면 어느 부서 혹은 누가 어떻게(How) 일을 수행하는지를 파악하는 것이 아니라 무슨 일(What)을 하는가 만을 파악함으로서 해당 업무의 기능을 파악할 수 있게 된다. 그런 다음에는 그 기능을 수행하는 데 어떤 정보가 필요하고 그러한 정보를 마련하기 위해 어떤 활동이 수행되어야 하는지를 정의한다. 이 과정에서 세부적인 처리순서나 물리적인 속성은 고려할 필요가 없다.

- **분할정복**(divide and conquer) **원리**: 분할정복이란 일상생활에서도 곧 잘 이용되는 생활의 지혜로서 말 그대로 한꺼번에 해결할 수 없는 문제를 잘게 쪼개어 각 부분을 단계적으로 해결함으로써 전체를 정복한다는 원리이다.
  복잡하고 규모가 큰 시스템의 모든 기능을 한꺼번에 정의하려는 시도는 과욕이며 이는 곧 실패로 이어지는 경우가 많다. 이럴 경우에는 몇 개의 단위 시스템으로 분할하고, 단계적으로 정복해 나가는 전략을 구사하는 것이 바람직하다.

- **계층적 조직화**(hierarchical ordering) **원리**: 계층적 조직화는 당연히 분할정복과 관련이 깊다. 시스템을 단위 시스템으로 분할하되, 필요에 따라서 다시금 더 작은 소단위 시스템으로 나누고 이렇게 소단위로 분할된 시스템 또는 프로그램 혹은 모듈을 계층적으로 조직화함으로써 관리를 쉽게 하자는 것이 계층적 조직화 원리이다.

- **은폐**(hiding) **원리**: 분할된 단위 시스템들을 계층적으로 구조화 시킬 때, 단위 시스템 내부의 잡다한 여러 사항들은 모두 감추어 버리고 다른 단위 시스템과 연관성 있는 부분만을 보여줌으로서 전체 시스템의 기능과 상호 관련성을 쉽게 파악할 수 있도록 하자는 것이 **은폐의 원리**이다.

- **지역화**(localization) **원리**: 지역화란 분할된 단위 시스템들이라 할지라도 논리적으로 연관된 단위 시스템들은 하나의 단위 시스템으로 통합하는 전략을 말한다.

이러한 원리들을 적용하여 기능을 분석하는 일반적인 절차는

- 사용자 요구사항을 토대로 전체 시스템의 중요 기능을 추출한다(추상화원리).
- 중요 기능별로 몇 개의 단위 시스템으로 분할한다(분할정복의 원리).
- 단위 기능 시스템의 기능이 복잡하면 다시금 소단위 시스템으로 분할한다(분할정복 및 계층적 구조화 원리).
- 단위 시스템 상호간의 기능 연관성을 파악하여 관련 단위 시스템들을 통합한다(은폐 및 지역화 원리).
- 최종적으로 전체 시스템의 정보 처리 기능을 종합 재구성하여 검토한다.

· 검토 결과를 토대로 개선점을 도출하고 이를 새 시스템 개발 시에 반영한다.

이처럼 전체 시스템을 단위 기능으로 분해해 내려가는 식의 접근방법을 **하향식**(top-down) 접근방식이라 하고, 이와 반대로 단위 기능을 중심으로 전체 시스템을 도출해 나가는 식의 접근 방법을 **상향식**(bottom-up) 접근방식이라 한다.

하향식 접근방식은 전체 시스템을 계층적 구조에 따라 세밀하게 분석할 수 있다는 장점이 있으나 분석가의 독단적인 견해나 경험에 의존하게 된다는 단점이 있다.

이에 비해 상향식 접근방식은 사용자의 요구를 중심으로 단위 기능을 설정하게 되므로 분석이 쉽다는 장점은 있으나 관련 기능을 통합하기 어렵다는 단점이 있다.

기능을 분석하는 과정에서 분석가가 참으로 중요하게 생각해야 할 점은 현재 시스템의 기능을 파악하고 현재 상태대로 업무를 전산화 시켜 주어서는 안 된다는 점이다. 시스템 개발 목적이 환경변화로 인하여 발생하는 제반 문제들을 해결함으로써 생산성을 향상시키거나 보다 양질의 서비스를 제공하기 위함이라는 점을 염두에 둔다면 기능 분석을 통하여 현 시스템의 생산성을 향상시키기 위한 개선점을 반드시 도출해 내어야 한다는 점을 시스템 분석가는 명심해야 한다.

이 때문에 현 시스템에 대한 기능분석이 끝나면 전체 시스템의 정보 처리 기능을 재구성하여 종합적으로 검토하고, 검토결과를 토대로 관련 기능과 처리절차 등을 개선할 수 있는 방안을 도출하고 이를 새 시스템 개발에 반영시켜야 한다.

이제 기능분석의 한 예로서 대학의 학사행정시스템의 기능을 분석해 보기로 한다.

학사행정시스템은 학사와 관련된 제반 업무를 총괄 관리해야 하는 시스템으로서 신입생들이 입학하는 단계에서부터 졸업할 때까지의 전 과정에 걸쳐 발생하는 신상정보, 등록상황, 학기별 수업과 성적 등에 관한 데이터를 수집하여 효과적으로 관리하고 가공하며, 학사일정 진행에 따라 각종 보고서, 통계 자료, 증명서 등을 제공할 수 있어야 한다.

보편적으로 대학에서의 학사행정업무는 학생들의 입학에서 졸업까지의 과정에 따라 입시, 등록, 학적, 수업, 성적, 장학, 졸업, 취업 관련 업무로 나눌 수 있다. 따라서 학사행정시스템은 관련 업무에 따라 단위 기능 시스템으로 분할될 수 있으며, 이들 단위 기능 시스템은 또 다시 각 활동에 따라 보다 세분될 수도 있다.

이것을 도표로 정리하면 다음과 같다.

[표 4-1] 학사행정시스템의 기능분석 예

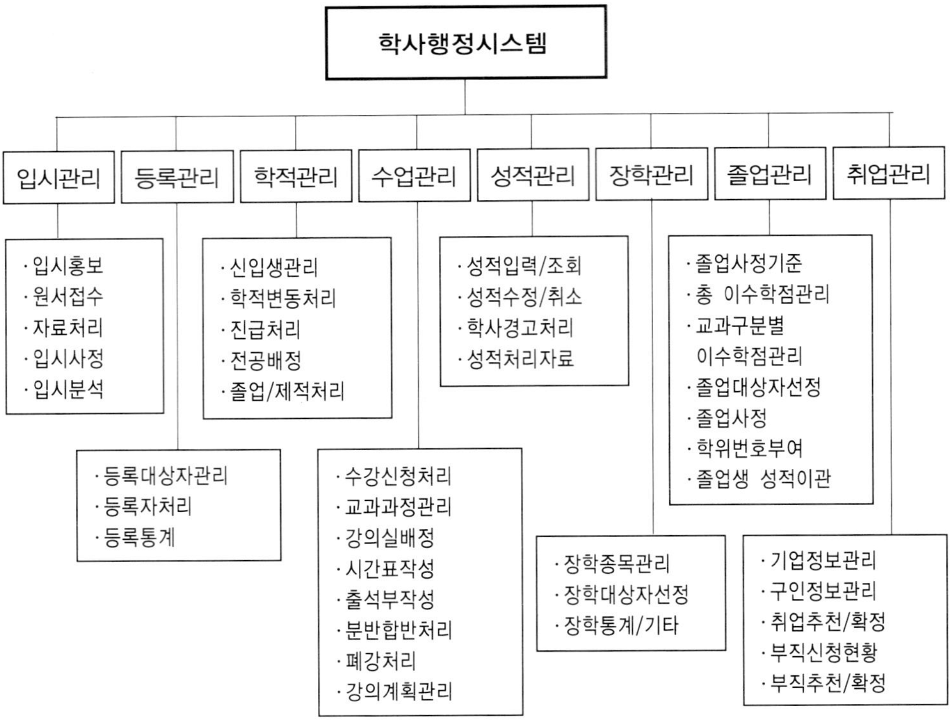

이러한 기능분석 결과를 정보 흐름을 중심으로 시스템을 재구성하면 다음과 같다.

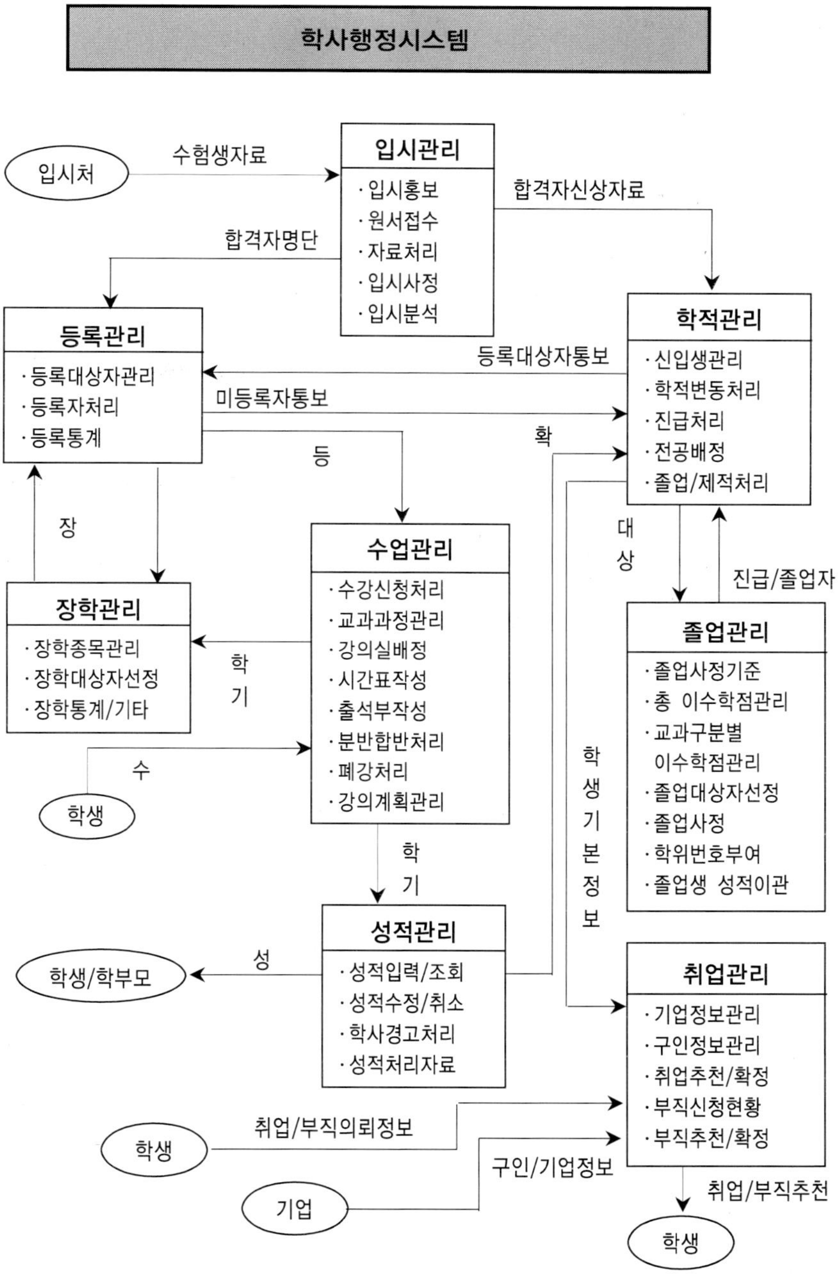

그림 4-1 학사행정시스템의 정보 흐름도

4.5. 요구 명세서

요구 명세서(기능 명세서)

- 요구 분석 결과
- 시스템 기능 정의
- 검사 / 인수 기준
- 공동검토 → 확인 → 날인 · 서명

요구 분석이 완료되면 그 결과를 토대로 **사용자 요구 명세서**(user's requirements specifications) 또는 **시스템 기능 정의서**(functional specification)를 작성하여야 한다. 요구 명세서는 앞으로 개발할 시스템의 기능과 구현 시의 특성을 정의하고 기록한 문서로서 대단히 중요하다. 모든 개발 작업이 이 문서를 근거로 하여 진행되며, 개발이 완료된 후에는 검사 또는 인수 기준이 되기도 한다.

요구 명세서의 일반적인 양식은 없다. 왜냐하면 개발하고자 하는 시스템의 유형, 성격, 응용분야, 목적 등에 따라 적용되는 개발방법이 다를 수밖에 없기 때문에 획일적으로 통일된 양식은 없다.

그러나 요구 명세서 작성 시에 유의해야 할 사항으로는

- 일정한 격식을 갖출 것,
- 정확할 것,
- 애매모호하지 않을 것,
- 검증 가능할 것,
- 일관성을 가질 것,
- 이해하기 쉬울 것,
- 최소의 정보만으로 정의할 것,
- 설계와 구현에 적용 가능할 것,
- 요구자를 알 수 있도록 할 것 등이 있다.

또 보편적인 경우의 요구 명세서에 포함되는 사항으로는

- 시스템(프로젝트)의 개요와 요약
- 기업의 특성(업무 특성 또는 사용자 특성)
- 사용자 요구사항(기능, 특성, 환경, 제약사항, 우선순위 등)
- 인수(검수) 기준
- 참고자료(조직, 각종 서류 및 참고 도서)
- 용어정의(정확한 의사소통을 위한) 등 이다(ISO9000-3참조).

일반적으로 기능적 요구는 사용자 요구를 조사 분석하는 분석 단계에서 정의하고, 비기능적 요구는 시스템의 구성과 정보처리 흐름을 종합적으로 정의하는 기본 설계 단계에서 확정한다.

[표 4-2] 사용자 요구 정의와 시스템 개발 주기와의 관계

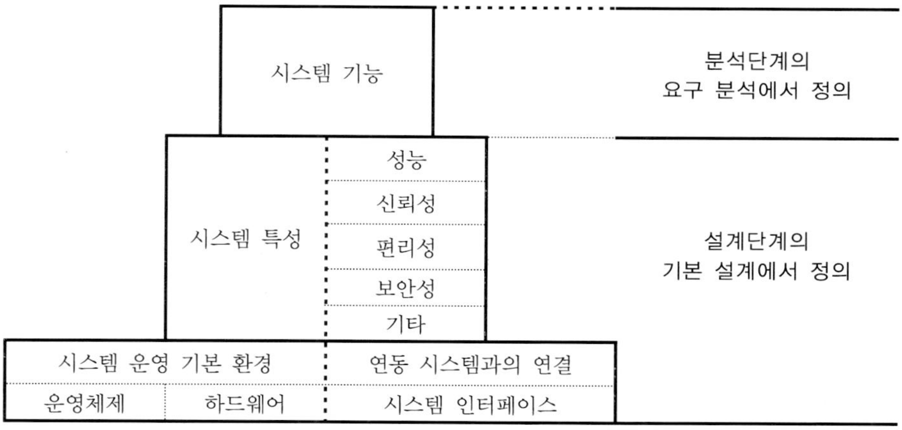

이처럼 중요한 요구 명세서를 분석가가 혼자서 일방적으로 작성・보관하고 있어서는 그 타당성이 인정되지 않으므로 작성된 요구 명세서는 반드시 사용자의 확인을 받아 두어야 한다. 그렇지 않으면 사용자들의 끊임없는 요구 변경을 막을 수 없게 되고, 무절제한 요구 변경은 시스템 개발을 실패로 끝을 맺게 하기도 한다.

복습문제

01. 요구 분석의 중요성을 설명하시오.

02. 요구 분석이 어려운 이유를 몇 가지 들고 그 이유를 현실적으로 설명하시오.

03. 사용자 요구 사항을 조사하는 방법들을 열거하고 설명하시오.

04. 요구 분석 시에 적용되는 기본 원리들을 설명하시오.

05. 일반적인 요구 분석 절차를 설명하시오.

06. 요구사항의 종류별 특성을 설명하시오.

07. 요구 분석 사례를 수집하시오.

08. 요구 명세서 사례를 수집하시오.

Chapter 05

기본 설계

기본 설계는 개발할 시스템의 밑그림을 그리는 과정이다. 따라서 이 단계를 관점에 따라서는 분석과정에 포함시키기도 하고, 설계단계의 세부적인 첫 단계로 보기도 한다. 어찌되었건 관점과는 상관없이 기본 설계는 요구 분석 결과, 즉 도출된 기능들의 개괄적인 구현방안을 모색하는 단계이다.

기본 설계 단계에서의 목표는 도출된 시스템 기능 중에서 구현 대상 기능과 관련 입출력 데이터의 개괄적인 내용과 매체 혹은 장치를 결정하고, 이를 종합함으로써 개발하고자 하는 새로운 시스템 전체를 구성하는 것이다. 따라서 기본 설계 단계를 거치고 나면 개발 대상 시스템의 윤곽이 드러나게 된다.

새 시스템의 하드웨어와 특성을 어느 수준으로 정하느냐에 따라 시스템의 사양(스펙: Specification)이 다양해 질 수 있으며, 각 사양에 따라 소요 예산과 그 효과가 달라질 수 있으므로 비용 대비 효과(cost performance)가 가장 높은 것을 선택해야 할 것이다.

5.1. 기본 설계란?

기본 설계

- 기능별 모델 정의 → 시스템 모델 결정
- 시스템 특성 결정
- H/W & S/W결정
- 다양한 시스템 대안 구성
- 비용효과분석

소비자는 기본적으로 자신이 원하는 결과에 대해서만 관심을 가질 뿐이다. 자신이 원하는 결과가 어떤 재료로 어떤 도구에 의해 어떠한 가공절차를 거쳐 만들어 졌는가에 대해서는 특별한 몇몇을 제외하고는 거의 관심을 가지지 않는다.

그러나 생산자의 입장은 소비자와는 상당히 다르다. 생산자는 당연히 소비자가 원하는 물건을 효과적으로 만들어 내기 위해서 어떤 재료와 도구를 사용할 것인지 그리고 어떤 방법으로 만들 것인가에 대해 대단한 관심을 가지게 된다.

이와 마찬가지로 시스템을 효과적으로 개발하기 위해서는 사용자 요구 분석을 통해 사용자들이 필요로 하는 기능들을 파악하고, 그러한 기능들을 구현하기 위해서는 어떤 데이터가 어떤 형태로 공급되고 처리되어야 하는지를 미리 계획해야 한다. 그러나 이 모든 것을 한꺼번에 다 하는 것보다는 먼저 전체 흐름과 구성을 파악하고, 그런 다음에 세부 처리절차에 관한 것을 설계하는 것이 효율적이기 때문에 기본 설계와 상세 설계 두 단계로 나누어 설계하도록 하고 있다.

기본 설계는 말 그대로 시스템의 기본을 설계하는 단계이다. 즉, 요구 분석 단계에서 도출된 기능을 수행하는데 필요한 입출력 데이터의 개괄적인 내용과 매체나 장치 등과 같은 포괄적이고도 기본적인 사항들을 결정하고, 이러한 기능들의 상호 연결 관계를 정립하여 정보의 흐름과 정보 저장소를 정의하는 단계이다.

일반적으로 기능은 여러 종류 혹은 여러 단계의 세부적인 활동을 통하여 완성된다. 따라서 개개 활동을 구현하기 위한 기본 모델이 내부적으로 결속되어 기능별 모델이 되고, 기능별 모델이 종합되면 개발하고자 하는 시스템 모델이 된다.

시스템에 대한 기능적 요구인 전체 시스템 모델이 얻어지면, 그 다음으로는 시스템의 비기능적 요구인 시스템 특성을 결정해야 한다. 특히 성능에 대한 요구가 결정되면 그에 합당한 하드웨어와 (시스템)소프트웨어를 결정할 수 있게 되고, 또한 소요 비용과 시스템 도입 효과도 예상할 수 있게 된다.

전체 시스템 모델, 시스템 특성, 하드웨어 및 소프트웨어를 어떻게 설정하느냐에 따라 다양한 형태로 시스템이 구성될 수 있으며, 각 형태마다 그 소요 비용과 예상 효과가 다를 수 있기 때문에 **비용 대 효과**(cost performance)가 가장 좋은 것을 선택하여 이후의 상세설계 단계를 거치면서 시스템 개발을 구체화하게 된다.

결론적으로 기본 설계에서는 통상 다음의 작업들이 나열된 순서대로 진행된다.

- 기능별 모델을 정의하고, 이를 토대로 시스템 모델을 구축한다.
- 시스템의 특성을 정의한다.
- 시스템의 기능적 요구와 특성을 만족시킬 하드웨어와 소프트웨어를 결정한다.
- 각 대안별 소요 비용과 도입효과를 비교 분석하여 최상의 안을 선택한다.

5.2. 시스템 모델 설정

시스템 모델

- 구현 기능 선정 → 출력모델설정 → 입력모델설정
- 기능별 모델 → 시스템 모델

요구 분석을 통하여 도출된 기능들이라고 해서 모두 구현되는 것은 아니다. 일반적으로는 조직의 생산성을 향상시키기 위하여 종합 시스템을 구축하는 것이 요즈음의 추세이기는 하지만 개발비용의 한계로 인하여 일부 기능만 구현되어야 하는 경우도 있을 수 있고, 보안상의 이유나 여타 다양한 이유로 인하여 구현하지 말아야 할 기능도 있을 수 있기 때문이다.

따라서 개발할 시스템 모델을 정의함에 있어서 가장 먼저 이루어져야 할 것은 바로 구현할 기능을 선정하는 것이며, 다음으로는 선정된 기능이 생성해야 할 출력 내용과 매체에 관한 사항을 결정해야 하고, 마지막으로는 출력 생성에 필요한 입력의 내용과 매체에 관한 사항을 결정해야 한다. 이외에도 데이터의 보관이나 다른 기능에서의 재

사용을 위해 만들기도 하는 파일이나 데이터베이스에 관한 사항들을 결정해야 한다. 이처럼 하나의 기능 구현에 관련되는 사항들을 모두 포함하고 있는 모델을 기능별 모델이라 하고, 기능별 모델이 통합되면 시스템 모델이 된다.

그러므로

- 구현하고자 하는 기능을 선정하고
- 해당 기능의 출력에 관한 사항을 중심으로 출력 모델을 설정하며,
- 출력 생성에 필요한 입력에 관한 사항을 중심으로 입력 모델을 설정함으로써 기능별 모델 설정을 완료한다.
- 정보 흐름을 고려하여 기능별 모델을 통합함으로써 시스템 모델을 설정할 수 있다.

각 단계별 상세한 활동은 다음과 같다.

- **구현 기능 선정**: 사용자가 우선적으로 요구하거나 전산화 효과가 가장 크게 나타날 수 있는 기능들을 구현 대상 기능으로 선정하고 이것을 통상 사각형의 처리상자로 표시한다.
  일반적으로 다음과 같은 특성을 갖는 기능을 우선적으로 구현하면 업무 효율성과 생산성을 향상시킬 수 있다.
  - 대량의 정보를 다루는 기능
  - 빠르고 정확한 처리를 요구하는 기능
  - 처리 과정이 복잡한 기능
  - 정기적으로 반복되는 기능
  - 특정 기간에 집중되는 기능
- **출력 모델 설정**: 궁극적으로 시스템 개발 목적은 사용자가 원하는 출력을 만들어내기 위함이며, 사용자의 모든 관심은 출력에 쏠려 있다고 해도 과언이 아니다. 따라서 요구 분석 결과로 만들어진 정보흐름도 등을 참고하여 출력할 내용과 그에 적합한 출력 매체를 결정한다.
  여기서의 출력 내용은 구체적인 항목을 지정하는 것이 아니라 출력 내용의 포괄적인 특성을 나타내는 정도의 내용을 말한다. 예를 들면 '어느 누구의 무슨 과목의 성적'이라는 식의 내용이 아니라 '학생개인성적' 등과 같이 출력의 포괄적인 특성을 나타내는 내용을 말하는 것이다.
  출력의 용도에 따라 출력 매체, 즉 종이에 인쇄할 것인지, 디스플레이 화면으로

보여줄 것인지 아니면 파일로 저장할 것인지 그도 저도 아니면 전기적인 신호로 전송할 것인지 등을 결정하고 적절한 기호를 사용하여 표시한다.

- **입력 모델 설정**: 출력을 생성하는 데 필요한 입력의 내용과 형태를 결정한다. 입력 매체의 종류에 따라 적절한 기호를 사용하여 표시한다.

- **파일 모델 설정**: 한 기능에서의 출력은 다른 기능의 입력으로 사용되기도 하고, 경우에 따라서는 같은 기능에서 반복적으로 사용하기도 한다. 이럴 경우를 대비하여 한 기능에서의 출력을 하드 디스크와 같은 보조기억장치에 파일의 형태로 저장・보관하기도 한다.
  특히 각 기능에서 공통으로 입력되는 항목들은 파일이나 데이터베이스로 구축해 두면 아주 효과적이다.

- **기능별 모델 통합**: 각 기능별 모델에서 공동으로 사용되는 입력, 출력, 파일 등을 매개체로 하여 각 기능별 모델을 서로 연결하면 보다 큰 단위의 기능별 모델이 만들어지고 이러한 과정을 반복하면 궁극적으로는 시스템 모델이 만들어진다.

이제 학생들이 수강 신청한 교과목에 대한 담당교수들의 평가 결과를 반영하여 성적을 산출하는 축소된 학사시스템이 있다고 가정하고, 이 시스템을 대상으로 시스템 모델 설정 과정을 예로 보이고자 한다.

- **기능분석**: 학사시스템에 대한 기능분석 결과는 다음과 같다.

학사시스템	수강관리	교과과정관리	담당자: 교무처 수업계
		수강신청	담당자: 학생 개인
	성적처리	평가결과입력	담당자: 해당과목 담당교수
		성적평가	담당자: 교무처 학적계

- **구현 대상 기능 선정**: 기능분석 결과로 도출된 기능들은 연례적으로 반복될 뿐 아니라 전교생을 대상으로 하기 때문에 작업량이 방대하므로 전산화 효과가 클 것으로 예상되어 모든 기능을 구현하기로 결정하였다. 상위 기능들은 하위 기능들의 결합으로 이루어지므로 하위 기능부터 모델을 설정하기로 한다. 먼저 '**교과과정관리**' 기능을 그 대상으로 삼고 사각형으로 표시한다.

교과과정관리

- **출력 모델 설정:** 출력으로는 담당자가 항시 참조할 수 있도록 하기 위하여 '교과과정표'를 인쇄한다. 또 수강 신청 시에 학생들이 참조할 수 있도록 파일 또는 데이터베이스로 저장해 두어야 한다.

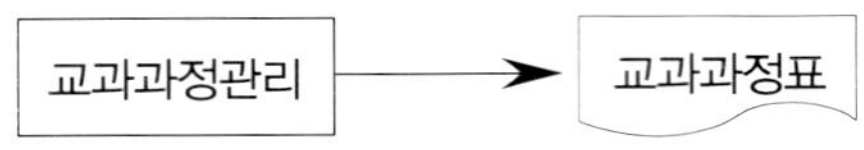	· 업무담당자용 '교과과정표' 인쇄 · 학과별배부용 인쇄

- **입력 모델 설정:** 최초 업무 개시 시에는 업무 담당자가 전적으로 새로운 데이터를 입력해야 하지만 그 다음부터는 매년 정기적으로 교과과정 변화에 따라 관련 데이터를 수정 보완한다. 관련 데이터의 입력은 통상 온라인 터미널을 통하여 이루어진다.

· 업무담당자가 교과과정변동 자료를 온라인 터미널로 입력	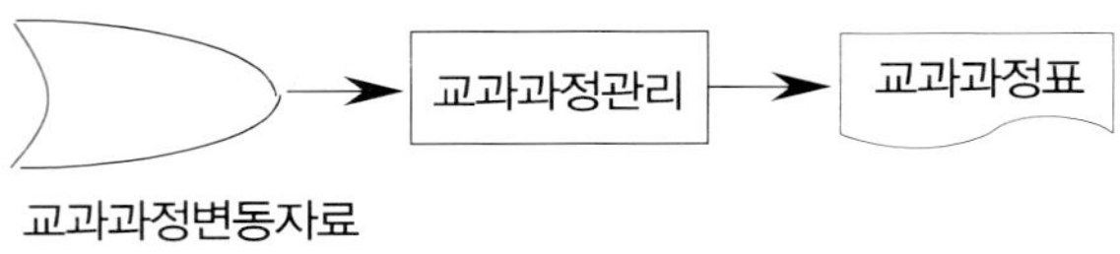

- **파일 모델 설정:** 매년 기존의 교과과정을 보완 수정해야 함과 동시에 다른 기능과의 공용을 위하여 데이터베이스로 구축하기로 한다.

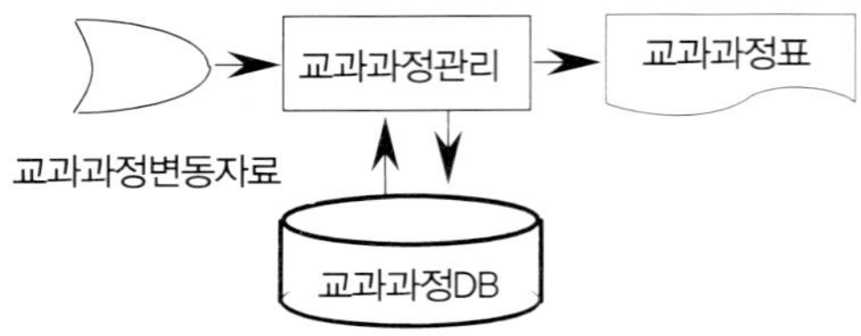	· 연례적인 보완 수정 & 다른 업무와의 공용을 위해 DB구축 · 데이터베이스 성장 고려 200GB · 안정성 고려 – Mirroring 기능

- **하위 기능 모델 완성:** '**교과과정관리**' 기능에 대한 모델 설정이 완료되면 나머지 기능에 대한 모델도 동일한 방법으로 완성한다.

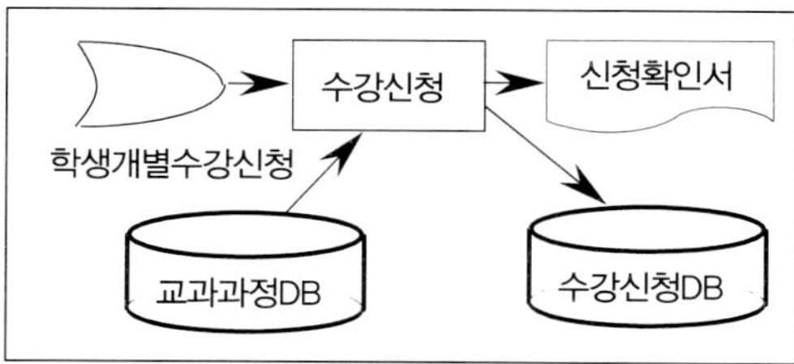

- 웹을 통한 학생 개별 수강신청
- 수강신청확인서 인쇄
- 수강 정정 및 성적처리를 위해 데이터베이스 구축
- 안정성 고려 – Mirroring

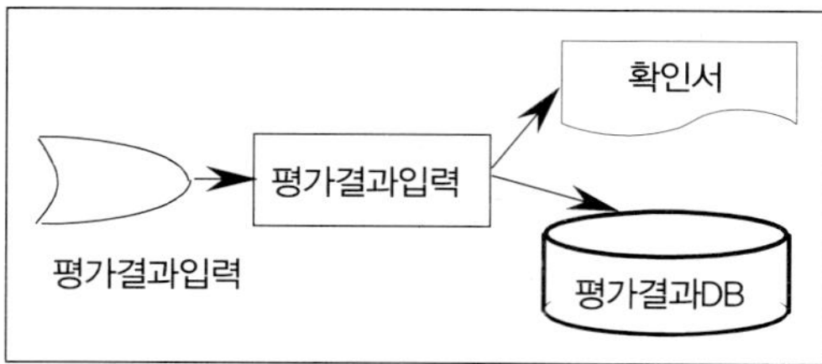

- 웹을 통해 담당교수별 평가결과입력
- 평가결과 압력 확인용 자료 인쇄
- 최종 성적평가를 위해 DB 구축

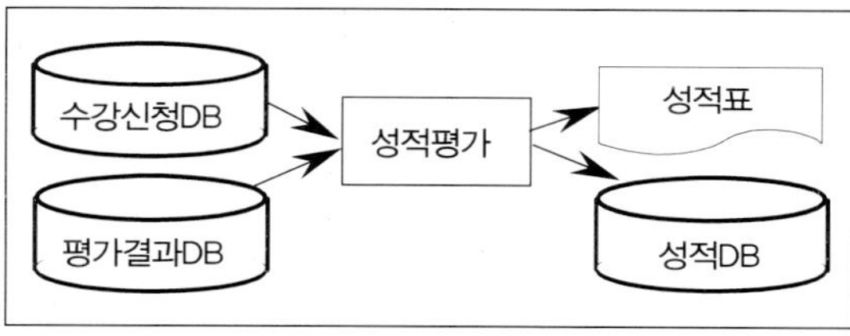

- 배부용 성적표 인쇄
- 학적부 누적 정리용 성적 DB 구축
- 안정성 고려 – Mirroring

- **하위 기능 모델 통합 반복**: 반복적으로 하위 기능 모델을 통합하여 점진적으로 시스템 모델을 완성한다. 먼저 '**교과과정관리**' 기능 모델과 '**수강신청**' 기능모델을 통합하여 상위 기능인 '**수강관리**' 기능에 대한 모델을 정의하고, '**평가결과입력**' 기능 모델과 '**성적평가**' 기능 모델을 통합하여 '**성적처리**' 기능에 대한 모델을 완성한다. 그런 다음에는 '**수강관리**' 기능 모델과 '**성적처리**' 기능 모델을 통합하여 최종적으로 '**학사시스템**'에 대한 시스템 모델을 정의한다.

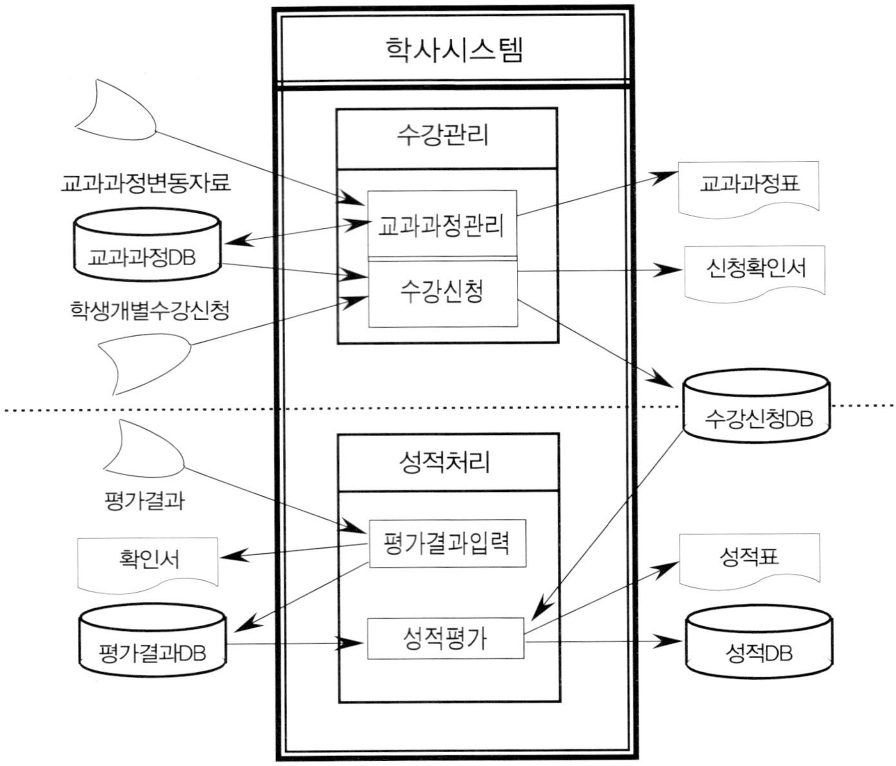

5.3. 시스템 특성 결정

시스템 특성 결정

- 사용자 만족도/체감지수 향상 → 성공적인 시스템 개발
- 하드웨어: CPU → 주변장치
- 시스템 소프트웨어: 운영체제, 유틸리티 인터페이스

시스템 특성으로는 시스템의 성능, 편리성, 신뢰성, 보안성 등을 들 수 있으며, 이것들에 의해 시스템의 생산성과 품질이 결정된다. 물론 무제한의 비용을 투입한다면 최고의 성능과 최상의 품질을 자랑할 수 있는 시스템을 구축/구현할 수 있겠지만 어디 세상이 그런가? 가장 적은 비용을 들여 최대의 효과를 추구하는 것이 기본적인 경제 원리 아닌가?

따라서 이 과정에서 결정되어야 하는 시스템 특성은 이어지는 비용 효과 분석 과정의 주요 자료가 된다는 점과 사용자의 만족도와 관련이 아주 깊다는 사실을 염두에 두고 신중하게 검토/결정되어야 한다.

시스템 기능은 당연히 만족해야 하는 사용자 요구사항이지만 이에 못지않게 중요한 것이 시스템 특성이다. 시스템 특성이 만족스럽게 설정되지 않으면 사용자 만족 체감 지수가 아주 낮아져 사용자들은 아주 심하게 불평을 하게 된다.

예를 들어, 검색 시스템에서 한 시스템은 1초 만에 원하는 자료를 검색해 내는 반면, 또 다른 시스템은 10초 정도가 걸린다고 가정해 보자. 여러분들이라면 어떻게 생각하고 어떻게 느끼겠는가?

또 다른 예로, 한 시스템은 그래픽 환경에서 원하는 작업을 마우스로 클릭하기만 하면 수행하는데, 또 다른 시스템에서는 사용자가 관련 업무를 수행하는 과정에 따라 필요한 명령을 그때마다 키보드를 통해 입력해야 한다면 여러분은 어느 시스템을 택할 것인가?

사용자에게는 시스템 특성이 시스템 기능보다 어쩌면 더 중요하게 느껴질지도 모른다. 시스템 특성은 컴퓨터의 하드웨어와 시스템 소프트웨어의 영향을 주로 받는다.

그러므로 시스템 특성 결정과 관련해서는 하드웨어 성능과 시스템 소프트웨어에 관련된 사항들을 주로 검토/결정하여야 하며, 이는 비용과 직접적인 관계가 있다. 즉 고성능의 하드웨어일수록 가격이 비싸고, 시스템 소프트웨어 역시 그러한 경향이 있다.

그러나 아무리 부자라 하더라도 정신이상자가 아닌 한 돼지 목에 진주 목걸이를 걸어주지는 않는 것처럼 시스템이 수행해야 할 기능에 비해 과도한 성능의 하드웨어나 소프트웨어는 과잉투자가 되어 시스템 개발 목적에 어긋나게 된다. 그러므로 시스템이 수행해야 할 기능과 사용자의 요구를 만족시킬 수 있는 수준의 하드웨어 및 시스템 소프트웨어를 선정하는 것이 바람직하나, 일반적으로는 그때그때의 시대적인 추세에 따라 거의 결정된다고 보는 것이 마음 편하다.

[1] 하드웨어 검토사항

같은 프로그램이라도 성능이 우수한 시스템에서 실행될수록 결과물(출력) 생성까지의 시간이 단축되는 것은 기정사실이다. 이 때문에 사용자들은 가능하다면 고성능의 컴퓨터 시스템을 사용하고 싶어 한다.

컴퓨터 시스템(정보처리시스템)은 중앙처리장치와 주변장치 두 가지로 크게 나눌 수 있고, 주변장치는 또 다시 다양한 여러 종류의 장치들로 세분될 수 있다. 이중에서 중앙처리장치는 CPU(Central Processing Unit)로 통칭되며, 전체 시스템의 기본적인 성능을 좌우하는 가장 핵심적인 구성 요소이다. 그러므로 CPU를 먼저 결정해야 한다.

그러나 CPU의 성능이 아무리 고성능이라 할지라도 주변장치의 성능이 저급이면 전체 시스템의 생산성은 저하된다. 따라서 주변장치는 CPU의 성능을 저해하지 않는 수준의 장치들로 선정할 필요가 있다.

또 한 가지, 소프트웨어야 별도의 설치 공간을 필요로 하지 않지만 하드웨어는 별도의 설치공간과 항온 항습 등과 같이 부가적으로 필요한 운용 환경을 요구하기도 하며, 사용자 분포에 따라 기기의 배치방식이나 네트워크 구성과 같은 시스템 구성방식이 달라질 수도 있으므로 이에 대한 사항도 검토할 필요가 있다.

하드웨어를 선정할 때는 기본적으로 다음의 사항들을 고려하는 것이 바람직하다.

- 적용 업무에서 발생하는 최대 정보량을 제때에 처리할 수 있는가?
- 사용자 요구사항을 만족할 수 있는 수준인가?
- 사용자 분포나 설치 공간에 적합한가?
- 조직이 추구하고 있는 전산화 정책에 부합되는가?

이외에도 가능하다면

- 구현 기술의 안정성,
- 향후 예상되는 업무 변화,
- 향후 예상되는 정보 증가량과 발생 빈도,
- 향후 변화에 대처하기 위한 확장성과 호환성 등에 관한 것도 고려하는 것이 바람직하다.

[2] 시스템 소프트웨어 검토사항

시스템 소프트웨어 결정을 위한 여러 고려 사항들을 설명하기 전에 다음의 경우를 먼저 생각해 보자.

예를 들어 많은 시간이 소요되는 작업을 수행하던 중에 컴퓨터 시스템이 갑자기 꼼짝도 하지 않는 상태, 즉 hang-up 상태에 빠져 들어 그때까지 했던 작업결과를 포기해야 하는 경우가 발생하면 그때의 심정이 어떨까?

또 오랜 기간 동안 누적 보관해 온 아주 중요한 데이터 파일이 조작 실수도 없이 제대로 처리되었는데도 불구하고 다음 작업에서 더 이상 사용할 수 없는 상태가 되어버렸다면 사용자는 어떤 반응을 보일까? 구체적인 경우를 언급한다면 이전 작업이 정상적으로 종료되어 파일이 생성되었고, 이 파일을 다음 작업의 입력 파일로 사용하려고 하는데 "**데이터 파일을 열 수가 없습니다.**"라는 경고 메시지가 나타나 더 이상 작업을 진행할 수 없게 되는 경우가 생기면 대부분의 사용자들은 더 이상 그 시스템을 믿지 않으려 할 것이고, 설혹 대안이 없어 그 시스템을 사용할 수밖에 없다고 하더라도 "**이번 작업이 제대로 마쳐질까?**"라고 생각하면서 항상 가슴이 조마조마해야 할 것이다. 이런 불안정한 시스템은 당연히 사용자들로부터 버림받게 된다.

이러한 상황들은 시스템 신뢰성을 평가하는 척도가 되며, 시스템 신뢰성은 성능 못지않게 중요한 시스템 특성으로서 시스템 소프트웨어와 밀접한 관계가 있다.

이외에도 사용의 편리성을 위한 기본 환경 제공, 무자격자의 접근을 방지하는 보안성도 시스템 소프트웨어에 의해 거의 좌우된다.

따라서 시스템 소프트웨어 선정을 위해서는

- 시스템의 신뢰성(안정성)을 비롯하여,
- 사용의 편리성,
- 보안성,
- 연동 소프트웨어와의 인터페이스 적합성 등을 복합적으로 고려하는 것이 바람직하다.

이외에도

- 향후의 기술발전 추이,
- 확장성,
- 호환성 등을 고려하면 더욱 좋다.

일반적으로는 선정 당시의 경향이나 추세 등에 따라 거의 대부분 결정된다고 봐도 무리는 아니다. 그렇기는 하지만 면밀하게 검토할수록 자신에게 가장 적합한 시스템 소프트웨어를 고를 수 있음은 분명한 사실이다.

[3] 시스템 특성 결정

아무리 견고하고 고성능의 하드웨어라 할지라도 고장 나기 마련이고, 아무리 안정성이 높은 운영체제라 할지라도 트러블(trouble)이 발생할 수 있게 마련이다. 이처럼 시스템에 오류가 발생했을 때, 얼마만큼 빠른 시간 내에 시스템을 복구시킬 수 있느냐 하는 것은 시스템 가동률이라는 측면에서 대단히 주요한 평가요인이 될 수 있다.

따라서 하드웨어나 시스템 소프트웨어의 성능, 안정성 등과 같은 기술적인 측면만을 중심으로 시스템 특성 만족여부를 판단해서는 안 되며, 통칭 A/S라 불리는 사후관리에 관한 부분까지를 포함하여 종합적으로 평가하고 결정하여야 한다.

결론적으로는 하드웨어나 소프트웨어를 막론하고

- 성능,
- 신뢰성,
- 확장성,
- 호환성,
- 사후관리 및 기술적 지원,
- 가격 등을 중심으로 검토→평가→선정하는 것이 바람직하다.

이러한 사항들을 중심으로 다음과 같은 평가표를 만들어 적용할 수도 있을 것이다.

[표 5-1] 평가표의 예

평가항목 / 평가대상	성능	신뢰성	확장성	호환성	사후관리 기술지원	가격	종합평가
중앙처리장치							
주변장치							
운영체제							
유틸리티...							

5.4. 비용효과분석

비용효과분석

- 경제적 타당성 재확인
- 시스템 분석 완료 보고 이전

시스템 기능분석과 기본 설계에 의해 시스템이 수행해야 할 기능들과 관련 하드웨어 및 소프트웨어 등이 결정되면 새 시스템의 전체 구성에 대한 기본적인 윤곽과 몇 가지 대안이 제시될 수 있다.

이제 남은 것은 이들 중에서 가장 효과적인 방안을 결정하는 일이다. 이를 위하여 분석가는 각 대안별로 투입되어야 하는 비용과 시스템 도입에 따른 효과를 비교 검토하여 가장 경제적인 방안, 즉 비용효과가 가장 우수한 방안을 선택하여야 한다. 이 과정은 시스템 분석의 마지막 단계이며, **경제적 타당성(economical feasibility)** 검토라고도 한다.

이 과정에서의 검토 결과에 따라 시스템 개발의 지속여부가 결정되는 경우도 있지만 지금의 추세로는 경제적 타당성이 부족하다는 이유로 시스템 개발을 중단하는 경우는 거의 찾아볼 수 없으며, 오히려 무리를 해서라도 다기능 고성능의 시스템을 구축하려는 경우가 많다. 그렇기는 하지만 무리한 투자는 기업 자체의 존망에 결정적인 영향을 주기 때문에 신중에 신중을 기할 필요는 있다.

특히 개발자의 입장에서 볼 때, 경제적 타당성 검토가 늦어지면 늦어질수록 손해 볼 가능성이 높아진다. 예를 들어 막연한 가능성을 믿고 시스템 분석단계에서의 타당성 검토는 통과의례라는 식의 사고방식으로 상당 부분까지 실질적인 프로그램 개발이 이루어진 상황에서 가로 늦게 경제적 타당성 부족으로 시스템 개발이 중단된다면 그 동안의 비용은 누가 부담해야 하나?

이러한 피해를 줄이기 위해서라도 시스템 분석 끝 단계에서 반드시 타당성 검토가 완료되어야 한다. 만일 부득이 한 경우에라도 시스템 설계가 종료되기 전까지는 반드시 타당성 검토가 이루어져야 한다.

복습문제

01. 기본 설계의 개념을 설명하시오.

02. 기본 설계 절차를 간략하게 설명하시오.

03. 구현할 기능을 선정하는 기본적인 척도는 무엇인가?

04. 시스템 모델을 작성하는 순서를 설명하시오.

05. 하드웨어 결정 시에 고려해야 할 주요 사항들을 설명하시오.

06. 시스템 소프트웨어 결정 시에 고려해야 할 주요 사항들을 나열하시오.

07. 비용효과분석의 의의를 설명하시오.

08. 비용효과분석 지연에 따른 위험성을 설명하시오.

Chapter 06

코드 설계

기본 설계가 완료되면 이어서 기본 설계의 내용들을 구체적으로 구현하기 위한 상세 설계 단계가 이어진다. 상세설계 단계 가운데서도 코드 설계가 제일 먼저 실시된다. 왜냐하면 코드 설계의 잘 잘못에 따라 정보 처리 효율성과 처리된 정보의 이용에 많은 영향을 미치기 때문이다. 실무적으로는 코드 설계가 잘되면 프로그래밍하기도 훨씬 수월해져 생산성이 향상되기도 한다.

따라서 시스템을 효율적으로 구축함과 동시에 정보처리의 효율성을 높이기 위해서는 업무의 특성, 데이터의 양이나 종류, 발생 빈도 등에 따라 적절한 코드 체계를 구축해야 한다.

6.1. 코드의 정의

코드(code)

- 개체 식별, 분류, 배열을 위해 사용되는 숫자, 문자, 기호 또는 그것들의 조합

코드(code)는 원래 '규약', '규칙', '신호법', '암호', '약호' 등의 의미를 갖는 영어단어이지만, 컴퓨터 분야에서는 거의 대부분 발음 그대로 '코드'라는 전문용어로 사용된다.

컴퓨터 용어 사전 등에서는 '코드'를 '컴퓨터 시스템에서 정보를 표현하기 위하여 사용

되는 특별한 기호 체계'로 설명하고 있으나, 이는 컴퓨터 내부적인 표현이나 데이터 통신에 적용되는 기호체계로서 본 교과목에서 정의하고자하는 '코드'와는 거리가 멀다. 이런 유형에 속하는 코드로는 ASCII 코드, EBCDIC 코드, 유니코드(unicode), 8421 코드, 3초과 코드, 그레이 코드, 해밍(hamming) 코드 등이 있다.

이 장에서 말하는 '코드'는 우리 일상생활에서 사용되는 주민등록번호, 학번, 전화번호 등등처럼 소프트웨어 시스템 구축이나 프로그램 개발과 관련해서 처리 대상, 즉 개체들을 식별하고 분류, 배열하기 위해 사용되는 숫자, 문자, 기호를 말한다.

코드는 업무의 처리 유형과 관련 정보량, 처리기와 정보 발생 환경, 출력물의 활용방법 등의 여러 요인들에 의해 다양한 형태로 조직되고 운영된다. 궁극적으로 코드는 **데이터의 일부분**으로서 정보 처리의 효율성과 처리된 정보의 이용에 지대한 영향을 미치기 때문에 효율적인 시스템을 구축하기 위해서는 업무의 특성, 데이터의 양이나 종류, 발생 빈도 등에 따라 적절한 코드 체계를 구축해야 한다.

코드 설계는 효율적인 정보 처리를 위하여 시스템 구축에 적합한 코드 체계를 설정하는 것이 목적이며, 이를 위해서는 제각각의 목적에 부합되는 설계 방법 등 여러 가지 지식이 필요하다.

6.2. 코드의 기능

코드의 기능

기본 기능
- 표준화 기능
- 간소화 기능

3대 기능
- 식별 기능
- 분류 기능
- 배열 기능

부가 기능
- 연상 기능
- 암호화 기능
- 오류검출 기능

관점에 따라 정보 처리 유형을 다양하게 세분할 수도 있으나, 기본적으로는 대량의 정보들을 개별적으로 식별하고, 이를 비교, 배열, 분류, 추출, 병합, 분배하며, 필요에 따라 그 내용을 갱신하는 처리 유형이 주를 이룬다.

따라서 코드는 이러한 정보 처리 유형이 효율적으로 수행될 수 있도록 설계되어져야 하고, 또한 처리 결과를 원활하게 활용할 수 있도록 하기 위해서는 기억하기 쉬우면서 동시에 무자격자로부터 정보를 보호할 수 있어야 한다.

이런 면에서 볼 때 코드가 가져야 하는 기능은 여러 가지가 있겠지만, 그 중에서도 가장 우선적으로 보장되어야 할 기능은 식별, 분류, 배열 기능이며, 이 외에 연상, 암호화 및 오류 검출 기능 등을 가져야 한다. 이외에도 코드를 사용함으로써 얻어지는 이득으로는 처리 대상을 표준적인 방식으로 간결하게 표현할 수 있다는 점을 들 수 있다.

종합적으로는 코드의 기능을 기본 기능, 필수 기능, 부가 기능으로 크게 분류할 수 있으며, 이는 다시금 몇 가지로 세분될 수 있다.

[표 6-1] 코드의 기능

기본적인 기능	필수 3대 기능	부가 기능
표준화 기능	식별 기능	연상 기능
간소화 기능	분류 기능	암호화 기능
	배열 기능	오류검출 기능

01 **표준화 기능**: 동일한 대상이라 할지라도 개발자마다 자신의 주관에 따라 다르게 표현하거나 인식할 수 있기 때문에 혼란을 가져 올 수 있다. 그러나 코드를 사용하면 항상 동일한 방법으로 표현하고 인식할 수 있기 때문에 혼란을 줄일 수 있다. 이러한 기능을 표준화 기능이라 한다.

02 **간소화 기능(간결성)**: 정보를 일상적인 언어로 표현하면 표현에 따라 의미가 모호해 지거나 설명이 길어져 정보 저장에 많은 영역을 차지하게 된다. 그러나 정보의 특성을 함축적으로 표현할 수 있는 코드를 사용하면 일반적으로 적은 자리수로 많은 정보를 표현할 수 있게 되어 소요 영역이 줄어든다.

03 **식별 기능(고유성)**: 개개 정보를 구별할 수 있게 하는 기능이다. 식별 기능을 유지하기 위해서는 하나의 코드가 하나의 정보와 1대 1 대응 관계를 맺고 있어야 한다.

04 **분류 기능**: 동일한 특성이나 기준을 만족하는 집단과 그렇지 못한 집단으로 나눌 수 있게 하는 기능이다. 코드가 분류 기능을 갖기 위해서는 정보 특성에 따른 코드화가 선행되어져야 한다.

05 **배열 기능**: 적용 기준에 따라 정보를 나열할 수 있는 기능을 의미하며, 코드가 이러한 기능을 갖기 위해서는 코드 설계 단계에서 이를 위한 배려가 선행되어야 한다.

06 **연상 기억**: 코드를 보면 그 대상이 무엇인지를 연상할(알) 수 있도록 하는 기능이며, 이를 위해서는 정보 특성을 고려하여 코드를 설계해야 한다. 가장 쉽게 이해할 수 있는 예로서는 생년월일과 성별을 금방 알 수 있는 주민등록번호를 들 수 있다.

07 **암호화 기능**: 연상 기능과 반대되는 기능이라 생각하기 쉽지만 그렇지 않다. 여기서의 암호화 기능이란 무자격자로부터 정보를 보호하기 위한 수단으로서의 기능이다. 구체적으로는 무자격자가 코드를 통하여 정보를 알 수 없도록 하기 위하여 내부적으로 약속된 특수 기호를 사용하거나 다른 형태로 변형함으로써 본래의 의미를 감추는 기능을 말한다.

08 **오류검출 기능**: 코드는 일정한 규칙에 의해 부여되므로, 규칙에 어긋나는 코드가 부여된 처리 대상을 걸러 낼 수 있는 기능을 말한다. 이러한 기능은 프로그래밍 과정에서 실질적으로 구현될 수 있다(일반적으로 많은 책에서 오류검출 코드의 예로 해밍 코드를 거론하고 있으나 저자의 견해로는 적합하지 않다고 생각한다. 그 이유는 해밍 코드는 주로 데이터 통신이나 정보 교환에 사용되며, 지금 우리가 언급하고 있는 코드와는 거의 관계가 없기 때문이다.).

궁극적으로 코드의 이러한 기능으로 말미암아

- 정보 표현을 표준화할 수 있고,
- 정보 표현에 사용되는 저장 영역을 줄일 수 있고,
- 정보의 식별, 분류, 배열을 쉽게 할 수 있게 되어 정보 처리 효율성이 증가하게 된다.

6.3. 코드의 종류

코드(code)

- 순차 코드, 완전 순차 코드, 블록 순차 코드
- 그룹 분류 코드
- 표의 숫자 코드
- 십진 분류 코드
- 연상 코드
- 약자식 코드, 암호식 코드, 말미식 코드
- 합성 코드
- 바코드

앞 절에서 코드는 숫자, 문자, 기호들로 구성되며, 업무의 처리유형과 정보량, 종류, 발생 빈도 등의 여러 요인에 따라 적절한 체계를 구축해야 한다고 하였다.

따라서 코드를 부여하는 기본 목적과 코드 부여에 사용되는 기호의 종류와 조합방식에 따라 여러 갈래로 코드를 분류할 수 있다.

예를 들면 식별기능에 중점을 두느냐 아니면 분류나 배열에 중점을 두느냐와 같은 코드 부여 목적, 그리고 숫자를 사용하느냐 아니면 문자를 사용하느냐 혹은 이들 두 가지를 혼용하느냐와 같은 코드 부여에 사용되는 기호와 조합형태에 따라 코드는 다양한 형태로 구성되며, 그에 따라 코드의 종류도 다양해진다.

각각의 코드 체계는 나름대로의 특징과 장단점을 가지고 있으며, 하나의 코드 체계로 정보 처리에 필요한 제반 기능을 모두 갖출 수는 없다. 따라서 각 코드 체계의 장단점을 적절히 조합하여 단일 코드 체계의 결점을 보완한 합성 코드가 보편적으로 사용된다. 실지로 현장에서 사용되는 코드 체계들을 뜯어보면 대부분의 코드 체계가 그러하다는 사실을 금방 알 수 있을 것이다.

[1] 순차 코드(sequence code)

순차 코드는 가장 간단하며, 가장 상식적이며, 가장 기본적으로 생각할 수 있고, 가장 기본적으로 사용되는 코드로서, 코드 부여 대상의 발생순서나 차례에 따라 일련번호를 부여하거나, 크기, 방향, 순서 등과 같은 일정기준에 따라 코드 부여 대상을 순차적으로 정리한 후에 일련번호를 부여함으로서 얻어지는 코드이다.

순서코드는 말 그대로 순서대로 코드를 할당하므로 나름대로의 장단점을 가지고 있으며, 실무적으로는 다른 코드와 병행하여 사용되는 경우가 많고 단독으로 사용되는 경우는 거의 없다.

이런 코드의 대표적인 예로는 입사 순서대로 사원번호를 부여하거나 학생 이름의 가나다순으로 번호를 부여하는 경우 등을 들 수 있다.

[표 6-2] 순차 코드 부여의 예

학생 고유코드	이름
01	곽경민
02	권오준
……	……
16	김진호
…….	……
56	허용진

장점	단점
• 낭비 영역이 없다. ➜적은 자리수로 많은 대상을 표현할 수 있다. • 발생 순서에 따른 코드라면 추가가 용이하다. • 고유성으로 인하여 기억하기가 쉽다.	• 항목 사이에 공통성 없다 ➜분류기능이 없다. • 분류기능 없다. ➜전산화가 어렵다. • 부여된 코드 사이에 새로운 코드를 삽입하거나 추가할 수 없다.
❙ 적용 적합한 업무 영역:	
• 분류기능이 필요 없는 업무 영역 • 정보의 삭제나 삽입이 거의 발생하지 않는 업무 영역 • 대상이 적고, 장기간 변동이 적은 업무 영역	

[2] 완전 순차 코드(complete sequence code)

새로운 정보의 삽입과 추가가 어렵다는 순차 코드의 단점을 해결하기 위하여 일정한 간격으로 예비 영역을 확보해 둠으로써 새로운 정보가 발생했을 때 기존의 코드 체계에 이를 삽입하거나 추가할 수 있도록 하는 코드 체계이다.

완전 순차 코드를 사용하게 되면 새로운 정보가 발생하거나 실수로 누락된 정보에 대해서도 여유로 확보해 둔 일련의 코드를 부여하고 이것을 기존의 코드 체계에 삽입하거나 추가할 수 있게 되어 순차 코드의 결점을 보완할 수 있게 된다.

완전 순차 코드의 예로서는 다음과 같은 경우를 들 수 있으며, 이런 식으로 행정구역 코드를 부여 해 둔다면 향후 행정구역 개편이나 새로운 행정구역이 신설되더라도 코드 체계의 재편성 없이도 적절한 위치에 삽입하거나 추가할 수 있게 될 것이다.

[표 6-3] 완전 순차 코드 부여의 예

행정구역	코드	행정구역	코드
서울특별시	01	강원도	11
부산광역시	02	경기도	12
대구광역시	03	경상남도	13
인천광역시	04	경상북도	14
광주광역시	05	전라남도	15
대전광역시	06	전라북도	16
울산광역시	07	제주도	17
....	08	충청남도	18
....	09	충청북도	19
....	10	....	20

장점	단점
• 예비 코드 영역 확보 ➜ 코드 삽입과 추가가 쉽다.	• 예비 코드 영역 ➜ 코드 낭비 ➜ 프로그램 처리가 복잡해짐
▎적용 적합한 업무 영역:	
• 분류기능이 별로 중요하지 않는 업무 영역 • 대상이 적고, 장기간 변동이 적은 업무 영역	

[3] 블록 순차 코드(block sequence code)

블록 순차 코드는 구분 순차 코드라고도 하며, 코드 부여 대상 항목을 공통성 있는 것끼리 묶어 미리 블록으로 나눈 뒤, 블록 내에서 다시 순서대로 코드를 부여하는 방법이다. 이런 방식으로 부여된 코드는 당연히 분류기능을 가지게 되며, 각 블록별로 예비 영역이 형성된다.

따라서 한정된 자리수로 많은 항목을 분류해야 하는 업무 영역에 적합한 코드이며, 비교적 적은 자리수로 많은 블록을 분류할 수 있으면서도 예비 영역이 그다지 크지 않기 때문에 보편적으로 널리 사용되는 코드이다.

이런 코드에 적합한 예로는 각 대학에서의 입학년도별, 학부별, 학과별 학번 부여 방식 또는 기업체에서의 각 부서별 사원 번호 부여방식을 들 수 있다.

[표 6-4] 블록 순차 코드의 예

학부별	학과별	학부 및 소속 학과
01	01	인문대학 국어국문과
01	02	인문대학 영어영문학과
	....	
02	01	사범대학 교육과
02	02	사범대학 독어교육과
	....	
03	01	공과대학 전자공학과
03	02	공과대학 전기공학과
03	03	공과대학 컴퓨터공학과
	....	

장점	단점
• 공통 항목에 의한 블록화 ➜ 이해 및 분류가 쉽다. ➜ 적은 자리수로도 많은 그룹을 코드화 할 수 있다. • 예비 코드 영역 확보 ➜ 코드 추가가 용이하다.	• 예비 코드 영역 생성 ➜ 코드 낭비 ➜ 프로그램 처리가 복잡해짐
I 적용 적합한 업무 영역:	
• 제한된 자리수로 분류 기능을 구현해야 하는 업무 영역	

[4] 그룹 분류 코드(group classification code)

그룹 분류식 코드 체계는 코드 부여 대상 항목들을 일정한 기준에 따라 대, 중, 소그룹으로 분류하고, 각 그룹 내에서 순서대로 번호를 부여하는 방법이다. 자칫 블록 순차 코드와 혼돈할 우려도 있지만, 그룹 분류 코드에서는 모든 항목들을 기준에 따라 계층적으로 분류하고 코드를 부여한다는 점이 다르다.

따라서 이 방식에 의해 부여된 코드 체계에서는 각 자리마다 특정한 의미를 부여할 수 있기 때문에 탁월한 분류 기능을 수행할 수 있으나, 분류 기준에 포함되는 항목의 수가 적으면 적을수록 코드의 낭비가 심해져 코드 자리수가 많아진다는 문제점을 안고 있다.

[표 6-5] 그룹 분류 코드의 예

코드	대분류		중분류		소분류	
111	한국본사	1	기획부	1	기획과	1
112					홍보과	2
121			총무부	2	인사과	1
122					경리과	2
123					서무과	3
124					관리과	4
131			영업부	3	영업1과	1
132					영업2과	2
211	해외지사	2	중국지사	1	인사과	1
212					경리과	2
221			미국지사	2	홍보과	1

장점	단점
• 분류 기준이 명확하다. ➜ 코드의 삽입 추가가 쉽다. ➜ 분류, 집계 처리가 쉽다. ➜ 전산화에 적합하다.	• 분류 기준마다 자리를 차지한다. ➜ 많은 자리수를 필요로 한다. ➜ 코드 낭비가 심하다.
▌적용 적합한 업무 영역:	
• 분류 기준이 명확한 업무 영역. • 계층적 구조를 갖는 업무 영역. • 대량의 정보를 분류, 집계 처리를 주로 하는 업무 영역.	

[5] 표의 숫자 코드(significant digit code)

표의(表意)라는 말은 '의미를 겉으로 드러낸다.'는 한자어이다. '표의 숫자'라고 하면 의미를 나타내는 숫자, 즉 숫자 속에 의미가 담겨져 있다는 것을 뜻한다.

이런 유형의 코드는 코드 부여 대상의 크기나 중량, 면적, 거리 등과 같은 물리적인 수치 값, 즉 제품의 규격이나 명세를 조합하고 이것을 코드로 활용하는 것이 주류를 이룬다.

이런 유형의 코드는 다소 복잡하기 때문에 종류의 수가 많은 경우에는 그 적용이 곤란하며, 주로 소품종 다량의 정보를 대상으로 하는 경우나 다른 코드 체계의 일부분으로 제품의 특성 등을 나타내고자 할 때 주로 사용된다.

[표 6-6] 표의 숫자 코드의 예(합판 규격 표시)

표의 숫자 코드	코드의 의미
027121242	두께 02.7mm, 폭 121㎝, 길이 242㎝인 보통 합판
150121242	두께 15.0mm, 폭 121㎝, 길이 242㎝인 거푸집용 합판
280121242	두께 28.0mm, 폭 121㎝, 길이 242㎝인 구조용 합판

장점	단점
• 물리적 수치가 코드화 ➜ 기억이 쉽다. ➜ 오류 발생이 적다. ➜ 코드 체계가 단순하다.	• 물리적 수치가 코드화 ➜ 많은 자리수를 필요로 한다. ➜ 분류를 위한 재처리가 필요하다. ➜ 전산화가 곤란하다.
❙ 적용 적합한 업무 영역:	
• 취급 정보의 종류가 적은 대신 한 종류의 정보가 많은 업무 영역 • 제품의 성능이나 치수, 중량 등과 같은 특성이 중요한 업무 영역	

[6] 십진 분류 코드(decimal code)

10진 분류 코드는 코드 부여 대상을 일정한 구분에 따라 10종류 이내로 분류하고, 필요에 따라 이를 반복함으로써 보다 세분된 코드를 부여하는 방법이다.

마치 그룹 분류 코드처럼 보일 수도 있으나, 10진 분류 코드에서는 매 분류마다 한 자리의 10진수만이 사용된다는 점이 다르다. 따라서 분류에 포함된 항목의 수가 열 개를 넘으면 새로운 분류 항목이 추가되어야 하고, 이러한 과정은 필요에 의해 무한히 반복될 수 있다. 이 때문에 새로운 항목을 추가하기 쉽고 코드의 범위에 제한을 받지 않으나, 전체 자리수를 예정할 수 없는 탓에 전산화의 걸림돌이 되기도 한다. 이러한 10진 분류 코드는 도서관에서 주로 사용되고 있다.

[표 6-7] 한국십진분류표(KDC)의 예

류		강		목	
구분	코드	구분	코드	구분	코드
총류	0	총류	0	지식, 학문일반	1
					2
				시스템	3
				전산학	4
				프로그래밍	5
				....	.....
		도서학, 서지학	1	저작권법	1
		문헌정보학	2	도서관행정 및 재정	1
		백과사전	3	한국어	1
		....	.....		
철학	1	형이상학	1	---	
종교	2	비교종교	1	---	
....	.....	....	.....	....	.....
문학	8	한국문학	1	---	
역사	9	아시아	1	---	

장점	단점
• 코드의 무한 확대가 가능하다. • 코드의 추가 및 삽입이 쉽다. • 분류 및 배열 기능이 강하다.	• 자리 수가 많아진다. • 자리 수 결정이 곤란하다. • 전산화가 곤란하다.
▎적용 적합한 업무 영역:	
• 도서 관련 업무 영역.	

[7] 연상 코드(mnemonic code)

'mnemonic'이란 단어는 '기억을 돕는'이라는 의미를 갖는 단어이며, '연상(聯想)'이란 하나의 관념이 다른 관념을 불러일으키는 현상을 말하는 것으로서 '기차'로 '여행'을 떠올리게 되는 현상을 예로 들 수 있다.

따라서 연상 코드란 코드를 보면 그 대상을 떠올릴 수 있도록 부여된 코드를 말하며, 일반적으로 코드 부여 대상의 명칭이나 약호를 코드로 사용함으로써 그 대상이 연상

되도록 하고 있다.

연상 코드는 코드 부여 대상의 이름이나 약어로 코드가 구성되는 탓에 기억하기 쉽다는 장점을 갖게 되고, 이 점을 이용하여 제품, 지역, 회사 등에 대한 광고 전략의 일환으로 사용되는 경우가 많다.

예로는 우리의 일상에서 널리 사용되는 많은 약어들을 이러한 연상 코드의 예로 들 수 있다.

[표 6-8] 연상 코드의 예

연상 코드	코드의 의미	연상 코드	코드의 의미
KOR	대한민국	TV-RC-51	51인치 리모컨 컬러텔레비전
USA	미국	FR-580DX	용량 580리터의 고급형 냉장고
JPN	일본	KAL	대한항공

장점	단점
• 코드 대상을 쉽게 알 수 있다. • 코드 구성이 쉽다.	• 자리 수가 많아진다. • 전산화가 곤란하다.
▎적용 적합한 업무 영역:	
• 코드에 전문지식이 없는 사람들을 대상으로 하는 업무 영역. • 광고 효과를 얻고자 하는 업무 영역 - 상품명, 거래처명 등에 적용.	

[8] 암호식 코드(cryptic code)

비밀이나 보안을 유지하기 위하여 문자를 숫자로 대체하거나 그 반대로 만든 코드를 말하며, 때로는 **영숫자 대조식 코드** 또는 **숫자식 문자 코드**라 불리기도 한다. 이렇게 만들어지는 코드는 비밀이나 보안 유지 이외에도 코드 자리 수를 줄이거나 늘이는 데 사용되기도 한다.

[표 6-9] 암호식 코드의 예

대상	코드	대상	코드
A	01	ㄱ	01
B	02	ㄴ	02
C	03	ㄷ	03
......	......	......	......
Y	25	ㅍ	13
Z	26	ㅎ	14

[9] 약자식 코드(letter type code)

관습이나 제도상 많이 사용되는 기호나 약자를 코드로 사용하는 경우이며, 주로 도량형의 단위가 대표적인 예이다. 이런 유형의 코드는 그 자체가 독립적인 코드로 사용되는 경우는 거의 없으며 다른 코드 체계의 일부분으로 합성되어 사용되는 경우가 대부분이다.

[표 6-10] 약자식 코드의 예

코드	코드의 의미
LB	파운드(Pound)
OZ	온스(Ounce)
YD	야드(Yard)
KG	킬로그램(Kilogram)
HP	마력(Horse Power)

[10] 말미식 코드(final digit code)

말미(末尾)식 코드는 나름대로의 특수 목적을 수행하기 위하여 다른 코드 체계의 끝자리에 숫자나 문자를 부가한 코드를 말한다. 코드 부여 목적의 대부분이 식별, 분류, 배열을 위한 것이기 때문에 말미식 코드는 기존 코드 체계의 분류 기능이 미흡할 때 이를 보완하기 위해 주로 사용되며, 독립적으로 사용되지는 않는다.

[표 6-11] 말미식 코드의 적용 예

제품 코드	의미
×××1	원료
×××2	반제품
×××3	완제품
×××D	내수용 완제품
×××E	수출용 완제품

[11] 합성 코드(combined code)

앞서 여러 유형의 코드 체계를 설명했지만 한 가지 코드 체계만으로 정보 처리에 필요한 제반 기능을 모두 갖추기는 매우 어렵다. 따라서 각 코드 체계의 특징과 장단점을 고려하여 몇 가지 코드 체계를 조합함으로써 상호 결점을 보완한 코드 체계를 구성하는 것이 일반적이다. 이처럼 두 가지 이상의 코드 체계를 조합하여 이루어진 코드를 **합성 코드**라 하며, 약자식, 말미식 코드들이 주로 사용된다.

업무 성격과 코드 체계가 상호 부합될 때 전산화 그 자체의 생산성뿐만 아니라 전산화된 시스템의 생산성도 당연히 향상된다. 그러므로 적용 업무에서 요구되는 코드의 기능을 만족시킬 수 있는 코드 체계들을 선택하고 필요에 따라 이들을 합성하는 것이 바람직하다.

[표 6-11] 합성 코드의 예

항공기 또는 열차번호	의미
KAL-757	대한항공 757 비행기
KTX-61	KTX 제61호 열차

[표 6-12] 주요 코드의 특징 및 장단점

코드 종류	장점	단점	적용 영역
순차 코드 (sequence code)	· 낭비 영역이 없으므로 적은 자리수로 많은 대상 표현 가능 · 발생순서 코드이면 추가가 쉽다. · 고유성으로 인하여 기억하기가 쉽다.	· 항목 사이의 공통성이 없음 ➜ 분류기능 없음 ➜ 전산화 곤란 · 기존 코드 체계에 새로운 코드 삽입과 추가 곤란	· 분류 기준이 불필요한 업무영역 · 정보의 삭제나 삽입이 거의 발생하지 않는 업무영역 · 대상이 적고, 장기간 변동이 적은 업무영역
완전 순차 코드 (complete sequence code)	· 예비 영역 확보로 새로운 코드의 삽입과 추가가 용이하다.	· 예비 영역 확보로 인하여 코드가 낭비되고, 프로그램이 복잡해진다.	· 분류 기능이 별로 중요하지 않는 업무영역 · 대상이 적고, 장기간 변동이 적은 업무영역
블록 순차 코드 (block sequence code)	· 블록화로 이해 및 분류 용이 · 예비 영역 확보로 코드 삽입 추가 가능.	· 예비 영역으로 인해 코드 낭비와 프로그램 처리가 복잡해진다.	· 제한된 자리수로 분류 기능을 구현해야 하는 업무영역
그룹 분류 코드 (group classification code)	· 분류기준이 명확하다. · 코드 삽입/추가 용이 · 분류, 집계가 쉽다. · 전산화에 적합하다.	· 분류기준마다 자리 차지한다. · 많은 자리수 필요 · 코드낭비 많음	· 분류 기준이 명확한 계층적 업무영역 · 대량의 정보를 분류, 집계하는 영역
표의 코드 (significant digit code)	· 물리적 수치를 코드화 · 기억이 쉽다. · 오류 발생이 적다. · 코드 체계가 단순하다.	· 많은 자리수 필요 · 분류를 위한 재처리가 필요하다. · 전산화가 곤란	· 종류가 적고, 종류별 정보가 많은 업무영역 · 대상의 특성이 중요한 업무영역
10진 코드 (decimal code)	· 코드의 무한 확대가능 · 코드 삽입/추가 용이 · 분류 배열 기능이 강하다.	· 자리수 많아짐 · 자리수 결정 곤란 · 전산화가 곤란	· 도서정리, 주거 표시 등의 업무영역
연상 코드 (mnemonic code)	· 코드 대상 파악 용이 · 코드 구성이 쉽다.	· 자리수 많아짐 · 전산화 곤란	· 비전문가를 대상으로 하는 업무영역 · 광고효과가 필요한 업무영역.
암호식 코드 (cryptic code)	· 분류 용이 · 코드 변환을 통한 다각적인 식별 가능	· 응용이 한정적이며, 자리 수가 늘어난다.	· 정보를 보호할 필요가 있는 업무영역 · 변동이 적은 업무영역

[12] 바코드(bar code)

요즈음 생산되는 거의 모든 공산품의 포장지에는 굵기가 다른 검은 막대와 하얀 막대가 그려진 그래프 같은 것이 있고 그 밑에 숫자가 인쇄되어 있는 것을 볼 수 있는데, 이것을 **바코드(bar code)**라 한다.

바코드(bar code)는 굵거나 가는 바(bar, 검은색 막대)와 공백(space, 흰색막대)을 특정한 형태로 조합하여 문자와 숫자 및 기호 등을 광학적으로 판독하기 쉽게 부호화한 것으로서 제조, 물류, 유통, 판매 및 재고 관리 업무 분야 외에도 병원, 도서관(ISBN), 철도나 항공의 여객 및 화물 관리, 공장자동화와 사무자동화, 의약품관리, 고정자산관리, 설비관리, 주차장관리 등 대량의 데이터를 신속하고 정확하게 처리하고자 하는 거의 모든 분야에서 널리 활용되고 있다.

바코드는 1970년대 초반, 정확하게는 1972년부터 데이터가 발생하는 즉시 이를 처리할 목적으로 개발되기 시작하였으며, 1973년 UPC(Universal Product Code) 코드가 미국 소비자 산업 기준법에 의해 산업 표준으로 채택되고 바코드 스캔 기술의 발달에 힘입어 그 이용이 가속화되기 시작했고, 바코드의 보급으로 인하여 종전의 수동식 입력 방법보다 데이터 처리 속도가 빨라지면서 인건비를 대폭 절감하게 됨에 따라 바코드 적용이 점차 보편화되었다.

미국이 UPC 코드를 산업 표준으로 제정한 후, 유럽에서는 12개 국가가 협의하여 EAN(European Article Number)이라는 국제적인 공통상품 코드를 새로 제정하여 사용하기 시작했고, 우리나라도 이러한 국제적인 추세에 따라 1988년 5월 20일에 국제상품코드관리협회(EAN)에 정식회원국으로 가입하면서 이를 사용하기 시작했다.

EAN은 크게 표준형과 단축형의 두 종류가 있고, 일반적으로 널리 사용되는 표준형 코드는 국가 식별 코드 2자리, 제조업체 코드 5자리, 상품코드 5자리, 스캐너에 의한 판독 오류를 방지하기 위한 검증 숫자 한 자리, 도합 13자리로 구성되어 있다. 이에 비해 단축형은 인쇄공간이 부족해 표준형 크기로는 인쇄할 수 없거나 표준형 코드가 부적절한 제품에 사용되며 8자리로 구성된다.

1981년까지 EAN에 가입한 국가는 두 자리의 국가 식별 코드를 부여 받았으나, EAN에 가입하는 국가가 늘어나면서 1982년 이후에 가입한 나라는 세 자리의 국가 식별 코드를 부여하게 되었다.

이에 따라 1988년에 EAN에 가입한 우리나라는 국가 식별 코드로 880을 부여 받았고, 이 때문에 국가 식별 코드가 두 자리인 EAN 표준형을 그대로 사용할 수가 없어서 우리나라 실정에 적합한 한국공통상품 코드 KAN(Korean Article Number)을 제정하여 사용하게 되었고, KAN 바코드 등록 및 관리를 비롯한 제반 업무를 한국유통정보 센터에서 관장하도록 하고 있다.

KAN 표준형은 EAN과 마찬가지로 13자리의 숫자로 이루어져 있기 때문에 경우에 따라서는 이들을 구분하지 않고 사용하기도 하나, 내용적으로는 국가 식별 코드 세 자리

880, 제조업체코드 네 자리(한국 유통정보센터에서 제조원 또는 판매원에 부여하는 코드로 각 업체를 식별하는 코드), 상품품목코드 다섯 자리(제조업체코드를 부여받은 업체에서 자사의 상품별로 식별하여 부여하는 코드), 스캐너에 의한 판독 오류를 방지하기 위한 검증 숫자 한 자리(앞의 12자리를 조합하여 나오는 코드)의 구성이 일반적이다.

이에 비해 단축형은 국가 식별 코드 세 자리 880, 제조업체코드 세 자리(표준형을 취득한 업체에 한하여 부여하는 3자리 코드), 상품품목코드 한 자리(상품식별을 위한 코드로 0부터 9까지 10개의 코드를 사용할 수 있음), 검증 숫자 한 자리(앞의 7자리를 계산하여 나오는 코드)로 구성된다.

그림 6-1 바코드의 구성 예

이러한 바코드를 사용함으로써 얻어지는 잇점으로는 여러 가지가 있을 수 있으나, 주요한 것으로는 다음과 같은 것들을 열거할 수 있다.

- **데이터 입력을 간단 / 신속 / 정확하게 할 수 있다:** 수작업 대신 바코드 스캐너를 이용하여 직접 데이터를 입력하므로 데이터 입력이 간단 / 신속 / 정확하게 이루어진다.
- **데이터 입력시의 오류가 거의 없다:** 바코드에는 오류 발생 여부를 검사하기 위한 검증용 코드가 부여되어 있고, 바코드 높이 중 95%가 훼손되더라도 정확하게 데이터를 판독할 수 있을 뿐만 아니라 오류가 발생하면 자동으로 감지하는 기능을 갖추고 있어서 오류가 거의 발생되지 않는다(Errorless Data Collection System).
- **적용 분야가 무한하다:** 다양한 형태로 바코드를 설계, 인쇄 및 부착이 가능하기 때문에 적용분야에 제한을 받지 않는다.
- **인건비와 관리비용 절감된다:** 단지 바코드 스캐너를 바코드 부분에 갖다대는 것만으로 데이터가 입력되므로 사용이 쉬울 뿐만 아니라, 데이터를 신속하고도 정확하게 입력할 수 있기 때문에 당연히 인건비와 관리비용이 절감된다.

이렇게 많은 장점을 가지고 있는 바코드를 적용할 수 있는 업무 영역은 무한히 많지만 대표적인 경우 몇몇을 열거하면 다음과 같다.

- **유통 및 매장 관리**: 상품 거래 시 발생하는 판매, 주문, 수금 등의 정보를 즉시 컴퓨터에 입력함으로써 유통 및 매장을 효율적으로 관리할 수 있다.
- **자재, 창고 관리 및 출하 선적 관리**: 자재의 수급 계획부터 자재 청구, 입고, 출고 시에 바코드를 통하여 관련 정보를 즉시 입력할 수 있기 때문에 재고 파악, 경로 추적, 목적지 식별 등이 가능하다.
- **근태 관리**: 신분확인용 바코드를 적용함으로써 정확한 출퇴근 시간 관리 및 이를 통한 급여 자료 산출, 출입에 관한 통제도 가능하다.

6.4. 코드 오류

코드 오류 방지 대책

- 합리적인 코드 체계 설계
- 합리적인 전표 설계
- 제도상의 고려
- 철저한 교육 훈련
- Turn Around System or DB System 구축
- 코드 북(code book) 작성과 비치

실무적인 차원에서 언급한다면 다른 어떤 데이터보다도 중요한 것이 코드이다. 왜냐하면 코드에 의해 개개 처리대상이 구분되기 때문이다. 특히 데이터베이스와 같은 경우에는 코드에 해당하는 기본키의 역할이 얼마나 중요한지 모른다.

이렇게 중요한 역할을 하는 코드이지만 코드 작성과 입력은 결국 사람이 하게 되고, 사람에 의해 작성되고 입력되는 이상 그 양의 많고 적음에 차이는 있을지언정 완벽하게 오류를 발생하지 않을 수는 없다.

코드 오류라 함은 코드 그 자체가 잘못 생성되거나 잘못 처리되는 것을 의미하는 것이 아니라 코드 작성자가 코드를 잘못 기입하거나 또는 입력자가 잘못 입력함으로써 발생하는 오류이다. 따라서 코드를 다룸에 있어서 발생하는 코드 오류를 방지하기 위

해서는 우선적으로 다음과 같은 근본적인 사항에 유의할 필요가 있다.

01 **합리적인 코드 체계 설계:** 적용 업무 영역에 적합한 코드 체계가 되도록 설계되어야 한다. 규칙이 복잡한 코드, 자리수가 많은 코드는 코드 작성 단계에서부터 오류 발생 확률이 높아지기 쉽다. 따라서 가능한 최소한의 자리수를 이용한 코드 체계가 되도록 하고, 업무 특성에 부합되는 코드 기능을 보유할 수 있도록 설계하는 것이 바람직하다.

02 **합리적인 전표 설계:** 인간공학적인 측면을 고려하여 필수 항목은 왼쪽 상단에, 선택 항목은 오른쪽 하단에 배치하는 등 각 항목의 배치 위치, 색깔, 선의 굵기, 음영처리, 기입 방법 등을 합리적으로 결정한다면 코드 작성 오류를 크기 줄일 수 있다. 또 고정적인 내용으로 채워지는 항목이라면 사전에 인쇄를 해 두거나 아니면 고무도장을 사용하는 방법 등도 고려해 볼만하다.

03 **제도상의 고려:** 먼저 코드 작성과 관련하여 불합리한 제도가 있다면 당연히 제도부터 개선되어야 하고, 그런 다음에도 지속적으로 오류가 발생하면 작성자로 하여금 오류에 대한 책임을 묻고, 오류 발생의 원인 규명과 수정 절차 등을 명시한다.

04 **철저한 교육 훈련:** 사전적 의미로 '교육'은 '지식을 가르치고 품성과 체력을 기르는 것'으로, '훈련'은 '기술 등을 실지로 활용할 수 있도록 배워서 익히는 것'으로 풀이되어 있다. 따라서 철저한 교육과 훈련을 통해서 코드 작성 시의 오류를 상당 부분 줄일 수 있다.

05 **가능한 순환입력시스템(Turn Around System)이나 데이터베이스 구축:** 코드 오류는 코드 작성 시나 이를 컴퓨터에 입력하는 과정에서 발생한다. 따라서 사람에 의한 작성 또는 입력 기회를 줄이는 것이 오류 발생을 근원적으로 차단하는 최상의 방책이 될 수 있다. 이를 위해서는 전 단계에서의 출력이 다음 단계에서의 입력이 되도록 하는 순환입력시스템(Turn Around System)이나 한 조직체 내에서의 공용을 위한 데이터베이스를 구축하는 것이 바람직하다.

06 **코드 북(code book) 작성과 비치:** 코드 작성 시에 언제든지 참조할 수 있도록 명확하고 자세한 코드 북을 만들어 배포하고 이를 항상 작업장에 비치하도록 한다.

6.4.1 코드 오류의 종류

오류의 종류

- 이기, 전위, 이중, 탈자, 추자, 임의 오류

코드 오류는 코드 작성 또는 코드 입력 시에 발생하는 오류를 말하는 것으로서, 작성자나 입력자에 의해 발생된다. 이런 유형의 오류는 글자를 잘못 기입하는 오자(誤字)와 글자를 빠뜨리는 탈자(脫字), 없는 글자를 덧붙이는 추자(追字)의 세 가지로 대별되고, 이중에서 오자 오류는 다시금 세 가지로 나누어지고, 또 한 가지 여러 오류가 한꺼번에 발생하는 임의 오류 등으로 분류된다. 이 중에서 탈자 및 추자 오류는 전표상에 글자 적는 칸을 구획지어 줌으로써 예방할 수 있다.

[표 6-13] 오류의 종류

오류의 종류	오류의 의미
이기 오류(transcription error)	글자를 1개 잘못 쓴 경우
전위 오류(transposition error)	좌우의 자리를 바꾸어 기입한 경우
이중 오류(double transposition error)	전위 오류가 2개 이상 발생한 경우
탈자 오류(omission error)	글자를 빠뜨린 경우
추자 오류(addition error)	없는 글자를 더 써 넣은 경우
임의 오류(random error)	여러 오류가 한꺼번에 발생한 경우

[표 6-14] 코드 오류의 실제 발생 예

오류의 종류	바른 코드	오류가 발생한 코드
이기 오류	1 2 **3** 4 5	1 2 **8** 4 5
전위 오류	1 **2 3** 4 5	1 **3 2** 4 5
이중 오류	**1** 2 **3** 4 5	**3** 2 **1** 4 5
탈자 오류	1 2 **3** 4 5	1 2 4 5
추자 오류	1 2 3 4 5	1 2 3 4 5 **6**
임의 오류	1 **2 3 4** 5	1 **4 8 2** 5

6.4.2 코드 오류의 검사

오류검사법

- 사람에 의한 검사
- 프로그램에 의한 검사

프로그램에 의한 검사

- 모드 검사(mode check)
- 공란 검사(blank check)
- 대조 검사(matching check)
- 범위 검사 혹은 한계 검사(range check or limit check)
- 순서 검사(sequence check)
- 형식 검사(format check)
- 중복 검사(duplication check)
- 데이터 개수 검사(data count check)
- 합계 검사 혹은 균형 검사(total check or balance check)
- 체크디지트 검사(check digit check)

프로그램이나 데이터를 작성하다보면 사람인 이상 당연히 오류를 발생하게 되고, 오류를 줄이기 위하여 몇 번씩 검사를 하는 것이 통상적이다. 그런데 아주 이상스러운 것은 몇 번을 검토하여도 작성한 사람의 눈에는 오류가 잘 발견되지 않는다는 점이다. 이런 현상은 아마 사람의 고정 관념 때문일 것으로 추측된다.

어쨌거나 'Garbage in Garbage out.'이라는 전산 관련 격언(格言)을 되새기지 않더라도 입력 데이터가 정확해야 원하는 결과를 제대로 얻을 수 있을 것이라는 사실은 누구나가 다 인지하고 있는 사실이다.

따라서 시스템 구축 시에도 입력 오류, 특히 코드를 입력 할 때의 오류를 줄이기 위하여 다양한 방법을 동원하고 있으며, 이는 **사람에 의한 방법**과 **프로그램에 의한 방법**으로 대별된다.

흔히들 검사 숫자(check digit)에 의한 방법을 무슨 독자적인 하나의 검사 방법처럼 취급하는 경향이 있으나, 이 역시 프로그램에 의한 검사 방법 중의 하나일 뿐이므로 이 책에서는 프로그램에 의한 검사 방법에 포함시켜 설명하였다.

[1] 사람에 의한 검사

프로그램이나 다른 검사 도구를 적용할 수 없는 경우에 하다못해 사용하는 방법으로서, 검사 결과를 전적으로 신뢰할 수는 없지만 전문 검사요원이나 여러 명의 검사요원이 번갈아 가면서 검사하는 경우에는 신뢰도를 어느 정도 높일 수도 있다.

이러한 유형의 검사는 작성된 전표를 대상으로 하는 경우와 컴퓨터에 입력된 데이터를 대상으로 하는 두 경우로 대별된다. 전표를 대상으로 한 검사일 경우에는 데이터를 컴퓨터에 입력하는 과정에서 또 다시 오류가 발생할 수도 있음에 유의해야 한다. 그러나 전표 점검을 통하여 코드 작성 시에 발생한 오류를 미리 제거함으로써 작업 효율성을 높인다는 장점은 있다.

사람에 의한 검사 유형으로는 다음과 같은 것들을 들 수 있다.

- 원시 전표에 기입된 코드를 코드 북 등과 대조하면서 사람의 눈으로 검사한다.
- 전문 검사원을 이용하여 원시 전표 작성을 검사한다.
- 컴퓨터에 입력된 데이터를 편집기(editor)나 인쇄물을 통하여 대조 확인한다.
- 동일한 데이터를 다른 사람이 입력하고 파일 비교 기능 등을 이용하여 이들을 상호 비교한다.

[2] 프로그램에 의한 방법

프로그래밍 언어 속에는 데이터의 속성이나 영역을 검사할 수 있는 명령들이 다수 포함되어 있다.

예를 들어, 지금 입력된 데이터가 문자인지 숫자인지 아니면 아무것도 들어 있지 않는 상태인지 등을 점검할 수 있는 명령들이나 프로그래밍 기법들이 프로그래밍 언어마다 나름대로의 특색을 가지고 포함되어 있으므로, 이러한 명령들이나 프로그래밍 기법들을 동원하면 다양한 형태로 검사를 수행할 수 있다.

프로그램에 의한 검사법은 컴퓨터에 입력된 데이터를 대상으로 행해질 수밖에 없으므로, 기본적으로는 프로그래밍 언어 속의 명령이나 프로그래밍 기법에 따라 검사 방법이 분류된다.

01 **모드검사**(mode check): 입력된 데이터가 문자인지 숫자인지를 검사

02 **공란검사**(blank check): 필수 입력 항목일 경우에 적용하는 검사로서 코드가 비어 있는지를 검사

03 **대조검사**(matching check): 정확하게 검증된 기준 코드 파일(master code file) 속의 코드와 일치하는가를 검사

04 **범위검사 혹은 한계검사**(range check or limit check): 입력된 데이터가 지정된 범위나 한계에 속하는지를 검사

05 **순서검사**(sequence check): 코드가 순서적으로 입력되어야 하는 경우에 적용할 수 있는 검사 방법으로서 앞뒤 코드 값의 순서가 정상적인지를 검사

06 **형식검사**(format check): 코드 체계와 코드 값의 일치 여부를 검사

07 **중복검사**(duplication check): 똑같은 데이터의 중복 입력여부를 검사

08 **데이터 개수검사**(data count check): 입력될 데이터의 개수를 알고 있는 경우에 적용할 수 있는 검사법으로서 입력된 데이터의 개수를 비교하는 검사

09 **합계검사 혹은 균형검사**(total check or balance check): 코드의 일정 항목의 값이 정해진 값이 되어야 하거나 다른 항목과 같아야 할 경우에 적용할 수 있는 검사법

10 **체크디지트(check digit)에 의한 검사**: 코드 설계 시에 오류 검사를 위해 일정한 법칙에 의해 별도의 문자나 숫자를 부가할 수 있도록 하고, 코드 입력 시에 프로그램으로 코드와 부가된 글자의 일치성을 검사하는 방법이다. 이러한 목적으로 코드에 부가된 글자를 체크디지트(check digit)라 한다. 체크디지트를 생성하는 방법에는 모듈러스(modulus)-10과 모듈러스-11이 있다.

체크디지트를 이용한 검사법은 널리 사용되므로 기본 개념은 이해해 두는 것이 좋다. 이 책에서는 바코드에 적용되는 체크디지트 계산법을 예로 들어 설명하고자 한다.

KAN 코드에서의 체크디지트는 표준형이나 단축형에 관계없이 한국공업규격(KS: Korea Standard)에서 정한 모듈러스-10 방식에 의해 다음의 순서로 계산된다.

[표 6-14] 바코드(KAN)에서의 체크디지트 계산법

단계	단계별 계산 방법
1단계	체크디지트가 들어갈 자리를 포함하여 오른쪽에서 왼쪽으로 일련번호를 부여한다.
2단계	짝수 번째에 있는 숫자를 모두 더한다.
3단계	2단계에서의 결과 값에 3을 곱한다.
4단계	나머지 숫자(체크디지트를 제외한 홀수 번째의 숫자)를 전부 더한다.
5단계	3단계의 결과와 4단계의 결과를 더한다.
6단계	5단계의 결과가 10의 배수이면 '0'이, 그렇지 않으면 10의 배수가 되도록 더해지는 양의 최소수가 체크디지트가 된다.

예를 들어, 880123456789?에 들어갈 체크디지트는 다음과 같이 계산되며, 최종적으로 체크디지트는 '3'이 되고 완성된 KAN 코드는 '8801234567893'이 된다.

[표 6-15] KAN에서의 체크디지트 계산 예

바코드	8	8	0	1	2	3	4	5	6	7	8	9	?	
1단계	13	12	11	10	9	8	7	6	5	4	3	2	1	
2단계		8	+	1	+	3	+	5	+	7	+	9	=	33
3단계										33	*	3	=	99
4단계	8	+	0	+	2	+	4	+	6	+	8		=	28
5단계										99	+	28	=	127
6단계										127	+	3	=	130

체크디지트를 계산할 적에 모듈러스-10을 적용하느냐 아니면 모듈러스-11을 적용하느냐에 따라 오류를 걸러낼 수 있는 확률이 달라지며, 아울러 이 때 적용되는 가중치(weight)의 값에 따라서도 달라진다. 따라서 체크디지트 결정에 적용할 모듈러스와 가중치도 신중하게 선정하여야 한다.

[표 6-16] 적용 모듈러스와 가중치별 오류 검출비율

모듈러스	가중치	이기 오류	전위 오류	이중 오류	임의 오류
10	121212	100(%)	98(%)	불 능	90(%)
	131313	100	89	〃	90
	765432	87	100	89	90
	987432	95	100	89	90
	137137	100	89	89	90
11	765432	100	100	100	91

6.5. 코드 설계

코드 설계

- 업무 특성 우선 반영
- 편리성, 경제성, 유연성, 기계적합성 고려
- 코드 관리 고려 – 설계서, 코드 북 비치

다른 각도에서 코드의 기능을 살펴보면 코드는 업무 처리의 기본 규칙이나 처리 유형을 반영하고 있다고도 볼 수 있다. 따라서 코드 설계가 잘되고 못되는 것에 따라 프로그래밍 능률과 업무처리 효율성이 많은 영향을 받게 된다. 그러므로 코드 체계는 우선적으로 업무 특성을 잘 반영할 수 있어야 함은 물론이고, 편리성, 경제성, 유연성 등을 고려하되 기계 처리에 적합하도록 설계되어야 한다.

코드 설계가 완료된 후에도 업무 환경은 수시로 변하게 마련이고, 이러한 변화를 수용하기 위한 코드 관리도 지속적으로 이루어져야 한다. 이를 위해서는 코드 관리규정을 제정함과 동시에 코드 설계서, 코드 부여표, 코드 일람표 등의 산출물을 작성하고 비치해 둘 필요가 있다.

6.5.1 코드 설계 시의 일반적인 고려사항

갖출수록 좋은 코드의 특성

- 편리성
- 경제성
- 유연성
- 기계적합성

- 간결성
- 표준성
- 일관성
- 장래성
- 식별성
- 해독성

코드 설계는 업무 특성을 우선적으로 반영하되, 가능하다면 다음과 같이 모든 부분에 걸쳐 공통적으로 요구되는 특성들을 만족할 수 있도록 이루어져야 한다.

01 **편리성**: 정보 처리는 당연히 컴퓨터에 의해 이루어지지만 데이터의 입력과 처리 결과의 활용은 사람에 의해 이루어진다. 따라서 그 무엇보다 사용자가 편리하게 사용할 수 있도록 코드 설계가 이루어져야 한다.

02 **경제성**: 업무 특성에 따라 코드가 가져야 할 기능을 선정하고, 가능한 적은 자리 수로 많은 정보를 표현할 수 있도록 설계되어야 한다. 코드가 길면 기억하기가 어려울 뿐만 아니라 입력비용 증가와 함께 오류 발생률도 높아져 비효율적이다.

03 **유연성**: 현재 뿐만 아니라 장래의 변화에도 대처할 수 있도록 예상되는 변화를 고려하여 코드 체계를 설계하여야 한다. 코드의 유연성이 부족하면 정보의 특성이나 발생량의 변화를 수용하지 못하게 되어 심하면 새로운 시스템을 구축해야 하는 경우도 발생할 수 있다.

04 **기계 처리의 적합성**: 정보화 시대에는 정보 그 자체가 재화로 취급될 뿐 아니라 개인이나 조직의 경쟁력을 좌우하게 된다. 따라서 얼마나 빨리 정보를 수집하고 가공하느냐 하는 것이 경쟁력의 척도가 되므로 코드 체계도 컴퓨터 처리에 적합하도록 설계되어야 한다.

이외에도 코드의 기능과 중복되거나 관점에 따라서는 위의 네 가지 특성과 유사한 것으로 치부할 수도 있지만, 별개의 코드 특성으로 간주할 수 있는 것으로는 다음과 같은 것들이 있다.

- **간결성**: 경제성 또는 편리성과 같은 부류로 볼 수도 있지만 코드와 대상과의 연관성을 제대로 표현하되, 간단명료하도록 코드 설계가 이루어져야 한다.

- **표준성**: 다른 코드 체계와의 관련성을 고려하여 표준적인 체계를 가져야 한다. 예를 들면 한국표준규격 표시법이나 국제적인 표준 규격 표시법 등이 적용되어야 하는 경우에는 이를 따라야 한다.
- **일관성**: 부서별로 전산화 작업이 이루어지는 경우에는 회사나 조직 전체의 코드 체계와 동일한 체계를 유지함으로써 동일한 코드화 목적을 달성할 수 있도록 설계되어야 한다.
- **장래성**: 유연성과 같은 부류로 간주할 수도 있으며, 향후의 변화를 수용하기 위한 방편으로서 여유 코드를 확보해 두는 등의 배려를 말한다.
- **식별성**: 고유성이라도 하며, 각 대상을 완전하게 식별할 수 있도록 코드 설계가 이루어져야 한다.
- **해독성**: 코드의 연산 기능과 같은 부류로 분류할 수 있는 특성으로서, 코드를 통하여 그 대상의 특성이나 코드의 의미를 쉽게 알 수 있게 해 둔 것을 말한다.

6.5.2 코드 설계 순서

코드 설계 순서

- 코드 부여 대상 결정
- 코드 부여 목적 결정
- 코드 체계 설계 및 결정
- 코드 번호 부여 방식 결정

코드 설계는 다양한 방법으로 이루어질 수 있으나, 통상적으로는

- 해당 업무에서의 처리 대상과 코드 부여에 적용할 항목을 선정한다.
- 업무 특성에 따라 코드가 내포해야할 기능, 즉 업무를 효율적으로 처리하기 위해서는 코드가 어떠한 기능을 가져야 하는가? 바꾸어 말하자면 코드 부여 목적을 생각해야 하며,
- 이어서 또는 동시에 업무의 특성과 적용 범위에 따라 코드의 사용기간과 사용범위, 코드 부여 대상의 수 등을 고려하여 코드 체계를 결정하고, 즉 코드를 설계하고,
- 마지막으로는 해당 항목별로 코드 번호 부여 방식을 결정하게 되고 실질적인 코드

부여는 상세 설계에서 이루어진다.

코드 설계 순서와 관련 정보의 흐름을 도식적으로 표현하면 다음과 같다.

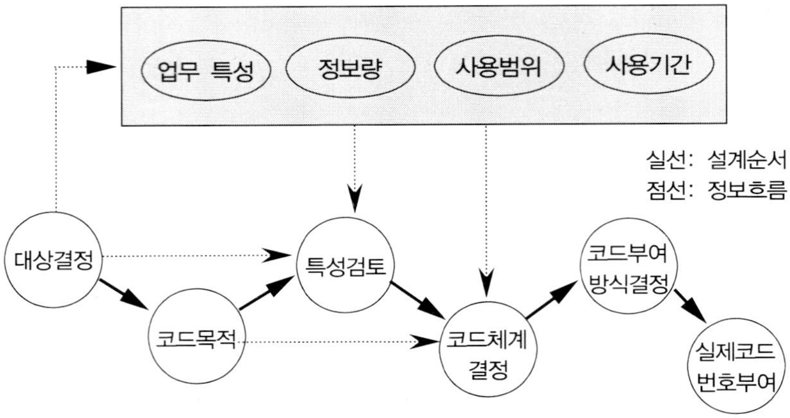

그림 6-2 코드 설계순서와 관련 정보의 흐름

물론, 이러한 과정이 반드시 순서대로 이루어지는 것도 이루어져야 하는 것도 아니며, 상황에 따라서는 역순으로 진행될 수도 있고, 순서가 바뀔 수도 있으나 공통적으로 이러한 사항들을 중심으로 코드를 설계해야 하는 것으로 보면 된다.

예를 들어, 대학의 학사행정시스템을 구축하고자하는 경우에는 주로 입학년도별, 학과별 또는 전공별, 교과목별, 교수별로 작업이 이루어지는 점을 감안한다면 각 업무별로 학생, 학과(전공), 교과목, 교수 등이 코드 부여 대상이 됨을 알 수 있고, 동시에 각 코드는 주로 분류 및 식별 기능을 가져야함을 알 수 있다. 이에 따라 대부분의 대학에서는 학번, 과목번호, 교수번호이라는 코드를 사용하고 있으며, 학번은 입학년도+학과+개인고유번호로 구성되어 있고, 각 교과목마다에는 과목번호가, 교수 개개인에게는 교수 코드가 부여되어져 있음을 볼 수 있다.

[1] 코드 부여 대상과 항목 결정

시스템 분석과정에서 수집되었거나 사용자 요구 분석 결과를 토대로 해당 업무에서의 처리 대상과 코드 부여에 적용할 항목을 선정한다. 예를 들어 학사관리라면 우선 학생 개개인이 코드 부여 대상이 될 것이고, 학생들의 수강신청 및 성적관리를 위해서는 학생 개개인뿐만 아니라 교과목 및 교수들도 역시 코드 부여 대상이 된다. 또 학생 개개인을 구별하는 데 적용할 항목으로는 입학년도, 학과, 개인 고유번호 등을 들 수 있고, 교과목 구별을 위해서는 개설학과, 학기, 전공 혹은 교양, 필수 혹은 선택 과목 인지의 구분 등의 항목을 적용할 수 있을 것이다.

따라서 코드 부여 대상을 결정할 적에는 한 업무에서 필요로 하는 대상만으로 한정해서는 안 되며, 종합적인 측면에서 업무 상호간의 연관성을 고려하여야하고, 또 코드 부여 시에 적용할 항목을 적절히 선택하고 나름대로의 코드 체계를 설계하여 합당한 코드 번호를 부여해야 한다.

[2] 코드 부여 목적 결정

시스템 분석 단계에서 수집한 출력물이나 사용자 요구 분석을 통해 얻어진 결과를 살펴보면 해당 업무의 특성을 파악할 수 있고, 업무 특성이 파악되면 그러한 업무를 효율적으로 수행하기 위해서는 어떠한 기능이 코드에 내재되어야 하는지를 알 수 있다. 즉, 해당 업무의 주 작업이 집단별로 이루어지는 것이라면 분류 기능이, 개체별 작업이면 식별 기능이, 순서적인 의미가 부여되어야 한다면 배열 기능이 필요하게 된다.

코드 부여 목적이 분류를 위한 것이라면 속성이 그 대상이 되므로 분류기준으로 사용할 항목은 직책 등과 같이 가변 속성을 갖는 항목을 대상으로 선택하여야 하고, 식별을 위한 것이라면 실체가 대상이므로 성별, 생년월일 등과 같이 불변 속성을 갖는 항목을 선택하여야 한다.

따라서 업무 특성에 의해 코드 부여 목적이 결정되고, 코드 부여 목적에 따라 코드 체계를 선택하게 되므로, 궁극적으로 업무 특성은 코드 설계에 직접적인 영향을 주게 된다. 물론 코드 체계 선택은 여러 면들을 종합적으로 평가해서 결정하게 되며, 합당한 코드 체계가 없는 경우에는 처리 요구에 일치하도록 합성 코드를 만들어 사용하게 된다.

[3] 코드 체계 설계 및 결정

코드 부여 대상과 코드화 목적이 결정되면, 코드 사용범위와 사용기간, 그리고 대상 수 또는 정보 발생량 등을 종합적으로 검토하여 개략적인 **코드 체계를 결정**한다.

즉, 코드화 목적에 따라 코드가 가져야할 기능을 선택하고, 해당 기능을 수행할 수 있는 코드 체계를 기본적으로 선택한다. 그런 다음에는 코드 부여 대상의 수와 코드의 사용범위가 특정 부서인가, 회사 전체인가, 아니면 대외적으로 사용 되는가 또 사용기간이 영구적인가, 한시적인가 등을 검토하여야 한다. 왜냐하면, 코드 부여 대상의 수와 사용범위 사용기간에 따라 **코드의 자리 수가 결정되기** 때문이다.

상식적으로 생각해도 코드 부여 대상의 수가 많으면 많을수록 코드의 자리수는 당연히 증가하게 될 것이고, 사용범위가 특정 부서에 한정된다면 부서 구분을 위한 코드가 불필요하지만 회사 전체인 경우에는 부서 구분 코드가 필요하게 되어 역시 자리수가 늘어나며, 사용기간이 당해 연도로 한정되면 연도 구분을 위한 자리가 불필요하지만 그렇지 않다면 연도 구분을 위한 자리가 포함되어야 하기 때문에 코드 자리수가 늘어나야 한다.

'예외 없는 법칙은 없다'는 격언처럼 모든 코드 부여 대상을 획일적으로 다룰 수는 없다. 따라서 코드의 변경, 삭제, 확장, 폐기 등과 같은 예외적이거나 향후의 변화에 대처하기 위한 여러 방안, 코드의 사용 빈도, 코드의 의미, 사용범위, 사용기간 등과 같은 사항들을 다시 한 번 더 자세하게 검토할 필요가 있다. 이것을 **코드 대상의 특성 분석**이라 한다.

최종적으로는 코드의 편리성, 경제성, 유연성, 기계 처리의 적합성과 체크디지트 사용 여부 등을 고려하여 **코드 체계의 설계를 완성**한다.

[4] 코드 번호 부여 방식 결정

앞서 결정된 코드 체계에 실질적으로 코드 번호를 부여할 원칙과 방법을 정한다. 물론 코드 체계와 코드 자리수를 결정할 때 이미 이 부분이 검토되기 때문에 코드 체계 설계 및 결정 과정에 포함시켜 생각해도 무방하나, 이 단계에서는 보다 구체적인 사항들을 정한다는 점에서 약간의 차이가 있다.

예를 들면, 학번 코드에서 학과 표시는 두 자리의 번호를 배당하되, 그 순서는 학과 설치 순서로 한다든가 아니면 재학생 수에 따라 번호를 부여한다든가 하는 원칙과 특기 사항 등을 결정하는 단계이다.

이상의 과정들을 모두 거치고 나서 코드 설계서를 작성하면 기본적인 코드 설계 작업은 끝이 나는 셈이다. 코드 설계서 양식이 별도로 정해져 있는 것은 아니나 통상적으로 사용되는 예는 [표 6-17]과 같다.

[표 6-17] 코드 설계서의 예

코 드 설 계 서

2005년 03월 01일

문서 정리 번호	1234		코드 설계서 번호	HJ-001

코드 명칭	부여방식	행수	체크디지트 사용여부
학 번	블록순차코드	7행	사용 안 함
부여 대상수	사용기간	사용 범위	
2,500	반 영 구	학교 내 전체	

코드화의 목적: 학생 개개인 별로 고유 번호를 부여함으로써 학사관리 업무를 원활하게 수행하고자 함.

구 성

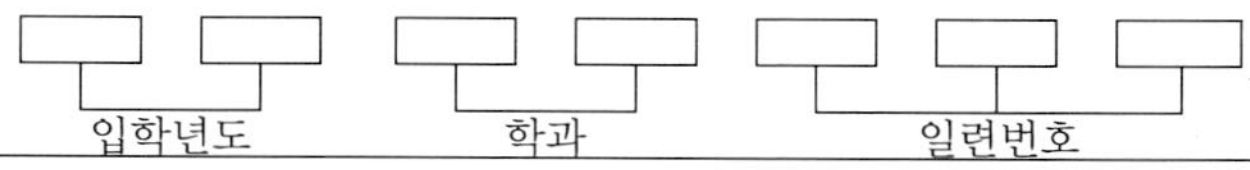

부여 요령
- 입학년도: 해당 연도의 끝 두 자리를 배정
- 학과번호: 설치된 순서에 의거 부여
- 일련번호는 이름 가나다순

특기사항
- 퇴학자의 번호는 공백으로 그대로 둔다.
- 매년 2,500명의 신입생이 입학한다.

작성자	김 성 철

6.5.3 코드 번호 부여(코드 상세 설계)

코드 번호 부여 작업은 설계 과정을 기본 설계와 상세 설계로 나누었을 때, 상세 설계 단계에서 행해지는 작업으로서 **코드 상세 설계**라고도 하며, 프로그래머가 프로그램 작성 시에 사용할 수 있도록 앞서 결정된 코드 부여 방법에 따라 코드 부여 대상을 분류, 배열하여 실제의 구체적인 코드 번호를 부여하고, 그 결과를 (코드)표로 만드는 작업이다.

이외에도 이 과정에서는 코드표를 비롯하여 각 코드 부여 대상마다의 코드 설계서를 종합적으로 관리하기 위한 **코드 북(code book)**도 만든다.

[표 6-18] 코드 부여표의 예

담당	계장	과장	실장

코 드 부 여 표

2005년 03월 01일 작성 작성자; 신준식

업무 명칭	일반 사무 행정	코드 설계서 번호	HJ-002
코드 명칭	사무직원코드	구 분	내부 코드

코 드	항 목 내 용	비 고
01-0-000	교무처	코드 체계: XX-X-XXX
01-1-000	교무처 교무계	XX: 부서 대분류 구분 코드
01-2-000	교무처 수업계	X: 부서 세분류 구분 코드
01-3-000	교무처 학적계	XXX: 일련 번호
01-4-000	교무처 증명계	
01-5-000	교무처 이부교학계	
02-0-000	학생복지처	
02-1-000	학생복지처 장학계	
02-2-000	학생복지처 복지계	
02-3-000	학생복지처 취업계	
02-4-000	학생복지처 부직계	
....	....	

6.6. 코드 관리

코드 관리

- 코드 북(Code Book)
- 코드 관리규정

코드 체계를 설계할 적에는 가능한 모든 경우를 고려하여 설계한다고 하지만 실제의 업무에 적용시켜보면 예상하지 못한 문제들이 얼마든지 발생할 수 있을 뿐만 아니라, 새로운 코드의 추가를 비롯하여 기존 코드의 정정과 삭제 등과 같은 문제도 얼마든지 발생할 수 있다.

이러한 문제가 발생할 때마다 정해진 규정이나 일정한 기준 없이 적당히 대처하다 보면 코드 체계가 헝클어져 시스템 운용과 프로그램 개발에 막대한 혼란과 지장을 주게 되므로 이를 미리 방지하기 위해서는 철저한 코드 관리와 체계적인 코드유지보수가 반드시 필요하다.

코드를 체계적으로 관리하기 위해서는 코드 체계에 관련된 내용들을 문서화해 둘 필요가 있으며, 이러한 목적을 이루기 위하여 통상적으로 **코드 북(code book)**을 만든다. 그러나 소규모 시스템인 경우에는 반드시 이러한 절차를 밟아야 하는 것은 아니나 코드 북이 있어서 나쁠 것은 하나도 없다.

코드 북은 프로그램 작성과 데이터 작성 시에도 폭 넓게 이용되므로 코드 관리 목적으로만 필요한 것이 아니고 코드를 보다 적극적으로 활용하기 위해서도 필요하다.

[1] 코드 북(code book)

코드 북은 통상적으로 코드의 구체적인 내용이 결정될 때 만들어지며, 코드 북 속에는 코드 설계서와 코드표, 그리고 코드 관리규정 등이 주로 포함되나 필요에 따라서는 코드를 한 눈에 파악할 수 있도록 하기 위한 코드 일람표가 추가되기도 한다.

코드 북을 자칫 코드를 관리할 목적으로만 만드는 것으로 오해하는 경우가 많으나, 오히려 코드 관리의 목적보다는 관련 부서에서의 코딩 작업이나 데이터 작성 작업에 유용하게 사용할 수 있도록 하기 위해 만든다고 볼 수도 있다. 따라서 실제의 사용자들이 찾기 쉽도록 만들어야 할 필요가 있다.

코드 북에 포함되어야 하는 주요 내용으로는 다음과 같은 것을 들 수 있다.

- 부여 대상 데이터와 대응 코드의 관련을 나타내는 코드표.
- 코드표의 운용 방법과 그 예시 및 해설
- 코드의 종류별 목적
- 코드 종류별로 각각의 성질과 구성
- 코드의 신설이나 정정, 폐지 등 변경 절차 등을 정하는 관리 규정
- 코드 작업을 용이하게 하는 조견표
- 코드 설계 년월일, 작성자, 승인자, 관리자, 배부선을 기입

그러나 현실적으로는 이러한 코드 북을 별도로 만들어 비치하는 경우는 잘 없으며,

대부분 문서 표준화 또는 Naming Rule에 포함시키는 경우가 많다.

[2] 코드 관리규정

코드 관리규정에는 원칙적으로 코드 관리를 위한 제반 사항들이 모두 포함되어야 한다. 그러나 지나치게 세세한 규정은 오히려 업무 처리의 경직성을 불러 올 수 있기 때문에 조직의 문화나 규모 등을 감안하여 제정하는 바람직하다.

일반적으로는

- 코드 설정의 목적과 기준
- 코드의 신설, 폐지, 추가, 삭제 시의 신청 절차,
- 신청된 코드의 심의 및 결정 방법
- 관련 부서에 심의 결과 통보 절차,
- 코드 북의 작성과 배포 등 코드 북 관리에 따른 제반 사항

등의 내용을 주 골자로 하는 경우가 많다.

이중에서 코드의 추가 등록, 정정, 폐지 등과 관련되는 소위 말하는 코드유지보수와 관련해서는 다음의 절차를 기준으로 삼아 관리규정을 만드는 것이 바람직하다.

- 코드를 추가, 정정, 폐지해야할 사유가 발생,
- 해당 내용을 코드유지보수 신청서에 작성하여 코드 관리 총괄부서에 제출,
- 코드 관리 총괄 부서에서는 신청서를 심사・검토한다.
- 심사 결과를 관련 부서에 배포한다.
- 심사 결정을 토대로 코드 설계서, 코드표 등을 정정하거나 새로 작성한다.

가장 좋은 것으로 말하자면 코드유지보수를 하지 않는 것이다. 그러나 현실적으로 이러한 바람은 이루어지기가 대단히 어렵기 때문에 앞서 언급한 코드 관리규정을 제정하고, 그에 따라 정형적이고도 체계적으로 코드를 관리하는 것이 가장 상책이다.

현실적으로는 코드 체계에 변화가 발생했을 때 근본적인 대책을 강구하지 않은 채 적당히 대처하는 경우를 더러 볼 수 있는 데, 이는 향후 더더욱 큰 혼란을 초래할 수 있으므로 적극적으로 피해야 한다.

복습문제

01. 코드를 정의하시오.

02. 코드의 기능을 조사하시오.

03. 코드 설계 시에 일반적으로 고려해야 할 사항들을 설명하시오.

04. 코드의 종류와 그 장단점을 조사 정리하시오.

05. 코드 설계의 일반적인 순서를 설명하시오.

06. 코드 대상의 특성을 분석하는 이유를 설명하시오.

07. 모의적인 대상을 상대로라도 코드 설계를 직접하고, 그 결과를 코드 설계서로 나타내시오.

08. 자신만의 코드 부여 방법을 고안하시오.

09. 자신만의 코드표를 작성하시오.

10. 코드유지보수의 필요성에 대해 조사하시오

11. 코드 북의 사례를 수집하고, 코드 체계를 분석하시오.

12. 코드관리규정 및 적용사례를 수집 · 분석하여 이 장에서 배운 내용과의 차이점 및 그 이유를 알아보시오.

13. 시스템이 구축되어 있는 현장을 실제로 방문하여 해당 업체의 현재 상황과 구축된 코드 체계와의 적합성을 분석하시오.

Chapter 07

출력 설계

아무리 뛰어난 기능과 성능을 가진 시스템이라 할지라도 입출력 과정이 불편하면 그 시스템은 외면당하게 된다.

왜냐하면, 사용자의 입장에서는 프로그램이나 시스템의 기능보다 자신들의 업무 수행에 직접적인 영향을 미치는 입력과 출력 부분을 더 중요하게 느끼게 되고, 입출력 과정을 통하여 전체 시스템을 인식하게 되기 때문이다.

따라서 많은 전문가들이 「**사용자 인터페이스(user interface)**」라는 용어를 사용하여 입출력 설계의 중요성을 특별히 강조하고 있으며, 견해에 따라서는 사용자의 요구를 실질적으로 반영하고 만족시켜 주는 부분이 바로 입력과 출력 부분이기 때문에 입출력 설계를 시스템 분석과정에 포함시켜야 한다고 주장하는 전문가들도 있는 실정이다.

이런 이유로 최근 시스템에서는 시스템의 기능 그 자체보다 사용자 인터페이스, 즉 입출력 설계가 시스템의 성패를 좌우한다고 말할 수 있다.

어쨌거나 입출력 설계에서는 효율적인 작업 수행을 위하여 업무 수행에 이용되는 문서 및 디스플레이 화면이 사용자가 원하는 정확한 내용을 사용하기 편하게 보여줄 수 있도록 설계하는 것을 그 목적으로 삼아야 한다. 즉, 사용자 중심의 입출력 설계가 이루어져야 한다. 그러기 위해서는 인간공학적인 여러 측면들이 고려되어야 하며 입출력에 관한 표준화가 선행되는 것이 바람직하다.

이러한 면들을 고려하여 출력 설계에 앞서 인간공학의 원리와 입출력 표준화에 대한 내용을 먼저 다루기로 한다.

7.1. 인간공학의 원리

인간공학?

- 사람 중심의 기기, 시스템을 확보
- 사용자 불편/불만 최소화

'**인간공학**(人間工學, human factors engineering, ergonomics)'이란 '인간과 작업 환경과의 관계를 규명하고 그것을 바탕으로 하여 인간의 특성에 적합한 시스템을 구성하기 위한 방법론' 또는 '인간과 인간이 다루는 도구나 기계를 하나의 시스템(인간기계 시스템, man-machine system)으로 간주하고 상호간에 형성되는 관계를 의학·심리학·물리학·공학의 각 방면에서 연구하여 인간의 생리적·심리적 특성에 적합한 도구나 기계를 설계하는 것을 목적으로 하는 학문' 등으로 다양하게 정의되고 있지만, 인간공학이 추구하는 바는 인간의 체형이나 동작 등 인간의 기본 특성을 고려하여 사용의 편리성, 작업 환경, 운용 관리 등 종합적인 관점에서 인간에게 적합한, 즉 인간 중심의 기기와 시스템을 확보하고자 하는 것이다. 이러한 인간공학은 포괄적인 하드웨어 분야뿐만 아니라 소프트웨어 분야에도 적극적으로 적용되고 있으며, 심지어는 화면 표시 방법 등에도 적용되고 있다.

최근에는 국제 표준화 기구(ISO: International Standard Organization) 산하 기술 위원회 TC-159를 중심으로

- 인간의 기본 특성에 대한 표준,
- 인체 측정학 및 생체 역학적 표준,
- 인간과 기계설비와의 인터페이스,
- 작업 환경 등에 관한 인간공학표준화 작업이 진행되고 있다.

궁극적으로 인간공학이 추구하는 것은 사용자가 불편이나 불만 없이 시스템을 사용할 수 있도록 해 주는 것이며, 그렇게 하기 위해서는 여러 관련 분야에서의 연구 결과를 시스템 설계에 반영해야 한다.

7.2. 입출력의 표준화

입출력 표준화

- 입출력 방식의 표준화
- 입출력 매체의 표준화
- 입출력 형식의 표준화
- 코드의 표준화
- 등록의 표준화

사용자의 입장에서 시스템을 바라볼 때 가장 중요한 것은 출력과 입력이다. 왜냐하면 자신들과 직접적인 관계를 맺고 있기 때문이다.

시스템이 내부적으로 뛰어난 성능과 우수한 기능들을 두루 갖추고 있다하더라도 사용자는 궁극적으로 사용자 인터페이스를 통해 시스템을 이용하기 때문에 입력과 출력에 관한 설계가 불편하게 이루어진 시스템은 사용자들로부터 외면당하게 마련이다. 이 말은 입출력 설계가 시스템의 성패를 결정할 정도로 중요함을 의미하며, 인간공학적인 측면에서는 사용자의 편리성 추구와 변화에 대한 두려움이라는 심리적 특성을 만족시키거나 해소하지 못한 시스템은 결국 실패한다는 것을 의미한다.

입출력 설계와 관련 작업이 효율적으로 이루어지기 위해서는 입출력 방식, 매체, 형식, 코드 등에 관한 표준화가 이루어져야 하고, 표준화된 모든 사항들은 종합적으로 등록되어 관리되어야 한다. 즉, 각종 원시전표나 문서, 폼(form), 보고서 등과 같은 각종 양식을 통일시키고, 더불어 입출력 방식도 통일시킴으로써 업무 생산성을 높이자는 것이다.

- **입출력 방식의 표준화**: 입출력 방식은 시스템의 목적과 성격에 따라 결정될 사항이다. 입출력 방식이 결정되면 그에 합당한 입출력 매체가 결정되기도 하고, 또는 그 역순으로, 즉 시스템 성격에 적합한 입출력 매체가 선정되면 후속 조치로 입출력 방식이 결정되기도 한다.
  입출력 방식을 표준화함으로써 얻어지는 잇점은 사용자의 혼란을 최소화할 수 있게 되어 입력 오류를 줄일 수 있을 뿐만 아니라 숙련도를 향상시킬 수 있으므로 전체 시스템의 생산성이 높아진다는 점이다.

- **입출력 매체의 표준화**: 입출력 매체는 아주 다양하므로, 입출력해야 할 정보의 사용 목적, 양, 특성, 처리방법, 분배 방법 등을 고려하여 가장 적합한 매체를 선정해야 한다. 입출력 매체를 고정시키면 시스템 구축비용이 감소하고, 사용이 간단해진다는 장점이 있으나 융통성이 결여된다는 단점도 있다.

- **입출력 형식의 표준화**: 입출력 매체의 종류에 따라 해당 양식도 달라지게 마련이지만, 가능하다면 사용 목적, 사용자의 특성, 빈도나 양 등을 고려하여 표준화하고 이를 활용하는 것이 효과적이다. 입출력이 일어날 때 마다 매번 새로운 양식을 설계한다는 것은 아주 비효율적이다. 특히 양식의 표준화는 전체 조직의 이미지를 나타내는 역할을 하기도 하므로 잘 설계된 양식을 표준으로 삼는 것도 효과적이다.

- **코드의 표준화**: 코드는 업무 처리 능률에 직접적인 영향을 미치는 아주 중요한 요소이다. 그럼에도 불구하고 한 시스템 내의 여러 소단위 시스템 사이에서 각각 다른 체계의 코드를 사용하는 것은 절대로 바람직하지 않다. 이는 전체 시스템을 혼란 속으로 몰아넣거나, 최소한 종합 시스템을 구축할 수 없게 만든다. 따라서 입출력에 관계되는 코드만이라도 표준화해야 한다.

- **등록의 표준화**: 모든 입출력 양식은 유사 업무에서 참조할 수 있도록 등록해야 한다. 그렇게 함으로써 기존 양식들을 재사용할 수 있게 되어 새로운 입출력 양식 설계에 소요되는 노력과 시간과 비용을 줄일 수 있기 때문이다.

현실적으로는 일부는 등록하고, 일부는 등록 안 하고, 또 다른 일부는 독자적인 방법으로 등록해 버린다면 전체적인 입장에서는 등록한 것이나 안 한 것이나 마찬가지이다. 따라서 등록에 관한 사항들도 표준화가 이루어져야 한다.

그러나 어떤 경우든지 표준화 내지 평준화는 반드시 질적 저하 내지는 경직성을 가져온다는 점을 감안하여야 한다.

7.3. 출력 설계의 개념

출력 설계?

- 사용자 요구를 만족시키기 위한 실질적인 동작
- 사용자 중심 관점

출력이란? 원래 컴퓨터 내부에서의 처리 결과를 컴퓨터 바깥으로 내 보는 것을 말한다. 따라서 사람이 직접 작업에 활용할 수 있도록 종이에 인쇄하거나 또는 디스플레이 화면을 통하여 보여 주는 것을 비롯하여 다른 프로그램에서의 활용을 위해 디스크나 테이프와 같은 보조기억장치에 기록하는 것까지를 모두 포함한다.

그러나 일반적으로 출력 설계에서 주 대상으로 삼고 있는 것은 사람들을 위한 출력 설계에 초점을 맞추고 있으며, 보조기억장치에 대한 사항들은 파일 설계 또는 데이터베이스 설계에서 주로 다루게 된다.

사람들이 시스템을 구축하는 목적은 오로지 원하는 결과, 즉 출력을 필요할 때마다 얻기 위함이며, 출력은 바로 사용자들의 실질적인 요구사항이므로 그 무엇보다 중요하다. 이 때문에 시스템 설계 시에 출력 설계를 가장 먼저 하게 되는 것이며, 입력 설계, 파일 설계, 프로그램 설계 등과 같은 다른 모든 과정은 오로지 원하는 출력을 얻기 위해 필요하다고 말할 수 있다.

이런 이유로 시스템의 명칭이 바로 출력의 종류를 의미하는 경우가 절대적으로 많다. 예를 들어 시스템의 명칭이 '증명 발급 시스템'이라면, 이 시스템의 출력은 당연히 각종 증명서 일 것임은 누구든지 쉽게 짐작할 수 있을 것이며, 이는 바로 출력 정보의 이름이나 종류 또는 속성이 시스템의 이름으로 사용되었기 때문이다.

따라서 출력 설계를 하고자 할 때는 업무 수행에 필요하거나 사용자가 요구하는 정보가 무엇인지를 먼저 파악하고, 각 정보의 연관성, 사용의 편이성, 일관성, 간결성 등을 고려하여 사용자의 입장에서 이용도가 높고 도움을 주는 출력 정보를 적시에 출력할 수 있도록 설계하여야 한다.

출력은 시스템으로부터 사용자에게 제공되는 것이기 때문에 사용자의 작업 수행에 관한 효율성이나 생산성을 그다지 고려할 필요가 없다. 단지 출력 이용에 관한 사항들을 중점적으로 고려하는 것으로 충분하다고 할 수 있다.

7.4. 출력 설계 절차

출력 설계 순서

- 출력 목적 정의
- 출력 분배 설계
- 출력 방식 설계
- 출력 내용 결정
- 출력 매체 설계

출력 설계를 하고자 할 적에는 사용자의 입장에서 무엇이 필요한가? 그리고 어떻게 하면 편리하게 사용할 수 있을까 하는 것을 가장 먼저 고려해야 한다.

이에 따라 출력 설계 시에는

- 사용자가 필요로 하는 정보만 출력할 것,
- 필요한 시기에 제공할 수 있을 것,
- 사용자에게 편리한 출력 형식을 적용할 것,
- 전체적으로 통일된 출력 형식을 일관되게 적용할 것
- 불필요한 용어나 약어의 사용을 억제할 것 등과 같은 보편적인 원칙을 제시할 수 있다.

출력 설계는 사용자를 우선적으로 배려해야 하므로 출력 생성 과정의 역순으로 이루어지는 것이 바람직하다. 즉, 이용자의 특성에 따라 분배방식이 달라질 수 있고, 분배방식에 따라 출력 매체, 출력 형태 등이 달라질 수 있으며, 그에 따라 출력 내용 및 그 속성, 항목의 배치 등과 같은 출력 내용이 정의될 수 있기 때문이다.

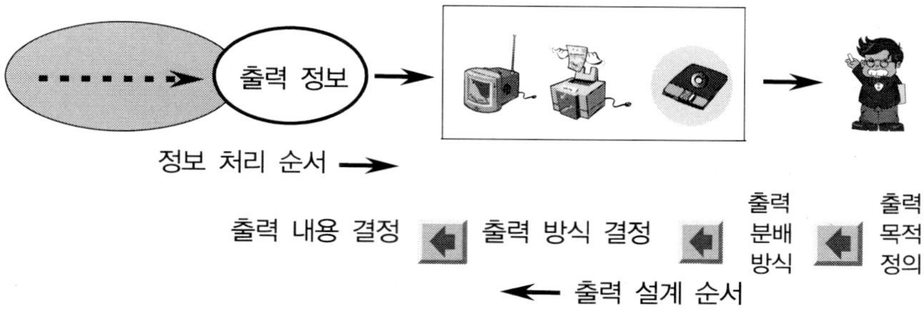

그림 7-1 **출력 설계 순서**

[1] 출력 목적의 정의

사용자 요구 분석 과정을 거치면서 출력 설계에 관한 윤곽, 즉 대략적으로 어떤 정보가 어느 시기에 어떤 매체에 담겨져 누구에게 전달되어야 하는가 하는 것은 어느 정도 파악할 수가 있다. 그러나 그것만으로 출력을 설계할 수도 없지만 또 해서도 안 된다.

시스템의 다양한 출력 중에서 어떤 정보를 언제, 어디서, 누가, 어떻게, 왜 사용하는지, 즉 출력 목적을 정의해야 한다. 출력 목적을 명확하게 정의하기 위해서는 육하원칙(六何原則), 즉 누가, 언제, 어디서, 어떻게, 무엇을, 왜(who, when, where, how, what, why)를 적용시켜 볼 필요가 있다. 육하원칙을 적용시켜 보면 출력 설계에 필요한 사항들을 파악할 수 있을 뿐만 아니라 출력 목적을 명확하게 정의할 수 있다.

[표 7–1] 육하원칙과 출력 설계

육하원칙	구체적인 사항	출력설계와의 관련 사항
누가(who)	· 출력 사용 대상 - 사람, 기계	· 출력 방식, 유형, 형태 설계
언제(when)	· 출력의 사용 시기	· 출력 시기, 주기, 분배방식 설계
어디서(where)	· 출력을 사용하는 곳	· 출력 방식, 분배방식 설계
어떻게(how)	· 출력 정보의 이용형태 - 개인용 혹은 공용, - 일회용 혹은 반복 사용 - 공개 혹은 비밀	· 출력 방식 선택
무엇을(what)	· 출력할 정보	· 출력 정보의 내용 결정
왜(why)	· 출력 사용 목적 - 확인 대조를 위해 - 다음 단계의 작업을 위해	· 출력 방식 설계

육하원칙을 출력 설계에 적용해 보면 여러 사항들을 복합적으로 고려하여

- 출력의 유형, 형태, 장치, 시기 등과 같은 출력 방식에 관한 사항,
- 출력할 정보의 내용,
- 출력의 분배 방식 등을 결정할 수 있게 된다.

예를 들어, 회원 관리 업무 담당자들이 매일 사무실에서 반복적으로 회원번호 및 회원의 이름을 확인 대조하는 작업에 사용할 목적의 출력이라면 프린터를 통해 종이에 회원 번호와 회원 이름을 출력하고, 이것을 매일 아침 각자의 사무실로 배달해 주도록 출력 설계를 하거나, 관련 정보들을 파일로 만들고 메일(E-Mail)을 통하여 각자의 컴퓨터로 전송하도록 설계할 수도 있을 것이다.

[2] 출력 정보의 분배에 관한 설계(분배 방법 결정)

출력 정보를 이용하는 시기와 장소, 이용 형태, 출력 매체 등이 다르기 때문에 이것을 언제, 어떤 경로와 방법으로 사용자에게 전달할 것인가 하는 것도 출력 설계의 대상이 된다. 출력 분배에 관한 것은 정보 관리에 대한 책임 소재를 명확히 한다는 측면도 있기 때문에 특히 보안을 요하는 정보인 경우에는 더욱 더 그러하다.

일반적으로 사용되는 분배 방식으로는

- 사용자에게 직접 전달하는 방법,
- 우편을 이용하는 방법,
- 분배함을 설치하고 사용자가 가져가는 방법 등과 같은 고전적인 분배 형태, 즉 오프라인 분배 방식과
- 메일을 이용하여 전송하는 방법,
- 홈페이지나 그룹웨어(groupware)를 이용하여 공유 또는 다운로드(down load)하게 하는 방법,
- 서버를 통하여 공유하거나 다운로드(down load)하게 하는 방법 등과 같은 현대적인 분배 형태, 즉 온라인 분배 방식으로 나눌 수 있다.

근래에 들어서는 인터넷과 통신 기술의 발달로 인하여 후자의 방법들이 주로 이용되지만, 심각한 보안을 요하는 경우에는 아직도 고전적인 방법이 이용되기도 한다.

[3] 출력 방식의 설계

출력 목적과 분배 방법에 적합한 출력 방식을 결정하는 단계이다. 즉 출력 이용자의

특성과 이용 장소와 형태 등에 따라 출력 유형, 형태, 장치 등을 결정함과 동시에 출력을 위해 어떤 활동을 할 것인가에 대해 결정하는 단계이며, 앞서 출력 목적 정의에 적용했던 육하원칙의 결과를 참조하면 많은 도움을 받을 수 있다.

- **출력 유형**: 출력의 용도에 따라 종이에 인쇄할 것인가? 아니면 파일로 저장할 것인가? 또는 디스플레이 화면으로 내 보낼 것인가 등을 결정하는 것이다.
  출력 유형으로는
  - 다른 시스템에서의 즉시 사용을 위하여 온라인으로 직접 전송하거나,
  - 다음 처리 과정에서의 재사용이나 보관을 위하여 파일로 저장하거나,
  - 사람의 반복적인 사용을 위해 종이에 인쇄하거나,
  - 현장에서의 즉시 확인을 위해서 디스플레이 화면에 직접 출력하는 등의 유형이 있다.

- **출력 형태**: 사용자의 직무, 연령, 지위, 전문지식 수준 등과 같은 여러 특성을 고려하여 출력을 사용자가 편리하게 그리고 효율적으로 이용할 수 있도록 출력 형식을 결정한다.
  예를 들어, 일선 창구 담당자라면 상세한 정보를 수록한 문서를 제공하고, 지위가 관리자급이면 상세한 정보보다는 전체적인 윤곽을 파악할 수 있도록 요약된 정보를 도표나 그래프 등으로 나타내어 제공하는 것이 효과적이다. 또 컴퓨터에 관한 전문지식이 없는 사용자를 위해서는 영상이나 음성으로 정보를 제공하고, 젊은이들을 위해서는 애니메이션이나 캐릭터 등과 같은 이미지를 이용하여 정보를 제공하는 것이 더욱더 효과적일 수 있음을 고려하여 출력 형태를 결정하는 것이 바람직하다.

- **출력 장치와 매체**: 출력 형태에 부합되는 출력 장치와 출력 매체를 선택하는 것은 당연한 일이다. 물론 출력 장치를 결정하면 덩달아 출력 매체가 결정되고, 또 반대로 출력 매체를 결정하면 그 매체에 적합한 출력장치가 거의 저절로 결정되는 경향이 있다. 출력 장치와 매체를 결정함에 있어서 출력 형태 이외에 추가적으로 반드시 고려해야할 사항은 **출력 정보량을 충분히 소화**해 낼 수 있는가 하는 점이다. 예를 들어, 인쇄를 하더라도 보통의 문서인 경우에는 일반적인 프린터를 사용하면 되겠지만, 항목의 수가 많아서 큰 용지를 사용해야 하는 경우나 아주 큰 글자나 도면을 인쇄하고자 하는 경우에는 XY 플로터나 특수 프린터를, 상품에 부착할 목적으로 바코드를 출력해야 한다면 당연히 바코드 프린터를, 그리고 지로 용지나 영구보존용 마이크로필름 등을 인쇄하고자 할 경우에는 그에 걸맞는 출력 장

치가 선택되어야 할 것이다.

또 보관이나 다른 기계의 사용을 위해 파일을 출력하더라도 정보량이 적으면 플로피 디스크를 이용할 수도 있지만 정보량이 많은 경우에는 CD-ROM이나 자기테이프를, 그리고 정보량이 아주 많은 경우는 하드디스크를 선택하는 것이 효과적일 것이다. 또, 자기테이프를 사용하더라도 보통의 릴 테이프를 사용할 것인지 아니면 카트리지 형태의 자기테이프를 사용할 것인지를 결정해야 한다. 물론 이러한 매체 선택은 해당 컴퓨터에 부착되어 있는 장치들의 종류에 따라 달라질 수도 있으며, 꼭 필요한 경우에는 새로 구입해야 할 것이다.

이외에도 영상이나 애니메이션, 음성 등을 출력하고자 하는 경우에는 디스플레이 장치나 음성장치를 선택해야 할 것이다.

- **출력 활동 관련 사항**: 출력 활동 관련 사항이라 함은 출력을 제공하기 위해 시스템이 어떻게 운영되어야 하는가를 결정하는 것을 말하며, 주로 다음의 사항에 관한 내용이다.
  - 출력 시기와 주기
  - 출력 부수

[4] 출력 내용 결정

출력 방식 설계를 통하여 출력 유형, 형태, 매체 등이 결정되고 나면, 사용자의 요구를 만족시키기 위한 구체적인 출력 내용을 결정해야 한다. 예를 들면 각종 양식이나 보고서에 포함되어야 할 내용이 무엇인지를 결정해야 한다.

[5] 출력 매체 설계

출력할 내용이 결정되면, 출력 내용을 효과적으로 나타내기 위한 방안을 설계해야 한다. 한 마디로 말하면 출력 양식이나 형태, 출력 폼 또는 출력용 화면을 설계하는 것이 이 부분에 해당된다. 이런 이유로 '출력 상세 설계'라고도 한다.

출력 매체 설계 과정에서 결정되는 모든 것들은 결국 프로그래머에 의해 실질적인 프로그램으로 구현되어야 한다.

따라서 이 단계에서는 출력할 정보만을 결정하는 것이 아니라,

- 항목의 명칭,
- 배열 순서,
- 자리수,

- 표현 단위와 정밀도,
- 분류나 배열의 적용여부와 기준 항목 등과 같은 구체적인 사항까지를 모두 설계하여야 하며, 이러한 사항들은 문서화하여 보관하는 것이 바람직하다.

이러한 설계를 돕기 위하여 프린터 설계용지(printer spacing chart), 레코드 설계용지(record layout sheet), 폼 디자인 용지(form layout sheet) 등과 같이 각종 매체에 적합한 설계용지가 마련되어 있으나 일반적으로는 잘 이용하지 않는 경향이 있다.

출력은 일상 업무에 직접 사용되기 때문에 출력 양식을 설계하는 경우에는 인간공학적인 측면을 고려하여 보기 쉽고 작업하기 편리하도록 설계해야 한다.

따라서

- 필수항목은 왼쪽 상단에, 선택 항목은 오른쪽 하단에 배치한다.
- 계산 결과는 왼쪽에서 오른쪽으로, 위에서 아래의 순으로 배치한다.
- 관련 항목들은 한 곳에 묶어서 배치한다.
- 코드화되거나 약자를 사용한 항목은 원래의 이름이 보이도록 한다.
- 불필요한 항목은 보이지 않도록 한다.
- 주요 항목은 음영, 색깔 등을 이용하여 강조한다.
- 출력 시기, 정보의 종류, 전체 페이지 수와 현재의 위치 등이 보이도록 한다.
- 고정적으로 사용되는 출력 양식이나 내용은 미리 인쇄해 둔다.

이외에도 글자의 크기나 색깔, 도형 등을 사용하거나 요즈음과 같이 개인용 컴퓨터와 디스플레이 장치가 널리 활용되는 경우에는 이미지와 사운드 등을 활용하여 유용한 정보를 제공하도록 설계하는 것도 바람직하다.

7.5. 출력 방식의 종류

<table>
<tr><td rowspan="4">인간 중심</td><td rowspan="2">하드 카피</td><td>인쇄 방식</td><td>프린터</td></tr>
<tr><td>사진 방식</td><td>COM</td></tr>
<tr><td rowspan="2">소프트 카피</td><td rowspan="2">멀티미디어</td><td>디스플레이</td></tr>
<tr><td>사운드장치</td></tr>
<tr><td rowspan="2">기계 중심</td><td colspan="2">매체 출력</td><td>보조기억장치</td></tr>
<tr><td colspan="2">신호 출력</td><td>제어 신호</td></tr>
</table>

출력 방식은 여러 기준에 의해 다양하게 분류할 수 있으나, 이들은 서로 혼재되어 있기 때문에 다소 혼란스러운 면이 없지는 않다.

그러나 보편적으로는 출력 사용 주체에 따라 인간을 위한 출력과 기계를 위한 출력으로 대별하고, 인간을 위한 출력은 다시금 출력 매체의 특성에 따라 **하드 카피**와 **소프트 카피**로 나눌 수 있고, 기계를 위한 출력은 전달 방식에 따라 매체 출력과 신호 출력으로 나눌 수 있으며, 출력의 활용 형태에 따라 **회귀 시스템**(turn around system)이 포함되기도 한다.

포괄적으로 사용되는 하드 카피와 소프트 카피에 대한 정의는 다음과 같다.

- **하드 카피**(hard copy): 출력을 종이, 필름, 보조기억장치 등과 같은 영구적인 기록 매체에 저장하는 방식
- **소프트 카피**(soft copy): 하드 카피와는 달리 디스플레이 화면이나 음성출력장치와 같이 일시적으로 정보를 표시할 수 있는 매체를 통하여 출력을 표시하는 방식

7.5.1 인간을 위한 출력 방식

시스템의 출력을 사람이 직접 이용할 수 있으려면 눈이나 귀로서 인식할 수 있어야 한다. 따라서 통상은 종이나 필름 등과 같은 매체에 출력되는 것들이 이 범주에 속한다.

이 범주에 속하는 출력 방식은 다시금 하드 카피와 소프트 카피로 대별될 수 있으며, 이들을 대표하는 실질적인 출력 방식으로는 인쇄 출력 방식과 멀티미디어 출력 방식을 대표적인 예로 들 수 있다.

[1] 인쇄 출력 방식

인쇄 출력 방식은 인간의 눈을 통해 출력을 활용할 수 있게 하는 출력 방식이다. 주로 프린터를 통하여 처리결과를 종이나 필름에 출력하는 방식을 총칭하는 출력 방식으로서 고전적인 출력이 거의 모두 이 방식에 속한다.

이 방식은 처리 결과를 보존하거나 반복 사용을 위해 주로 사용된다.

- **인자 방식**: 일반적인 문서에서 사용되는 문자들을 출력하거나, 그래프나 도표를 출력하는 것을 의미한다. 이런 출력을 위해서는 우리가 흔히 만날 수 있는 프린터나 플로터가 주로 사용되며, 매체로는 종이가 주로 사용된다.
  프린터의 종류는 기술의 발전에 따라 지속적으로 변하고 있는 실정이다. 예를 들면, 과거에는 라인프린터(line printer)가 주로 사용되다가 도트(dot) 프린터, 레이저(laser) 프린터, 잉크젯(ink jet) 프린터 등이 사용되고 있으며, 플로터도 다양한 형태와 기능을 가진 것들이 소개되고 있다.

- **사진 방식**: 이 방식에서는 종이 대신에 마이크로필름이라는 특수한 매체가 사용되며, 이를 위한 별도의 시스템을 필요로 한다. 이 방식을 사용하면 대량의 정보를 축소하여 장기간 보존할 수 있으며, 특히 공간 비용을 크게 줄일 수 있기 때문에 학적부, 병적부 등과 같은 영구보존 문서를 보존 관리 및 검색을 위해 사용되는 경우가 많다.

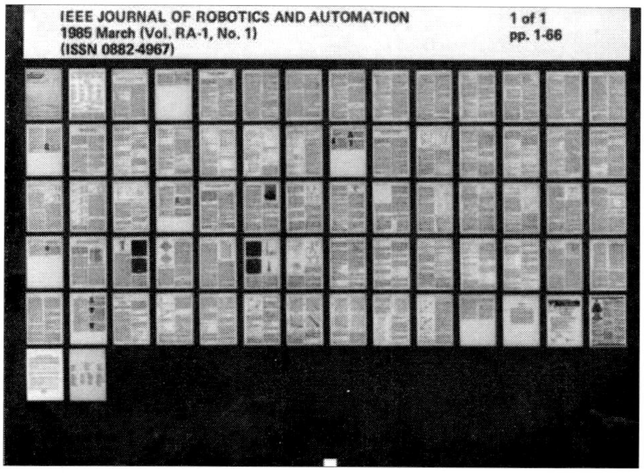

그림 7-2 **마이크로필름에 의한 출력 예**

[2] 멀티미디어 출력 방식

멀티미디어 출력 방식은 컴퓨터 관련 기술의 발달로 인하여 그래픽 인터페이스 환경이 조성되면서 고전적인 출력 방식인 종이 중심의 출력 환경을 벗어나 그래프, 도표, 다양한 이미지, 사운드, 음성 및 동영상 등을 출력할 수 있는 출력 방식으로서 최근 들어 활발하게 활용되고 있는 실정이다.

멀티미디어 출력 방식을 적용하기 위해서는 통칭 모니터(monitor)라고 불리는 CRT 또는 LCD(Liquid Crystal Display; 액정표시) 디스플레이 장치와 스피커 등과 같은 사운드 출력 장치를 필요로 한다.

이 출력 방식에서는 출력된 결과가 보존되지 않기 때문에 소프트 카피라고도 부르며, 주로 중간 결과를 확인하기 위해 사용된다. 특히 사용자와 시스템 사이의 대화형 작업이 필요한 경우에 적당한 출력 방식이다.

근래에 들어서는 통신망의 발달과 함께 홈페이지 활성화, 클라이언트 / 서버 체제 구축, 웹 호스팅 체제 구축 등으로 인하여 멀티미디어 출력 방식이 보편화되어 가고 있으며, 특별히 결과를 보존해야 하는 경우에만 인쇄 출력 방식이 적용되는 실정이다.

7.5.2 기계를 위한 출력 방식

기계를 위한 출력 방식이라 함은 다른 컴퓨터나 기계를 제어하기 위해 적용되는 출력 방식을 일컫는 것으로서, 디스크나 자기테이프 등과 같은 보조기억장치에 파일로 결과를 저장하는 **매체 출력 방식**과 로봇이나 공작기계, 원격 제어를 위한 신호를 직접 출력하는 **신호 출력 방식**으로 나눌 수 있다. 이중에서 매체 출력 방식은 하드 카피에 속하고 신호 출력 방식은 소프트 카피에 속한다.

[1] 매체 출력 방식

정보시스템의 처리 결과를 파일로 보조기억장치에 저장하는 방식을 총칭한다. 이 방식은 주로 출력을 다시 입력으로 활용하고자 할 때 사용하며, 더러는 다른 시스템과의 정보 교환을 위해 사용되기도 한다.

이 방식에서는 디스크, 자기테이프 등과 같은 보조기억장치 매체들이 주로 사용된다. 과거에는 종이테이프나 카드 등이 사용되기도 하였으나 지금은 그러한 매체들이 더 이상 생산조차 되지 않기 때문에 사용하고 싶어도 사용할 수 없는 실정이다.

자기테이프(magnetic tape)는 장치와 분리 보관하기가 쉽고 대량의 정보를 보관할 수 있다는 이점이 있으나 속도가 느리고 순서 처리만이 가능하다는 단점 때문에 주로 백업(back up)용이나 장기간 보관용으로 주로 이용되고는 있으나 점차 그 활용도가 낮아지고 있는 추세이다. 이에 비해 디스크는 순서 처리 및 임의 처리 방식을 구사할 수 있고 처리 속도가 빠르기 때문에 보편적으로 이용되고 있다.

더구나 전자기술과 제조기술의 동반 발달로 인하여 하드 디스크(hard disc)의 크기는 날로 작아지고 가격이 낮아지는 반면 용량은 기하급수적으로 커져 요즈음은 하드 디스크 사용이 지극히 보편화되고 있다.

이외에도 소형 저가격 대용량의 USB(Universal Serial Bus) 메모리가 등장하여 날로 그 활용범위를 넓혀 가고 있으며, 이를 이용하여 디지털 카메라, 게임 패드, 조이스틱, 키보드 및 마우스, 그리고 저장 장치 등 수 많은 장비들과 상호작용 할 수 있게 되었다.

[2] 신호 출력 방식

신호 출력 방식은 다른 기계를 제어하기 위해 신호를 출력하는 방식으로써, 원격 제어(remote control), 로봇 제어(robot control), NC(Numerical control) 공작기계 등을 제어하기 위해 주로 사용된다.

[3] 회귀 시스템(turn around system)

회귀 시스템은 '회귀'라는 단어에서 그 의미를 짐작할 수 있듯이 출력이 다시금 입력으로 사용되는 시스템을 말한다. 회귀 시스템에서는 출력된 정보가 사용자에게 전달되고 이것이 다시금 입력으로 되돌아오게 된다.

이러한 회귀 시스템의 예로는 수도, 전기, 가스 요금과 같은 공과금 고지서가 사용자에게 배부되고, 사용자가 공과금과 함께 고지서를 수납기관에 제출하면 수납기관에서 고지서를 발행기관으로 보내어 입력으로 사용하게 함으로써 공과금 납부 업무를 신속하게 처리하는 하는 경우를 들 수 있으며, 이외에도 은행의 수표라든가 지로 용지 처리 등과 같은 경우를 예로 들 수 있다.

회귀 시스템에서는 컴퓨터 시스템이 나중에 입력으로 사용될 정보들을 미리 출력 매체에 기록함으로써 일일이 수작업으로 입력해야 하는 번거로움과 시간 낭비와 오류를 줄일 수 있다는 특징이 있으며, 주로 사용되는 출력 매체로는 MICR(Magnetic Ink Character Reader) 카드, OCR(Optical Character Reader) 카드, OMR(Optical Mark Reader) 카드 등이 있다. 이러한 매체들을 통한 문자 인식은 아직까지 완전하지 못하므로 대량의 정보를 처리하기에는 문제가 있다.

따라서 회귀 시스템 적용이 효과적인 경우는

- 입력 정보를 미리 알 수 있고 항목의 수와 항목의 정보량이 많지 않은 경우,
- 정형화된 정보가 대량으로 입력되어야 하는 경우 등이다.

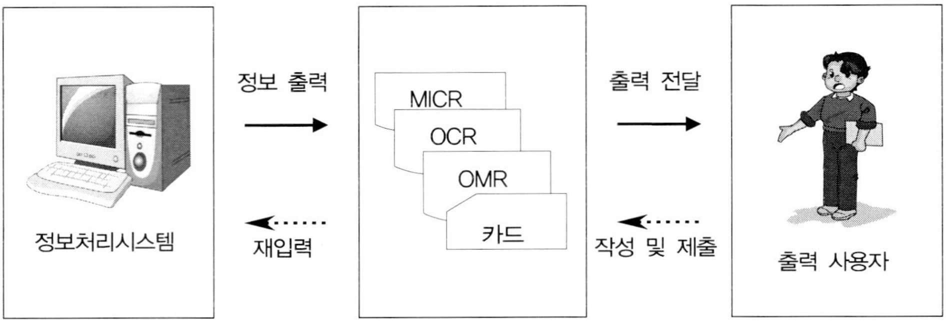

그림 7-3 **회귀 시스템의 구성 예**

7.6. 출력 매체의 종류

출력 매체	영상 출력 매체(CRT, LCD)
	프린터 · 충격식: 라인프린터, 도트프린터 · 비충격식: 레이저프린터, 감열식 프린터, 잉크젯 프린터, 열전사식 프린터, 정전기식 프린터
	플로터
	COM
	스피커
	보조기억장치
	신호출력

'매체(媒體 media)'란 '어떤 일이나 작용을 전달하는 데 매개체(媒介體)가 되는 것'을 말한다. 따라서 출력 매체는 컴퓨터의 처리 결과를 컴퓨터 바깥으로 내보내는 데 사용되는 출력 매체를 일컫는 말이다.

근래에 들어서는 정보 처리 기술의 발달과 전자산업의 제조 기술 발달에 힘입어 참으로 다양한 매체들이 활용되고 있으며, 이러한 매체들의 동작 원리가 모두 동일한 것은 아니기 때문에 출력 설계 시에는 업무 특성과 사용자 요구에 적합한 출력 매체를 대상으로 삼아야 한다.

매체들 중에는 오로지 입력 매체로만 또는 출력 매체로만 사용되는 매체들도 있지만 입출력 겸용으로 사용되는 매체들도 많이 있다. 특히 보조기억장치의 경우가 그러하다.

출력 매체라 하면 통상 프린터를 가장 먼저 떠 올리지만 그보다는 디스플레이 화면이 더 많이 사용된다.

[1] 영상 출력 매체(screen)

영상 출력 매체는 소프트 카피(soft copy) 출력 매체의 대명사이다. 통상 모니터(monitor) 또는 디스플레이(display)라고 불리는 매체로서 온라인 시스템에서는 거의 필수적으로 사용된다. 사용자는 화면을 통하여 시스템과 상호 작용을 하면서 작업을 수행하게 된다. 모니터의 종류로는 CRT라는 약자로 사용되는 음극선관(CRT: Cathode Ray Tube) 모니터와 액정을 이용한 LCD(Liquid Crystal Display) 모니터가 있다. 과거에는 CRT 모니터가 주류를 이루었으나 최근에는 품질 좋고 건강에도 좋은 LCD 모니터가 확대 보급되고 있다.

[2] 프린터(printer)

출력 매체라고 하면 가장 먼저 떠 올릴 수 있는 매체가 바로 프린터이며, **하드 카피(hard copy)** 출력매체의 상징이다. 프린터는 동작 원리와 방식에 여러 종류로 나눌 수 있다. 관점에 따라서는 플로터와 COM 시스템까지를 프린터의 범주에 포함시킬 수도 있으나, 여기서는 문자 중심의 프린터만을 프린터라 하고, 플로터와 COM 시스템은 별도로 다룬다.

프린터의 종류는 동작원리, 가격, 성능, 속도 등의 여러 기준으로 분류할 수 있으나, 일반적으로 값이 싸면서 성능이 우수하고, 속도가 빠른 프린터는 아직 없다. 대체로 봐서 가격이 싸면 성능이 우수하지 못하고 속도도 느린 것이 일반적이다. 따라서 시스템을 구축하는 목적과 출력 정보량, 주기, 분배 등을 고려하여 프린터를 선정하여야 한다.

프린터의 동작 방식에는 기계적 충격을 사용하는 충격식(impact) 프린터와 그렇지 않은 비충격식(non-impact) 프린터가 있다.

1) 충격식 프린터(impact printer)

- **라인프린터**(line printer): 이름처럼 한 줄 단위로 인쇄하는 프린터이며, 초창기 컴퓨터 시스템에서 널리 사용되었다. 이 프린터에서는 둥근 원통(드럼, drum)에 글자를 미리 양각해 두고 한 줄의 내용을 한꺼번에 인쇄했기 때문에 속도가 빠르다는 장점을 가지고 있다. 그러나 글자의 확대 축소가 되지 않고 일정한 크기의 문자만 인쇄할 수 있다.

- **도트프린터**(dot printer): 한 글자씩 인쇄한다고 하여 시리얼(serial) 프린터라고도 하며, 개인용 컴퓨터가 보급되기 시작할 무렵, 즉 프린터 제조 기술이 그렇게 발달되지 못한 시절에 생산된 저가의 프린터로서, 여러 개의 점을 이용하여 글자를 조합하고 인쇄하는 프린터이다.

2) 비충격식 프린터(non-impact printer)

- **레이저프린터**(laser printer): 레이저 빔(beam)을 이용하여 드럼 위에 글자 이미지를 만들고, 드럼이 회전하면서 토너를 이용하여 이미지를 종이에 현상시키는 프린터를 말한다. 레이저프린터는 속도가 빠르고, 소음이 적으며 무엇보다 품질이 좋다는 장점이 있으나, 가격이 비싸다는 단점이 있다. 레이저프린터에서는 드럼에 이미지를 감광시키기 때문에 '전자사진식 프린터'라고도 한다.

- **감열식(感熱式) 프린터**: 열에 반응하는 인쇄용지를 사용하는 프린터

- **잉크젯**(ink jet) **프린터**: 노즐을 통하여 잉크를 분사시키고, 분사된 잉크 입자에 전기장을 가함으로써 자형을 형성하고 인쇄하는 프린터

- **열전사식(熱轉寫式) 프린터**: 감열헤드로 특수 잉크 리본의 잉크를 종이에 전사하는 프린터

- **정전기식(靜電氣式) 프린터**: 정전기기록지(靜電氣記錄紙)에 토너를 가열정착(加熱定着)시키는 프린터

[3] 플로터(plotter):

프린터가 문자 중심의 출력 매체라면 플로터는 그림 중심의 프린터이다. 문자 중심의 프린터에서는 한 번 지나간 행에 다시 인쇄하기가 매우 어렵기 때문에 효과적으로 그래프를 그릴 수가 없다. 이러한 단점을 보완하기 위하여 가로 세로로 모두 자유로이 이동할 수 있는 프린터로 개발한 것이 바로 플로터이다. 이 때문에 단순히 플로터라고만 하지 않고, 'X-Y 플로터'라고 한다. 플로터는 그래프나 그림, 설계도면 등을 그리는 데 주로 사용된다.

[4] COM(Computer Output Microfilm)

COM은 출력 방식의 종류에서 언급한 것처럼, 컴퓨터의 처리 결과를 종이나 화면 등과 같이 사람의 눈으로 직접 볼 수 있는 매체에 출력하는 것이 아니라, 마이크로필름이라는 특수한 매체에 출력하는 시스템이다. 대량의 정보를 보관용으로 출력하는 경우에 아주 적합한 출력 매체이다.

[5] 스피커(speaker)

멀티미디어 컨텐츠가 활성화 되면서 음성이나 소리에 대한 처리 결과를 나타내기 위한 출력 매체이다.

[6] 보조기억매체(storage device)

컴퓨터 처리 결과는 통상 또 다른 사용을 위하여 보관해 두는 것이 상례이다. 상식 밖의 이야기가 되겠지만, 전 단계에서의 처리 결과를 종이에 인쇄하고, 다음 단계에서의 이용을 위해 사람이 키보드를 이용하여 다시 입력한다면 어떤 반응들을 보일까?

따라서 사람들이 이용해야 하는 부분들만 인쇄하고 나머지 부분들은 하드디스크를 비롯한 다양한 보조기억장치에 저장 · 보관하게 된다. 보조기억매체라 함은 컴퓨터 내부에 탑재된 주 메모리를 제외한 부차적인 기억매체들을 총칭한다. 이에 속하는 대표적인 장치로는 하드디스크, 자기테이프, 플로피 디스켓, CD-ROM, USB 메모리 등이 있다. 이러한 보조기억매체는 입출력 겸용으로 사용되는 것들이 대부분이며, 제조 기술의 발달로 인하여 날로 용량이 크게 증가되고 있다.

사람에 의한 입력 작업은 매우 번거롭고 품이 많이 든다. 그런 까닭으로 반복 처리 또는 다른 작업에 공동으로 사용될 정보는 보조기억매체에 저장해 두고 사용하는 것이 여러 모로 편리하다. 입력의 경우뿐만 아니라 출력의 경우에도 사람이 직접 사용할 정보가 아니면 보관이나 재이용 등의 목적을 효과적으로 달성하기 위하여 보조기억장치에 출력하는 경우가 많다.

[7] 신호출력

다른 기계를 제어하기 위한 제어신호나 또는 출력을 온라인으로 전송하기 위해서는 전기선 또는 통신선 그 자체를 매체로 사용하게 된다. 이런 형태의 출력은 저장되거나 보존되지 않기 때문에 수신측이 항상 온라인 상태에서만 유효하다.

이런 까닭으로 인하여 이런 방식의 출력에서는 출력이 이루어지기 전에 반드시 수신측의 상태를 점검하고, 정상적인 수신이 이루어지는 경우에만 출력이 행해지도록 해야 한다.

복습문제

01. 인간공학에서 추구하는 궁극적인 목표를 조사하시오.

02. 입출력 표준화의 필요성에 대해 설명하시오.

03. 출력 설계에서 일반적으로 고려해야 하는 사항에 대해 조사하시오.

04. 출력 설계 순서를 나열하시오.

05. 각 출력 방식의 특징에 대해 조사하시오.

06. 각자 나름대로 프린터 선정 기준을 제시하시오.

07. COM 시스템의 사례를 직접 조사하시오.

08. 회귀 시스템의 적용 사례를 주변에서 찾아보시오.

09. 출력 매체의 종류와 특징들을 조사하시오.

10. 출력 보고서 작성 시의 유의사항들을 조사하시오.

11. 주변에서 잘 설계된 출력 양식들을 수집하고, 공통점을 분석하시오.

Chapter 08

입력 설계

아마도 정보처리에 관한 것을 배우면서 'GIGO(Garbage In, Garbage Out)'이라는 격언을 한 번이라도 들어 보지 못한 사람은 없을 것이다. 이는 입력의 중요성을 강조한 말로서, 사용자가 원하는 출력을 얻기 위해서는 가장 먼저 선행되어야 하는 것이 바로 정확한 입력임을 강조한 것이다. 시스템 구축 목적은 사용자가 원하는 출력을 얻기 위함이며, 모든 출력은 입력을 처리한 결과이므로, 입력에 대한 정확성은 아무리 강조해도 결코 지나치지 않는다.

그러나 한 가지 명심할 것은 모든 입력은 출력 생성에 꼭 필요한 것만을 대상으로 한다는 점이다. 물론 요즈음과 같이 데이터베이스 활용이 일반화되고, 보조기억장치의 대명사로 불리는 하드디스크의 용량이 엄청나게 커진 상황에서는 무슨 데이터든 일단 컴퓨터에 저장되고 나면 언젠가는 활용될 기회가 주어지기는 하지만, 그래도 효율적인 업무 수행을 위해서는 출력 생성에 꼭 필요한 입력만을 대상으로 삼는 것이 마땅하다.

8.1. 입력 설계의 개념

입력 설계?

- 출력 목적 정의
- 현장 정보가 시스템에 입력되는 과정을 조직화
- 입력 장치와 매체 설정

입력이란? 시스템이 동작하는데 필요한 외부로부터의 모든 자극을 말한다.

구체적으로는 현장에서 발생한 다양한 형태의 정보를 비롯하여 컴퓨터 동작 시의 상호 응답 등을 통틀어서 입력이라 하며, **입력 설계**는 일련의 입력 과정을 조직화하고 각 과정에서 사용할 입력 장치와 매체에 관한 사항들을 결정하는 것을 목표로 한다.

따라서 입력 설계의 대상으로는 다음과 같은 것들을 열거할 수 있다.

- 현장에서 사용되는 입력용 원시전표의 형태와 구성
- 현장 정보를 유지·관리하는 일련의 활동
- 업무 특성을 반영한 입력 매체 선정
- 현장 정보의 입력 경로와 시간
- 입력 오류의 예방과 제거에 관한 사항

요즈음의 컴퓨터 이용 형태를 살펴보면 과거처럼 과학계산 분야에의 활용보다는 사무자동화 또는 사무전산화 분야에의 활용이 더 두드러져 보이고, 개인용 컴퓨터의 경우는 정보 검색기나 오락기처럼 사용되기도 한다.

이런 측면을 고려하면 프로그램의 유형을

- 중심 프로그램(computing oriented program)
- 입출력 중심 프로그램(Input/Output oriented program)으로 크게 나눌 수 있고, 이들은 각각 CPU와 입출력 장치의 성능에 따라 프로그램의 생산성이 결정된다.

특히 입출력 중심의 프로그램이나 시스템인 경우에는 입출력 장치의 영향이 절대적으로 크다고 볼 수 있으며, 개인용 컴퓨터의 보급이 보편화된 요즈음의 경우에는 입출력 장치의 성능에 못지않게 중요한 것이 사용자 인터페이스이다.

사용자 인터페이스 중에서도 출력 부분은 출력 장치와 매체의 특성에 따라 생산성이 결정되지만 입력 부분은 사용자가 직접 입력해야 하는 경우 등도 있을 수 있기 때문에 인간공학적인 특성을 반영하여 설계하는 것이 바람직하다.

사용자의 수준에 따라 요구되는 입력 설계 특성이 다소 다를 수 있지만 일반적으로 입력 설계 시에 고려되어야 할 사항으로는 다음과 같은 것을 들 수 있다.

- 사용자의 요구 반영
- 사용의 용이성과 편리성
- 불필요한 문자 제거
- 정보 손실 방지
- 오류방지를 위한 배려

8.2. 입력 설계 절차

입력 설계 순서

- 입력 목적 정의
- 입력 정보 수집 설계
- 입력 방식 설계
- 입력 내용 결정
- 입력 매체 결정

입력 설계는 현장에서 발생하는 데이터를 컴퓨터로 입력하는 전 과정을 조직화하고, 관련 장치와 매체를 선정하는 것이다. 특히 입력은 출력 생성에 필요한 데이터만을 입력하는 것을 원칙으로 하기 때문에 입력 목적을 분명히 설정하는 것과 사용자의 입장을 충분히 배려하는 것이 중요하다. 왜냐하면, 근본적으로 현장 정보는 어떤 형태로든 문서화되고, 그것을 기초로 다양한 입력 장치를 이용하여 다양한 입력 매체에 사용자가 직접 입력하는 과정을 밟아 가기 때문이다.

시스템의 입력 설계 절차는 보편적으로 다음의 과정으로 이루어진다.

- 입력 목적 정의 -- (출력 목적 정의)
- 정보 수집 방식 결정 -- (출력 분배 방식 결정)
- 입력 방식 결정 -- (출력 방식 결정)
- 입력 내용 결정 -- (출력 내용 결정)
- 입력 매체 결정 -- (출력 매체 결정)

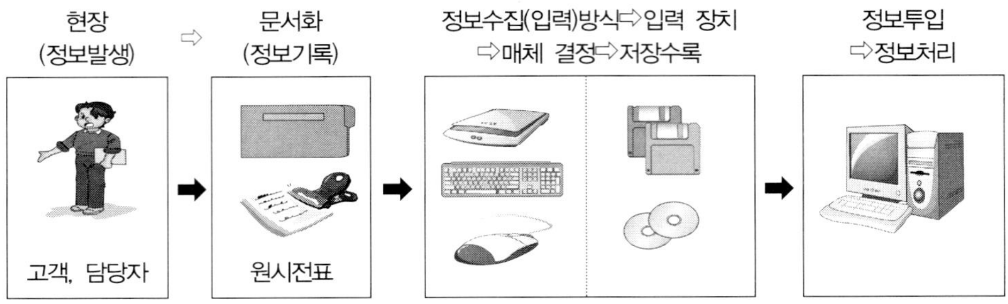

그림 8-1 입력 설계 순서

[1] 입력 목적의 정의

입력 설계 시에는 출력 생성을 염두에 두고 육하원칙에 따라 입력 목적을 가장 먼저 정의해야 한다. 즉, 누가, 언제, 어디서, 무엇을, 어떻게, 왜 정보를 발생시키며, 그렇게 발생된 정보를 역시 마찬가지로 누가, 언제, 어디서, 무엇을, 어떻게, 왜 입력해야 하는지를 정의해야 한다. 이렇게 해서 입력 목적이 명확해 지면 입력 대상 항목은 저절로 결정될 것이다.

현장에서 발생하는 정보는 두 가지 측면을 갖는다.

예를 들어, 고객 관리를 한다고 하자. 고객의 입장에서는 필요한 정보를 제공하는 것으로 끝이 나지만, 고객을 관리해야 하는 입장에서는 고객 정보를 이용하기 위한 별도의 절차를 밟아야 한다. 따라서 입력 목적 정의 시에는 정보 발생에 관련되는 측면과 정보를 이용하는 측면 모두를 고려하여야 한다.

이러한 두 측면을 모두 반영하기 위해서는 입력 정보 발생 단계와 입력 정보 작성 단계로 나누어 조사하고, 관련 내용들을 문서화해 두는 것이 필요하다.

[표 8-1] 입력 목적 정의를 위한 육하원칙 적용

육하원칙	정보 발생 단계	정보 작성 단계
누가(who)	· 정보발생원 - 고객, 사용자	· 정보 작성자(업무 담당자)
언제(when)	· 발생 주기와 빈도	· 작성 주기와 시기
어디서(where)	· 정보 발생 장소	· 작성 장소 - 현장, 사무실
어떻게(how)	· 정보발생 시의 형태 · 정보 발생량(최대치, 최소치)	· 원시전표 양식 · 원시전표 작성량(건수)
무엇을(what)	· 입력 정보의 이름	· 원시전표
왜(why)	· 출력 정보 이름	· 전표작성 목적 - 업무 이용 형태, - 오류 최소화

[2] 정보 수집 방식 결정

통상적으로 입력 정보는 현장 여러 곳에서 산발적으로 발생한다. 따라서 이것을 컴퓨터에 입력하기 위해서는 원시전표 또는 입력 매체화된 것을 수집하여 매체화 장비 즉, 입력 장치들을 통하여 입력해야 한다. 물론 입력 정보가 발생하는 바로 그 장소에서 직접 입력하는 온라인 처리일 경우는 이런 과정이 당연히 생략되지만 그렇지 않은 경우는 현장에서 발생하는 정보의 수집과 운반에 관한 사항들을 육하원칙에 따라 조직화할 필요가 있다.

입력 정보 수집에 관계되는 검토 사항은 다음과 같다.

- **수집 장소와 담당자**: 입력 정보를 수집하는 부서나 장소 그리고 담당자를 선정한다. 수집 부서나 장소가 산재해 있을 경우에는 수집 경로까지를 포함하여 조사하고 결정한다.

- **수집 방법, 형태**: 담당자가 직접 수집할 것인가? 아니면 네트워크를 통하여 전송받을 것인가? 또는 우편이나 사내 우편을 이용할 것인가? 하는 수집 방법과, 원시전표로 수집할 것인가, 매체화한 것을 수집 할 것인가 하는 수집 형태를 결정해야 한다. 입력 정보 수집 방법과 형태에 따라 정보 입력 방식이 결정되기 때문에 업무의 특성까지도 고려하여 결정해야 한다.

- **수집 주기, 시기**: 입력 정보를 언제 수집할 것인지 그리고 얼마 동안의 주기를 가지고 수집해야 하는지를 결정해야 한다. 그러나 입력 정보의 수집 주기와 시기는 다른 업무와의 연관성을 고려해야 하는 경우가 많기 때문에 종합적으로 검토하는 것이 바람직하다.

- **입력정보의 품질 수준, 확인 방법, 처리 기준**: 입력 오류가 발생하는 경우 등을 고려하여 입력 정보의 품질 수준, 확인 방법, 처리 기준 등도 아울러 결정해 두는 것이 향후의 작업에 많은 도움을 줄 수 있다.

[3] 입력 방식의 결정

시스템 구축 목적이 환경 변화로 인하여 발생하는 제반 문제를 해결함으로써 생산성을 향상시키고자 하는 것임과 입력 과정의 효율성이 전체 시스템의 효율성을 좌우할 수도 있음을 인식한다면 실무적인 차원에서는 업무 특성에 적합한 입력 방식과 그러한 방식에 부합되는 입력 장치 및 매체를 선정하는 것이 아주 중요하다는 것에 공감할 수밖에 없을 것이다.

- **입력 방식 결정**: 먼저 업무 특성을 고려하여 온라인 방식으로 할 것인지 아니면 오프라인 방식으로 할 것인지를 결정해야 한다.
  요즈음처럼 네트워크 환경이 잘 정비되어 있고, 인터넷을 통한 업무 처리가 보편화되어 가고 있는 시점에서 무슨 소리인가? 할 수도 있지만, 업무 특성상 오프라인 방식이 더 적합한 경우도 얼마든지 있을 수 있음을 그냥 지나쳐서는 안 된다. 예를 들어, 전자상거래나 인터넷 뱅킹과 같이 즉시 처리되지 않으면 안 되는 업무인 경우에는 그야 당연히 온라인 방식을 선택해야 할 것이다. 그러나 공과금 계산과 같이 관련 데이터를 모두 모아서 처리해야 하는 경우에는 굳이 그럴 필요는 없을 것이므로 오프라인 방식을 선택해도 무방하다.
  종합적으로는 입력 정보의 특징과 용도, 성질, 그리고 처리과정까지를 고려하면 구체적인 입력 방식, 입력 장소, 입력 담당자를 결정할 수 있다.

- **입력 장치와 매체의 결정**: 입력 방식을 수용할 수 있는 장치와 매체를 결정한다. 이 과정에서 가장 우선 고려해야 할 사항은 당연히 업무 특성이지만 입력 담당자의 인간공학적인 요인과 장치의 구입 및 운영비용까지를 포괄적으로 고려해야 한다.

입력 설계 과정을 조직화하다보니 이렇게 순서를 매겨 가면서 설명하지만 실무 현장에서는 업무 특성에 따라 입력되어야 할 정보의 내용 및 종류에 따라 입력 방식, 장치, 매체가 거의 자동적으로 결정되는 경우도 허다하다. 그렇지는 않더라도 입력 방식과 입력 장치 및 매체가 거의 한 꾸러미로 결정되거나, 이러한 과정들이 상호 유기적으로 동시에 이루어지는 경우가 많다.

[4] 입력 내용의 결정

설계라는 이름이 붙은 거의 모든 과정은 포괄적인 상태에서 점차 세부적인 상황으로 범위를 좁혀 가면서 그 과정을 완성하게 된다. 전산 시스템의 경우도 그러하고, 입력 설계의 경우도 그러하다.

입력 설계의 경우도 입력 목적 정의 → 입력 정보 수집 방식 결정 → 입력 방식, 입력 장치, 입력 매체 결정의 순으로 흘러 왔고, 이제는 정해진 매체에 무슨 정보를 어떻게 담을 것인가를 결정해야 하는 단계에 왔다.

이러한 연유로 '입력 내용 설계'를 '입력 매체 설계' 또는 '입력 매체 확정' 등의 용어로 설명되기도 한다.

입력 내용 설계 시에 고려해야 할 사항으로는 다음의 것들을 들 수 있다.

- **매체의 명칭**: 입력 정보의 기록 매체 명칭,
- **항목의 이름**: 입력 정보를 구성하는 항목의 이름,
- **항목의 배열**: 입력 매체에서의 각 항목들의 배열 순서,
- **각 항목의 특성**: 문자 종류(한글, 영문자, 숫자, 2진수, 기호 등), 자릿수, 고정 길이 혹은 가변 길이 여부, 숫자인 경우에는 정밀도, 유효범위, 단위 등,
- **출력과의 연관성**: 출력 항목과의 연관성 및 개괄적인 항목 배열,
- **입력 오류 확인 방법**: 체크디지트(check digit) 생성 방법 등과 같은 입력 오류 최소화 방안,
- **자릿수**: 입력 정보 한 건이 차지하는 전체 자릿수 등이다.

입력 내용이 결정되면, 이를 토대로 전표 등과 같이 입력에 사용될 매체에 대한 구체적인 설계가 진행되기도 하고, 데이터베이스를 구축하는 경우에는 전체적인 개념 스키마가 확정되기도 한다.

입력 매체로는 여러 가지가 있지만 원시전표에 기입하고 이를 기초로 정보를 입력하는 것이 일반적인 방법이다. 이런 연유로 원시전표 설계에 대한 내용은 다음 절에서 별도로 다룬다.

[5] 입력 매체 설계

입력 매체 설계는 입력할 내용을 어떻게 매체화 할 것인가를 결정하는 것이다. 쉽게 풀어 말하자면, 입력 양식, 즉 입력 폼이나 원시전표 등을 설계하는 것을 의미한다.

입력 매체 설계 시에는 기본적으로 작성자의 입장에서는 기입이 쉽도록 하고, 전표

관리자와 작성된 전표를 이용하는 사람의 입장에서는 관리와 사용의 편리성을 고려해야 한다.

1) 원시전표 설계

일반적으로 현장에서 발생하는 최초의 정보는 원시전표에 기록되고, 입력 담당자는 원시전표를 토대로 정보를 입력하게 된다. 이 과정에서 두 번의 사람 손을 거쳐야 하기 때문에 원시전표의 설계는 입력 작업의 생산성을 좌우하는 중요한 요소가 되며, 시스템의 입력 생산성은 전체 시스템의 생산성과 직결된다. 이러한 연유로 현행 업무에서 사용 중인 양식이라 할지라도 신 시스템을 도입할 때는 새로 설계하는 것이 보통이다.

일반적인 고려 사항

원시전표 설계 시에는 일반적으로 다음과 같은 항목에 대한 충분한 검토가 필요하다.

- 원시전표의 작성 목적,
- 원시전표의 필요 항목,
- 원시전표의 규격, 용지의 품질과 색상
- 각 항목의 배치와 크기, 색깔, 구획선,
- 사용 문자의 종류와 글꼴 및 크기,
- 원시전표의 처리 과정과 방법.

원시전표는

- 무엇보다 사용이 편리해야 하고,
- 그 다음으로는 보관이 쉬워야 한다.

따라서 원시전표의 규격을 정할 때에는

- 사용의 편리성을 만족하기 위해서는 인간공학적인 측면을 고려해야 하고,
- 보관의 용이성을 위해서는 원시전표의 규격을 표준화해야 한다.

원시전표의 지질(紙質)과 색상은 취급하기 쉽고 잘 찢어지지 않는 것과 눈의 피로가 적은 색을 사용해야 한다.

- **용지의 색**: 광택이 없는 흰색, 녹색 등 엷은 색(청색, 황색, 녹색 등)

- **잉크의 색**: 녹색, 회색 등
- **괘선과 항목의 구분을 나타내는 색**: 채도가 낮은 것을 선택한다.

원시전표 작성자를 위한 고려 사항

효율적인 입력 작업이 이루어지도록 하기 위해서는 현장 정보를 원시전표에 기입해야 하는 원시전표 작성자를 우선적으로 고려해야 한다. 특히, 현장 근무자의 경우 컴퓨터 관련 지식이 부족한 경우가 많음을 염두에 두어야 한다.

- 기입량을 최소화 한다. 고정 항목이나 내용은 미리 인쇄해 둠으로써 기입량과 오류 발생을 줄이도록 한다.
- 기입 방법에 대한 설명을 부가하되, 각 항목별로 번호를 붙여 참조하게 한다.
- 직접 기록해야 하는 항목은 색깔이나 굵은 선 등으로 구별한다.
- 계좌번호, 금액 등과 같은 수치 항목은 숫자의 자릿수를 명확하게 하기 위해 점선을 사용한다.
- 항목 위치를 기입 순서와 일치시킨다.
- 기입 항목을 한 곳에 집중시켜 이동 거리를 최소화한다.
- 필수 항목은 왼쪽 위에, 선택 항목은 오른쪽 아래 부분에 배치한다.
- 위에서 아래로, 왼쪽에서 오른쪽으로 기록할 수 있도록 항목을 배치한다.
- 관련 항목은 하나로 묶어서 그룹을 만든다.
- 직접 기록하게 하는 것보다는 관련 내용을 열거하고 선택하게 한다.
- 동일 형식의 전표를 여러 장 작성해야 하는 경우에는 감압지를 사용한 복사식 전표(원라이팅 전표, one writing)를 사용함으로써 전표 작성 시간과 오류를 줄일 수 있도록 한다. 이러한 예로는 신용카드로 물품을 구매할 때 거래명세서, 대금 청구서, 영수증이 한꺼번에 작성되는 경우를 들 수 있다.

원시전표 관리자를 위한 고려 사항

작성된 원시전표를 효율적으로 관리하기 위해서는 표준화가 우선적으로 필요하며, 그 외에도 다음과 같은 사항들을 고려할 필요가 있다.

- 전표 규격과 종이 질을 표준화한다.
- 전표를 철하기 위한 여백과 구멍의 위치를 고려한다.

- 전표의 종류를 구분하기 쉽도록 색깔을 바꾸거나 제목을 부여한다.

원시전표 이용자를 위한 고려 사항

작성된 원시전표를 바탕으로 관련 정보를 입력하는 경우를 원시전표 이용의 대표적인 예로 들 수 있으며, 이러한 경우에 고려해야 할 사항으로는 다음과 같은 것들이 있다.

- 전표에서의 읽는 순서와 처리 순서가 동일하도록 항목을 배치한다.
- 일정 간격으로 각 항목을 색깔이나 굵은 선으로 구분한다.
- 눈의 피로를 줄일 수 있는 색깔을 선택한다.
- 글자의 자릿수를 명확하게 하기 위해 점선을 사용한다.
- 전표의 종류를 구분하기 쉽도록 색깔을 달리 하거나, 큰 글자로 제목을 붙인다.
- 입력 항목은 굵은 괘선으로 구획하거나, 글꼴의 크기나 굵기 등으로 다른 부분과 차별화한다.

2) 기타 입력 매체 설계

파일을 제외한 여타의 다른 매체들도 원시전표 설계를 위한 고려사항들을 참조하여 설계할 수 있다.

8.3. 입력 방식의 종류

입력 방식

온라인

- 터미널 입력 방식
- 자료 수집 시스템
- 키보드/인쇄 입력 방식
- 홈페이지 입력 방식
- 클라이언트/서버 입력 방식

오프라인

- 직접 입력 방식
- 집중 입력 방식
- 분산 입력 방식
- 회귀 입력 방식

업무 현장의 정보를 컴퓨터에 입력하는 방식은

- **온라인(on-line) 방식**과
- **오프라인(off-line) 방식**으로 크게 나눌 수 있다.

온라인 방식은 통상 온라인 단말기 또는 터미널(terminal)이라고 불리는 입력 겸 출력 장치가 네트워크(라인)를 통하여 정보 처리 시스템과 항상 연결되어 있는 상태에서만 가능한 입력 방식으로서 현장 정보가 실시간으로 처리되어야 하는 경우 또는 대화형 작업이 이루어져야 하는 경우에 주로 적용되고, 오프라인 방식은 일괄처리(batch processing) 등과 같이 업무 특성상 실시간 처리가 불필요한 경우에 적용되는 입력 방식이다.

또 입력 주체에 따라

- 사람에 의한 입력 방식과
- 기계에 의한 입력 방식으로 나눌 수도 있다.

입력 주체에 의한 입력 방식은 입력 매체에 따라 더 세분될 수 있다. 사람에 의한 입력 방식은 키보드 입력 방식, 원시전표 입력 방식, 대화형 입력 방식, 포터블 입력 방식, 복합 입력 방식, 이미지 및 사운드 입력 방식 등으로, 기계에 의한 입력 방식은 매체 입력 방식과 센서 입력 방식 등으로 세분된다.

[1] 온라인 입력 방식

지금(2018년 현재)은 온라인 상태에서의 작업이 일반화 되어 있는 상황이기 때문에 이에 대한 설명이 더 필요하지 않을 정도이다. 그러나 온라인 입력 방식이 적용되는 형태도 여러 가지이므로, 각자가 처해 있는 상황을 온라인 입력 방식의 전부라고 단정해서는 안 된다.

온라인 입력 방식은 시분할 시스템이 등장하고, 통신이 발달하면서 활성화되기 시작했다고 볼 수 있다.

시분할 시스템은 중앙처리장치(CPU)의 처리 시간을 아주 짧게 세분화하여 각 사용자에게 할당함으로써 하나의 컴퓨터 시스템을 여러 명의 사용자가 동시에 대화식으로 사용할 수 있게 하는 이용 형태로서, 각 사용자는 터미널(terminal) 또는 단말기를 통하여 프로그램을 작성 / 실행할 수 있다. 초창기에는 단순히 프로그램이나 데이터를 입력하는 기능만을 가진 터미널(이런 터미널을 더미dummy 터미널이라 함)이 사용되었으나, 이후 개인용 컴퓨터가 발달하면서 개인용 컴퓨터가 터미널(이런 터미널을 인텔

리전트, intelligent 터미널이라 함)로 사용되기 시작하였다.

터미널을 이용하여 정보를 입력하는 경우에는 키보드를 비롯한 다양한 입력 장치를 통해 입력되는 정보나 처리 결과를 통상 모니터(monitor)라고 불리는 화면표시장치(display)를 통해 즉석에서 확인할 수 있다는 장점이 있다.

또 통신 환경이 지금처럼 급속하게 발달하기 이전에는 전국적인 규모를 가진 기업이나 조직이 본사에 설치한 컴퓨터에 정보를 입력하기 위하여 모뎀(modem)과 전화선을 이용한 **자료 수집 시스템**을 구축하기도 하였으나, 지금은 통신망의 발달과 인터넷 기술의 발달로 인하여 다양한 온라인 입력 방식이 운용되고 있다.

따라서 온라인 입력 방식은

- 터미널을 이용한 입력 방식
- 자료 수집 시스템
- 키보드 / 인쇄 입력 방식
- 홈페이지 입력 방식
- 클라이언트 / 서버 입력 방식 등으로 나눌 수 있다.

1) 터미널을 이용한 입력 방식

터미널을 이용한 입력 방식은 지금도 여전히 활발하게 이용되고 있다. 다만 더미 터미널 대신 독자적인 처리 능력을 가지고 있는 개인용 컴퓨터를 터미널로 사용하여 필요한 경우에만 터미널 기능을 수행하도록 하는 형태가 되었다. 이러한 형태는 컴퓨터 네트워크의 구성 형태와 각 컴퓨터의 역할에 따라 클라이언트 / 서버 시스템이라 하기도 한다.

2) 자료 수집 시스템

자료 수집 시스템은 통신망과 관련 기술이 지금처럼 발달하지 못한 과거 시절에 전국적인 규모를 가진 조직이나 기업에서 많이 이용했던 입력 방식으로서, 통상적으로 터미널과 모뎀이 결합된 형태로 구축되었기 때문에 정보 입력 기능과 전송 기능을 같이 갖고 있었으며, 통신비용을 줄이기 위하여 전용회선을 설치하거나 임대해서 사용하는 경우가 많았다.

자료 수집 시스템은 지금처럼 개인용 컴퓨터나 네트워크 기술이 발달하기 이전에 대형 컴퓨터를 보다 효율적으로 이용하기 위한 방안으로 사용되었으나 지금은 인터넷과 통신 기술의 발달로 인하여 거의 사용되지 않고 있다.

3) 키보드/인쇄 입력 방식

키보드/인쇄 입력 방식이라는 용어 자체가 좀 모순적인 면이 있지만, 어떠한 형태로든 온라인의 상태에서 정보 입력은 키보드를 통해 이루어지고, 입력된 정보의 확인이나 처리 결과는 인쇄물로 확인하는 입력 방식을 말한다. 이러한 입력 방식이 적용되는 대표적인 경우로는 은행의 온라인 업무, 철도 승차권 발매 업무 등을 들 수 있다.

이 입력 방식이 적용되는 온라인 은행 업무의 구체적인 예로는 만기가 도래한 정기적금을 수령하고자 할 때, 은행 직원은 업무 의뢰인이 제시한 정기적금 통장을 근거로 하여 세부적인 계산을 다시 하게 되고, 계산 결과에 따라 최종적으로 돈을 지불하게 된다. 이때 계산 결과는 즉석에서 당장 확인되어야 하므로, 은행 직원이 온라인 상으로 입력한 정보를 근거로 한 처리 결과가 인쇄되어 제시된다.

4) 홈페이지 입력 방식

홈페이지를 이용하여 정보를 입력하는 방식이다. 지금과 같이 인터넷이 보편화 된 상황에서는 아주 활용도가 높은 입력 방식이다. 관점에 따라서는 터미널 입력 방식이 기술의 발전에 따라 조금 변형된 것이라 볼 수도 있다.

5) 클라이언트/서버 입력 방식

일반적으로 서버 프로그램이 실행되고 있는 컴퓨터, 또는 다른 프로그램에게 서비스를 제공하는 컴퓨터 프로그램을 **서버**라고 하며, 이러한 서버에 서비스를 요청하는 컴퓨터 또는 프로그램을 **클라이언트**라 한다. 즉, 서비스를 요청하는 클라이언트와 클라이언트의 요청을 처리하는 서버와의 협동작업을 통해서 사용자가 원하는 결과를 얻는 처리방식이 **클라이언트/서버** 시스템이다.

이러한 클라이언트/서버 시스템은 관점에 따라 터미널 입력 방식의 한 변형이라 볼 수도 있으나 양쪽 컴퓨터 모두가 독자적인 처리 능력을 가지고 있으며, 필요에 따라서는 그 역할이 바뀔 수도 있다는 특징을 갖는다.

이 방식에서는 서버에서 운영되는 서버 프로그램과 클라이언트에서 운영되는 클라이언트 프로그램이 별도로 존재하기 때문에 서버에는 서버용 프로그램이, 클라이언트에는 클라이언트용 프로그램이 설치·관리되어야 한다는 단점이 있다.

[2] 오프라인 입력 방식

오프라인 입력 방식은 업무 특성 상 여러 곳의 정보를 한 곳에 모아서 처리해야 하거나 실시간 처리가 요구되지 않는 경우에 적용되는 입력 방식으로서, 입력 장치가 정보 처리 시스템과 연결되어 있어야 할 필요는 당연히 없다. 이 방식에서는 통상적으로 현장 정보를 수집하여 디스크나 자기테이프 등과 같은 매체에 파일 형태로 저장되어 운반된다.

오프라인 입력 방식은 다음의 네 가지로 나눌 수 있다.

- 직접 입력 방식
- 집중 입력 방식
- 분산 입력 방식
- 회귀 입력 방식

1) 직접 입력 방식

직접 입력 방식에서 직접이라는 말은 현장 정보가 별도의 매체화 과정 없이, 즉 원시전표를 작성하는 등의 부차적인 처리과정을 거치지 않고 직접 입력하는 것을 의미한다.

이러한 입력 방식이 적용될 수 있으려면 현장에서 발생하는 정보가 바로 입력 매체에 표시되어야 한다. 이러한 예로서는 MICR, OCR, OMR 카드, 마크 시트 등을 들 수 있다. 이러한 입력 매체들은 많은 사람들을 대상으로 하는 각종 시험에 널리 이용된다.

2) 집중 입력 방식

집중 입력 방식은 말 그대로 관련 정보를 한 곳에 모아서(집중시켜서) 일괄적으로 입력하는 방식이다. 이 방식에서는 현장 여러 곳에서 산발적으로 작성된 원시전표를 입력 담당 부서에서 일괄 수집하여 입력한다.

과거에는 일차적으로 원시전표를 천공 카드로 변환하고, 이것을 카드리더(card reader)를 통해 종이테이프나 자기테이프, 디스크 등과 같은 매체에 입력하는 이중적인 작업 과정을 거치기도 했으나, 지금은 통상적으로 에디터(editor)라 불리는 유틸리티(utility)를 이용하여 하드디스크에 직접 입력하는 방식을 주로 이용하고 있다. 이 방식은 일괄처리작업에 주로 적용되며, 집중적으로 정보를 입력하는 탓에 시스템의 효율성이 높다는 장점이 있다. 그러나 전문 입력 요원이 필요하며, 입력 오류가 발생했을 때 현장에서 원시전표를 작성할 때 오류가 발생했는지 아니면 입력 과정에서 발생했는지를 밝혀내기가 어렵기 때문에 책임 소재가 불분명하다는 단점도 있다.

지금은 통신망의 발달로 온라인 작업이 일반화되고, 개인용 컴퓨터가 널리 보급되었을 뿐만 아니라 인건비가 아주 높기 때문에 거의 사용되지 않는다.

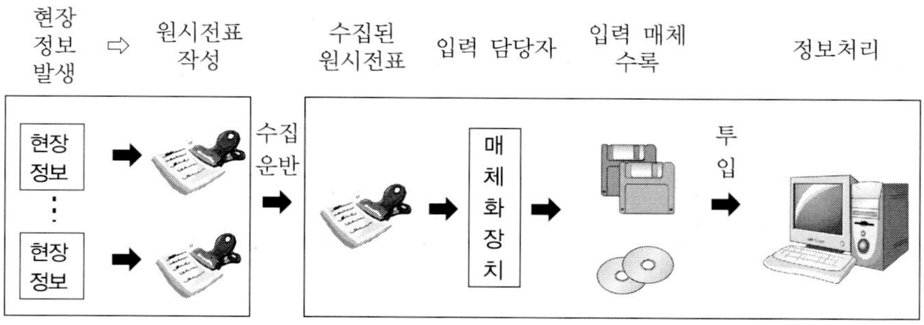

그림 8-2 **집중 입력 방식**

3) 분산 입력 방식

분산 입력 방식을 말 그대로 해석한다면 입력 작업이 분산된 여러 곳에서 이루어진다는 의미이다. 현실적으로는 정보가 발생하는 여러 현장에서 입력 작업을 직접 수행하는 것을 말한다. 이 방식은 매체화 작업이 이루어지는 장소가 현장이라는 점을 제외하면 집중 입력 방식과 동일하다.

현장에서 직접 정보를 입력하기 때문에 책임 소재가 명확하다는 장점은 있으나 정보가 발생하는 곳마다 입력 장치를 설치해야 한다는 단점을 같이 갖고 있다.

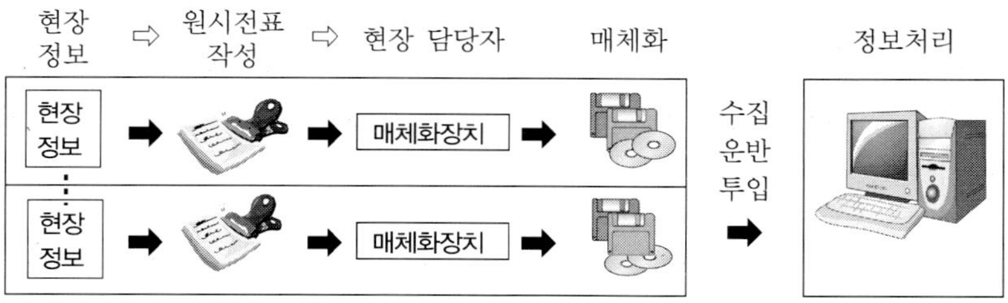

그림 8-3 **분산 입력 방식**

4) 회귀 시스템(turn around system)

어느 한 시스템에서의 출력이 또 다른 한 시스템의 입력이 되거나, 전 단계의 출력이 다음 단계의 입력이 되는 경우를 돌아서 들어온다는 의미의 회귀 시스템(turn around system)이다.

이 방식의 예로서는 각종 세금고지서나 은행 지로 용지 등을 들 수 있다. 이러한 매체들의 대부분은 고정 정보에 해당하는 부분은 미리 인쇄해 두고, 변동 정보만을 제각각 출력한 고지서나 지로 용지를 사용자들에게 배부하고, 사용자들이 공과금과 함께 이 용지를 제출하면 금융결제원용 부분이 다시금 시스템에 다시 입력되어 처리된다.

회귀 시스템은 컴퓨터가 출력한 정보를 다시 입력하므로 오류가 거의 발생하지 않으며, 입력 시간 절약이 된다는 장점을 갖는다. 이 시스템은 입력되어야 할 정보량은 그다지 많지 않으나 건수가 많은 경우, 또는 일괄처리 방식일 때 효율이 높다.

8.4. 입력 매체의 종류

입력 매체

- 키보드, 마우스, 터치스크린, 스캐너, 디지털카메라, 바코드판독기, 라이트 펜, 조이스틱, 디지타이저, 전자칠판, 음성인식장치,
- 키천공카드, 마크카드, 마크시트, 키문자인식카드(MICR, OCR)
- 보조기억매체(HDD, USB, FDD, CD-ROM, M/T)
- 키센서

입력 매체는 컴퓨터 바깥의 데이터나 정보를 컴퓨터 내부로 전달하는 데 사용되는 매개체를 통틀어 일컫는 말이다. 근래에 들어서는 정보 처리 기술과 전자산업의 제조관련 기술의 동반 발달로 인하여 다양하다 못해 기상천외한 입력 매체들이 등장하고 있는 실정이다.

키보드나 마우스처럼 입력전용으로만 또 프린터나 디스플레이 화면처럼 출력 전용으로 사용되는 매체들이 있는가 하면 터치스크린과 같이 입출력 겸용으로 사용되는 매체들도 많이 있다. 특히 대용량의 보조기억장치들은 전부 입출력 겸용으로 사용된다고 봐도 무방하다.

입력 매체의 종류는 입력 방식에 따라

- 온라인(on-line) 매체와

· 오프라인(off line) 매체로 나눌 수 있으며,

또 입력 주체에 따라

· 사람을 위한 매체와
· 기계를 위한 매체로 나눌 수도 있다.

그러나 온라인 환경이 보편화된 현 시점에서는 천공카드(punch card)와 같이 극히 제한된 몇 가지 매체를 제외하면 온라인 / 오프라인 구분 없이 사용할 수 있기 때문에 입력 방식에 따라 입력 매체를 구분하는 것은 의미가 없어 졌다.

예를 들어 은행에 가보면 여태까지 고정적인 오프라인 입력 매체로 간주해왔던 MICR이나 OCR 카드로 작성된 세금 또는 공과금고지서를 온라인 상태에서 입력하고 처리하는 시스템이 운용되고 있음을 볼 수 있다. 이처럼 하드웨어 / 프트웨어 기술의 발전으로 인하여 업무 특성에 적합한 새로운 시스템이 개발되고 있기 때문에 입력 매체의 종류를 입력 방식에 따라 구분하는 것은 의미가 없게 되었다.

보편적으로 사용되는 입력 매체로는 다음과 같은 것들이 있으며, 보조기억장치와 센서 등을 제외하면 거의 대부분이 사람을 위한 입력 매체라는 것을 상식적으로 알 수 있다.

[1] 키보드(keyboard)

가장 대표적인 입력 장치로 원하는 키를 손가락으로 누르면 그에 해당하는 문자나 숫자, 기호가 입력된다.

[2] 마우스(mouse)

단어의 뜻 그대로는 '쥐'이지만 그래픽 환경의 운영체제에서 키보드 이상으로 널리 사용되는 입력 장치 중의 하나이다. 마우스는 키보드처럼 실제로 어떤 데이터를 입력하는 장치라기보다는 오히려 화면에 나타나 있는 것을 가리키는 장치, 즉 일종의 pointing device라고 할 수 있다.

마우스는 동작원리에 따라 볼 마우스와 광 마우스의 두 종류로 대별할 수 있다.

- **볼 마우스**(ball mouse): 마우스 본체 안에 들어 있는 볼의 움직임에 따라 마우스 포인터가 이동하는 마우스로서 보편적으로 사용된다.
- **광 마우스**(optical mouse): 마우스에서 나오는 빛으로 마우스의 움직임을 감지해서 동작하는 마우스로서 마우스 포인터가 세밀하게 움직인다는 장점이 있어 CAD

시스템 등에 많이 쓰인다.

이외에도 노트북 컴퓨터의 경우에는 휴대의 편리를 위해 볼 마우스를 뒤집어 본체에 붙여 놓은 형태로 되어 있는 것이 있는데 이것을 '**트랙 볼(track ball)**'이라 하고, 일정 부분의 평면의 표면을 손가락으로 그리면 포인터가 움직이도록 하는 '**터치 패드(touch pad)**'라는 것도 있으며, 키보드 중간에 '**포인팅 스틱(pointing stick)**'이라는 것을 부착하여 사용하기도 한다.

[3] 터치스크린(touch screen)

은행의 ATM(Automated-Teller Machine)이나 고속도로의 관광안내용 모니터처럼 화면 자체에 어떤 구획이나 메뉴가 나타나 있고, 해당 구획이나 메뉴를 손가락으로 직접 선택할 수 있게 하는 매체이다. 모니터만 있으면 되기 때문에 구성이 간단하고, 관리가 쉽다는 장점이 있다.

터치스크린은 은행의 자동화기기, 열차 예매, 관광 안내 등의 업무에 많이 이용되고 있으며, 이러한 업무에서는 사용자의 수준을 한정할 수 없기 때문에 여러 단계를 거치게 되어 처리 과정이 지루하게 느껴지는 경우가 많다.

[4] 스캐너(scanner)

이미지를 입력하는 장치로 사진, 도면, 그림 등과 같은 데이터를 입력하는 데 사용된다.

[5] 디지털 카메라(digital camera)

영상을 디지털 데이터로 변환하여 내장된 메모리 칩에 저장함으로써 필름 없이 사진 촬영이 가능한 카메라이다. 촬영한 영상은 이미지 파일로 컴퓨터에 전송된다. 최근에는 정지화면뿐 아니라 동영상도 기록 가능한 디지털 카메라가 시판되고 있다.

[6] 바코드 판독기(bar code reader)

바코드를 판독하기 위한 기구로서 그 형태에 따라 정치식 스캐너, 핸드 스캐너, 펜 스캐너로 분류된다.

[7] 라이트 펜(light pen)

빛을 발산하는 특수한 펜을 사용하여 화면에 나열된 메뉴 또는 항목을 선택하거나, 직접 글이나 그림을 입력하는 장치이다.

[8] 조이스틱(joystick)

오락용 프로그램의 입력 장치로 주로 사용된다. 통상 스틱이라 부르는 손잡이를 움직여 화면의 동작 대상(커서)을 이동시킬 수 있도록 되어 있다.

[9] 디지타이저(digitizer)

네모난 평판(tablet)과 펜 모양의 철필(stylus) 또는 단추(button)가 달린 라인 커서(cursor) 장치의 두 가지 부분으로 구성되어 있다. 사용자가 펜이나 커서를 움직이면 그 좌표 정보를 밑판이 읽어 자동으로 컴퓨터 시스템의 화면기억 장소로 전달하고, 철필을 누르거나 위치 표시표의 단추를 누르면 그에 해당하는 명령이 수행된다. 그림, 도표, 설계도면 등을 입력하는 데 사용한다.

[10] 전자칠판(electronic blackboard)

컴퓨터와 칠판이 양방향 통신이 가능하도록 만들어진 칠판이다. 전자칠판은 일반적으로 카피보드(copy board)라고 불리는 전자칠판(플러스전자칠판: 일본의 문구제조업체인 PLUS사에서 제조)과 컴퓨터를 보드에서 제어할 수 있는 터치기능이 내장된 전자칠판(Webster Board/PoinTech)이 있다.

터치 기능이 내장된 전자칠판은 사용하는 센서에 따라 압력센서 방식, 레이저 센서 방식, e-beam 센서방식, 광 초음파 센서 방식 등으로 나눈다.

[11] 음성인식장치(voice recognition unit)

소리의 입력을 위해 사용되는 마이크(microphone)를 비롯한 다양한 인식장치들이 있다.

[12] 천공카드(punch card)

지금은 거의 사용되지 않는 입력 매체이지만, 초창기 시절에는 입력 매체의 대명사처럼 보편적으로 사용된 매체이다. 양질의 종이로 만들어진 카드의 일정 부위에 구멍을 뚫어 정보를 표시하고, 이것을 카드 리더(reader)를 통해 입력하였다.

[13] 마크카드(mark card)

통상 OMR(Optical Mark Reader) 카드라 부른 것이다. 한 장의 카드에 여러 개의 표시 영역이 미리 인쇄되어져 있고, 해당 영역에 검은 표시(마킹marking)를 함으로써 정보를 나타낸다. 작성된 카드는 광학마크판독기(Optical Mark Reader)로 읽어서 그 내용을 파일로 저장한 다음 여러 가지 처리를 하게 된다. 이 입력 매체는 대학수학능력시험 등에 널리 사용된다.

[14] 마크시트(Mark Sheet)

마크시트는 OMR 카드에 서술 영역을 포함시킨 것으로서 객관식과 주관식 문제가 혼용된 시험에 사용하는 경우가 많다. 마킹 영역은 OMR 카드와 동일하게 전산 처리가 가능하다. 그러나 서술 영역은 아직까지는 전산 처리가 어려운 실정이다.

[15] 문자인식카드

이 부류에 속하는 입력 매체로는 MICR(Magnetic Ink Character Reader)카드와 OCR(Optical Character Reader) 카드를 대표적으로 손꼽을 수 있다.

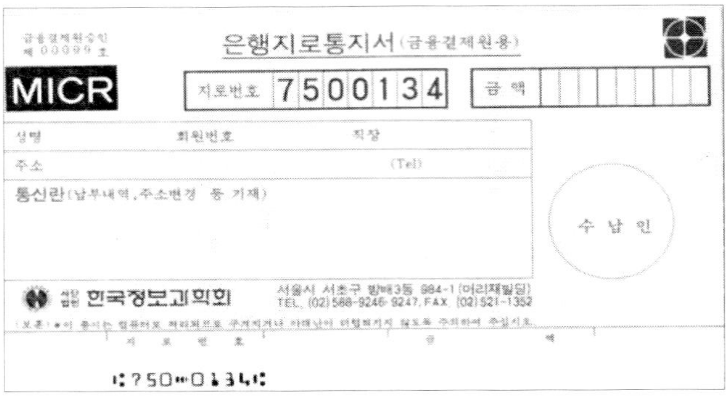

그림 8-4 MICR 카드의 예

OCR 카드는 OMR 카드와 거의 동일한 방식으로 처리되나, 단순히 마킹 여부만을 판독하는 것이 아니라는 점이 다르다. OCR 카드의 효율성은 문자 인식률에 좌우된다. 인쇄된 문자의 인식률은 100%에 도달할 만큼 높지만 손으로 쓴 글씨의 인식률은 50% 수준에 머무르고 있는 것으로 알려져 있다.

MICR 용 문자로는 미국 은행 협회(ABA)에서 개발한 E13B와 유럽에서 개발한 CMC7이 있는데 그 자형이 둘 다 국제 표준으로 정해져 있다. 국내에서는 E13B가 한국 산업 규격 KS C5623으로 1983년에 제정되었다.

[16] 보조기억매체(storage device)

사람에 의한 입력 작업은 매우 번거롭고 품이 많이 든다. 그런 까닭으로 반복 처리 또는 다른 작업에 공동으로 사용될 정보는 보조기억매체에 저장해 두고 사용하는 것이 여러 모로 편리하다. 입력의 경우뿐만 아니라 출력의 경우에도 사람이 직접 사용할 정보가 아니면 보관이나 재이용 등의 목적을 효과적으로 달성하기 위하여 보조기억장치에 출력하는 경우가 많다. 보조기억매체로는 하드디스크, USB 메모리, CD-ROM, 플로피 디스켓, 자기테이프 등이 있으며, 이것들은 모두 입출력 겸용으로 사용되며, 제조기술의 발달로 인하여 날로 용량이 크게 증가되고 있다.

[17] 센서(sensor)

감지기라고도 하며, 빛, 열, 소리, 압력 등에 반응하는 매체들을 이용하여 외부의 상태를 입력하는 방식이다. 예를 들어, 아침 햇살이 비치면 창문을 열게 한다든지 또는 온도가 일정 기준 이하로 내려가면 난방기가 동작하게 하는 등이 여기에 속한다. 이런 유형의 입력 매체는 특성상 항상 온라인 상태에서 동작할 수밖에 없음을 인정해야 한다. 센서가 아무리 민감하게 동작을 해도 그러한 동작을 즉시에 인식해 주지 않으면 아무 소용이 없기 때문이다.

이외에도 최신 기술을 이용한 스마트카드, 광학 카드, 고성능 바코드 스캐너, 3차원 스캐너, 생명공학장치, 뇌파 입력 매체 등을 비롯한 다양한 입력 매체들이 개발되고 있다.

8.5. 대화형(interactive) 입출력 설계

대화형 입출력

- 인터페이스: 의사소통을 위한 H/W + S/W
- 사용자 ➜ 시스템과 인터페이스를 동일시

지금의 컴퓨팅 환경은 온라인을 기본으로 하고 있다고 볼 수 있으며, 온라인 시스템의 가장 큰 특징은 실시간 처리이다. 실시간 처리가 가능하려면 시스템의 입장에서는 데이터가 발생하는 즉시 실시간으로 입력받을 수 있어야 하고, 사용자 입장에서는 처리 결과를 즉시 확인할 수 있어야 한다. 이처럼 시스템과 사용자가 상호 정보를 주고받는 쌍방향식 작업 방식을 '**대화형 방식(interactive)**'이라 한다.

또, 시스템과 사용자 사이의 의사소통(정보교환)을 위한 모든 하드웨어 및 소프트웨어를 통칭하여 '**인터페이스(interface)**'라 한다. 'interface'라는 단어는 '무엇과 무엇 사이'라는 의미를 갖는 'inter'라는 접두사와 '얼굴'이라는 의미의 'face'라는 명사가 결합된 것이다. 이는 바로 사람이 의사소통을 위해 얼굴을 마주하고 있을 때 얼굴과 얼굴 사이에 존재하는 모든 것, 즉 눈빛, 얼굴빛, 표정, 말, 목소리의 크기, 어조, 숨소리 등을 종합하여 상대방과 의사소통을 하는 것을 의미한다고 해석할 수 있다.

사용자의 입장에서는 자기 업무와 관계되는 부분만이 중요하고, 바로 그것이 전체인 것으로 생각하게 된다. 즉, 자신과 관련되는 인터페이스를 통해 시스템 전체를 바라보게 되므로 인터페이스 그 자체를 시스템과 동일시하게 된다. 따라서 인터페이스 설계가 대단히 중요하다.

대화형 입출력에서는 디스플레이 화면이 기본적으로 사용되기 때문에 특정 어느 입출력 방식에 구애됨이 없이 화면 설계 시에 일반적으로 고려해야 할 사항을 열거하면 다음과 같다.

- 한 화면에서 너무 많은 항목을 다루지 않도록 한다.
- 가능한 서류 양식과 동일한 양식을 사용하도록 한다.
- 사용자가 입력하기 편리한 순서로 항목을 배치한다.
- 가장 많이 사용하는 항목을 상위에 배치한다.
- 입력 받을 위치에 커서가 나타나도록 한다.
- 화면 전환과 스크롤링(scrolling)이 쉬워야 한다.
- 전달 효과를 높이기 위해 배경과 전경(글자)의 색이 보색관계가 되도록 한다.
- 역상, 음영, 깜빡임(blinking)을 이용하면 효과적이다.
- 지나친 강조나 효과, 색상의 조합은 역효과를 낸다.
- 사용자가 중심의 도움말, 설명, 오류 메시지를 만든다.

8.5.1 대화형 입출력 방식의 종류

대화형 입출력 방식의 종류

- 프롬프트 방식
- 메뉴 방식
- 항목 채우기 방식
- 아이콘 방식

대화형 입출력이 가능하기 위해서는 시스템으로부터의 반응이나 요구를 확인하기 위한 매체와 사용자의 요구나 반응을 입력하기 위한 매체가 기본적으로 있어야 하는데, 이러한 용도로 디스플레이 모니터와 키보드 또는 마우스가 보편적으로 사용되고 있다.

대화형 입출력 방식은 모니터 화면에 항목을 배치하는 방법과 사용자의 응답 방법을 기준으로 프롬프트(prompt) 방식, 메뉴(menu) 방식, 항목 채우기(fill-in) 방식, 아이콘

(icon) 방식 등의 네 가지로 나눌 수 있다.

[1] 프롬프트 방식

프롬프트(prompt) 방식은 DOS 또는 UNIX 등과 같은 운영체제를 비롯하여 중대형의 여러 시스템에서도 널리 사용된 대화형 입출력 방식으로써 CUI(Character User Interface) 환경에서의 대표적인 대화형 입출력 방식이다.

프롬프트 방식에서는 프롬프트가 깜빡거리는 곳에 직접 명령어나 정보를 입력해야 하기 때문에 '**명령어 중심 방식(command driven interface)**'라고도 하며, 이 방식은 화면에 프롬프트만 나타나게 하면 되기 때문에 가장 단순하다는 특징을 갖지만, 사용자의 입장에서 볼 때는 사용자의 수준에 따라 전혀 다른 평가를 내릴 수 있는 양면성을 가진 방식이다.

이 방식에서는 시스템에 대해 부여할 명령의 종류와 그 동작을 사용자가 모두 알고 있어야 한다는 부담이 있기 때문에 초보자의 입장에서는 사용하기가 아주 불편하다고 평가를 내릴 수 있는 반면 전문가의 입장에서는 자신이 원하는 동작을 자신의 의도대로 정확하게 구현할 수 있기 때문에 아주 효율적이라고 평가할 수도 있다. 따라서 시스템 사용 대상자가 비교적 전문 지식을 갖추고 있는 경우에 효과적인 방식이다.

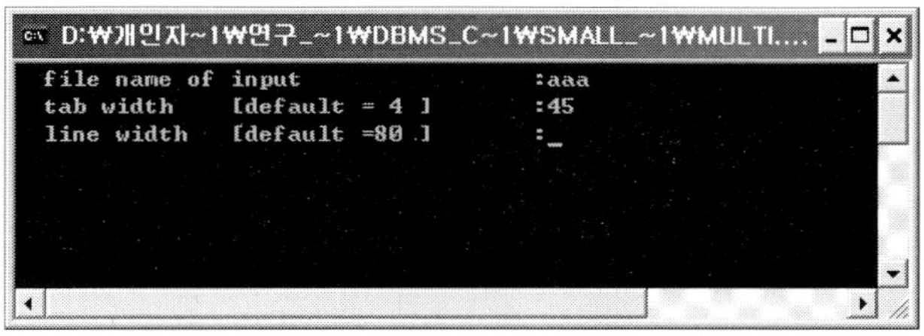

그림 8-5 프롬프트 방식의 예

프롬프트 방식으로 사용자 인터페이스를 설계할 때 고려해야 할 사항으로는 다음과 같은 것들을 제시할 수 있다.

- 명령어의 기능과 사용법을 기억하고 연상하기 쉽도록 설계한다.
- 유사한 기능들은 하나로 통합하되, 선택 사항을 두어 구분하게 한다.
- 상황에 따른 선택사항을 부여한다.
- 초보자를 위한 도움말 기능을 강화한다.

지금의 윈도우 환경이 구축되고 각광을 받게 된 이유가 바로 프롬프트 방식의 문제점을 해결했기 때문이다. 즉, 윈도우 환경에서는 관련 명령들을 일일이 외우지 않고서도 시스템을 사용할 수 있기 때문이다. 그러나 초보 수준을 넘어서면 메뉴나 아이콘에 의한 작업 진행보다 명령의 직접적인 입력에 의한 작업을 더 선호하게 되는 것을 보면 사용자의 특성을 배려해야 한다는 사실을 절감하게 된다.

[표 8-2] 프롬프트 방식의 장단점

장점	단점
• 키보드를 사용한다. 단순, 저가	• 마우스를 사용할 수 없다. 불편함
• 명령어 처리 방법 구현이 쉽다.	• 명령어를 기억해야 한다.
• 유연성이 있다. 명령어를 조합하여 새로운 명령어를 구현할 수 있다.	• 상당한 교육이 필요하다. • 복잡한 명령어를 배워야 한다.
• 사용자가 매크로를 정의할 수 있다.	• 프로그래밍을 배워야 한다.
• 상급 사용자에게 적합하다.	• 초보자에게는 너무 어렵다

[2] 메뉴 방식

요즈음의 소프트웨어들은 메뉴 방식을 기본적으로 채택하고 있으며, 숙달된 사용자를 위하여 단축키(hot key)를 같이 제공하고 있다. 따라서 거의 모든 사람들이 메뉴 방식을 경험하고 있기 때문에 메뉴 방식에 대한 설명의 필요성을 사실상 느끼지 못하고 있다.

메뉴(menu)는 식단표를 의미하는 명사이다. 그런데 이 단어가 IT 분야의 전문 용어로 들어오게 된 것은 역할의 동질성 때문일 것이라고 생각한다. 즉, 음식점에 들어가서 식단표의 음식 종류를 보고 자신이 먹고 싶어 하는 음식을 주문할 때의 메뉴의 역할과 시스템이 제시하는 여러 항목 중에서 사용자 자신이 원하는 명령이나 항목을 선택할 때의 배열된 항목의 역할이 동일하기 때문이다.

메뉴(제시된 항목)를 사용자가 어떻게 선택하느냐에 따라, 즉 화살표 키나 마우스를 이용하여 선택하는 방식과 번호를 제시하고 해당 번호를 입력하는 방식의 두 가지로 대별되지만 지금처럼 GUI 환경이 보편화 된 상황에서는 마우스를 이용하여 메뉴를 선택하는 방식이 기본적으로 채택된다. 번호를 이용하는 방식은 과거 중대형 컴퓨터에서 구사했던 기법으로서 지금은 거의 이용되지 않는다.

메뉴 방식을 이용하게 되면 구체적인 명령들을 일일이 기억할 필요가 없기 때문에 초보자의 입장에서는 대단히 편리하게 느껴질 수 있으나, 반복 작업인 경우에는 동일한 메뉴를 매번 선택해야 하는 등의 문제점으로 인하여 작업의 생산성이 일정 수준 이상 높아지지 않는다는 문제점이 있다. 따라서 메뉴 방식은 초보자나 그다지 전문적이지 못한 경험자에게 적합한 입력 방식이다.

메뉴를 설계할 때 고려해야 할 사항으로 다음과 같은 것들을 제시할 수 있다.

- 시스템의 기능을 대별하여 논리적으로 같은 범주에 속하는 항목들은 하나의 메뉴로 묶는다.
- 세부 항목들은 풀다운(Pull-down) 형태가 되도록 구성한다.
- 메뉴 구성이 3단계를 넘지 않도록 조절한다.
- 정보처리 흐름이나 작업 절차를 고려하여 왼쪽에서 오른쪽으로, 위에서 아래의 순서가 되도록 메뉴를 배치한다.
- 하나의 메뉴에 여러 항목이 들어갈 때는 사용빈도가 높은 것을 위에 배치한다.
- 메뉴와 기능 항목의 이름은 동작을 상징적으로 잘 표현할 수 있는 것으로 한다.
- 다양한 도움말 기능을 필요로 한다.

[표 8-3] 메뉴 방식의 장단점

장점	단점
‣ 메뉴 선택으로 동작이 완성되기 때문에 배우기가 쉽다.	‣ 직접 정보를 입력할 수 없다.
‣ 초보자나 중급 사용자에게 적합하다.	‣ 메뉴 선택과정으로 인하여 동작 속도가 일정 수준 이상으로 빨라지지 않는다.
‣ 메뉴의 이름이 동작을 상징하며, 메뉴의 각 항목이 기능을 설명해 주는 역할을 한다.	‣ 메뉴 구성 계층이 많아지면 메뉴 선택에 시간이 많이 걸린다.

[3] 항목 채우기 방식

항목 채우기 방식은 일종의 단답식 시험 문제와 유사한 입력 방식으로서, 시스템이 입력할 정보의 항목 이름(문제에 해당)과 해당 정보를 직접 입력할 영역(답을 기록할 영역)을 동시에 제시하면, 사용자는 입력 영역에 직접 정보를 입력하면 된다. 이 방식은 직접 정보를 입력할 수 없는 메뉴 방식의 단점을 일부 보완한 것으로서 입력 정보의 종류가 많거나 양이 많을 때 효과적이다.

이 방식에서는 사용자의 오류를 줄이거나 효율적인 작업 진행을 위하여 필요에 따라 한정된 항목에 대하여는 메뉴 방식을 같이 사용하기도 한다. 예를 들어서 사용자의 이름은 그 종류가 워낙 많기 때문에 메뉴를 제시하고 선택하게 하는 것이 불가능하지만, 생년월일은 사용자 집단의 특성을 고려하여 얼마든지 메뉴로 제시하고 그중에서 선택하도록 할 수 있다.

항목 채우기 방식을 적용하는 경우에는 원시전표 설계에서 제시한 고려사항들을 참조하는 것이 바람직하다.

- 항목의 배치는 인간공학적인 측면을 고려하여야 한다.
- 입력 영역은 다양한 방법(밑줄, 역상, 깜빡임, ...)으로 구별되어야 한다.
- 항목간의 이동이 편리해야 한다(마우스, 탭 키, 화살표 키,....).
- 입력 정보에 대한 수정 및 재확인 과정을 포함해야 한다.
- 고급 사용자를 위한 단축키를 제공해야 한다.

[표 8-4] 항목 채우기 방식의 장단점

장점	단점
‣ 다양한 종류의 정보를 입력할 수 있다. ‣ 입력 양식을 준용할 수 있기 때문에 설계가 쉽다.	‣ 입력 영역 크기에 따라 입력 정보의 양이 제한된다. ‣ 항목 이름과 입력에 관한 설명, 예시 등으로 인하여 화면이 혼란스러울 수 있다.

[4] 아이콘(icon) 방식

'**아이콘**'은 컴퓨터의 각종 기능이나 수행 내용을 상징적으로 나타내는 그림문자를 말하며, 처리 기능과 내용이 그림으로 표시되기 때문에 초보자라도 쉽게 이해하고 사용할 수 있다는 이점이 있다. '아이콘'이라는 이름은 그리스정교에서 쓰이는 성상(聖像)인 '이콘(icon)'에서 유래한 것이다.

아이콘은 GUI 환경에서 주로 이용되며, 통상적으로는 여러 개의 아이콘을 화면에 적절히 배치하고, 마우스 등과 같은 선택 도구(pointing device)를 이용하여 실행시키는 방식이다. 이러한 아이콘 방식은 요즈음 널리 이용되는 사무자동화 프로그램에서의 도구 상자(tool box)를 예로 들 수 있다.

아이콘 방식을 채택하면 아이콘 자체가 시스템의 동작을 상징적으로 표현하기 때문에 직관적으로 이해할 수 있다는 장점은 있으나, 내부적으로는 여러 단계를 거쳐야 하기 때문에 실행 속도가 늦어진다는 단점이 있다.

아이콘 방식을 설계 때의 고려사항은 다음과 같다.

- 아이콘의 상징성을 확립해야 한다. 즉, 아이콘이 수행하는 기능을 그림으로 상징적으로 나타낼 수 있도록 아이콘을 만들어야 한다.
- 다른 보조적인 조작 없이 아이콘만으로 실질적인 작업을 할 수 있어야 한다.
- 아이콘을 이동하거나 삭제하거나 추가하여 화면을 재구성할 수 있어야 한다.

어느 경우를 막론하고 한 가지 방법만으로 모든 사람의 다양한 특성을 만족시킬 수는 없다. 따라서 대화형 입출력 설계 시에도 사용자 집단의 특성과 입출력 정보량을 고려하여 여러 방식을 혼용하거나 보완적으로 채택함으로써 개별 방식의 한계점을 극복할 수 있도록 하는 것이 바람직하다.

또 초보자도 점차 숙달되어 중급 사용자로 변하고, 중급 사용자는 고급 사용자로, 마침내는 전문가로 발전하게 된다는 점도 염두에 두어야 한다.

대화형 입출력 설계 시에 효율적인 인터페이스 구성방식은

- 주요 기능들을 메뉴 방식으로 체계화 한다.
- 많은 정보를 입력해야 하는 경우에는 항목 채우기 방식을 적용한다.
- 독립된 시스템 또는 소프트웨어들은 아이콘화하여 적절히 배치한다.
- 초보자를 위한 환경과 함께 전문가 수준의 사용자를 위한 방식을 같이 제공한다.

8.5.2 사용자 특성

사용자 특성

- 초보자 – 불안, 확실한 결과 요구
- 일반 사용자 – 양극화 현상
- 전문가 – 빠른 결과, 지름길, 단축키

사용자 인터페이스는 궁극적으로 사용자와 시스템 사이의 의사소통을 원활하게 해 주는 것이 기본 목적이다. 그러한 사용자 인터페이스를 설계하기 위해서는 사용자의 특성을 면밀히 파악해야 한다.

일반적으로 인간은 자신이 자란 환경과 경험, 교육 정도 등에 따라 다양한 특성을 갖는 것으로 되어 있다. 따라서 시스템을 설계하는 사람은 시스템의 주된 사용자에 관

한 특성을 정확히 파악하여 그들의 특성에 부합되는 시스템을 개발해야 할 것이다.

전산 관련 분야에서는 전산 지식의 수준에 따라 사용자를 **초보자(novice), 일반 사용자(common user), 전문가(expert)**의 세 부류로 구분한다.

[1] 초보자

초보자의 가장 두드러지는 특성은 불안감과 기대감을 동시에 가지고 있다는 점이다. 즉, 시스템을 사용해 본 경험이 거의 없고, 컴퓨터에 관련된 지식도 없는 탓에 다소는 불안해하고, 또 다른 한편으로는 컴퓨터를 만능기계로 착각하여 저절로 모든 것이 해결될 것으로 기대하기도 한다. 초보자들은 이러한 내면적인 특성으로 인하여 간단하고 사용하기 쉬운 시스템을 선호할 뿐만 아니라 처리 속도와는 상관없이 확실한 결과를 얻고 싶어 한다.

따라서 사용자의 주된 계층이 초보자인 경우에는 친절한 안내가 무엇보다 중요하며, 이를 위해서는 사용자 스스로가 해야 되는 부분을 최소한으로 줄이고, 현재의 진행 상태를 지속적으로 알려 줌과 동시에 각 단계별 동작 유도, 오류 수정을 위한 반복처리 기능과 실질적인 도움말 기능 등을 포함하도록 사용자 인터페이스를 설계해야 한다.

[2] 일반 사용자

일반 사용자 집단의 특성은 매우 까다롭고 할 수 있다. 왜냐하면 이 부류에 속하는 사람들은 전산 지식과 시스템 사용 경험에 대한 변위가 너무 넓기 때문에 그 특성을 한 곳에 집중시킬 수 없기 때문이다. 예를 들면, 어떤 사람은 그야말로 초보자 수준을 갓 벗어났는가 하면, 어떤 사람은 말이 일반 사용자지 전문가를 능가하는 수준인 사람도 있다.

따라서 이들은 쉽고 간단한 초보자 수준의 사용자 인터페이스 특성과 다양한 기능과 빠른 처리 속도를 만족시키는 전문가 수준의 사용자 인터페이스를 동시에 요구하는 집단이며, 이런 집단의 특성을 만족시키기는 결코 쉽지 않다.

[3] 전문가

전문가들의 가장 두드러진 특성은 자신이 원하는 것을 빨리 얻고 싶어한다는 점이다. 이 때문에 초보자들이 선호하는 자세한 안내는 친절이 아니라 작업의 속도를 떨어뜨리는 귀찮은 과정으로 인식하여 아주 싫어하는 경향이 있다.

또 이들은 다양한 경험을 통하여 컴퓨터와 소프트웨어의 효과적인 사용법을 이미 터득하고 있기 때문에 인터페이스 그 자체보다 처리시간의 단축과 정확성에 더 큰 비중을 두고 있다.

이러한 특성을 갖는 전문가들을 위한 사용자 인터페이스에서는 기능의 빠른 수행을 위한 **지름길(shortcut)**과 **기능키(단축키)**를 제공할 수 있도록 설계해야 한다.

다양한 계층의 사용자들을 모두 만족시키기는 대단히 어렵다. 이러한 연유로 인하여 '사용자 교육'이 시스템 구축 과정의 한 부분으로 들어가게 된다. 그러나 사용자 교육이 다소의 효과를 거두기는 하겠지만 단시일 내에 사용자 수준을 급격히 향상시키지는 못한다. 따라서 사용자 계층이 광범위한 경우에는 초보자와 전문가를 동시에 만족시킬 수 있도록 사용자 인터페이스가 이중성을 갖도록 설계하는 수밖에 다른 방도가 없다.

8.5.3 인간공학적인 원리 반영

인간공학적 원리 반영

심리적 특성 및 요구
- 사용의 용이성&편리성
- 착오 및 실수에 대한 보정

대처 방안
- 단순한 인터페이스
- 일관된 인터페이스
- 합리적인 디폴트 설정방식
- 진행상태 알려주기
- 지름길 제공
- 도움말 제공
- 회복 불능 동작과 작업종료 확인
- 작업 취소와 회복의 용이성

인간공학(人間工學, human factors engineering, ergonomics)적인 측면에서는 아무리 훌륭한 도구라도 사람과의 인터페이스가 적절치 못하면 사람에게 부담을 주게 되어 도구로서의 충분한 효과를 얻을 수 없게 되므로 모든 설계에서 사용자 특성을 반영하는 것이 대단히 중요하다고 결론을 내릴 수 있다.

사용자 인터페이스 중에서도 출력 부분은 출력 장치와 매체의 특성에 따라 생산성이 결정되지만 입력 부분은 사용자가 직접 입력해야 하므로 인간공학적인 특성을 반영하여 설계하는 것이 바람직하다.

따라서 대화형 입출력 설계에 이러한 인간공학적인 개념을 도입하려면, 무엇보다 사용자들이 무엇을 원하는가를 먼저 알아야 하는데, 이와 관련된 것은 사용자 특성을 통하여 어느 정도 파악할 수 있다.

사용자 특성으로부터 여러 가지를 도출할 수 있지만 그것들을 부류별로 갈래를 묶으면,

- 기능면에서든 처리 속도 면에서든 사용의 용이성과 편리성,
- 기본적으로 모든 인간은 불완전하기 때문에 돌이킬 수 없는 실수에 대한 두려움을 가지고 있는 것으로

집약할 수 있다.

따라서 사용자들의 이러한 특성들을 반영하기 위한 대화형 입출력 설계 지침으로

- 단순한 사용자 인터페이스,
- 일관된 사용자 인터페이스,
- 합리적인 디폴트 설정,
- 진행 상태 알려주기,
- 지름길 제공,
- 도움말 제공,
- 돌이킬 수 없는 동작과 작업 종료에 대한 확인,
- 작업 취소와 회복의 용이성 등을 일반적으로 제시할 수 있다.

단순한 인터페이스(Simple interface)

복잡할수록 집중도가 낮아지고, 기억하기가 어렵기 때문에 의미 전달이 분명해지지 않는다. 따라서 사용자 인터페이스는 간단명료할수록 효율성이 높아진다는 것이 정설로 되어 있다.

일반적으로 한 화면에 보이는 항목 수가 일곱 개를 넘지 않는 것이 바람직하며, 이를 준수할 수 없는 경우에는 유사 항목들을 하나의 그룹으로 묶어서 계층 구조를 이루도록 배치하되 가급적 3단계를 넘지 않도록 하는 것이 좋다.

일관된 인터페이스(consistent interface)

하나의 시스템에 속하는 여러 응용 프로그램들이 제각각의 인터페이스를 갖는 것은

사용자들의 혼란을 가중시켜 전체 시스템의 생산성을 저하시키게 된다.

따라서 사용자 인터페이스 설계 시에

- 동일항목에 대해서는 사용 용어와 표현 방식을,
- 메뉴의 구성방식, 위치, 표현 방식 등을,
- 메시지의 표시 형식과 위치를,
- 작업 수행 과정을 통일해야 한다.

합리적인 디폴트 설정(reasonably default)

동작이나 제어나 응답에 필요한 모든 항목들에 대해 정통하기란 대단히 어렵다. 특히, 초보자의 경우에는 기대조차 하기 어려운 게 현실이다. 따라서 '그냥 내버려 두면 자기가 다 알아서 다 해주도록' 보편적인 경우에 대한 동작을 보장하기 위한 값이나 조건, 즉 디폴트를 미리 설정해 두는 것이 사용의 편리성을 보장하는 한 방안이다. 물론 예외적인 경우를 위한 별도의 과정도 준비해야 보편성을 잃지 않는다.

진행 상태 알려주기

컴퓨터 내부에서 진행되는 작업 과정을 사람이 눈으로 직접 볼 수 있다면 좋겠지만, 아직까지는 그러하지 못하다. 사람이라면 어느 누구를 막론하고 자기가 관심을 가지고 있는 일 또는 진기한 일들에 대해서는 진행과정 또는 진행정도에 대해 알고 싶어 한다. 이러한 사용자의 심리적 특성을 만족시켜 사용자의 만족도를 향상시키기 위해서는 작업의 진행 상태를 표시해 주는 것이 바람직하다. 최근에 발매되는 대부분의 유틸리티(utility)에서는 이러한 사용자 인터페이스를 기본적으로 제공하고 있는 것도 바로 이러한 이유에서이다. 예로서는 파일을 다운로드(download) 받을 때 진행 상황을 보여주는 보조창이 예외 없이 나타나는 것을 들 수 있다.

특히 시간이 많이 걸리는 작업인 경우에는 진행상태를 반드시 보여주는 것이 옳다. 왜냐하면, 한참을 기다려도 시스템으로부터 반응이 없게 되면 사용자의 입장에서는 혹시나 잘못된 명령으로 인하여 시스템이 정지상태(hang up, halt)에 빠져 들지나 않았

을까? 하고 불안해하기도 하고, 불안한 나머지 작업이 종료 직전 단계임에도 불구하고 작업 중지 또는 취소 명령을 실행시켜 낭패를 보게 되는 경우가 더러 발생하기도 한다.

지름길(shortcut) 제공

초보자 시절에는 단계별로 안내해 주는 것이 고맙게 느껴지지만, 숙달되고 나면 오히려 귀찮아 지는 법이다. 따라서 숙달된 사람들을 위한 또는 숙달될 사람들을 위한 지름길을 만들어 두는 것이 필요하다. 이러한 지름길은 각 명령의 선택사항(option)으로 설정해 두고 사용자의 수준에 맞게 스스로가 선택할 수 있도록 하는 것이 일반적인 방법이다.

도움말(help) 제공

시스템 사용에 대한 제반사항을 모두 기억하고 있을 수는 없기 때문에 필요한 순간마다 도움을 받을 수 있도록 하기 위하여 도움말 기능을 포함하도록 사용자 인터페이스를 설계해야 한다. 특히 요즈음과 같이 인터넷과 통신기술이 잘 발달되어진 환경에서는 항상 최신의 정보를 제공할 수 있도록 온라인 상태에서 도움말에 접근할 수 있도록 하는 것도 바람직하다.

도움말도 사용자 인터페이스에서 제시하는 대원칙에 따라 구성하는 것이 바람직하다.

돌이킬 수 없는 동작과 작업 종료에 대한 확인

한 번 실행되고 나면 그 이전의 상태로 되돌릴 수 없는 동작이나 작업 등을 수행할 경우에는 반드시 '확인' 과정을 거치도록 사용자 인터페이스를 설계해야 한다. 작업을 종료하는 경우에도 마찬가지이다. 다음 작업을 이행하기 전에 필요한 조치가 얼마든지 있을 수 있기 때문이다. 예를 들어, 하드디스크 포맷 같은 작업은 두 번이 아니라 세 번 네 번을 확인해도 지나치지 않을 정도의 작업이다.

작업 취소와 회복의 용이성

작업을 하다보면 순간적으로 착각을 하거나, 잘못된 명령을 실행시키는 경우도 얼마든지 있을 수 있다. 이럴 경우, 더 이상의 작업 진행을 방지하기 위하여 재빠르게 작업을 취소할 수 있도록 아니면 방금 실행한 작업을 그 이전의 상태로 되돌릴 수 있는 기능을 포함하도록 설계해야 한다.

복습문제

01. 입출력 표준화의 필요성에 대한 각자 견해를 정리하시오.

02. 입력 설계가 뜻하는 바를 설명하시오.

03. 입력 설계 시에 일반적으로 고려되어야 할 사항을 조사하시오.

04. 입력 설계 절차를 순서대로 설명하시오.

05. 원시전표 설계의 중요성을 설명하시오.

06. 온라인 입력 방식의 종류를 열거하고 설명하시오.

07. 오프라인 입력 방식의 종류를 열거하고 설명하시오.

08. 입력 매체의 종류와 특징들을 정리하시오.

09. 대화형 입출력의 중요성에 대해 정리하시오.

10. 화면 설계를 위한 일반적인 지침을 조사 · 작성하시오.

11. 대화형 입출력 방식의 종류를 조사하시오.

12. 시스템 사용자의 분류기준과 각 부류별 특성을 조사하시오.

13. 인간공학적인 원리를 도입했을 때, 사용자 인터페이스가 갖추어야할 조건들을 조사하고, 그 타당성을 설명하시오.

Chapter 09

파일 / 데이터베이스 설계

컴퓨터에 입력되는 거의 모든 정보는 파일의 형태로 저장 · 보관 · 관리되고 있는 것으로 볼 수 있다. 특히 하드디스크와 같은 보조기억장치들의 용량이 가히 기하급수적으로 늘어남에 따라 관리상의 불편함을 해소하기 위해 삭제하는 경우를 제외하면 거의 모든 정보와 데이터가 파일로 저장 · 보관 · 관리되고 있다.

이러한 현상은 데이터나 정보를 컴퓨터 내부로 입력하는 것이 가장 번거롭고 품이 많이 드는 작업이기에 한 번 입력된 데이터나 정보들이 다시금 사람의 손을 거치지 않고 다루어 질 수 있는 형태로 저장 · 보관 · 관리되는 것이 바람직하기 때문에 빚어지는 현상이다.

일반적으로 컴퓨터 시스템에서는 데이터를 입력 · 가공하여 정보를 생산해 낸다. 데이터 가공 시에는 일부 예외적인 경우를 제외하고는 파일이 그 대상이 된다. 따라서 데이터 흐름의 중심에는 반드시 처리 형태에 어울리는 파일이 존재하게 되며, 파일 설계의 결과에 따라서 시스템의 기능, 프로그램의 복잡도가 달라지기도 한다.

과거 홀로 컴퓨터(stand alone)가 주류를 이루던 시절에는 각 업무별로 응용 프로그램과 관련 데이터를 개개 파일로 제각각 관리해 왔으나, 근래에 들어서는 네트워크 기술의 급속한 발달로 인하여 홀로 컴퓨터는 점차 사라지고 어떤 형태로든 컴퓨터 망을 구성하게 되고, 한 조직체의 운영에 필요한 데이터를 여러 응용 시스템이 공유할 수 있도록 하기 위하여 통합 · 저장한 데이터베이스 구축이 일반화 되었다. 이에 따라 시스템 분석과 설계 시에도 점차 파일 시스템 대신 데이터베이스를 기반으로 하게 되었다.

물론 데이터베이스라 할지라도 최종적으로는 파일 시스템을 통하여 물리적으로 데이터에 접근하고는 있지만 이러한 부분들은 이미 사용자의 관점으로부터 멀어진지가 오래 되었다.

이 장에서는 데이터 저장 매체의 종류와 특성, 파일 편성법 등에 관해서는 시스템 구축과 관련된 기본적인 내용들만 설명하고, 나머지 부분들에서는 실질적인 활용도가 높은 데이터베이스 설계에 대한 것을 다루기로 한다.

9.1. 파일의 개념

파일? File, Pile

- 파일(File): 동일 목적을 위한 레코드의 집합
- 파일(Pile): 조직화되지 아니한 데이터의 집합

파일(file)이라는 것이 무엇인가?

파일은 경우와 관점에 따라 여러 가지로 정의되고 있으나, 일반적으로 사용되는 포괄적인 의미의 파일은 '임의의 프로그램에 의해 사용되어지는 데이터의 집합' 또는 '사용자에 의하여 작성된 문서 등, 일정한 규칙으로 기록된 관련 있는 정보의 완전한 집합체로서 고유의 이름이 할당되어 있으며 하드디스크 등의 보조 기억 장치에 저장되어 있는 것', '컴퓨터로 하여금 하나의 정보 집합을 다른 정보 집합과 구분할 수 있게 하는 기본적인 저장 단위' 등으로 정의될 수 있다.

인간은 유용한 정보 생성이라는 목적을 달성하기 위하여 현실 세계의 사물, 사상, 개념 등을 관찰하고 측정하여 (컴퓨터) 처리에 적합한 숫자나 기호 등으로 표시하게 되는데, 이것을 '**데이터(data)**'라 한다. 이러한 데이터가 정보 생성에 유용하게 사용되기 위해 상호 관련성을 연결고리로 하여 조직화 또는 표준화라는 과정을 거치게 되고, 그렇게 조직화(표준화)된 데이터의 집합을 **파일(File)**이라 한다. 궁극적으로 파일이란 "동일 목적으로 사용될 조직화(표준화)된 데이터의 집합"으로 정의할 수 있다.

이에 비해 아무런 처리 과정을 거치지 않은 원시 데이터(raw data)의 단순한 집합을 **파일(Pile)**이라 한다. 즉 파일(Pile)은 분류나 추출 등과 같은 단순한 가공 과정을 거치면 훌륭한 **파일(File)**이 될 수 있는 데이터의 집합이다.

현업에서의 파일 설계 대상은 주로 각종 서류 양식이다. 따라서 각종 관리대장(고객관리대장, 물품관리대장, 증명서발급대장, 영업사원관리대장, ...), 기록철(거래처, 입출금전표, ...), 표(출퇴근기록표, 성적표, 현황표, ...) 등을 수집하고 이들을 근거로 삼아 파일을 설계하면 된다.

9.1.1 파일의 기본 구성 체제

파일 기본체제

- 파일 → 레코드 → 필드 → 문자, 숫자, 기호 → 0,1

파일의 기본 구성단위를 **레코드(record)**라 하고, 레코드는 다시금 특정 사물의 어느 한 특성을 나타내는 논리적 단위인 **필드(field)** 또는 항목(item)의 집합으로 구성되며, 경우에 따라서 하나의 필드는 더 작은 단위의 필드 집합으로 구성된다. 각 필드들은 문자, 숫자, 기호의 조합으로 구성되고, 각각의 문자, 숫자, 기호 등은 0과 1, 즉 2진수의 조합으로 표현된다.

예로서 학생들의 성적을 처리하는 경우를 생각해 보자. 한 학생의 성적을 처리하기 위해서는 학생의 인적사항과 더불어 수강하고 있는 각 과목의 평가 점수를 알아야 한다. 따라서 성적 처리를 위한 레코드는 '학번', '이름', '국어', '영어', '수학', '시스템분석설계' ... 등의 항목으로, '학번'이라는 항목은 '입학년도+학과번호+개인고유번호'의 조합으로 구성될 수 있다.

[표 9-1] 파일의 구성 체계

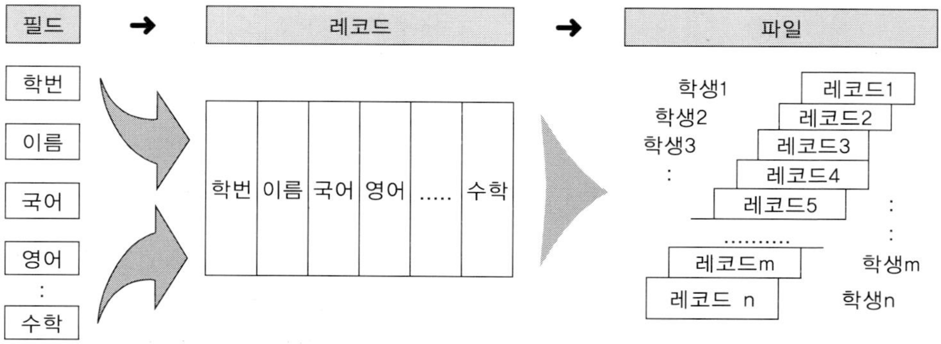

학급 단위의 성적처리인 경우에는 한 학급의 학생에 대한 레코드 집합이 파일이 되고, 전교생을 대상으로 성적 처리를 해야 하는 경우에는 전교생에 대한 레코드의 집합이 파일이 된다. 왜냐하면 동일 목적을 위한 레코드들의 집합이 파일이기 때문이다.

9.1.2 논리레코드와 물리레코드

논리레코드

- 프로그램에서의 처리 단위

물리레코드

- 메모리와 보조기억장치의 전송 단위
- 블록킹: 물리레코드 형성
- 디블록킹: 물리레코드 해체
- 블록킹 계수: 물리레코드에 포함되는 논리레코드 수

파일들은 통상적으로 하드디스크와 같은 보조기억장치에 저장・보관되며, 상호 구별을 위해 독자적인 이름을 부여하게 된다. 이러한 파일들이 프로그램에 의해 처리되기 위해서는 메모리로 읽혀져 들어 와야 한다.

보조기억장치의 동작속도가 빠르다고는 하지만 어디까지나 기계적인 속도의 범주를 벗어날 수 없으며, 기계의 동작에는 관성의 법칙이 작용한다는 특징을 갖는다. 이에 비해 중앙처리장치의 속도는 전자적인 속도로써 기계적인 속도의 최소 1,000배 이상 빠르며, 메모리의 동작속도도 보조기억장치에 비해 상당히 빠르다. 따라서 메모리와 보조기억장치의 동작속도 차이를 극복함으로써 데이터 처리 능률을 증대시킬 뿐만 아니라 저장매체의 사용 효율성을 증대시키기 위해서는 여러 개의 레코드를 한 단위로 묶어서 읽거나 쓸 필요가 있다. 이처럼 메모리와 보조기억장치 사이에서 이루어지는 데이터의 전송 단위를 **물리레코드(physical record)** 또는 **블록(block)**이라 한다.

궁극적으로 보조기억장치의 파일은 블록 단위로 메모리에 읽혀져 들어와 처리되는데, 한 블록의 데이터 속에는 여러 개의 레코드들이 포함되어 있고 프로그램 작성 시에는 이것들을 하나씩 처리하는 것을 전제로 하고 프로그래밍을 하게 된다. 이처럼 사용자 프로그램에 의해 다루어지는 레코드 단위를 **논리레코드(logical record)**라 한다.

좀 더 직설적으로 말한다면 일반적으로 우리가 프로그램을 구상할 때 사용하는 데이터 단위를 그냥 레코드 또는 논리레코드라 하고, 이러한 논리레코드가 보조기억장치에 저장되거나 읽혀지는 단위를 물리레코드라 한다.

물리레코드가 메모리로 읽혀져 들어와 프로그램 처리에 적합하도록 개개의 논리레코드로 나누어지는 것을 **디블록킹(de-blocking)**이라 하고, 반대로 프로그램에 의해 처리된 결과가 보조기억장치로 전송되기 위해 물리레코드로 묶여지는 것을 **블록킹(blocking)**이라 한다. 이러한 작업은 운영체제의 일부분인 파일시스템이 담당하기 때문에 사용자의 입장에서는 의식할 필요가 없으며, 사용자는 단지 한 블록에 포함될 논리레코드의 수, 즉 **블록킹 계수(blocking factor)**만 제공하면 된다.

또 물리레코드의 크기에 제한은 없으나 버퍼(buffer)의 크기를 감안하여 그 크기를 결정해야 한다. 그러나 데이터베이스 구축과 활용이 활발해짐에 따라 이러한 것들에 대한 개념이 점차 희박해지고 있으나 시스템 분석가와 설계자 그리고 데이터베이스 관리자(DBA)는 이러한 사항까지를 반드시 알아야 한다.

결론적으로

- 논리레코드는 프로그램에서 취급하는 레코드 단위를 말하고,
- 물리레코드는 여러 개의 논리 레코드를 한 단위로 묶은 것으로서 블록이라고 하며, 입출력 시의 취급단위로서 한 번의 입출력으로 여러 개의 레코드를 주고받을 수 있으므로 전송시간이 절약된다는 장점을 갖는다.

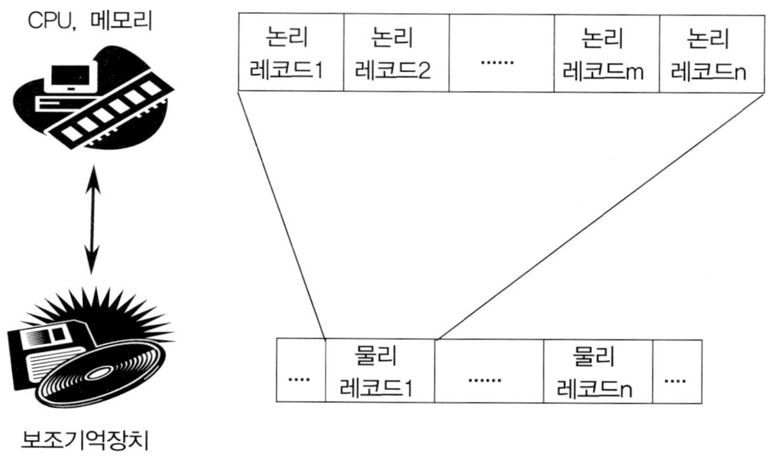

9.1.3 물리레코드의 구성 형태

물리레코드 구성형태

- 비블록화 고정길이 레코드
- 비블록화 가변길이 레코드
- 블록화 고정길이 레코드
- 블록화 가변길이 레코드

파일을 구성하는 레코드들의 길이가 일정하게 정해진 경우도 있지만 가변적일 수도 있고, 또 처리 효율을 높이기 위해 블록을 형성하는 경우도 있지만 그렇지 않은 경우도 있을 수 있다.

따라서 파일의 내부 형태는 블록의 형성 여부와 레코드 길이의 고정 여부에 따라 네 종류의 조합 형태가 있을 수 있다.

- 비블록화 고정길이 레코드(unblocking fixed length record)
- 비블록화 가변길이 레코드(unblocking variable length record)
- 블록화 고정길이 레코드(blocked fixed length record)
- 블록화 가변길이 레코드(blocked variable length record)

보조기억장치는 기계적인 동작의 특성, 즉 관성으로 인하여 데이터를 읽거나 기록할 때 즉시 정지하거나 즉시 정상 속도에 도달하지 못하는 결점을 가지고 있다. 이러한 문제점을 해결하기 위해서는 완전 정지할 때까지 또는 완전히 정상 속도에 도달할 때까지의 시간적 여유를 확보해야 한다. 이러한 목적으로 각 블록 사이에 일정 영역을 확보하게 되는데, 이것을 **IBG(Inter Block Gap)**, Inter Block Space 또는 **IRG(Inter Record Gap)**이라 한다. 이러한 영역은 통상적으로 자기테이프 매체 사용 시에 주로 활용된다.

일반적으로 IRG 영역의 폭은 7트랙 자기 테이프의 경우는 19mm(3/4인치), 9트랙 자기 테이프인 경우에는 15mm를 표준으로 사용하고 있다.

[1] 비블록화 고정길이 레코드

이런 구성형태에서는 논리레코드 그 자체가 하나의 물리레코드가 되며, 각 레코드의 길이가 모두 일정한 크기로 고정된다. 이런 형태로 구성되는 파일은 IRG의 수가 많아져 매체 사용 효율이 낮을 뿐만 아니라 R/W 횟수가 많아져 처리 속도가 떨어지는 단점이 있는 반면 프로그래밍이 쉽다는 장점을 갖는다.

IRG	레코드1 (논리레코드=물리레코드)	IRG	레코드2 (논리레코드=물리레코드)	IRG	.....

그림 9-1 **비블록화 고정길이 레코드**

[2] 비블록화 가변길이 레코드

이런 구성형태에서는 논리레코드 그 자체가 하나의 물리레코드, 즉 블록이 되고, 각 레코드의 크기가 일정하지 않다. 따라서 파일 처리를 위해서는 한 블록이나 한 레코드의 크기가 얼마인지를 알아야 하기 때문에 각 레코드 앞 부분에 레코드의 길이 값을 저장하도록 되어 있다. 이런 형태로 구성된 파일인 경우에는 매체의 사용효율, 처리 속도뿐만 아니라 프로그래밍조차도 어렵다. 따라서 지금은 거의 사용되지 않는 물리레코드 구성형태이다.

IRG	레코드 길이1	레코드1	IRG	레코드 길이2	레코드2	IRG	......

그림 9-2 **비블록화 가변길이 레코드**

[3] 블록화 고정길이 레코드

이 형태에서는 여러 개의 고정길이 논리레코드를 하나로 묶어서 하나의 물리레코드를 형성하기 때문에 블록의 크기가 항상 일정하다. 따라서 파일 처리에 필요한 정보인 블록이나 레코드의 크기를 프로그램에서 일괄 지정해 줄 수 있기 때문에 파일 자체에 그 값을 기록하지는 않는다. 이런 형식의 물리레코드로 구성된 파일은 매체의 사용효율, 처리 속도뿐만 아니라 프로그래밍까지도 쉽다는 장점을 갖는다.

	물리레코드(블록)						물리레코드(블록)						
IBG	레코드 1	레코드 2	…	레코드 m	레코드 n	IBG	레코드 1	레코드 2	…	레코드 m	레코드 n	IBG	.....

그림 9-3 **블록화 고정길이 레코드**

[4] 블록화 가변길이 레코드

이 형태에서는 블록에 포함되는 레코드의 길이가 제각각인 탓에 레코드 길이뿐만 아니라 블록의 길이도 서로 다 다를 수 있다. 따라서 파일 처리에 필요한 정보인 블록과 레코드의 길이를 매 레코드와 매 블록 앞부분에 기록해 주어야 한다. 이런 형태의 블록은 사용매체의 효율성이 높고 처리 속도가 빠르다는 장점은 있으나 프로그램 작성이 어렵다는 단점을 갖는다.

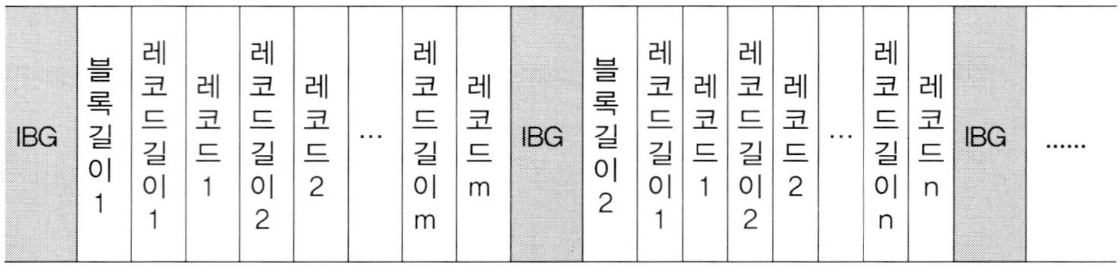

그림 9-4 블록화 가변길이 레코드

[표 9-2] 물리레코드의 구성 형태와 그 특성

	매체 사용효율	처리 속도	프로그램 작성
비블록화 고정길이	낮다	느리다	쉽다
비블록화 가변길이	낮다	느리다	어렵다
블록화 고정길이	높다	빠르다	쉽다
블록화 가변길이	높다	빠르다	어렵다

일반적으로 블록화가 이루어지면 매체의 사용효율과 처리속도는 높고 빠르며, 가변길이 레코드인 경우에는 프로그램 작성이 어렵다는 특징을 가지게 된다.

9.2. 파일의 종류

파일 종류

▌내용

- 데이터 파일
- 프로그램 파일
- 작업 파일

▌매체

- 디스크
- 테이프
- 카드
- 종이파일

▌편성법

- 순차 편성 파일
- 색인 순차 파일
- 임의 파일
- 리스트 파일

파일은 내용(용도), 저장 매체, 편성방법 등을 기준으로 다양하게 분류할 수 있다. 이들 중에서 저장 매체와 편성방법은 상호 의존적이어서 저장 매체의 종류나 특성에 따라 파일 편성법이 제한 받기도 한다.

먼저 용도에 의해서는 프로그램 파일, 데이터 파일, 작업 파일로 분류되고, 저장 매체와 관련해서는 디스크 파일, 테이프 파일, 카드 파일, 종이 파일 등으로 분류되며, 파일 편성방법에 따라서는 순차편성 파일, 색인 순차편성 파일, 임의편성 파일, 리스트 편성 파일 등으로 세분된다.

9.2.1 내용에 의한 분류

내용(용도)에 의한 파일 분류

데이터용
- 소스, 마스터, 트랜잭션, 히스토리, 섬머리, 트레일러

프로그램용
- 원시/목적 프로그램

작업용
- 중간 임시 결과, 체크포인트, 입출력 데이터 파일

내용에 의한 분류는 원칙적으로 파일에 수록된 내용을 기준으로 파일을 분류하는 방법이지만 작업이 진행되는 과정에서의 용도 등도 고려하게 되며, 이에 따라 데이터를 수록하고 있는 데이터 파일과 프로그램을 수록하고 있는 프로그램 파일, 그리고 작업에 사용되는 작업용 파일의 세 종류로 대별된다.

[1] 데이터 파일(Data File)

- **소스 데이터 파일**(source data file): 외부에서 발생된 데이터를 입력한 그대로 매체에 수록한 파일을 말하며, 다른 여러 작업에 두루 활용된다.

- **마스터 파일**(master file): 임의의 작업을 수행하는데 가장 근본이 되는 파일을 말하며, 통상적인 수작업에서의 개념을 빌린다면 원장(原帳) 해당된다. 마스터 파일은 트랜잭션 데이터에 의해 수정, 보완되기도 하며, 비교적 오랜 기간 동안 보존된다는 특징을 가지고 있다.

- **트랜잭션 파일**(transaction file): 더러는 원어의 의미를 살려 거래(transaction) 파일이라고도 하며, 주로 변동 자료를 가지고 있는 데이터 파일이다. 주로 마스터 파일의 갱신, 추가, 삭제 또는 내용 조회 등의 작업에 이용된다.

- **히스토리 파일**(history file): 이력 또는 기록 파일이라고도 부르며, 작업의 진행과 관련하여 새로운 결과가 생성되면 그 이전의 데이터를 누적시켜 놓은 파일을 말하며, 일정 기간동안의 통계처리에 사용되거나 사고가 발생하여 마스터 파일을 사용할 수 없게 되었을 때 이를 복구하기 위한 목적으로 만든다.
  연말정산작업을 위하여 매달의 급여 파일을 누적시킨 것을 히스토리 파일의 예로 들 수 있다.

- **섬머리 파일**(summary file): 요약 또는 합계 파일이라고도 부르며 말 그대로 파일의 내용을 요약하거나 집계해 놓은 파일을 말한다.
  요약(집계) 대상 파일의 구성항목이 복잡한 경우에는 요약이나 통계를 다시 산출하지 않아도 되기 때문에 생산성을 향상시킬 수 있지만, 처리과정이 복잡하고 어려울 뿐만 아니라 편리한 유틸리티들이 많이 제공되고 있기 때문에 요즈음에는 거의 사용되지 않는다.

- **트레일러 파일**(trailer file): 마스터 파일을 구성하고 있는 여러 항목들이 언제나 항상 사용되는 것은 아니다. 따라서 각 항목의 사용효율을 높이기 위하여 마스터 파일의 각 항목들을 사용빈도나 사용 시기에 따라 분류하고 이것들을 각각 별도의 파일로 만들어 둘 수도 있다(이것이 데이터베이스의 기본 개념이다). 이럴 경우, 항상 사용되는 항목들을 수록한 파일을 **원 파일**이라 하고, 필요에 따라 임의적으로 사용되는 항목들을 수록한 파일을 **트레일러 파일** 또는 **후미 파일** 또는 **뒤끝 파일**이라고도 한다. 트레일러 파일은 컴퓨터 처리 효율을 높인다는 잇점이 있지만, 원 파일과의 관련성을 유지할 수 있는 방안이 강구되어야 한다는 부담을 가지고 있다.

[2] 프로그램 파일(Program File)

프로그램을 담고 있는 파일을 의미한다. 프로그램의 성질이나 종류, 상태 등에 따라 몇 가지로 나누어 볼 수 있다.

일반적으로 소프트웨어는 시스템 소프트웨어와 응용 소프트웨어로 대별되고, 다시금 시스템 소프트웨어는 운영체제, 언어처리기, 유틸리티로 세분된다. 이러한 것들은 역할이나 동작 특성에 따라 더 세분될 수 있으나, 이러한 분류 기준은 별 의미가 없을 뿐만 아니라 파일/데이터베이스 설계 과정에서의 주 고려 대상이 아니다.

궁극적으로 모든 프로그램은 컴파일러 방식으로 기계어 프로그램을 생성하는 것과 인터프리터 방식으로 소스 프로그램 그 자체를 매번 해석하고 실행하는 것으로 대별될 수 있기 때문에 프로그램 파일의 종류는 소스 프로그램 파일과 실행 프로그램 파일로 분류하는 것이 타당하다.

- **소스 프로그램 파일**(source program file): 기계어 변환되지 않은 원시 프로그램 그 자체를 수록하고 있는 파일을 말하며, 통상은 사용자가 편집기 등을 사용하여 입력한 프로그램 그 자체를 수록하고 있다.

- **목적 프로그램 파일**(object program file): 컴파일러 언어의 소스 프로그램은 컴

퓨터가 인식할 수 있는 2진수 형태의 기계어로 번역(변환)되어야만 실행 가능하다. 이처럼 소스 프로그램이 컴파일러에 의해 2진수 형태의 기계어로 번역된 프로그램을 **목적 프로그램** 또는 **실행(execution) 프로그램**이라 하고, 이러한 프로그램을 수록하고 있는 파일을 목적 프로그램 파일이라 한다.

[3] 작업 파일(Work File)

프로그램 처리 과정 중에 임시로 생성되는 파일들이 주류를 이루며, 임시 파일(temporarily file)이라고도 한다. 코볼(COBOL) 등과 같은 프로그래밍 언어에서 분류(sort) 작업 시에 중간 결과를 저장하는 파일들이 이런 부류에 속하며, 이외에도 만일의 사태에 대비하기 위하여 보관해 두는 역할이 끝난 입출력 데이터 파일 등도 이에 속한다.

그러나 디스크 보급이 늘어나고 데이터베이스 체제가 보편화되면서 앞 단계의 출력이 다음 단계의 입력으로 변하는 과정에서의 파일을 주로 의미하고 있다.

- **중간 임시 파일**(temporary file): 작업 처리과정 중에 생성되는 중간 결과를 임시적으로 보관하는 파일을 말한다. 사용자가 의식하지 못하는 가운데 이러한 파일이 생성/소멸하는 경우도 많다.

- **체크 포인트 파일**(check point file): 작업이 과정이 길 경우에는 중간지점을 설정하고 매 지점까지의 처리 결과를 저장해 둔다면 불의의 사고가 발생하더라도 전 과정의 작업을 다시 하지 않아도 된다. 이러한 목적을 위해 설정된 중간 지점까지의 결과를 수록해 두는 파일을 체크 포인트 파일이라 한다. 전체 처리과정이 끝난 후에 그 결과를 보존하기 위해 사용하는 백업(back up) 파일과 유사한 성격을 갖는다.

- **입출력 파일**: 입력 작업과 출력 작업에 사용되는 파일들은 통상적으로 그 역할이 종료되면 재사용을 위해 보존하게 되는데 이러한 파일들을 제한적으로 작업 파일로 분류할 수 있다.

9.2.2 매체에 의한 분류

매체에 의한 파일 분류

▎자기디스크

- 실린더, 트랙, 섹터, TPI
- 임의 접근 가능, 대용량

▎자기테이프

- BOT, EOT, BPI
- 순차접근, 보관 용이

▎CD-ROM

- 읽기 전용, 보관용
- 멀티미디어 자료 배포용

파일을 형성하는 매체의 종류는 자기디스크(magnetic disc), 자기테이프(magnetic tape), CD-ROM(Compact Disc Read Only Memory), 종이 등이 주로 사용되고 있으며, 초창기 시절에는 자기 드럼(magnetic drum)이 사용되기도 하였으나 이제는 거의 자취를 감추었다. 이러한 매체의 특성에 따라 파일 편성법이 제한을 받는다.

[1] 자기디스크(magnetic disc)

자기디스크는 최근 들어 전자공학과 제조기술의 발달로 인하여 점점 작아지면서도 용량은 기하급수적으로 증대되고 있으며, 가격도 점점 저렴해지는 추세에 있어서 컴퓨터의 보조기억장치로 가장 많이 이용되고 있다.

자기디스크는 자성물질을 바른 디스크를 의미하며, 자기디스크 장치는 용량이나 제조상의 이유로 여러 장의 디스크로 구성되기도 한다. 자기디스크에 데이터를 기록하거나 읽어내는 기구를 **액세스 암(access arm)**이라고 한다.

자기디스크는 여러 개의 동심원으로 구성되는데, 이것을 **트랙(track)**이라 한다. 만약 자기디스크 장치가 여러 장의 디스크로 구성되어 있는 경우에는 같은 위치에 있는 트랙들의 집합을 **실린더(cylinder)**라 한다.

트랙 단위는 그 용량이 너무 크기 때문에 취급하기가 불편할 뿐만 아니라 기억공간의 낭비를 가져 올 수도 있어서 축을 중심으로 마치 피자 조각을 자르듯이 부채꼴 모양으로 더 잘게 나누는데, 이것을 **섹터(sector)**라 한다. 그러나 섹터 단위로 기억공간을 다루지는 않는다. 통상적으로는 몇 개의 섹터를 모아 블록 또는 **클러스터(cluster)**라는 단위로 기억공간을 할당한다.

자기디스크의 용량은 한 장의 디스크가 얼마나 많은 트랙을 보유하고 있느냐에 따라 결정된다. 이 때문에 **TPI**(Track Per Inch 일 인치 당 트랙 수)라는 기록밀도로 자기디스크의 특성을 나타낸다.

[표 9-3] 디스크 접근 시간

종류	설명
탐색 시간(seek time)	원하는 트랙을 찾아가는 데 걸리는 시간
회전 지연 시간(latency time)	원하는 섹터를 찾아가는 데 걸리는 시간
전송 시간(transmission time)	데이터를 주고받는데 걸리는 시간
디스크 접근 시간(disk access time)	탐색 시간+회전 지연 시간+전송시간

자기디스크에 수록된 정보는 위치에 상관없이 임의적으로 접근할 수 있기 때문에 다양한 파일 편성법을 구사할 수 있다는 장점을 갖고 있으며, 이로 인하여 데이터베이스 구축·활용에 반드시 필요한 매체가 되었다.

[2] 자기테이프(magnetic tape)

자기테이프는 플라스틱(plastic)테이프 표면에 자성물질을 엷게 발라서 만든 것으로서 일반적으로 사용되는 음악용 테이프와 비슷하다. 다만 그 폭이 좀 더 넓고 자기테이프 제작에 사용된 재질들이 좀 더 고급스러운 것을 사용한다는 점이 다르다.

자기테이프는 음악용 테이프처럼 장치에 끼워 넣기도 하고, 빼내기도 해야 하므로 사람이 직접 매체를 손으로 만지게 되고, 사람이 손으로 만지는 부분에는 이물질이 묻을 수 있기 때문에 매체의 처음으로부터 상당히 떨어진 부분에서부터 정보나 데이터를 기록하도록 하고 있다. 이처럼 자기테이프에서 정보가 기록될 수 있는 영역의 시작을 표시하기 위해 은박지를 붙여 놓은 곳을 **BOT**(Begin Of Tape)라 하고, 끝 영역을 표시하기 위한 은박지 표지를 **EOT**(End Of Tape)라 한다. 당연히 실제의 정보는 이 영역 사이에 기록된다.

자기테이프에 얼마만큼의 정보를 기록할 수 있느냐 하는 것은 자기테이프의 기록밀도 **BPI**(Byte Per Inch, 일 인치 당 바이트)와 블록킹 계수와 자기테이프의 길이에 의해서 결정된다.

자기테이프는 매체 특성상 순서적으로 읽고 쓸 수밖에 없기 때문에 오로지 순차 편성법만 적용해야 한다는 단점을 갖는다.

[표 9-4] 자기디스크와 자기테이프 매체의 상호 비교

종류	장점	단점
자기테이프	· 일괄 처리에서는 처리시간이 빠르다 · 파일 작성, 보수, 장해 대책이 쉽다. · 보관이 쉽다.	· 임의 접근이 불가능하다 · 순차 편성만 가능하다. · 갱신 처리에서도 전체를 복사해야한다.
자기디스크	· 임의 접근이 가능하다. · 용량이 크다. · 특수한 자료 구조와 액세스 형태를 구현할 수 있다.	· 파일 편성법에 따라 주소계산 시간이 소요된다. · 파일 작성, 보수, 장해 대책이 자기테이프보다 어렵다.

[3] CD-ROM

CD는 Compact Disc의 약자로서 대용량의 기억장치를 의미한다. 이러한 CD는 일본의 소니(Sony)사와 네덜란드의 필립스(Philips)사가 LP를 대신하여 음악을 기록하기 위해 공동으로 개발하였으나, 오늘날에는 음악뿐만 아니라 대용량 자료를 저장할 목적으로 컴퓨터에서도 널리 사용되고 있다.

CD는 플라스틱 재질로 만들어지고, 레이저(laser) 광선을 이용하여 정보를 쓰기 때문에 일단 기록된 정보를 수정할 수 없다는 특성을 갖는다. 이 때문에 읽기 전용이라는 의미의 약자를 덧붙어 CD-ROM(Compact Disc Read Only Memory)라고 부르게 되었다. 그러나 근래에 들어서는 읽기뿐만 아니라 쓰기가 가능한 장치들이 잇달아 발매되고 있어서 그 사용이 날로 활성화되어 가고 있는 추세이다.

CD는 매체의 고유 특성으로 인하여 대용량의 데이터베이스 또는 다량의 화상정보와 음성정보를 포함하는 멀티미디어 정보를 저장하거나 배포하는 등의 용도로 널리 사용되고 있으며, 매체적 특성은 자기디스크와 동일한 특성을 갖는다.

이외에도 날이 갈수록 다양한 매체와 장치들이 선보이고 있으나 이들은 인터페이스나 용량, 크기 등에서 차별화될 뿐 매체적 특성은 자기디스크 또는 자기테이프와 동등하다.

9.2.3 파일 편성법에 의한 분류

<table>
<tr><td rowspan="9">편성법에 의한
파일 분류</td><td rowspan="2">순차편성</td><td colspan="2">매체에 구애되지 않음
처리속도가 빠름
매체 사용 효율 높음</td></tr>
<tr><td colspan="2">복사 작업 병행
검색 효율 나쁨</td></tr>
<tr><td rowspan="4">색인순차편성</td><td>색인영역</td><td>마스터
실린더
트랙</td></tr>
<tr><td colspan="2">데이터영역</td></tr>
<tr><td>오버플로영역</td><td>실린더
전체</td></tr>
<tr><td colspan="2">임의접근 후에 순차접근</td></tr>
<tr><td>색인편성</td><td colspan="2">임의접근/순차접근 모두 가능
전적으로 색인에만 의존 접근</td></tr>
<tr><td>임의접근편성</td><td colspan="2">해싱함수-변환속도, 충돌방지
접근시간 빠름, 공간효율저하</td></tr>
<tr><td>리스트편성</td><td colspan="2">포인터-삽입과 삭제 용이
검색시간 느림</td></tr>
</table>

정보를 파일 매체에 기록할 때의 형식을 파일 편성법이라 하고, 보편적으로 널리 사용되고 있는 중요한 파일 편성법으로는 다음의 다섯 가지를 들 수 있다.

파일 편성법에 관한 설명에 앞서 **순차접근**(sequential access)과 **임의접근**(random access, **직접접근**(direct access)에 대한 개념을 먼저 언급하고자 한다. 이 두 가지 접근 방식을 구별 짓는 것은 정보가 저장된 임의의 위치에 접근하는데 걸리는 시간의 동일성 여부이다. 즉, 정보가 저장되어 있는 위치에 따라 접근 시간이 달라지는 경우는 **순차접근**에 해당되고, 정보가 저장되어 있는 위치가 어디이건 간에 접근 시간이 같다면 **임의접근** 또는 **직접접근**에 해당한다. 따라서 임의접근과 직접접근은 같은 뜻을 갖는 말이다.

[1] 순차편성파일(sequential organization file)

순차편성파일은 파일 생성 시에 각각의 레코드를 임의의 순서에 따라 연속적으로 차례대로 수록하고 그 순서대로 처리하도록 편성된 파일을 말한다. 이러한 파일 편성법은 가장 간단하고 고전적인 편성법으로서 보편적으로 널리 이용되고 있다. 순차편성 파일은 접근방식과 관련하여 **SAM(Sequential Access Method)** 파일이라고도 한다.

순차편성파일은

- 어떠한 매체에서도 편성 및 저장이 가능하고,
- 연속적으로 수록하기 때문에 매체의 사용효율이 높으며,
- 일정비율(10～15%) 이상의 레코드를 처리할 때 가장 속도가 빠르다는 장점을 가지고 있다.

그러나 매체 특성상

- 순차적으로만 처리가 가능하기 때문에 레코드를 추가, 삭제, 갱신 등의 작업을 수행할 때 전체 파일을 복사하는 작업이 병행되어야 하고,
- 특정 레코드를 검색할 때에도 첫 레코드부터 검색해야 하므로 검색 효율이 나쁘다는 등의 단점도 가지고 있다.

따라서 순차파일편성법은

- 저장된 순서대로 처리되는 작업의 파일,
- 레코드의 추가나 삭제가 자주 발생하지 않는 작업의 파일,
- 파일 전체를 처리해야 하는 경우,
- 통상적인 일괄처리작업 등의 경우에 적용하는 것이 바람직하다.

[2] 색인순차편성파일(indexed sequential organization file)

색인순차편성파일의 예로 책을 들 수 있다. 책은 통상적으로 목차, 본문, 찾아보기 부분으로 구성되어 있다. 독자는 책의 처음부터 차례대로 읽어가면서 자신이 원하는 정보를 찾아낼 수도 있고, 아니면 목차나 찾아보기를 이용하여 해당 페이지를 찾아 가고, 그 페이지 내에서 원하는 내용을 찾아낼 수도 있다. 이 경우 책의 목차나 찾아보기 영역은 파일에서의 색인영역(index area)에 해당하고, 본문 영역은 데이터영역(data area)에 해당한다고 볼 수 있다.

따라서 색인순차편성파일은

- 데이터가 순차적으로 수록되어 있는 **데이터영역(data area)**,
- 데이터 영역의 각 레코드에 대한 포인터를 가지고 있는 **색인영역(index area)**,
- 데이터 영역이 부족할 경우를 대비한 **오버플로영역(overflow area)**으로 구성된다.

한정적이기는 하지만 직접접근이 가능하기 위해서는 저장매체가 당연히 디스크가 되어야 하고, 디스크의 구성단위는 실린더, 트랙, 섹터이므로 이에 맞추어 색인을 구성해야 한다. 또 색인을 통해서는 개략적인 위치 정보를 알아야 하기 때문에 각 색인은 키 값과 해당 키 값의 레코드 주소 정보를 포함하고 있어야 한다.

따라서 색인순차편성파일에서는

- **마스터 색인영역**(master index area): 접근하고자 하는 키 값을 가진 레코드가 어느 실린더 색인영역에 있는가를 나타낸다.
- **실린더 색인영역**(cylinder index area): 접근하고자 하는 키 값을 가진 레코드가 어느 트랙 색인영역에 있는가를 나타낸다.
- **트랙 색인영역**(track index area): 해당 트랙에 수록된 레코드 중에서 가장 큰 키 값과 그 레코드에 대한 주소 정보로 구성되어 있다. 따라서 데이터가 수록된 트랙 수만큼의 트랙 색인이 존재하게 되며, 입력된 키 값과 트랙 색인의 키 값을 비교하면 레코드가 수록되어 있는 트랙을 알 수 있게 된다.

한편 데이터가 수록되는 영역은

- **데이터영역**(data area): 키 값의 순서에 따라 실제의 데이터가 순서적으로 기록되는 영역이다.
- **오버플로영역**(overflow area): 추가되는 레코드의 수가 많아져 더 이상 데이터 영역에 수록할 수 없는 경우가 되었을 때 데이터가 수록되는 영역이다.

또 오버플로영역이 넘치는(오버플로 되는) 경우를 대비하여 오버플로영역을

- **실린더 오버플로영역**(cylinder overflow area): 데이터영역이 넘칠 때 사용되는 오버플로영역과
- **전체 오버플로영역**(total overflow area): 실린더 오버플로영역이 넘칠 때 사용되는 오버플로영역으로 나누어진다.

이러한 데이터영역까지를 고려한다면 색인순차파일에서 데이터를 찾아내는 순서는 마스터 인덱스→실린더 인덱스→트랙 인덱스→기본 데이터 트랙→실린더 오버플로영역→전체 오버플로영역의 순으로 이루어진다.

색인순차파일편성법을 적용하면 데이터가 저장된 대략적인 위치(트랙)까지는 색인을

이용하여 아주 빠르게 접근하고, 그 다음부터는 순차적인 접근방법을 이용하여 원하는 레코드를 찾아낼 수 있게 되므로, 순차편성파일보다 빠르게 접근할 수 있고, 레코드의 삽입과 삭제가 자유롭다는 장점을 가진다. 그러나 오버플로가 많이 발생하면 검색시간이 길어지고 마침내는 파일을 재편성해야 하는 단점도 가지고 있다.

색인순차편성파일을 **ISAM(Indexed Sequential Access Method)** 파일이라고도 하며 임의의 위치에 있는 대량의 데이터를 순차적으로 처리하고자 할 때 주로 이용된다.

[3] 색인편성파일(indexed organization file)

색인편성파일은 색인을 이용하여 순차처리와 임의처리가 모두 가능하도록 편성된 파일로서, 당연히 색인영역과 데이터영역으로 구성된다.

이 편성법에서는 원하는 레코드를 찾는데 전적으로 색인만 이용한다는 특징을 갖는다. 따라서 색인은 저장되는 레코드의 키 값과 주소정보를 함께 가지고 있어야 하며, 색인이 레코드의 저장 주소를 직접 가지고 있기 때문에 키 값의 순서대로 레코드를 저장할 필요도 없을 뿐만 아니라 데이터영역을 구획 지을 필요 없이 모든 영역에 데이터를 저장할 수 있게 되고, 그로 인하여 오버플로영역이 필요 없다는 2차적인 특징을 갖게 된다.

색인편성파일은

- 색인은 키 값과 함께 레코드가 저장된 주소를 가지고 있다.
- 키 값은 색인영역에만 기록되고 관리된다.
- 색인에 레코드 주소가 포함되므로 키 값의 순서대로 레코드를 수록하지 않는다.
- 색인은 한 실린더에 집중 생성된다.
- 모든 영역을 사용하므로 오버플로영역이 필요하지 않다는 등의 특징을 갖는다.

색인편성파일은 레코드의 추가와 삭제가 매우 빠르고 자유롭다는 장점과 함께 또 다른 항목에 대한 색인을 얼마든지 추가할 수 있다는 더 큰 장점을 가지고 있다. 추가적으로 생성되는 색인을 이용하면 처리시간을 더욱 빠르게 할 수 있기 때문에 데이터베이스 응용분야에서 이러한 기법이 널리 사용되고 있다.

색인편성파일은 다음과 같이 구성되어 있다.

- **데이터영역**(data area): 레코드가 실제로 기록되는 영역으로서 색인순차편성파일에서와는 달리 키 값에 따라 순서적으로 수록되지 않아도 무방하다.

- **색인영역**(index area): 수록되는 레코드의 키 값과 그 레코드가 저장된 주소를 가지고 있다.
- **색인트랙**(index track): 수록된 레코드의 수가 많을 때 원하는 레코드가 어느 트랙에 있는지를 알아내는데 사용된다.

[4] 임의(직접)편성파일(random or direct organization file)

임의(직접)편성파일은 레코드의 저장 위치가 어디이건 상관없이 접근하는데 걸리는 시간이 동일하도록 편성된 파일이다. 이러한 편성이 가능한 매체는 당연히 자기디스크 또는 임의 접근이 가능한 매체적 특성을 갖는 장치들로 한정된다.

이 편성법에서는 색인을 이용하지 않고 레코드의 키 값을 이용하여 해당 레코드가 저장될 주소를 결정하며, 이를 위해 사용되는 계산식을 해싱함수(hashing function)라 한다.

키 값이 해싱함수에 의해 주소로 변환될 때 키 값이 다름에도 불구하고 동일한 주소가 산출되는 경우가 있을 수 있다. 이러한 키 값을 갖는 레코드들을 **동의어 레코드(synonym record)**라 한다. 동의어 레코드들은 같은 주소를 갖기 때문에 당연히 같은 위치에 저장하려고 시도를 하게 되는데 이러한 현상을 **충돌(collision)**이라고 한다.

임의편성파일에서는 충돌에 대한 대책을 운영체제에서 강구하도록 되어 있는데 버킷(bucket) 방법을 이용하는 경우가 많다. 버킷은 동일한 주소를 갖는 파일의 한 구역을 의미하며, 버킷의 크기는 같은 주소에 포함될 수 있는 레코드 수를 나타낸다. 따라서 버킷을 이용한다는 것은 파일 전체를 몇 개의 논리 블록으로 분할하고 버킷에 데이터 레코드를 평균적으로 분산 보관하는 방법을 사용하여 충돌을 피하도록 하고 있음을 의미한다. 버킷에 여유 공간이 없을 때 또 다른 레코드가 이 버킷을 할당받으면 오버플로가 발생하게 된다. 이를 해결하기 위해서는 일차적으로 버킷의 크기를 증대시키게 되는데, 버킷의 크기가 증대되면 오버플로가 발생할 확률은 감소하지만 해당 버킷 속의 레코드 탐색시간이 길어지게 된다.

따라서 해싱함수는 변환속도가 빨라야하고 동시에 동의어 레코드 생산을 최소화할 수 있어야 한다.

이 편성법에 의해 편성된 파일을 DAM(Direct Access Method) 파일 또는 **RAM(Random Access Method)** 파일이라 하며, 개개 레코드에 대한 접근시간이 가장 빠르다는 장점을 가지고 있으나, 충돌방지를 위한 예비공간을 확보해야 하는 탓에 기억공간효율이 나쁘다는 단점도 같이 가지고 있다.

[6] 리스트편성파일(list organization file)

리스트편성파일은 '**리스트(list)**'라는 독특한 자료구조를 이용하여 레코드 상호간의 관계를 유지시키도록 편성된 파일이다. 따라서 각 레코드는 데이터영역(노드)과 포인터영역(링크link)으로 구성되고, 포인터영역에는 다음 차례의 레코드 주소가 들어 있다.

리스트 구조에서는 포인터에 의해 각 레코드들이 논리적으로 연결되기 때문에 앞뒤 포인터의 값을 조작함으로써 레코드를 쉽게 삽입하거나 삭제할 수 있다는 장점과 레코드가 물리적으로 인접해야 하거나 임의의 어떤 영역으로 제한할 필요가 없게 되어 기억 공간 이용이 아주 자유롭다는 장점을 같이 가진다. 그러나 포인터를 순차적으로 따라가면서 레코드를 검색해야 하기 때문에 검색시간이 많이 소요된다는 단점을 가지고 있다.

이러한 리스트 구조는 통상적으로 선형구조, 트리구조, 망 구조 형태의 데이터를 표현하는데 주로 사용되며, 파일편성과 관련해서는 레코드의 수가 불규칙하게 변하거나 연속 기억 공간을 확보하기 어려울 때 주로 사용하게 된다.

종합적으로 파일편성은 저장매체와 밀접한 관계를 가지고 있다. 자기디스크의 경우는 어느 편성법이든 가능하나 자기테이프와 같은 매체는 오로지 순차편성만이 가능하다.

[표 9-5] 매체와 파일편성법 관계

편성법	실현할 수 있는 매체
순차편성	자기 테이프, 자기 디스크
색인순차편성	자기 디스크
색인편성	자기 디스크
임의(직접)편성	자기 디스크
리스트 편성	자기 디스크

[표 9-6] 파일 편성법의 특징 요약

편성법	장점 및 특징	단점
순차편성	• 일정 비율 이상(15%)의 레코드 처리 시에 처리속도가 가장 빠름 • 모든 파일 매체에 구현가능 • 기억 공간 사용 효율이 높음	• 추가, 삭제, 삽입 시에도 파일 전체 복사 필요 • 검색 효율이 나쁨
색인순차 편성	• 색인에 의한 임의접근 후 순차접근 • 순차편성보다 처리속도가 빠름 • 레코드 삽입과 삭제가 쉬움	• 색인 및 오버플로 영역 필요 • 오버플로로 인한 검색시간 지연과 파일 재편성 부담이 있음
색인편성	• 색인이 키 값과 주소 모두 포함 • 순차처리와 임의(직접)처리가 가능 • 2차색인 적용 가능-검색속도빠름 • 임의적인 레코드 배열 가능	• 색인 영역 필요 • 색인의 유지 보수 필요 • 파일 재편성 필요
임의편성 (직접편성)	• 임의접근 가능 • 개개 레코드 접근시간이 가장 빠름	• 해싱함수 필요 • 기억 공간 효율이 나쁨
리스트 편성	• 리스트 구조 이용 - 모든 자료구조 구현 가능 • 레코드 삽입과 삭제가 쉬움 • 불연속 기억 공간에 적합함	• 파일 구조가 복잡함 • 검색시간이 많이 걸림 • 포인터 영역 필요

9.3. 파일의 설계

파일의 설계

▌파일 특성 결정

- 파일 목적 정의
- 파일 항목 선정
- 파일 처리 특성 분석/검토

▌매체 결정

- 기능적인 검토
- 종합적인 검토

▌편성법 결정

- 처리효율 결정
- 파일의 동적 특성 만족

시스템 처리에 필요한 입력 데이터나 시스템 처리 결과인 출력 정보를 비롯하여 시스템의 엔진에 해당하는 각종 프로그램까지도 반복 사용과 사람의 불완전성으로 인한 오류를 최소한으로 줄이기 위해 파일의 형태로 관리된다.

컴퓨터의 처리속도뿐만 아니라 파일 매체의 특성이 나빴던 과거에는 파일 설계의 잘잘못이 시스템 성능에 많은 영향을 미치기도 하였으나, 데이터베이스가 보편화되고 보조기억장치의 성능과 용량이 급격히 발전한 요즈음에는 웬만한 중견 프로그래머까지도 파일에 대한 개념조차 없을 정도가 되고 말았다.

그 대신 DBA라든가 시스템 분석가의 방향 설정이 전체 시스템의 성능을 결정할 만큼 이들에게 그 책임이 집중되고 있다고 볼 수 있다.

파일을 생성하기 위해서는 무엇을 왜 어떻게 수록할 것인지를 먼저 결정해야 한다. 따라서 파일을 설계하기 위해서는

- 파일에 수록되어야할 정보에 관한 전반적인 특성을 분석 / 결정하고,
- 이어서 파일의 특성을 만족시킬 수 있는 저장매체를 결정하며,
- 끝으로 효과적으로 접근할 수 있는 편성법을 결정하는 절차를 밟는 것이 일반적이다.

9.3.1 파일의 특성 분석과 결정

파일 특성 결정

▌파일 목적 정의

- 파일 용도
- 파일과 관련되는 업무
- 파일 이름

▌파일 항목 선정

- 항목 선정/속성
- 레코드 속성
- 정보량

▌파일 처리 특성

- 처리형태/발생빈도
- 접근(액세스)방식/처리시간
- 활동비율/검색빈도의 균질성

이 단계에서는 무엇보다도 왜 파일을 만들어야 하는지를 명확히 해야 한다.

즉,

- 파일 생성 목적을 명확히 해야 하며,
- 파일의 생성 목적에 따라 파일에 수록될 항목을 결정할 수 있게 된다.
- 그런 다음에는 파일 처리와 관련되는 특성들을 검토하여야 한다.

[1] 파일 목적 정의

우선, 무엇을 위하여 파일을 생성하고자 하는지, 즉 파일의 목적을 결정하기 위해서는

- 파일의 용도
- 파일과 관련되는 업무들
- 파일 이름 등을 검토해야 한다.

파일 목적을 결정하기 위해서는 먼저 출력 설계, 입력 설계 등에서 정의된 정보들 중에서 무엇을 파일로 만들지를 결정하고, 왜 그 파일이 필요한지를 생각해 보면 파일의 목적을 정의할 수 있다.

여기서 결정되는 파일의 목적과 용도는 저장 매체와 파일 편성법에 직접적인 영향을 주게 된다.

[2] 파일 항목 선정

파일 목적이 결정되면 파일에 수록되어야 할 항목들을 결정할 수 있게 된다. 왜냐하면, 파일은 레코드의 집합이고, 레코드는 각 항목의 집합이기 때문이다. 이 단계에서는 시스템 분석결과를 참조하여 파일의 생성 목적을 달성하는데 필요한 각 항목, 레코드 건수, 처리 형태, 처리 빈도 등을 분석/결정한다.

이 단계를 성공적으로 수행하기 위해서는

- 파일에 포함되어야 할 항목(항목 명칭),
- 선정된 항목의 속성: 키 여부, 고정/가변 길이의 구분, 자릿수, 사용문자 등
- 레코드 속성: 고정/가변 길이의 구분, 블록화 여부, 항목의 배치 순서 등
- 정보량: 파일에 수록되는 레코드의 수(장래의 확장성 고려) 등을 조사해야 한다.

[3] 파일 처리 특성 분석

파일에 수록되는 정보의 종류와 양이 동일하더라도 대상 업무의 종류와 특성에 따라 파일의 역할이 달라지고 그에 따라 편성법도 달라지게 마련이다. 따라서 어떤 업무에서 어떤 방식으로 얼마나 자주 파일을 사용하게 되는지 등에 관해 알아야 하고, 이러한 사항들이 제대로 반영되지 않으면 업무 수행에 치명적인 영향을 받게 된다.

파일 처리 특성, 즉 파일의 동적 특성을 파악하기 위해서는

- 대상 업무의 조사,
- 업무에서의 주된 처리 형태: 갱신, 추가, 삭제 등,
- 업무(처리) 발생 빈도,
- 접근(액세스)방식: 해당 레코드에 접근하는 방식, 순차접근, 임의접근 등,
- 처리시간: 파일 처리에 대한 시간 제약 유무 등,
- 파일의 활동비율,
- 검색 빈도의 균질성 등을 조사해야 한다.

이 중에서 파일의 **활동비율(activity ratio)**은 파일 속의 전체 레코드 중에서 실제로 처리되는 레코드의 비율을 나타내는 것이며, **검색 빈도의 균질성**이란 레코드의 분포도를 나타내는 지표이다. 이러한 파일의 활동 비율과 검색 빈도의 균질성은 파일의 처리방식과 편성법을 결정짓는 아주 중요한 요소이다.

예를 들어서 소수의 레코드에 대해 개별적으로 접근하여 처리하는 경우에는 임의처리방식이 유리하지만, 전체 레코드의 10% 이상을 처리해야 하는 경우에는 순차처리방식이 유리하다. 즉, 파일 활동 비율이 10% 이상이면 순차처리방식이 훨씬 효과적이라는 것을 의미한다.

또, 검색 빈도가 전 영역에 걸쳐서 골고루 발생하는 경우에는 임의편성이 유리하고 특정 부분에 치우쳐 발생하면 색인순차편성이 아주 유리하다.

9.3.2 파일 매체 결정

파일 매체 결정

기능적인 검토
- 접근방식
- 처리방식
- 정보량
- 처리속도
- 조작의 용이성

종합적인 검토
- 매체 결정
- 매체 수 계산
- 매체 장치의 수 계산

파일 저장 매체의 특성에 따라 파일 편성법이 좌우되므로 파일을 저장할 매체를 결정하기 위해서는 신중한 검토가 요구된다.

파일 매체를 결정하기 위해서는 앞 단계에서의 검토 결과를 충분히 반영하여야 한다. 그러나 모든 사항들을 만족시킬 수는 없기 때문에 가장 중요한 사항을 중심으로 검토하는 것이 바람직하다.

우선 각 매체의 특성을 잘 이해한 후 용량, 속도, 비용, 조작의 용이성 등을 종합적으로 고려하여 적절한 매체를 선정해야 한다. 특히 속도와 용량은 핵심적으로 검토해야 할 사항이다.

이러한 검토를 체계적으로 수행하기 위해서는

- 기능적인 검토와
- 종합적인 검토의 두 부분으로 나누어 실시하는 것이 바람직하다.

[1] 기능적인 검토

파일 활용과 관련되는 기능적 면들을 중심으로 검토하는 것을 말한다.

이러한 검토에 속하는 검토 사항으로는

- **접근방식**(access method): 순차접근인가 임의접근인가?
- **처리방식**: 순차처리인가? 임의 처리인가?

- **정보량**: 매체의 구체적인 종류와 수를 결정
- **처리속도**: 제한 시간의 준수 여부 판단
- **조작의 용이성** 등이 포함된다.

접근방식에 따라 자기테이프 유형 혹은 자기디스크 유형 매체 중의 하나가 선택된다. 예를 들어 온라인 은행 업무에서와 같이 불특정 사용자를 대상으로 하는 업무에서는 임의적인 접근이 이루어져야 하므로 처리방식이 어떠한 것으로 결정되든 매체는 당연히 자기디스크가 선정될 수밖에 없다.

처리방식이 순차처리인 경우에는 어느 매체든지 사용할 수 있으나, 그 이외의 처리방식일 경우에는 자기디스크 유형의 매체가 필요하다.

또, 정보량 검토를 통해서는 구체적인 매체의 종류와 수를 결정하게 된다. 예를 들어서 정보량이 아주 많은 경우에는 자기테이프 매체를 선정하더라도 길이 몇 피트(feet)짜리 자기테이프를 사용할 것인가를 결정해야 한다.

이어서 처리속도에 대한 검토를 통해서도 매체의 구체적인 종류를 선정하게 된다. 가령 예를 들어 빠른 속도를 요구하는 업무인 경우에는 당연히 자기디스크를 사용하게 되겠지만, 자기디스크라고 해도 동작속도가 모두 같지는 않으며, 정보량이 많은 경우에는 동작속도의 차이가 더욱 커지는 법이다. 따라서 이럴 경우에는 자기디스크 중에서 가장 속도가 빠른 모델을 선정하는 것이 바람직하다.

끝으로 조작 용이성의 검토를 통해서는 정보량, 파일의 수, 사용 빈도 등을 고려하여 사람의 개입을 최소화할 수 있는 매체를 선정하는 것이 시스템의 효율을 높이는 한 방안이다.

[2] 종합 검토

기능적인 검토 결과에 따라 파일별로 적합한 후보 매체를 선정하고, 시스템 차원에서 종합적인 검토를 하는 단계이다. 종합 검토 과정을 거치고 나면 최종적으로 매체 및 장치 대수 등을 결정하게 된다.

- **매체 선정**: 파일별 후보 매체를 시스템 차원에서 처리속도, 용량, 비용 등을 고려하여 검토하고 선정한다.
- **매체 수 계산**: 정보량을 고려하여 필요한 매체 수를 계산한다.
- **매체 장치의 수 계산**: 매체를 운용하는데 필요한 장치의 대수를 계산한다. 예를

들면, 자기디스크의 용량이 충분하더라도 시스템 보호를 위해 시스템용 자기디스크와 작업용 자기디스크를 반드시 분리 운영하겠다고 결정하게 되면 두 대의 자기디스크 장치가 필요하게 되는 경우가 이에 해당한다.

9.3.3 파일 편성법의 결정

파일 편성법 결정

종합적인 검토

- 파일 특성 결정
- 파일 매체 결정
- 시스템 개발 목적을 달성할 수 있는 파일 편성법 선택

파일 편성법은 파일 매체와 밀접한 관계를 맺고 있다. 예를 들어 자기테이프 매체인 경우에는 아무리 애를 써도 순차편성 이외의 다른 편성법은 적용할 방법이 없다. 따라서 파일 매체 결정은 아주 신중히 행해져야 한다.

근래에 들어서는 자기디스크가 보편화되고, 데이터베이스 기술이 확산됨에 따라 파일 편성법에 대한 관심도 거의 사라지고, 당연히 자기디스크에 데이터베이스를 구축하여 사용하는 것으로 인식하고 있는 듯하며, 향후 장차에는 그렇게 될 것으로 예측하는 사람들도 많이 있는 것도 사실이다.

어쨌거나 파일 설계 시에는 어떤 파일 편성법이 분석가가 결정한 파일 특성을 만족시켜 시스템의 효율성을 극대화할 수 있는지를 생각해야 한다. 따라서 설계자는 앞서 결정된 저장 매체 상에 파일의 동적 특성을 만족시킬 수 있는 파일 편성법을 구사해야 한다.

그러기 위해서는 앞의 매체 결정 단계에서 검토했던 사항들과 중복되는 감이 없지 않지만 다음의 사항들을 종합적으로 검토해야 한다.

- **선정된 매체의 종류**: 자기테이프에는 순차편성만 가능하다.
- **처리형태**: 처리 요구가 임의적으로 발생하고, 즉시 처리가 요구되는 경우에는 임의편성이 요구되고, 일괄처리가 요구되는 경우에는 순차편성이 유리하다.
- **삽입/추가/삭제/변경의 빈도와 이동성**: 이러한 유형의 작업 발생 빈도가 높으면 순차편성은 피하는 것이 좋으며, 색인순차편성법 혹은 색인편성법에서는 색인의

재편성이 매번 발생하기 때문에 처리시간이 지연된다는 점에 유의해야 한다.

- **접근방식**(access method): 임의접근인지 순차접근인지에 따라 편성법이 달라진다.
- **응답시간**(response time): 실시간 처리가 요구되는 경우에는 임의 편성법을 적용하는 것이 유리하다.
- **키 변환과 코드의 체계**: 임의 편성법에서는 키 변환이 필수적으로 발생한다. 변환 속도가 빠르고 충돌을 덜 발생시킬 수 있는 해싱함수와 키 변환 알고리즘의 선택이 필요하다. 이러한 면들은 운영체제에 의해 거의 자동적으로 해결되지만 키 변환에 사용되는 코드 체계에 관한 검토는 반드시 이루어져야 한다. 적절한 코드 체계에 의해서 기억 공간 효율을 높이고 처리 시간을 감소시킬 수가 있다.
- **종합 검토**: 이상의 사항들을 종합적으로 검토한다. 그러나 이상의 모든 면들을 아주 이상적으로 만족시킬 수 있는 파일 편성법은 없다. 따라서 구축하고자하는 시스템에서의 주된 기능이 무엇인가에 따라 일부 사항은 무시될 수도 있다는 점을 인정해야 한다.

결론적으로는 시스템 개발 목적을 가장 잘 달성할 수 있는 파일 편성법을 선택해야 한다.

9.4. 데이터베이스의 개념

데이터베이스의 필요성

- 프로그램과 데이터의 상호 종속성
- 데이터 중복→데이터 불일치
- 생산성 저하

데이터베이스 시스템의 구성 요소

- 데이터베이스
- 데이터베이스 관리 시스템
- 사용자
- 컴퓨터

데이터베이스 시스템의 장단점

- 정보 생산성 향상/데이터 독립성확보
- 데이터 중복 최소화/일관성 유지
- 시스템 취약/비용 증가
- 복잡함/속도 저하

데이터 모델과 DBMS의 종류

- 계층형
- 네트워크형
- 관계형
- 객체지향형
- 객체관계형

최근에는 대용량, 저가격, 소형화의 삼박자를 골고루 갖춘 자기디스크와 고성능과 편리함을 겸비한 데이터베이스 관리 시스템(DBMS: DataBase Management System)이 등장함에 따라 업무에 필요한 거의 모든 데이터가 파일보다는 데이터베이스로 구축되고 있다. 물론 데이터베이스 그 자체도 내부적으로는 파일이지만 시스템 분석가나 설계자 그리고 사용자 모두의 입장에서 파일보다는 데이터베이스 그 자체로 인식되고 있으며, 데이터베이스를 전공하거나 아주 전문 분야에 속하는 몇몇 사람만이 내부적인 면들을 다루고 있을 뿐이다. 이러한 추세에 따라 데이터베이스 설계가 파일 설계 못지않게 중요하다는 점을 인식하고 이하의 부분에 데이터베이스 설계에 관한 내용들을 서술하려 한다.

그러나 데이터베이스 설계 분야가 하나의 독립된 학과목으로 취급되어야 할 만큼 방대한 분량이기 때문에 전부를 다룰 수는 없으며 현장 업무 추진 시에 보편적으로 고려해야 할 사항들을 중심으로 언급하고자 한다. 보다 깊은 지식 혹은 전문적인 내용을 필요로 하는 사람들은 관련 전문 서적들을 참고할 것을 권한다.

9.4.1 데이터베이스의 필요성

파일 사용 시의 문제점

▌데이터 종속성
- 생산성 저하

▌데이터 중복
- 데이터 불일치
- 저장/갱신 비용의 증가

파일을 사용하는 경우에는 프로그램 속에 모든 데이터 처리과정이 포함되어 있어야 하며, 그에 따라 프로그램의 특정 요구에 부합되는 특정 데이터 파일을 필요로 하게 된다. 이는 곧 프로그램과 데이터 파일의 **상호 의존성**으로 이어져 서로 종속의 관계를 형성하게 된다. 종속성은 한쪽의 변화가 다른 쪽의 변화를 서로 요구하게 되어 소프트웨어 생산성을 크게 저하시키는 요인이 된다.

이러한 종속성으로 말미암아 비록 전체적인 파일 구조는 다를지라도 같은 항목이 여러 데이터 파일 속에 중복 저장될 수밖에 없으며, 이러한 **데이터 중복 현상**은 데이터 불일치, 갱신 및 저장비용 증가 등의 문제를 발생시킨다.

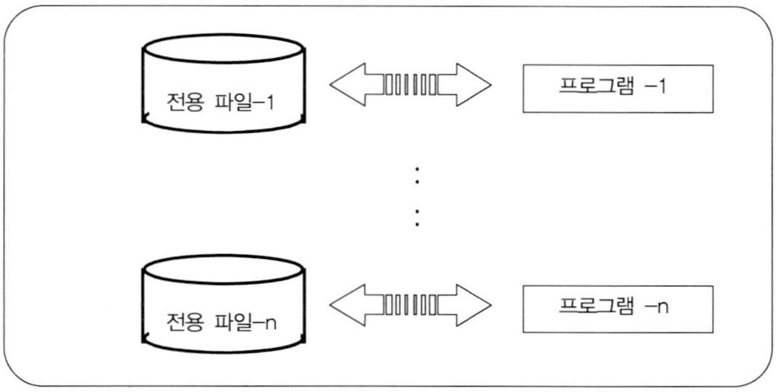

그림 9-5 **파일과 프로그램의 상호 관련성**

또, 파일을 사용하는 경우에는 시스템 차원의 지원이 미비하기 때문에 데이터 처리 및 데이터의 정확성을 보장하기 위한 데이터 오류 검사, 데이터에 대한 불법적인 접근을 막기 위한 대책과 컴퓨터 시스템 고장 시의 대책 등이 모두 포함되어야 하고, 이는 모두 프로그래머의 몫이었다. 따라서 프로그래머에 대한 의존도가 아주 높을 수밖에 없었으며, 경험이 풍부한 프로그래머의 역할과 그 영향이 매우 컸었다고 말할 수 있다.

과거로부터 지속적으로 사용되어온 파일 시스템은

- 기능이 단순하여 사용하기가 쉽고,
- 운영체제 속에 포함되어 있기 때문에 별도의 비용이 들지 않으며,
- 처리 속도가 빠르다는

장점을 가지고 있지만,

- 데이터 파일이 프로그램에 종속되고,
- 데이터가 중복 관리되며,
- 프로그래머는 파일의 물리적 구조를 알아야 한다는 부담감,
- 보안 체제가 취약하고 데이터 공유가 곤란하다는 등의 심각한 단점을 가지고 있다.

파일 사용 시의 이러한 문제점들을 해결함으로써, 즉 데이터 종속성을 해결하여 데이터의 독립성을 확보하고 데이터 중복을 최소화함으로서 프로그램 개발 생산성과 시스템 생산성을 향상시킬 목적으로 데이터베이스 시스템이 등장하게 되었다.

박학다식한, 저명한 많은 학자들께서 여러 측면에서 나름대로 데이터베이스를 정의하고 그 특장점 및 단점들을 설파하고 있지만, 필자는 데이터베이스의 필요성(구축 목적)을 명쾌하게 다음처럼 정의하고자 한다.

> "데이터베이스의 구축 목적은 최소한의 데이터와 최소한의 동작으로 최대한의 결과를 얻기 위함이다."

여기서 최소한의 데이터란? 파일 시스템에서 데이터 중복을 제거함을 의미하고, 동시에 데이터베이스 정규화 이론에서 추구하는 바가 바로 이 점이며, 이에 따라 당연히 데이터 처리에 소요되는 동작이 최소가 되기 때문이다.

9.4.2 데이터베이스 시스템

데이터베이스 시스템(Database System)

- 데이터베이스
- 데이터베이스 관리 시스템
- 사용자
- 컴퓨터

우리가 통상적으로 데이터베이스라고 하는 것은 데이터베이스(DataBase) 그 자체를 비롯하여 데이터베이스를 운영하는 소프트웨어의 집합체인 데이터베이스 관리 시스템(DBMS: DataBase Management System), 그리고 사용자(user)와 컴퓨터(computer)라는 네 가지의 독립된 구성 요소들이 상호 유기적으로 결합된 시스템으로서 [그림 9.6]은 이들 간의 상호 구성 관계를 나타내었다.

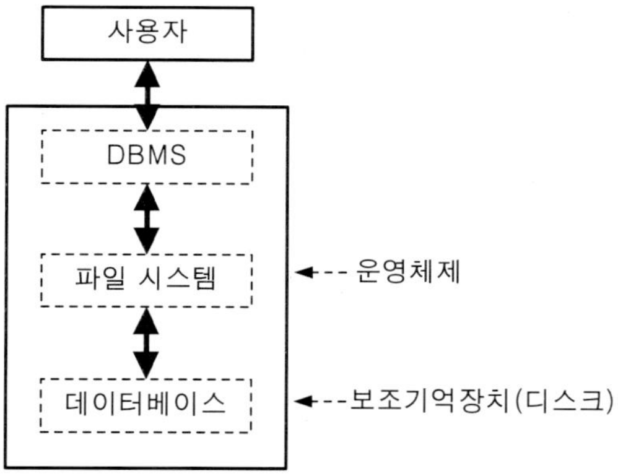

그림 9-6 **데이터베이스 시스템의 구성 개요**

데이터베이스 시스템은 바로 이러한 네 가지 구성 요소들이 상호 유기적으로 결합되어 응용 프로그램 생산성 향상이라는 목표를 추구하는 집합체로서 대단히 복잡하며, 그에 따른 비용 부담과 고급 전문 인력을 요구하는 등의 단점도 있지만 아울러 여러 가지 장점도 있다.

데이터베이스 시스템을 네 가지 구성 요소와 결부시켜 설명한다면

- 데이터베이스 관리 시스템(DBMS)은 파일 시스템에서의 문제점들을 해결하기 위

하여 개발된 소프트웨어로서 사용자와 파일 시스템 사이의 인터페이스 역할을 수행하며,

- 데이터베이스(DataBase)는 조직체 내의 여러 응용 시스템들이 공용할 수 있도록 통합 · 저장된 운영데이터의 집합체이며,
- 컴퓨터상에서 데이터베이스와 데이터베이스 관리 시스템이 구축 · 운영되며,
- 사용자에 의해 다양한 형태로 이용되는 정보처리 시스템의 핵심을 이루는 시스템이다.

[1] 데이터베이스 관리 시스템

◖ 데이터베이스 관리 시스템(DBMS) ◗

- ▸ 사용자의 응용 프로그램과 데이터베이스 사이에 위치하며, 모든 응용 프로그램에서의 데이터베이스에 대한 요구를 받아들여 이를 대행하는 소프트웨어 시스템
- ▸ 사용자 요구에 따른 데이터베이스의 정의·조작·제어 기능을 수행하는 프로그램의 집합체

DBMS는 '사용자의 응용 프로그램과 데이터베이스 사이에 위치하며 모든 응용 프로그램에서의 데이터베이스에 대한 요구를 받아들여 이를 대행하는 소프트웨어 시스템'으로 정의 할 수 있으며, 궁극적으로는 데이터베이스를 관리하고 운영하는 프로그램이다. 이에 따라 데이터베이스에 대한 모든 응용 프로그램에서는 DBMS를 통해서만 데이터베이스에 접근할 수 있게 된다.

DBMS는 데이터베이스에 대한 사용자의 요구를 받아들이고 그에 합당한 동작을 지원하기 위하여 데이터 독립성을 유지하면서 데이터 정의기능, 데이터 조작기능, 데이터 제어기능을 필수적으로 가지고 있어야 하는데, 데이터 언어를 통하여 이를 구현하고 있다.

구체적으로는 데이터 정의기능을 위한 **데이터 정의어**(**DDL**: Data Definition Language), 데이터 조작기능을 위한 **데이터 조작어**(**DML**: Data Manipulation Language), 데이터 제어기능을 위한 **데이터 제어어**(**DCL**: Data Control Language)를 제공하고 있으며, 이것을 데이터베이스 관리 시스템의 3요소라 한다.

[2] 데이터베이스

데이터베이스 정의

데이터베이스는 어느 한 조직체의 여러 응용 시스템들이 공용할 수 있도록 통합되고 저장된 운영 데이터의 집합이다.	· 공용 데이터 · 통합 데이터 · 저장 데이터 · 운영 데이터

작은 조직이라 할지라도 하나의 조직을 원활히 운영하려면 상당히 많은 양의 데이터가 필요하지만 그 데이터 전부가 언제나 필요한 것은 아니며, 조직의 상황에 따라 전체 데이터 중의 일부분만을 필요로 하는 경우가 더 많다. 그러므로 조직 전체의 입장에서 볼 때는 조직에서 필요로 하는 데이터 전부를 모아 두고, 상황에 따라 필요로 하는 데이터들을 적절하게 제공할 수 있도록 해야 할 것이다.

따라서 데이터베이스는 '어느 한 조직체의 여러 응용 시스템들이 공용할 수 있도록 통합되고 저장된 운영 데이터의 집합이다.'라고 정의할 수 있다.

스키마

데이터베이스에는 조직이 필요로 하는 모든 데이터가 포함되고, 이러한 데이터들은 저장매체에 저장되어야 하며, 개개 프로그램에서는 일부만을 사용하게 되므로 이를 지원할 수 있는 방안이 제공되어야 한다. 즉, 운영 데이터 전체를 다루기 위한 방안, 개개 프로그램에서 필요로 하는 데이터를 제공하기 위한 방안, 저장 매체에 데이터를 저장(기록)하는 방안 등을 제공해야 한다.

미국 표준국(ANSI, American National Standards Institute)이 1975년에 데이터베이스 소프트웨어를 연구하기 위하여 설치한 ANSI/SPARC(Systems Planning and Requirements Committee) 위원회에서는 파일 시스템에서의 문제점이었던 데이터 종속성과 중복을 해결하기 위해서는 데이터 독립성을 확보해야 하며, 이를 위하여 데이터베이스를 세 가지 관점(뷰; View)에서 기술할 수 있어야 한다고 제안하였다.

이처럼 하나의 데이터베이스를 세 가지 관점, 즉 데이터베이스를 이용하는 각 개인의 입장에서 보는 관점, 데이터베이스 관리 측면에서 보는 종합적인 관점, 물리적 저장장치 입장에서 보는 관점에서 기술하는 것을 **3단계 데이터베이스 구조**(3-level database architecture) 또는 ANSI/SPARC에서 제안하였음을 기억하는 의미에서 **ANSI/SPARC 구조**라 하기도 한다.

이러한 세 단계를 **외부 단계, 개념 단계, 내부 단계**라 하며, 각 단계마다에 **외부 스키마**(external schema), **개념 스키마**(conceptual schema), **내부 스키마**(internal schema)가 존재한다.

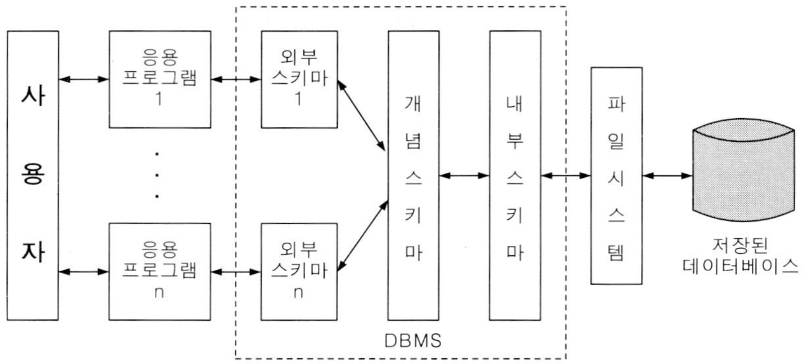

그림 9-7 3단계 스키마 구조

각 스키마 사이에는 **사상(mapping)**이 성립되어, 즉 외부 스키마와 개념 스키마 사이에는 **외부/개념 사상**이 이루어지고, 개념 스키마와 내부 스키마 사이에는 **개념/내부 사상**이 이루어져 데이터의 논리적 독립성 및 물리적 독립성을 구현하는데 아주 중요한 역할을 수행하게 된다.

스키마(schema)란 데이터베이스에 어떤 구조로 데이터가 저장되는가를 나타낸 것, 즉 데이터베이스 구조를 말하며, 데이터베이스를 운용·관리함에 있어 대단히 중요한 정보이다. 좀 더 상세하게 스키마를 설명한다면, 개체의 특성을 나타내는 속성(attribute)과 속성들의 집합으로 이루어진 개체(entity), 개체 사이에 존재하는 관계(relationship)에 대한 정의와 이들이 유지해야 될 제약조건(constraints) 등을 기술한 것이다.

- **개념 스키마**(conceptual schema): 조직체 전체를 관장하는 입장에서 데이터베이스를 정의한 것이다. 따라서 조직체의 모든 응용 시스템에서 필요로 하는 모든 개체, 관계 그리고 제약조건들을 포함해야 한다. 뿐만 아니라 데이터베이스를 효율적으로 관리하는데 필요한 접근 권한, 보안 정책, 무결성 규칙 등에 관한 사항들도 추가적으로 포함되기도 하므로 경우에 따라서는 이 개념 스키마를 그냥 **스키마(schema)**라고 부르기도 한다. 개념 스키마는 데이터베이스 전체에 대해 기술한 것이기 때문에 유일할 수밖에 없다. 즉, 딱 하나뿐이며, 개념 스키마로부터 외부 스키마가 생성되고 지원된다.

- **외부 스키마**(external schema): 데이터베이스 전체 중에서 개개 사용자나 응용 프로그램에서 필요로 하는 개체와 관계에 대해서 정의한 것을 외부 스키마라 하며, 때로는 전체 데이터베이스의 논리적 일부분이 된다는 의미에서 **서브 스키마(sub-schema)** 또는 데이터베이스를 들여다보는 창이라는 의미에서 **뷰(view)** 라고도 한다. 따라서 사용자의 수나 응용 프로그램의 수만큼 많은 외부 스키마가 존재할 수 있으며, 이를 통하여 데이터베이스에 접근할 수 있게 되므로 결국 외부 스키마는 데이터베이스에 대한 외부로부터의 접근 통로 구실을 하게 된다. 응용 프로그램에서는 외부 스키마에서 정의한 것만을 처리 대상으로 삼으며, 이를 통하여 데이터베이스를 공유할 수 있게 된다.

- **내부 스키마**(internal schema): 물리적 저장장치의 입장에서 데이터베이스가 저장되는 방법을 기술한 것이다. 구체적으로는 개념 스키마를 디스크 기억장치에 물리적으로 구현하기 위한 방법을 기술한 것으로서 그 주된 내용은 실제로 저장될 내부 레코드의 형식, 내부 레코드의 물리적 순서, 인덱스의 유무 등에 관한 것이다. 그러나 실제의 데이터베이스는 내부 스키마에 의해 곧 바로 구현되는 것이 아니라 내부 스키마에서 기술한 내용에 따라 운영체제의 파일 시스템에 의해 물리적 저장장치에 구현된다.

데이터 구성 요소

데이터베이스에서도 파일에서와 마찬가지로 데이터베이스에 표현하려는 대상의 특성이나 상태 등을 나타내는 최소단위의 표현(데이터 필드, 속성)들을 모아서 하나의 완성된 의미를 갖는 단위(레코드, 개체)로 저장하고 있으며, 최종적으로는 개체 집합(entity set, 파일에 해당)간의 상호 관련성을 표현함으로써 데이터베이스를 완성하게 된다. 이중에서 개체 집합 상호간의 관계를 명시적으로 취급해야 한다는 점이 파일과는 크게 다른 점이다.

개체(個體)란 데이터베이스에 표현하려는 유형, 무형의 목적물로써 상호 식별될 수 있는 것들(즉, 대상)을 지칭하며 영어 발음 그대로 **엔티티(entity)**라고도 한다. 따라서 개체는 인간, 책, 건물처럼 구체적으로 실존하는 유형의 것만이 아니라, 학번, 주민등록번호, 계좌번호 등과 같이 가상적인 개념으로 존재하는 무형의 것들까지도 포함한다.

이러한 개체들 중에서 같은 부류의 개체들을 모아 놓은 것, 또는 개체들을 같은 부류별로 나눈 것을 **개체 집합(entity set, 파일에 해당)** 또는 개체 유형(entity class)이라 한다. 결국 개체는 파일의 레코드에 대응되며, 그 자체로서 현실세계의 사실을 완전하게 나타낼 수 있기 때문에 정보의 단위로서 의미를 갖는다.

파일에서 하나의 레코드가 여러 개의 데이터 필드로 구성되어 있듯이 데이터베이스에서의 개체(entity, 레코드)도 데이터 필드에 대응되는 개념인 **속성(애트리뷰트: attribute, property)**으로 구성되고, 각 속성들은 파일에서의 데이터 필드와 마찬가지로 해당 개체의 특성이나 상태를 나타낸다.

그러므로 속성은 데이터베이스에서 표현되는 데이터의 가장 작은 논리적 단위가 되며, 그 자체만으로는 현실세계의 사실을 표현하지 못하므로 독자적으로 존재할 수 없다. 그러나 이러한 속성들이 모여 개체를 이루고, 개체는 현실세계의 사실을 나타내는 정보의 단위가 될 수 있기 때문에 단독으로 존재할 수 있게 된다.

궁극적으로 개개 속성들이 모여서 개체를 이루고, 개체들이 모여서 개체 집합을 이루며, 이들 개체 집합의 상호 관계를 설정함으로서 데이터베이스는 완성된다.

속성이 나타내는 개체의 특성을 구분할 수 있게 하기 위해서 통상적으로 그 특성을 의미할 수 있는 이름을 속성에 부여한다. 예를 들어, 학생이라는 개체의 구체적인 특성을 나타내기 위한 속성들이 여러 개 있다고 가정하자. 그 중에는 학번도 있을 수 있고, 성명, 주민등록번호도 포함될 수 있다. 각 속성이 의미하는 특성들을 나타내기 위하여 '학번'이라는 이름의 속성, '성명'이라는 이름의 속성, '주민등록번호'라는 이름의 속성들을 정의하게 된다. 그렇게 되면 '학생'이라는 개체는 <학번, 성명, 주민등록번호>라는 세 개의 속성으로 표현되게 되는 셈이다.

속성 이름만으로 구성되는 개체 정의도 하나의 개체로 간주할 수도 있으며, 이를 **개체형태** 또는 **개체 타입(entity type)**이라 한다. 속성들이 구체적인 값을 가지면 현실세계에 존재하는 실질적인 객체를 나타내게 된다. 예를 들어 <학번, 성명, 주민등록번호>라는 세 개의 속성으로 정의 된 '학생'이라는 개체가 <02050010, 김철수, 830413-1696014>라는 값을 갖는다면 이 개체는 학번이 '0205001'이고, 이름이 '김철수'이며, 주민등록번호는 '830413-1696014'인 한 학생을 구체적으로 표현하게 되는 것이다.

이처럼 개체를 정의하고 있는 속성들이 구체적인 값을 가짐으로써 실체화되는 것을 **개체 인스턴스(entity instance)** 또는 **개체 어커런스(entity occurrence)**라 하며, 데이터베이스에는 바로 이러한 개체 인스턴스가 실제로 저장된다.

	속성1	속성2	속성3	
학생 →	학번	이름	주민등록번호	← 개체 타입
개체집합	0405001	강철수	830413-1236014	← 개체 인스턴스
	0405002	권기운	840413-2676601	〃
	:	:	:	:
	0405192	전인아	851104-2869333	〃
	0405208	정효진	791012-1220107	〃

그림 9-8 개체 타입과 개체 인스턴스

식별자와 키

키(key): 개체 식별에 사용할 수 있는 속성

키의 종류

- 후보키
- 기본키
- 대체키
- 수퍼키(복합키)
- 외부키
- 보조키

개체 집합(파일)의 개체 인스턴스들을 다루기 위해서는 이들을 식별할 수 있어야 하므로, 통상적으로 개체를 구성하고 있는 속성들 중의 하나를 선택하여 개체 식별자(identifier)로 이용하게 된다. 이처럼 개체 식별에 이용할 수 있는 속성을 **키 속성(key attribute)** 또는 간단히 줄여서 **키(key)**라 하고, 키의 구성이나 역할에 따라 몇 가지로 나눌 수 있다.

우선, 개체들을 고유하게 식별할 수 있는 속성들은 어느 것이나 키가 될 수 있다는 의미에서 이러한 속성을 **후보키(candidate key)**라 하고, 후보키 중에서 개체의 의미를 잘 나타내고 변화가 적은 것을 선택하여 **기본키(primary key)**로 삼는다. 후보키 중에서 기본키로 선택되고 남은 키들은 언제든지 기본키로 대체될 수 있다는 의미에서 **대체키(alternate key)**라 한다. 하나의 속성만으로 개체를 식별할 수 없는 경우에는 두 개 이상의 속성들을 결합하여 하나의 키로 사용할 수 있으며, 이를 **수퍼키(super key)** 또는 **복합키(compound key)**라 한다.

[표 9-7] 키(key)의 종류

	키의 종류	설 명
1	후보키 (candidate key)	개체들을 고유하게 식별할 수 있는 모든 속성
2	기본키 (primary key)	후보키 중에서 개체 식별을 위해 선정된 키
3	대체키 (alternate key)	후보키 중에서 기본키로 선택되지 못한 키
4	수퍼키 (super key)	하나 이상의 속성으로 구성된 키
5	외부키 (foreign key)	다른 개체 집합의 기본키로 선정된 속성
6	보조키 (secondary key)	동일한 값을 가질 수 있는 속성의 키

또, A라는 개체 집합의 B라는 속성이 C라는 개체 집합에도 포함될 수 있는데, C라는 개체 집합에 포함된 B라는 속성이 기본키로 선정되면, A라는 개체 집합 속에 있는 B라는 속성을 C라는 개체 집합에 대한 **외부키(foreign key)**라 한다. 외부키는 개체 집합끼리의 관계를 설정하는데 매우 중요한 역할을 하며, 이를 이용하여 개체 집합 사이의 **참조 무결성 제약조건(referential integrity constraints)**을 보장하기 위한 도구로 이용된다.

이외에도 동일한 값을 가질 수 있기 때문에 개체들을 고유하게 식별하는 데는 사용할 수 없지만 여러 면에서 유용하게 사용할 수 있는 속성을 **보조키(secondary key)**라 한다.

[3] 데이터베이스 사용자

데이터베이스 사용자

- 데이터베이스 관리자(DBA: DataBase Administrator)
- 응용 프로그래머(application programmer)
- 일반 사용자(end user)

데이터베이스 시스템에 관련되는 사용자들은 데이터베이스 관리자, 응용 프로그래머, 일반 사용자의 세 부류로 나눌 수 있다.

데이터베이스 관리자(DBA: DataBase Administrator)

DBA는 데이터베이스 시스템의 운영과 관리에 관한 모든 것을 총괄적으로 책임지는 사람으로서, 데이터 정의어와 데이터 제어어를 사용하여 데이터베이스 구조를 정의하고 저장된 데이터를 제어함으로써 양질의 데이터가 정당하게 효율적으로 이용될 수 있도록 데이터베이스를 관리하는 사람이다. DBA의 역량에 따라 데이터베이스 시스템의 운영 효율이 달라질 수 있기 때문에 그 역할은 대단히 중요하며, 응용 업무와 데이터베이스 관리 시스템 및 컴퓨터 시스템에 관해 많은 경험과 전문적인 지식을 가지고 있어야 한다.

응용 프로그래머(application programmer)

응용 시스템의 프로그램을 개발하는 일종의 전문가에 해당하는 사람들로서, 주로 데이터 조작어를 이용하여 데이터베이스에 접근한다.

일반 사용자(end user)

개발이 완료된 데이터베이스 응용 시스템을 실제로 이용하는 사람들을 말한다. 이들은 컴퓨터 비전문가들로서 주로 터미널을 이용하여 자신이 필요로 하는 데이터를 검색하는 경우가 많으며, 접근 권한에 따라 데이터를 삽입 · 삭제 · 갱신하는 경우도 있다. 이들은 비절차적 질의어(query language)나 응용 프로그래머들이 개발하여 제공하는 인터페이스를 이용하여 데이터베이스에 접근하고 업무를 수행하는 경우가 대부분이다.

[4] 컴퓨터

컴퓨터는 데이터베이스 관리 시스템을 실행시키기고 데이터베이스를 저장 · 운영하기 위해서 필요하다. 즉, 데이터베이스 관리에 관련된 물리적 기능을 제공하는 장치들이다.

다양하고도 복잡한 기능의 DBMS를 운용하기 위해서는 보다 빠른 CPU, 대용량의 메모리와 보조기억장치 등의 더 많은 컴퓨터 자원을 요구하게 된다. 또 데이터베이스는 응용을 전제로 한 분야로서 대량의 데이터에 대한 비수치적인 처리, 연상처리(associative processing) 및 구조적 처리를 포함하고 있어 고성능의 컴퓨터가 요구된다. 그러나 범용 컴퓨터의 구조는 이러한 처리에 적합하지 못하기 때문에 비효율적인 한계점에 직면하게 된다.

범용 컴퓨터의 데이터베이스 시스템에 대한 비효율적인 한계점을 극복하고 효율적인 데이터베이스 관리에 필요한 기능만을 전문적으로 수행하도록 설계한 컴퓨터를

DBC(DataBase Computer) 또는 DBM(DataBase Machine)이라 한다.

DBC에서는 소프트웨어뿐만 아니라 펌웨어(firmware) 및 하드웨어에 의해서도 데이터베이스가 운용되기 때문에 비교적 저렴한 비용으로 높은 효율성과 성능을 구현할 수 있다. 기능적으로는 호스트 컴퓨터(host computer)가 데이터 액세스 요청을 DBC에게 넘겨주어 실행하게 함으로써 최적 접근경로 선정, 병행수행 제어 등의 관리 기능도 수행하게 한다.

9.4.3 데이터베이스 시스템의 장단점

장점

- 데이터 독립성 확보
- 데이터 일관성 유지
- 회복기능
- 데이터 무결성 유지
- 데이터 보안 보장
- 데이터 중복 최소화
- 병행제어
- 데이터 공유
- 데이터 표준화
- 정보 생산성 향상

장점

- 시스템 취약성
- 비용 및 부담 증가
- 복잡함과 고급 인력 필요
- 속도 저하

데이터베이스 시스템의 장점은 무엇보다도 데이터의 종속성과 중복을 해결함으로서 정보 생산성이 높다는 주된 장점 이외에

- 데이터 독립성 확보 → · 데이터 공유,
- 데이터 중복의 최소화 → · 데이터 무결성 유지,
- 데이터 일관성 유지 → · 데이터 표준화,
- 데이터 보안성 향상,
- 동시 제어(병행 제어) 및 회복기능 제공 등의 특징과 그로 인한 2차적인 여러 장점들을 갖는다.

한편으로는 이러한 장점을 제공하기 위해

- 시스템 취약성,
- 비용 및 부담 증가,
- 복잡함과 고급 인력 필요,
- 속도 저하 등 불가피하게 가져야 하는 단점들도 있다.

이러한 문제점이 있음에도 불구하고 데이터 독립성 확보, 데이터 중복의 최소화, 데이터 표준화, 다양하고도 유용한 도구 제공 등을 통하여 정보 관리 생산성이 크게 향상되기 때문에 많은 조직에서 데이터베이스 시스템을 도입하거나 이용하고 있다.

9.4.4 데이터 모델과 DBMS의 분류

데이터 모델과 DBMS의 종류

- 계층형 데이터 모델/HDBMS
- 네트워크형 데이터 모델/NDBMS
- 관계형 데이터 모델/RDBMA
- 객체지향형 데이터 모델/OODBMS
- 객체 – 관계형 데이터 모델/ORDBMS

데이터 모델(data model)이란, 현실 세계의 어떤 사물이나 사상을 데이터베이스에 표현하기 위한 데이터 구조(data structure)와 그들 사이에서 이루어질 수 있는 연산(operation)의 종류, 그리고 데이터 상호간의 제약사항(constraints)을 함축적으로 표시하는 지능적 도구이며 동시에 추상화를 제공하기 위한 도구이다.

데이터 모델의 첫 번째 구성 요소인 **데이터 구조(data structure)**는 데이터베이스의 정적인 성질(static properties)을 나타내는 요소이다. 왜냐하면 데이터 모델에서의 데이터 구조는 데이터베이스에 표현되어야 하는 객체들의 구성 형태를 나타내는 개체 타입(entity type; 레코드 구성 형태)과 여러 종류의 개체들이 형성하는 상호간의 관계(relationship)를 정의한 것으로서 데이터베이스의 조직방법을 나타내는 것이므로 제대로 구축된 데이터베이스의 경우에는 거의 변하지 않기 때문이다.

데이터 모델의 두 번째 구성 요소인 **연산(operation)**은 데이터베이스에 표현되고 저장되어져 있는 개체 인스턴스들의 처리와 관련되는 사항들을 명세(明細)한 것으로서 데이터베이스를 조작하는 기본 도구가 된다.

데이터 모델의 세 번째 구성 요소인 **제약 조건(constraints)**은 데이터베이스에 표현되고 저장되는 개체 인스턴스들에 대한 조작의 한계를 제한하는 일종의 규정이다. 이 속에는 데이터 구조에서 비롯되는 구조적 제약과 개체 인스턴스들이 갖는 실제 값에서 비롯되는 의미적 제약이 모두 포함된다.

하나의 DBMS는 어느 특정한 하나의 데이터 모델을 지원할 수 있도록 개발되기 때문에 데이터 모델을 중심으로 DBMS를 분류한다. 지금까지 다양한 종류의 데이터 모델이 제안되었지만 상업용 DBMS로 구현되어진 데이터 모델은 계층형 데이터 모델(hierarchical data model), 네트워크형 데이터 모델(network data model), 관계형 데이터 모델(relational data model), 객체 지향형 데이터 모델(object oriented data model), 객체-관계형 데이터 모델(object- relational data model) 등 몇 가지 밖에 안 된다.

DBMS가 기반으로 삼고 있는 데이터 모델을 중심으로 DBMS를 분류하면 다음과 같다.

- **계층형 DBMS(Hierarchical DBMS:** 트리(tree)형태의 계층형 데이터 모델을 기반으로 1960년대에 최초로 상용화된 제1세대 DBMS이다.
- **네트워크형 DBMS(Network DBMS):** 그래프(graph) 형태의 네트워크형 데이터 모델을 기반으로 1970년대에 개발된 제1세대 DBMS이다.
- **관계형 DBMS(Relational DBMS):** 1970년 E.F Codd에 의해 제안된 관계형 데이터 모델을 기반으로 하는 DBMS이며, 가장 널리 사용되는 제2세대 DBMS이다.
- **객체 지향형 DBMS(Object Oriented DBMS):** 객체 지향 개념을 지향하는 객체 지향형 데이터 모델을 기반으로 하는 제3세대 DBMS이다. 한때는 차세대 DBMS로 관심의 대상이 되기도 하였으나, 최근에는 관계 DBMS와 객체 지향 DBMS에서 가장 좋은 기능만을 종합적으로 지원하는 객체-관계형 DBMS가 등장하였다.
- **객체 관계형 DBMS(Object Relational DBMS):** 객체 지향 개념과 관계 개념을 종합한 객체-관계형 데이터 모델을 기반으로 하는 제3세대 DBMS이다.

9.5. RDBMS의 개념

RDBMS?	관계형 데이터 모델에 기초한 DBMS
릴레이션?	순서쌍(ordered pair)의 집합
릴레이션의 특성	· 속성의 원자성 · 투플의 유일성 · 속성의 무순서성 · 투플의 무순서성
관계 연산자	· 일반 집합 연산자 · 순수 관계 연산자 · 확장 연산자
관계 제약	· 개체 무결성 제약 · 참조 무결성 제약

관계형 데이터 모델은 1970년 미국 뉴욕 근교에 위치하고 있는 IBM Watson 연구소에 근무하던 Edgar Frank Codd 박사에 의해 제안되었고, 이를 토대로 관계형 DBMS가 개발되어 지금 전 세계적으로 널리 활용되고 있다.

관계형 데이터 모델은 **릴레이션(relation)** 또는 **테이블(table)**이라는 단순한 데이터 구조와 수학의 집합론을 기초로 하고 있으며, 개체 집합 사이에 형성되는 관계(relationship)를 중심으로 데이터베이스의 논리적 구조를 나타낸다는 의미에서 **관계형 데이터 모델**이라 한다.

이러한 특성에 의해 관계형 데이터 모델은 개체의 구성과 개체 집합 상호 관계를 직관적으로 금방 이해할 수 있을 뿐만 아니라 사용자 입장에서는 데이터베이스를 논리적인 관점에서만 생각하면 되기 때문에 데이터베이스 설계 및 관리가 용이하며, 데이터 독립성이 보장된다는 장점이 있을 뿐만 아니라 비절차적(non procedural) 프로그래밍 언어인 **SQL(Structured Query Language)**을 통하여 강력하고도 유연한 질의 처리 능력을 지원하고 있다.

이러한 배경에 힘입어 지금 현재로서는 데이터베이스라고 하면 관계형 데이터베이스를 떠올릴 정도로 가장 널리 사용되고 있는 데이터베이스가 되었다.

[1] 릴레이션(Relation)

'**릴레이션**'이란 '수학적으로 임의의 두 개 이상의 집합으로부터 추출된(동일 집합도 가능) 데이터들로 구성된 순서쌍의 집합'이지만, 이것들을 2차원의 테이블로 정리한 것이기 때문에 일반 표와는 다르게 집합의 성질을 만족시키는 몇 가지 다른 특성을 가지고 있다.

릴레이션의 각 행(row)은 레코드(record)에 해당하는 단위로서 **투플(tuple)**이라 하며 하나의 개체(entity)를 표현하고, 각 열(column)은 속성 또는 **애트리뷰트(attribute)**라 하며 파일 시스템의 데이터 항목(item)에 해당하는 논리적 최소 단위로서 행의 구성 요소가 된다.

속성들은 데이터 처리 시에 하나의 기본 단위로 취급되는 값, 즉 더 이상 나누어질 수 없는 **원자값(atomic value)**만을 가질 수 있도록 제한하고 있다.

[표 9-7] 릴레이션의 구조

←속성→ ←속성→ ← 속성 →

학 번	이 름	주민등록번호
0405001	강철수	820413-1236014
:	:	:
0405277	정효진	791012-1220107

← 릴레이션 스킴(머리부)

← 투플 : 〃 릴레이션 인스턴스(몸체부)

릴레이션

학번	이름	주민등록번호

← 도메인(domain)

릴레이션의 속성 수를 **릴레이션의 차수(degree)**, 투플의 수를 **릴레이션의 카디날리티(cardinality)** 또는 **농도**라고도 하는데, 속성의 수는 정적인 성질로서 시간에 따른 변화가 거의 없기 때문에 릴레이션의 차수는 거의 변하지 않으나 투플들은 시간에 따라 삽입 또는 삭제되기도 하는 동적인 성질을 갖기 때문에 카디날리티는 시간에 따라 그 값이 수시로 변하는 특성을 갖고 있다.

릴레이션은 순서쌍의 집합이기 때문에 다음의 특성들을 갖는다.

- 속성의 원자성과 무순서성,
- 투플의 유일성과 무순서성

[2] 관계 연산자

관계형 데이터 모델에서의 연산으로는 **관계 대수(relational algebra)**와 **관계 해석(relational calculus)**라는 두 가지 유형의 정형어가 있으며, 관계 대수는 절차적 언어인데 반해 관계 해석은 원하는 결과만을 지정하는 비절차적인 언어이다. 사용자의 입장에서는 비절차적 언어가 당연히 편리할 것이며, 언어의 표현 능력이라는 측면에서도 우월할 것이다.

관계 대수 연산자(relational algebra operator)는 모두 여덟 개로 구성되어 있으며, 이것들은 크게 **일반 집합 연산자**와 **순수 관계 연산자**로 대별된다. 일반 집합 연산자로는 합집합(union), 교집합(intersection), 차집합(difference), 교차 곱(Cartesian Product) 등이 있으며, 관계 연산을 위해 고안된 순수 관계 연산자로서 실렉션 (selection), 프로젝션(projection), 조인(join), 디비젼(division) 등이 있다.

관계 대수의 기본적인 여덟 개 연산만으로는 실무적으로 요구되는 다양한 상황을 모두 수용할 수 없기 때문에 이를 해결하기 위하여 집단함수, 외부조인(완전 외부조인, 왼쪽 외부조인, 오른쪽 외부조인), 세미조인, 외부 합집합 등의 네 가지 새로운 연산자를 고안하였으며, 이를 **확장된 관계 연산자**라 한다.

일반 사용자에게 있어서는 처리과정을 명시해야 하는 절차적인 언어보다는 오로지 자신이 얻고자 하는 결과만을 제시하는 것으로 완성되는 비절차적인 언어가 더 매력적일 것이다. 이러한 목적으로 만들어진 데이터베이스 언어가 바로 **SQL(Structured Query Language)**이다.

[3] 관계 제약

데이터베이스에서는 **데이터 무결성(data integrity)** 보장이 아주 중요하므로, 이를 보장하기 위하여 특정 제약조건을 설정하고 제약조건에 위배되는 데이터에 대해서는 입력이나 변경이 거부되도록 하고 있다.

관계 데이터 모델에서는 투플의 유일성을 보장하기 위한 **개체 무결성 제약(entity integrity constraints)**과 개체 상호간에 형성되는 관계(relationship)를 보장하기 위한 **참조 무결성 제약(referential integrity constraints)**이 있으며, 이러한 제약들은 기본키(primary key)와 외부키(foreign key)에 의해 지켜지고 있다.

개체 무결성 제약은 투플의 유일성을 보장하기 위한 제약이다. 즉, 하나의 릴레이션 내에서 모든 투플들이 상호 유일하게 구별될 수 있도록 하기 위한 제약이며, 개체 무결성이 지켜지기 위해서는, 즉 하나의 릴레이션 내에 있는 모든 투플들이 서로 구별될 수 있도록 하기 위해서 "릴레이션은 반드시 기본키(primary key)를 가져야 하고, 기본키를 구성하고 있는 속성은 널(null) 값을 가져서는 안 된다."는 것이 바로 개체 무결성 제약이다.

또 어느 한 릴레이션에서 다른 릴레이션의 투플을 참조하고자 한다면 참조를 위한 연결 정보가 당연히 있어야 하는데, 관계 데이터 모델에서는 외부키(foreign key)를 사용하고 있다. 이처럼 외부키를 이용한 참조가 제대로 이루어지기 위해 반드시 전제되어야 할 제약(조건)을 **참조 무결성 제약**이라 한다.

참조 무결성 제약이란 '외부키의 값은 반드시 참조할 릴레이션의 기본키가 가지고 있는 값들 중의 하나이거나 아니면 널 값이어야 한다.'라는 것이다. 이 참조 무결성 제약의 의미는 한 마디로 '반드시 존재하는 투플을 참조해야 한다.'라는 것이다.

[4] 정규화

릴레이션을 구성하는 각 열, 즉 속성은 개체의 특성을 나타내는 논리적 최소 단위이므로 반드시 한 번에 처리될 수 있어야 한다. 따라서 모든 속성은 '데이터 처리 시에 하나의 기본 단위로 취급되는 값', 즉 원자값만을 가지도록 제한될 수밖에 없으며 이것이 릴레이션의 특성으로 자리 잡았다.

모든 속성값이 원자값으로 이루어진 릴레이션을 **정규화 릴레이션(normalized relation)**이라 하며 관계형 데이터 모델에서는 정규화 릴레이션만을 취급하는 것을 원칙으로 한다. 그러나 현실적으로는 정규화된 릴레이션만을 취급하지는 않으며 비정규화 릴레이션을 대상으로 한 갱신, 삭제, 삽입 등의 조작을 실행하면 원래의 의도와는 다른 결과를 가져올 수 있는데, 이것을 갱신 이상, 삭제 이상, 삽입 이상이라고 하며 이러한 **이상 현상(anomaly)**이 발생하지 않도록 하기 위해서는 비정규화 릴레이션을 정규화 릴레이션으로 바꾸어야 하며 그 변환 과정을 **정규화(normalization)**라 한다.

비정규화 릴레이션은 다중값(multi-valued)이나 복합값(composite value)을 취하는 속성을 포함하고 있는 경우가 대부분이므로 이를 정규화 릴레이션으로 변환시키려면 원자값을 갖는 속성으로 분해시키면 된다.

릴레이션의 정규화는 비정규화 릴레이션→제1정규형 릴레이션→제2정규형 릴레이션→제3정규형 릴레이션→Boyce/Codd 정규형→제4정규형 릴레이션→제5정규형 릴레이션으로 진행되며, 높은 단계의 정규형으로 나아갈수록 점점 더 바람직한 릴레이션 구조를 가지는 것으로 간주된다.

이러한 정규화의 목적은 데이터의 중복을 최소화하고 데이터 조작(수정, 삽입, 삭제 등) 시에 발생하는 이상 현상을 방지하여 데이터 무결성을 높이기 위함이다.

9.6. 데이터베이스 설계

사용자 요구 분석	요구 명세서, DB 구축 목적, 업무 분석
개념적 설계	사용자 요구 분석 결과 반영
	개념적 데이터 모델 – 개념 스키마
DBMS 선정	개념 스키마 구현(변환 지원) 도구
논리적 설계	논리적 모델 생성
	처리를 위한 가상 구조 형성
물리적 설계	DB의 실질적인 구축 방안 제시
	디스크 접근 횟수 최소화

정보처리시스템에서 데이터베이스 시스템의 비중이 워낙 크기 때문에 데이터베이스 설계만을 독립적으로 다루는 경우도 많으며, 이에 따라 데이터베이스 기획→요구사항 정의 및 분석→데이터베이스 설계→데이터베이스 생성 및 시운전→운영 및 유지→데이터베이스 성장 및 변화의 6단계로 나누고 이들 각 단계가 순환하는 것으로 설명하기도 한다. 그러나 이 책에서는 시스템 분석 및 설계의 한 과정인 파일/데이터베이스 설계 단계로 범위를 제한하여 다루고자 한다.

시스템 분석 및 설계의 한 과정으로만 본다면 데이터베이스 설계 절차도 파일의 절차 설계와 크게 다를 바가 없다고 주장하는 사람이 있을지도 모르겠지만, 이는 데이터베이스의 근본을 잘 모르기 때문에 할 수 있는 말이라 판단되며, 데이터베이스 시스템이 파일 시스템과 근본적으로 다른 점은 파일에 해당하는 개체 집합 사이의 관련성까지도 표현하고 있다는 점이다.

데이터베이스 시스템이 파일 시스템과 확연히 차이가 나는 것은 파일 시스템에서의 파일은 각 업무별로 별개의 파일들이 별도로 관리되는 것에 비해 데이터베이스 시스템에서는 모든 응용 프로그램이 필요로 하는 데이터, 즉 운영 데이터들로 개체 집합

(파일에 해당)들을 구성하고, 개체 집합들 사이에 형성되는 관련성을 토대로 이들을 통합하여 저장하고 공유한다는 점이다. 이 때문에 데이터베이스는 개념 스키마, 외부 스키마, 내부 스키마라는 3단계 스키마를 필요로 하게 되며, 또 임의접근을 기본으로 하고 있기 때문에 임의 편성법이 적용되고 그에 따라 선택의 여지없이 자기디스크가 저장매체로 사용되고 있다.

이러한 특수성으로 인하여 데이터베이스 설계는 스키마 중심으로 이루어지지만 개념적으로는 파일 설계의 경우와 유사하게 이루어진다고 볼 수 있다.

즉,

- 사용자 요구 분석 및 업무 특성에 따라 데이터베이스에 수록되어야 할 항목들을 결정하는 **개념적 설계**(개념 스키마) 과정,
- 개념 스키마 구현에 적합한 DBMS 선정 과정,
- 개념적 설계 결과와 업무처리특성을 토대로 각 업무별로 실질적인 작업 수행이 가능한 테이블과 외부 스키마를 설계하는 **논리적 설계** 과정,
- 데이터베이스를 저장매체에 실질적으로 저장하기 위한 물리적 특성을 결정하는 **물리적 설계**(내부 스키마) 과정을 일반적으로 거치게 된다.

그러나 현실적으로는 시대적인 기술경향에 따라 보편적으로 우수하다고 평가된 DBMS가 먼저 선정된 상태에서 데이터베이스 구축이 기획되기 때문에 DBMS 선정 과정이 생략되는 경우가 많으며, 데이터베이스의 물리적 구조는 거의 DBMS에 종속되기 때문에 실질적인 물리적 설계가 이루어지지 않는 경우가 많다. 다만 데이터 정의어를 통하여 각 항목(속성)의 도메인이나 길이 등과 같은 속성 지정이나 색인(인덱스) 생성 여부의 지정 등을 물리적 설계에 포함시킬 수도 있다.

또 현실적으로 널리 사용되고 있는 관계형 데이터베이스 설계 시에는 개념적 설계 단계에서 개체 집합 사이의 관련성까지를 모두 설계하고, 응용 프로그램 단계에서 외부 스키마를 정의하는 경우가 많기 때문에 개념적 설계와 논리적 설계의 구분이 애매모호하다는 주장이 강하게 제기되고 있다.

데이터베이스 시스템만을 독립적으로 기획하고 설계하는 경우에는 데이터베이스 관리자(DBA; DataBase Administrator)가 중심적인 역할을 수행하기는 하지만, 시스템 분석가나 설계자의 도움 없이 독단적으로 진행하기는 어렵다.

이 책에서는 시스템 설계의 한 과정으로서의 데이터베이스 설계 과정을 언급하고자

하기 때문에 이러한 역할 분담과는 상관없이 그 절차만을 언급하고자 한다.

건물의 뼈대가 만들어지고 난 다음에는 건물의 구조를 변경시키는 것이 아주 어렵듯이 데이터베이스와 관련해서도 데이터베이스 설계가 완성되고 난 후에는 파일의 경우와는 아주 딴판으로 그 구조를 변경하기가 아주 어렵다. 만약 데이터베이스의 구조를 쉽게 변경할 수 있다면 데이터베이스 설계가 별로 중요하게 다루어지지 않을 것이다.

어쨌든 데이터베이스 설계는 한 번 구축되고 나면 오래 동안 사용할 수 있도록 여러 가지 경우를 고려하면서 아주 신중하게 이루어져야 한다.

[1] 개념적 설계(Conceptual Design)

이 단계에서는 사용자 요구 분석 결과를 토대로 DB의 용도와 구축 목적을 결정하고, DB 구축 목적 달성을 위해 필요한 데이터 항목들을 결정하며, 이들 상호간의 관련성을 찾아내어 구조화하는 작업을 수행한다.

이 과정에서 선정된 데이터 항목과 그들 간에 형성되는 상호관련성을 구조화한 것을 개념적 데이터 모델(conceptual data model) 또는 개념적 스키마(conceptual schema)라 하며, 이는 데이터베이스가 제공할 정보에 대한 세부적인 설계도면에 해당한다.

이러한 작업을 위해서는 1976년에 Peter Chen이라는 사람이 제안한 ERD(Entity Relationship Model)가 널리 이용되고 있다. 왜냐하면 ERD를 이용하면 중복되거나 서로 일치되지 않는 점들을 쉽게 찾아낼 수 있어서 보다 완전한 개념적 데이터 모델을 만들 수 있기 때문이다.

개념적 설계 단계에서는 데이터 모델이나 사용하고자 하는 DBMS, 하드웨어, 운영체제를 비롯한 모든 소프트웨어 등을 염두에 두지 말고 데이터 그 자체만을 대상으로, 즉 시스템 특성과는 독립적으로 설계하는 것이 바람직하다. 왜냐하면 시스템 특성을 고려하게 되면 이후의 설계과정에서 이중 작업을 하게 되거나 유연성이 떨어지기 때문이다. 이러한 경우의 예로 개념적 데이터 모델은 논리적 설계단계에서 선정되는 DBMS가 지원하는 데이터 모델로 변환되어야 하는데, 애초에 특정 DBMS를 염두에 두게 되면 이중 작업을 하게 되거나 아무래도 유연성이 떨어지게 되는 것을 들 수 있다. 그러나 현실적으로는 DBMS를 선정 해놓은 상태에서 데이터베이스를 설계하는 경우가 대부분이기 때문에 DBMS의 특성을 염두에 두지 않고 개념만으로 데이터베이스를 설계하는 경우는 거의 없는 실정이며, 이 경우에는 처음부터 논리적 설계까지를 고려할 수 있으므로 개념적 설계와 논리적 설계를 한꺼번에 할 수 있다는 장점을 가지게 된다.

개념적 설계 단계에서는 사용자 요구 분석 결과를 토대로 논리적 설계 단계에서 사용할 개념적 데이터 모델, 즉 개념적 스키마를 만들어 낸다. 이 단계에서 생성된 개념적 스키마는 이후 논리적 설계 및 물리적 설계 과정에서 선정된 DBMS에서 지원하는 데이터 모델과 물리적 저장 구조에 각각 대응 변환된다.

[2] DBMS 선정

개념적 설계를 통해 생성된 개념적 데이터 모델을 어떻게 컴퓨터에 인식시키고 처리시킬까?

이러한 목적을 보다 용이하게 성취할 수 있도록 하기 위하여 **데이터 모델(data model)**이라는 개념이 창안되었고, 그에 관한 여러 연구가 진행되어 왔으며, 어떠한 데이터 모델을 근간으로 하고 있느냐에 따라 데이터베이스를 계층 데이터베이스, 네트워크 데이터베이스, 관계 데이터베이스 등으로 분류하고 있다.

한 마디로 데이터 모델은 일반적으로 우리가 생각하는 (저장) 데이터베이스의 논리적 구조, 즉 현실 세계를 데이터베이스에 표현할 수 있는 가상적인 구조를 제공한다고 할 수 있다.

따라서 개념 스키마를 가장 효율적으로 표현하고 처리할 수 있도록 지원해 주는 DBMS를 선정할 필요가 있다. 그러나 현실적으로는 이미 DBMS를 선정해둔 상태에서 데이터베이스 기획이 시작되는 경우가 많기 때문에 데이터베이스 설계 시에 이 부분이 적용되는 경우는 아주 적다고 볼 수 있으나, 만약 DBMS를 선정해야 할 경우에는

- 기술적 요소와
- 경제적 요소의 두 부분으로 나누어 검토하는 것이 바람직하다.

일반적으로 기술적 요소는 기술 발전의 흐름에 좌우되며, 해당 업무 영역별로 적합한 DBMS의 부류가 정해져 있다고 보아도 무방하다. 따라서 DBMS 선정 시에는 주로 경제적인 부분만을 고려하게 되는 경우가 많다. 이 경우에는 DBMS 구입비용, 유지 보수비용, DBMS 도입으로 인하여 추가로 필요한 하드웨어 비용, 데이터베이스 구축 및 전환 비용, 인건비, 교육비 등을 총괄적으로 고려해야 한다.

[3] 논리적 설계

개념적 설계 단계에서 생성된 개념 스키마는 시스템 특성과는 독립적인 데이터 모델이었다. 이러한 개념적 데이터 모델은 사람의 머릿속에서만 존재할 수 있을 뿐이기 때문에 이것을 컴퓨터에 인식시켜 처리할 수 있도록 고안한 것이 데이터 모델이었다. 이러한 연유로 인하여 데이터베이스 구축 목적에 적합한 데이터 모델을 지원해 주는 DBMS를 선정하였고, 이제는 실질적인 처리를 위해 개념적 데이터 모델을 선정된 DBMS가 처리할 수 있는 데이터 모델로 바꾸어야 하고, 바꾸어진 데이터 모델에 실제의 값을 넣어 현실 세계를 데이터베이스에 반영하도록 해야 한다.

이처럼 개념적 스키마를 선정된 DBMS가 근간으로 삼고 있는 데이터 모델로 바꾸어 표현하는 것을 **논리적 설계(logical design)**라 한다.

따라서 논리적 설계 단계를 거치고 나면 개념 스키마는 선정된 DBMS가 지원하는 데이터 모델로 바뀌게 되고, 그에 따라 구축되는 데이터베이스에서 수행할 수 있는 연산의 종류가 결정되고, 준수해야 할 제약사항이 적용된다.

예를 들어 선정된 DBMS가 관계형이면 관계 데이터 모델로, 계층형이나 네크워크형이면 계층 데이터 모델이나 네트워크 데이터 모델로 각각 변환되고, 각각의 DBMS가 지원하는 환경에서의 프로그래밍이 가능해진다. 프로그래밍 과정 속에서는 데이터 모델에 따른, 즉 DBMS가 지원하는 연산들을 수행할 수 있으며, 그에 따른 제약이 적용된다. 따라서 논리적 설계에 의해서 데이터베이스의 성능, 무결성, 보안성 등과 같이 사용자에게 직접적인 영향을 주게 되는 여러 요소들이 결정되기 때문에 신중히 수행되어야 한다.

종합적으로 논리적 설계 단계에서는 개념적 데이터 모델을 선정된 DBMS가 지원하는 데이터 모델로 변환시킴과 동시에 응용 프로그램의 설계지침을 구체화하게 된다.

이를 위해 논리적 설계 단계에서는 개념적 데이터 모델 외에 데이터베이스 운영과 관련되는 요구조건, 일관성 제약조건, 정보량과 사용 빈도 등과 같은 세부적인 작업 환경에 대한 정보를 필요로 하게 되고, 이를 토대로 선정된 DBMS가 처리 가능한 논리적 모델, 외부 스키마 작성, 물리적 설계를 위한 명세(H/W 및 S/W 환경에 대한 명세), 프로그램 설계지침, 데이터베이스 운영지침(DB관리 및 운영을 위한 요구조건, 제약조건 등)을 만들어 내게 된다.

이러한 과정을 보다 좀 더 구체적으로 언급한다면 개념적 데이터 모델 작성에 사용된 ERD를 선정된 DBMS가 지원하는 데이터 모델로 변환하는 것이 논리적 설계이다. 말은 이렇게 간단하게 하지만, 이 변환 작업이 아주 쉬울 수도 있고 아주 어려울 수도 있다. 왜냐하면 개념적 데이터 모델과 선정된 DBMS가 지원하는 데이터 모델의 유사성이 다르기 때문이다. 특히 파일 시스템과의 근본적인 차이에 해당하는 개체 집합(파일에 해당) 사이에 형성되는 관련성을 DBMS가 지원하는 데이터 모델로 표현하는 것이 대단히 어려울 수도 있다.

예를 들어 ERD를 계층형 데이터 모델로 변환하는 것은 아주 어렵지만, 개념적 데이터 모델과 논리적 데이터 모델 모두가 테이블 형식으로 표현되는 관계형 데이터 모델로 변환하는 것은 아주 쉽다.

개체 집합 사이에 형성되는 관련성을 제대로 나타내지 못하면 데이터 무결성이 확보될 수 없다. 따라서 선정된 DBMS의 구조 및 기능에 따라 개체의 기본키 및 대체키의 설정, 무결성 보장을 위한 구체적인 제약사항 설정, 개체 집합간의 관련성 설정과 유지에 관한 규칙, 속성의 추가 등에 관한 사항들을 논리적 설계 단계에서 설계하여 개체 무결성이 보장되도록 해야 한다.

아울러 이 단계에서는 논리적 설계를 위해 요구되어지는 사항들, 즉 데이터베이스 운영과 관련되는 요구조건, 일관성 제약조건, 정보량과 사용 빈도 등과 같은 세부적인 작업 환경에 대한 정보들은 데이터베이스 설계 작업이 진행되는 동안 지속적으로 참조되기 때문에 이를 철저히 문서화할 필요가 있다.

[3] 물리적 설계

논리적 설계가 완료되면, 즉 데이터베이스에 개체들이 비록 개념적이기는 하지만 어떠한 형태로 표현되어지고 저장되어야 하는가를 모두 정의하고 나면, 이제는 실제로 디스크 상에 데이터베이스를 생성하고 이를 활용할 수 있도록 해야 한다. 이처럼 논리적 설계를 통해서 만들어진 논리적 데이터 모델을 운영체제 및 선정된 DBMS의 특성을 바탕으로 효율적이고 실현가능한 물리적 데이터베이스 구조로 변환하는 과정을 **물리적 설계**라 하며, 구체적으로는 데이터베이스를 구성하는 세부적인 파일 조직과 접근방법, 기타 관련 요소들을 선정하는 작업을 말한다.

물리적 설계는 보편적으로 저장방법 선정→접근방법 선정→성능개선을 위한 구조조정→물리적 설계 명세서의 각 과정이 순차적으로 순환 또는 반복 적용된다.

물리적 설계에서 강조할 점은 디스크 접근시간(Access time: 탐구시간, 회전지연시간, 데이터 전송 시간 포함)은 주기억장치의 동작시간보다 훨씬 느리다는 점과 디스크 접근(access) 동작은 DBMS에 의해 행해지는 것이 아니라 DBMS의 요청에 따라 운영체제의 파일 관리자(file manager)와 디스크 관리자(disk manager)에 의해 이루어지며, 사용자, 개발자, 분석가, DBA가 직접 제어할 수 없다는 점이다. 따라서 대부분의 DBMS에서는 운영체제에서 제공하는 저장구조와 탐색기법을 그대로 이용하는 경우가 대부분이며, 데이터베이스 시스템의 성능을 향상시키기 위해서는 디스크 접근 횟수를 줄이는 것이 가장 효과적이라는 것이 정설로 되어 있다.

그렇기 때문에 물리적 설계와 관련하여 중점적으로 고려해야 할 사항은 디스크 접근 횟수를 줄일 수 있는 방법들을 선정하는 것이다. 좀더 구체적으로 말하자면 데이터베이스를 생성할 때, 디스크 접근 횟수를 줄일 수 있도록 여러 물리적 특성에 관한 사항을 지정해 주는 것이다.

예를 들면 각 속성의 특성에 알맞은 데이터 형(number, char, varchar2, long, date..)과 그 크기(size)를 지정한다든지, 검색 동작이 주로 이루어지는 경우에는 인덱스(index)를 만든다든지 또 공통 속성을 갖는 객체들은 같은 블록에 저장되도록 클러스터링(clustering)을 한다든지, 그룹화(Grouping)나 분류작업(Sorting)을 많이 해야 하는 경우에는 해당 영역의 크기를 늘여준다거나 데이터베이스 생성위치를 지정하는 등이 물리적 설계의 범주에 포함될 수 있다.

이처럼 물리적인 특성을 고려하여 가장 적은 수의 디스크 접근으로 데이터베이스를 운영할 수 있도록 적절한 저장방식을 찾아내거나 고안하는 과정을 **물리적 설계**라 한다.

[4] 데이터베이스 설계 시 고려 사항

데이터베이스는 근본적으로 데이터 독립성을 유지함으로써 프로그램 생산성을 높이고, 데이터 중복성을 해결하여 데이터 일관성 및 무결성을 보장하고, 데이터 공유화를 그 목적으로 하고 있다.

- 데이터 무결성 보장 방안,
- 데이터 일관성 유지 방안,
- 회복을 위한 적절한 점검 알고리즘 고안,
- 보안을 위한 적절한 접근 통제 방안,
- 효율성 제고를 위한 최적화 방안,
- 향후의 데이터베이스 성장 등을 충분히 고려해야 한다.

이러한 사항들을 제대로 고려하지 않았을 경우에는 부실한 데이터베이스가 구축되어 그 수명이 얼마가지 못하게 될 것이다.

결론적으로 데이터베이스 설계라 함은 현실 세계를 컴퓨터에 표현할 수 있도록 개념화하고, 그것을 표현하는데 가장 적합한 DBMS를 선정하고, 그에 따라 개념적 데이터 모델을 선정된 DBMS가 지원하는 논리적 데이터 모델로 변환함으로써 논리적 구조를 형성하고, 형성된 논리적 구조를 지원하면서 동시에 효율적인 데이터베이스 운영이 이루어질 수 있도록 물리적인 저장장치의 동작과 관련되는 여러 요소들을 적절히 선정하는 일련의 작업이라 할 수 있다.

복습문제

01. 파일의 필요성에 대해 자신의 의견을 말하시오.

02. 논리레코드와 물리레코드의 차이와 각각의 필요성을 설명하시오.

03. 자기디스크의 동작 시간에 대해 설명하시오.

04. 파일 편성법에 관해 상세하게 조사하시오.

05. 해싱함수의 조건에 대해 조사하시오.

06. 활동 비율과 검색 빈도 균질성에 대해 설명하시오.

07. 데이터베이스 시스템의 구성 요소들은 무엇인가?

08. 키의 종류와 그 특성을 설명하시오.

09. 3 단계 데이터베이스란 어떤 형태로 구성되는 데이터베이스를 말하는가?

10. 데이터베이스와 데이터베이스 관리 시스템은 어떻게 다른가?

11. 데이터베이스 사용자를 분류하라.

12. 관계형 데이터베이스 시스템이란 어떤 데이터베이스 시스템을 말하는가?

13. 릴레이션이란 무엇이며, 어떤 특성을 갖는가?

14. 관계형 데이터베이스 시스템에서의 제약사항을 설명하시오.

Chapter 10

프로세스/프로그램 설계

폰 노이만(John Von Neumann)식 컴퓨터의 동작이 아주 다양하고 복잡한 것처럼 보이지만 내부적으로는 명령코드를 운반하는 **운반 사이클(fetch cycle)**과 운반된 명령코드를 해독하고 실행하는 **실행 사이클(execute cycle)**이라는 두 단계가 반복 수행될 뿐이다. 다만 실행 사이클에서 명령코드의 내용에 따라 다양한 컴퓨터 동작이 수행된다.

이와 마찬가지로 시스템에서 수행되는 작업들도 매체변환, 갱신, 추출, 비교, 병합, 생성, 정렬, 분배 등의 몇 가지 유형으로 나눌 수 있고, 이러한 작업 유형들을 연결함으로써 전체적인 작업 흐름, 즉 **프로세스(process)**를 형성하게 되고, 그것은 곧 바로 구축될 시스템이 수행해야 할 전체적인 작업의 흐름이 된다.

이에 비해 각 작업 유형은 내부적으로 다양한 명령들로 구성되어져 있으며, 작업유형 내의 세부적인 동작을 구현해 놓은 명령들의 집합을 **프로그램(program)**이라 하고, 하나의 독립적인 기능을 수행할 수 있는 프로그램 단위를 **모듈(module)**이라 한다.

따라서 시스템 구축을 위해서는

- 전체적인 작업의 흐름을 나타내는 **프로세스 설계**가 먼저 이루어져야 하고,
- 그 다음으로는 작업 흐름을 체계화하기 위한 **시스템 구조 설계**가 이루어져야 하며,
- 마지막으로는 각 기능을 실제적으로 구현할 **프로그램에 대한 설계**가 이루어져야 하는데, 프로그램 설계 단계에서 빼 놓을 수 없는 것이 바로 오류 점검, 특히

입력 시에 발생할 수 있는 오류 방지를 위한 점검 방안을 설계해야 한다. 데이터베이스를 구축하는 경우에는 제약사항 설정으로 이러한 오류를 방지할 수 있지만, 근본적으로는 오류 방지 대책을 알아야 이를 반영할 수 있을 것이다.

10.1. 프로세스 설계의 개념

프로세스 설계?

- 입력에서 출력을 얻을 때까지 거쳐야 하는 작업의 흐름(프로세스)을 설계

데이터를 입력하여 원하는 출력 정보를 생산하기까지 거쳐야 하는 작업들의 흐름을 **프로세스(process)**라 하고, 원하는 결과를 얻을 수 있도록 기본적인 작업 유형을 조합하고 적절히 배열하는 것을 **프로세스 설계(process design)**라 한다.

먼저 이런 경우를 생각해 보자.

키보드에서 입력되는 데이터를 하드디스크에 저장하는 것과 하드디스크의 내용을 사용자가 언제나 볼 수 있도록 인쇄하는 것의 차이점과 같은 점은 무엇일까?

우선 세부 기능적인 면에서 하나는 입력 작업이고 또 다른 하나는 출력 작업이라는 점에서 차이가 난다. 그러나 동작에 사용되는 입력 매체와 출력 매체가 서로 다르다는 점에서는 같은 작업 유형에 속한다고 볼 수 있기 때문에 이런 유형의 작업은 '매체 변환'이라는 이름으로 동일시할 수 있게 된다.

또 학생들의 성적처리 결과 중에서 낙제한 사람들의 명단을 작성하는 작업, 또는 성적이 우수한 상위 그룹의 학생 명단을 작성하는 작업, 특정 동아리에 가입된 학생들을 뽑아내는 것 등과 같은 처리는 세부적으로 부여되는 조건은 다를지라도 전체 데이터 중에서 특정 조건을 만족하는 일부분의 데이터를 골라낸다는 점에서는 기본처리 절차가 같기 때문에 '추출(extract)'이라는 동일한 작업 유형으로 분류하게 된다.

이러한 작업 유형들은 시스템 기능을 세분했을 때의 단위 기능에 해당하기 때문에 원하는 결과를 얻기 위해서는 이러한 작업 유형들을 적절히 조합 배치하여 어떤 흐름을 형성할 필요가 있으며, 전체 작업의 흐름을 형성하도록 하는 것이 바로 프로세스 설계이다.

그러나 같은 유형의 작업이라도 상황에 따라 처리되는 절차나 순서가 다르기 때문에 처한 상황에 합당한 나름대로의 처리 절차를 지정하게 되는데 이것이 바로 **프로그램(program)**이다.

이러한 것들을 고려하여 일반적으로 프로그램 개발 시에 사용하는 용어들로 설명하자면, 프로세스 설계는 **개요(general)** 혹은 **시스템(system) 흐름도(flowchart)**를 작성하는 것이고, 프로그램 작성은 **상세흐름도(detail flowchart)**를 작성하는 것에 견줄 수 있다.

프로세스 설계 시에는 사용자들의 모든 요구를 반영한 시스템 기능 명세서를 토대로 하는 것이 바람직하다. 왜냐하면, 시스템 기능 명세서에 나타난 기능들을 구조화함으로써 전체 시스템 기능을 종합적으로 정의하게 되고, 이에 따라 전체적인 작업의 흐름, 즉 프로세스의 윤곽을 확정지을 수 있기 때문이다.

프로세스 설계 시에는

- 동일한 프로세스 전개 기준,
- 하드웨어 구성과 처리 성능,
- 운영 체제를 비롯한 관련 소프트웨어와의 연관성 및 효율성,
- 프로그래머의 코딩 능력,
- 일의 순서와 처리 사이클,
- 정보의 양과 질,
- 오류 및 예외 사항 처리 방법,
- 간결한 조작과 오퍼레이터 개입의 최소화 방안 등을 고려해야 한다.

10.1.1 작업 유형

작업 유형

• 매체변환	• 정렬
• 병합	• 추출
• 분배	• 대조
• 집계	• 보고서 작성
• 생성	• 갱신

데이터 입력에서 원하는 정보를 출력할 때까지 거치게 되는 일반적인 작업 유형으로 열 가지 정도를 들 수 있으며, 이러한 작업 유형들을 적절히 조합 배열함으로써 프로세스를 설계하게 된다.

[1] 매체 변환(media conversion)

넓은 의미의 매체 변환은 입력 매체와 출력 매체가 다른 모든 경우를 포함하며, 동작 특성을 고려하여 입력 매체 변환과 출력 매체 변환의 두 가지로 나눈다.

입력 매체 변환은 주로 사람의 눈으로 판독할 수 있는 전표, 카드, 문서 등의 매체의 내용을 컴퓨터가 인식할 수 있는 또 다른 매체, 주로 자기디스크나 자기테이프 등의 파일 매체로 변환하는 것을 말한다. 올바른 정보를 생산하기 위해서는 입력 데이터 그 자체가 올발라야 하기 때문에 입력 매체 변환과정에서 거의 필수적으로 오류 검사가 행해진다.

출력 매체 변환은 입력 매체 변환과 상반되는 개념으로서 컴퓨터 처리 결과인 자기 기억 매체의 파일을 사람이 판독할 수 있는 프린터나 디스플레이 장치에 출력하는 것을 말한다.

[그림 10.1]은 매체 변환을 그림으로 나타내었다.

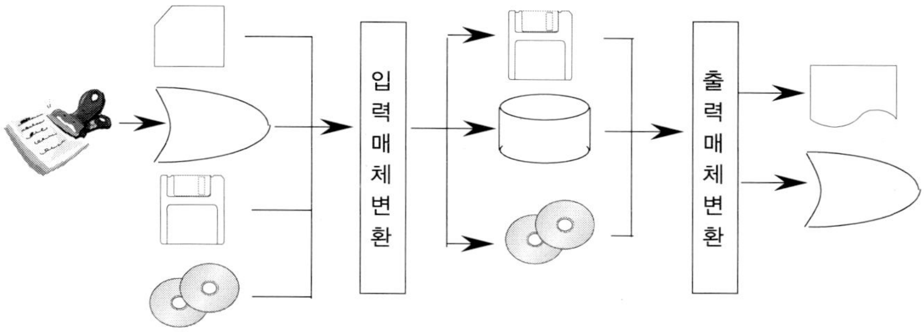

그림 10-1 매체 변환 작업

[2] 정렬(sort)

'정렬되지 아니한 데이터는 데이터가 아니고 쓰레기일 뿐'이라는 말이 있을 정도로 모든 데이터는 사용에 적합하도록 정렬되어야 한다. 정렬은 '정렬 키(sort key)'의 내용을 대상으로 오름차순 혹은 내림차순으로 이루어지게 할 수 있으며, 이를 위해 사용자 자신이 정렬 프로그램을 직접 개발하기도 하지만 많은 경우에 유틸리티 프로그램을 이용해서 데이터 정렬을 실시하고 있다.

데이터베이스를 사용하는 경우에는 설정된 기본키 값에 따라 자동으로 정렬이 이루어지도록 되어 있기 때문에 별도의 처리 절차를 필요로 하지 않는 경우가 많다.

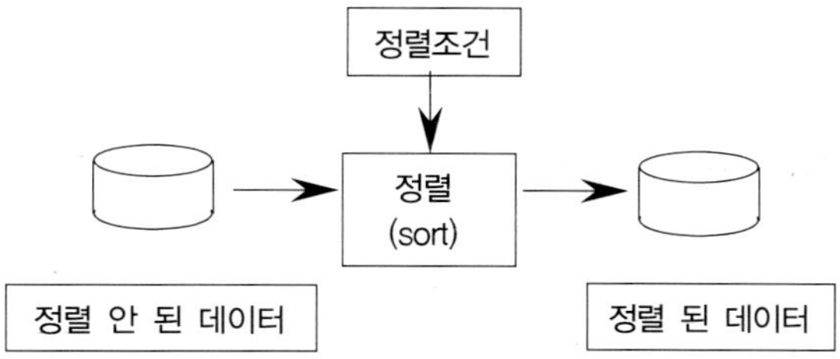

그림 10-2 정렬 작업

[3] 병합(merge)

병합이란 동일한 형식을 가지고 있는 두 개 이상의 파일이나 데이터베이스를 처리 효율과 보관 혹은 관리의 편리성을 위해 하나로 통합하는 것을 말한다. 이 때 각각의 파일이나 데이터베이스는 가급적 동일한 논리 구조를 가지고 있는 것이 바람직하다. 특히 파일인 경우에는 반드시 동일한 논리적 구조를 가지고 있어야 한다.

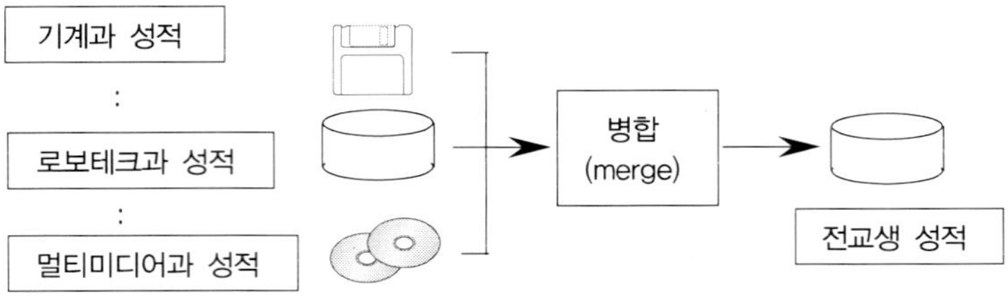

그림 10-3 병합 작업의 예

[4] 생성(generation)

생성이란 새로운 파일이나 데이터베이스를 만드는 것을 말한다. 즉 기존의 파일이나 데이터베이스를 어떤 형태로든 가공하고, 논리적 구조와 그 내용이 다른 파일이나 데이터베이스를 만들어 내는 것을 생성이라 한다.

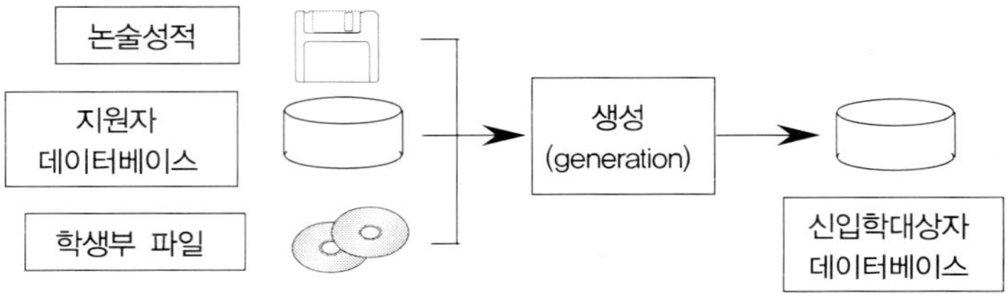

그림 10-4 생성 작업의 예

[5] 추출(extraction)

지정된 조건에 따라 전체 데이터 중에서 일부분의 데이터를 뽑아내는 작업을 말한다. 다르게는 검색이라고도 말할 수 있으며, 데이터베이스의 일반 사용자는 거의 대부분이 작업 유형만을 수행하게 되는 경우가 많다.

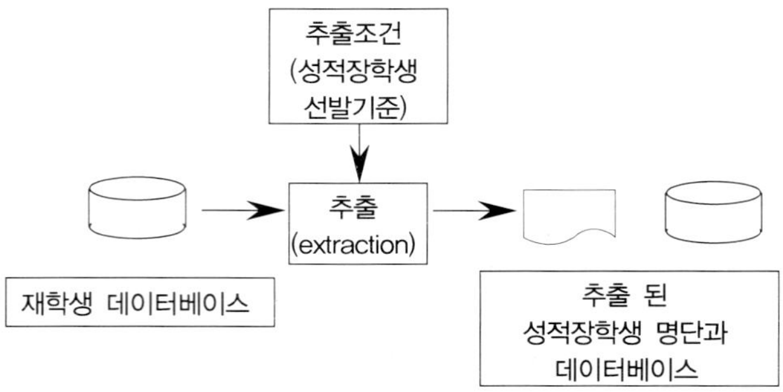

그림 10-5 추출 작업의 예

[6] 분배(distribution)

분배란 나누는 것을 말한다. 그런데 어느 경우든 아무런 기준도 없이 하나의 집단을 나눌 수는 없다. 따라서 컴퓨터 관련 분야에서 말하는 분배는 일정 기준에 따라 데이터를 나누는 것을 의미한다. 따라서 이 작업이 수행되면 하나의 파일이나 데이터베이스가 기준의 수에 따라 둘 이상의 파일이나 데이터베이스로 분할된다.

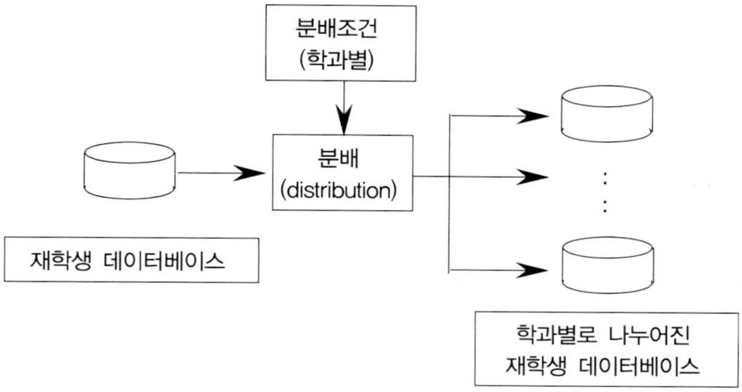

그림 10-6 분배 작업의 예

[7] 대조(matching)

두 개의 대상을 상호 비교 혹은 대조하여 존재 유무, 순서나 내용의 틀림이나 모순 여부를 검사할 목적으로 이루어지는 작업이다. 대조 과정에서 이상을 발견할 시에는 통상적으로 체크 리스트에 관련 내용이나 오류 메시지를 출력한다.

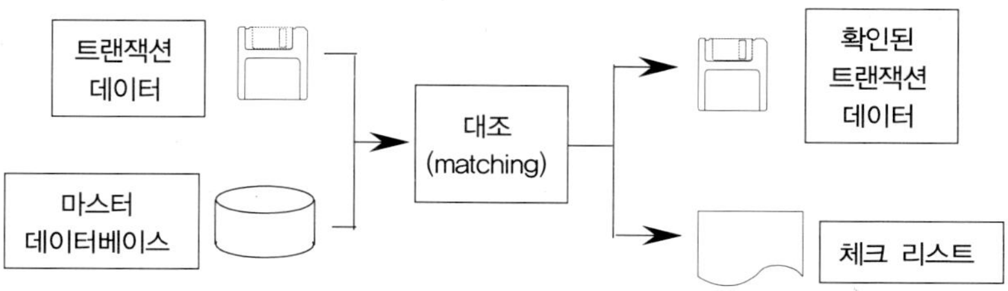

그림 10-7 대조 작업

[8] 갱신(updating)

거의 고정적인 내용을 담고 있는 마스터(master) 파일이나 데이터베이스를 갱신용 데이터(트랜잭션 데이터transaction data)로 갱신(추가 · 삭제 · 교환)하여 새로운 마스터 파일이나 데이터베이스를 만드는 작업이다.

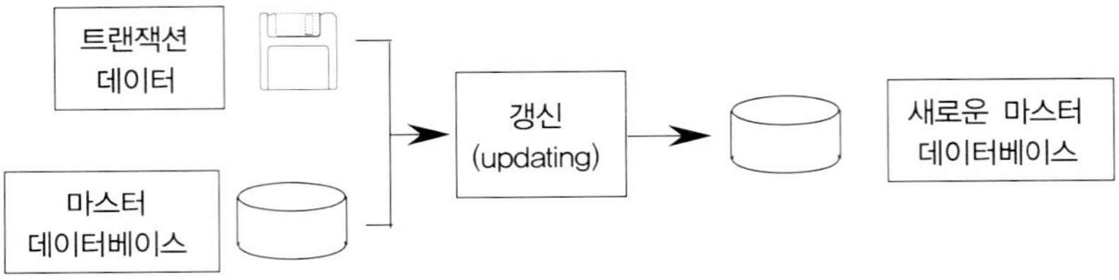

그림 10-8 갱신 작업

[9] 집계(sum-up)

집계란 모집단(母集團)을 대상으로 통계적 처리를 수행하는 작업이다. 통상적으로는 기준 항목(key)에 따라 그룹을 나누고, 각 그룹마다의 합계를 계산하는 작업을 수행하게 된다.

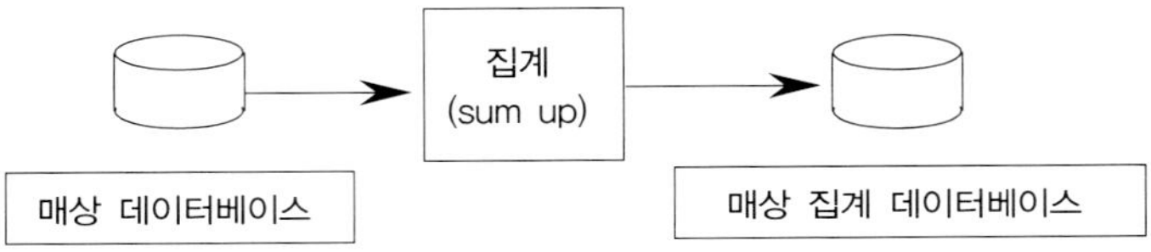

그림 10-9 집계 작업의 예

[10] 보고서 작성(reporting)

컴퓨터의 처리 결과를 업무에 활용하기 위해서는 다양한 형식의 보고서가 필요하기 때문에 보고서 작성 작업은 사용자의 입장에서는 가장 활용도가 높은 작업에 속한다.

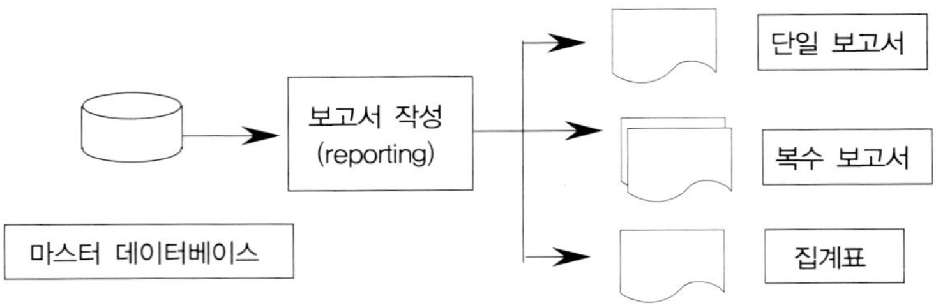

그림 10-10 보고서 작업의 예

10.1.2 프로세스 설계 절차

프로세스 설계 절차

▌현장 업무 처리 특성 파악 → 처리방식 결정

▌프로세스 설계:

- 전체 시스템을 서브시스템으로 분할
- 서브시스템을 작업 단위로 분해
- 작업 단위를 해당 작업 유형으로 대체
- 프로세스 흐름도 작성

프로세스 설계는 시스템이 수행해야 할 작업 흐름을 구성하는 일이기 때문에 사용자 요구 분석 결과인 시스템 기능 명세서와 기본 설계 단계에서 생성된 시스템 기본 모델을 토대로 이루어져야 한다.

따라서 프로세스 설계자는

- 현장 업무의 처리 특성에 따라 처리 방식을 결정하고,
- 그에 따라 프로세스를 전개해 나가야 한다.

[1] 현장 업무의 처리 특성 파악

현장에서 처리되는 업무의 흐름과 특성, 담당자의 처리 방식 및 요구사항들을 종합적으로 만족시킬 수 있도록 작업의 흐름을 설계하기 위해서는 이미 조사해 놓은 사용자 요구를 참조하거나 이와 관련되는 여러 사항들을 조사해야 한다.

프로세스 설계를 성공적으로 수행하기 위해서는 어떤 방법으로든 또는 어떤 형태로든

- 운영체제 및 관련 소프트웨어의 종류,
- 하드웨어 관련 내용,
- 정보가 발생하는 장소, 시간, 주기, 양,
- 정보의 사용 장소와 시간,
- 응답 시간의 허용 범위,
- 시스템 구성 및 처리의 기본 규칙 등과 같은 현장 업무의 처리 특성 파악하여야 한다.

이러한 현장 업무의 처리 특성을 토대로

· 집중처리와 분산처리,

· 일괄처리와 실시간 처리,

· 온라인처리와 오프라인처리 등의

시스템 구성 및 운영, 처리 방식과 관련되는 여러 사항들을 결정할 수 있게 되고 이러한 사항들은 전체 시스템을 소단위 서브시스템으로 나누는 기준이 된다.

[2] 프로세스 설계

현장 업무의 처리 특성과 기본 설계 단계에서의 기본 시스템 모델을 바탕으로 입력 데이터로부터 원하는 출력 정보를 생성할 때까지의 작업 흐름을 구체적으로 정의 해 나가는 것을 **프로세스의 설계**라 한다.

기능 분석을 통한 새 시스템 정의 절차를 역으로 이용하면 보다 효율적으로 프로세스를 설계할 수 있다.

즉,

· 전체 시스템을 기능 중심으로 몇 개의 서브시스템(sub system)으로 분해하고,

· 각 서브시스템에 대해서도 더 이상 하위 기능을 갖지 않을 때까지 분할을 반복함으로써,

· 시스템에서 요구하는 작업 유형을 선정할 수 있게 되며,

· 선정된 작업 유형에 관련 입출력을 추가하면 시스템이 갖추어야 할 하나의 기능 모델이 되고,

· 개개 기능 모델을 통합하면 시스템 모델이 완성된다는 점을 이용하여 프로세스를 효율적으로 설계할 수 있다.

일반적으로 전체 시스템은 내부적으로 독립된 기능을 갖는 여러 소단위 시스템을 순환적으로 내포하고 있기 때문에 하나의 프로세스에 모두를 수용하기는 거의 불가능하다. 따라서 현실적으로는 전체 시스템을 현장 업무 특성과 처리방식을 기준으로 몇 개의 서브시스템으로 나누고 개개 서브시스템별로 프로세스 설계를 진행하게 된다.

전체 시스템을 서브시스템으로 분할할 때 적용할 수 있는 기준으로는

- **처리장소**: 이 특성에 의해 집중처리/분산처리가 결정되며, 처리장소가 다르면 당연히 서로 다른 서브시스템으로 분리되어야 한다.

- **처리시기**: 이 특성에 따라 일괄처리 / 시간 처리가 결정되고, 처리시기가 다르면 하나의 시스템으로 구성하기가 어렵기 때문에 역시 서로 분리되어야 한다.
- **회선연결여부**: 이 특성에 따라 온라인 처리 / 오프라인 처리가 결정되며, 처리방식이 다르면 하나의 기능 속에 모두를 수용하기가 어려우므로 분리해야 한다.

등을 제시할 수 있다.

시스템 분할이 완료되면 각 서브시스템의 입력에서부터 출력 생성까지의 과정을 처리 유형별 작업 단위로 나누어 표현함으로써 프로세스 흐름도를 완성한다.

일반적으로 프로세스 설계는 다음의 과정을 거치면서 이루어진다.

- 전체 시스템을 몇 개의 서브시스템으로 분할한다.
- 서브시스템 내의 작업 단위에 입력, 출력 그리고 필요에 따라 파일을 대응시킨다.
- 단위 작업을 그 역할이나 기능에 부합되는 표준 작업 유형으로 대체한다.
- 작업 전후 관계를 고려하여 프로세스 흐름도를 작성한다.

10.2. 시스템 구조 설계

시스템 구조 설계

▌작업 흐름을 체계화

▌하향식 설계→기능 분해

- 메인 모듈 설정
- 기능 중심 반복 분해
- 단위 기능을 모듈로 설정
- 구조도 작성

개개 서브시스템에 대한 프로세스 설계가 완료되더라도 이들 상호관계 혹은 단위 작업 사이에 형성되는 논리적 관계 등에 대해서는 파악하기가 매우 곤란하다. 특히 프로세스 흐름도는 작업의 흐름을 나타내기 때문에 평면적 연결 관계를 주로 나타낼 뿐 계층적인 구조나 관계를 표시하기가 어려워 전체 시스템 구조를 체계화하기가 어려울 뿐만 아니라 이로 인해 프로그램 개발 시에 많은 혼란을 발생시킬 수 있다.

물론 요구 분석 단계에서 생성된 시스템 기능 정의서와 기본 설계 단계에서 만들어진 시스템 기본 모델이 있지만 이것들은 어디까지나 개략적인 윤곽만을 나타내기 때문에 프로세스 설계 시에는 어느 정도 활용되나 실질적인 시스템을 구현해야 하는 프로그램 설계에서는 그다지 도움이 되질 못한다.

따라서 보다 구체적으로 프로그램 개발에 도움을 주기 위해서는 각 서브시스템 및 서브시스템 세부 기능의 논리적인 관계와 상호간의 관련성 및 필요한 정보 등을 체계적으로 정의할 필요가 있으며, 이 작업을 **시스템 구조 설계**라 한다.

말을 바꾸어 표현한다면, 시스템 구조 설계란? 시스템을 구성하고 있는 각 기능들을 실질적으로 구현할 프로그램 혹은 모듈(module)들을 모두 정의하고, 이들 사이의 연관성과 관련 정보들을 정의하고 체계화하는 작업이다.

현실적으로 실감할 수 있는 예로는 사무자동화 유틸리티들의 메뉴 구성을 들 수 있다. 이러한 유틸리티들은 작업의 종류에 따라 몇 개의 상위 메뉴로 나누고, 상위 메뉴에는 작업의 상호 관련성에 따라 소단위의 여러 하위 메뉴나 명령들이 배치되어 전체 작업을 수행할 수 있도록 하고 있다.

시스템 구조 설계 기법으로는 IBM을 중심으로 널리 사용되고 있는 **기능 분해(functional decomposition)**를 이용한 하향식 설계 기법을 대표적으로 들 수 있다.

이 기법에서는 하향식 기법이 모두 그러하듯이 처음에는 전체를 하나로 간주하고, 그 다음부터는 각 기능을 중심으로 더 이상 하위 기능을 내포하지 않을 때까지 반복적으로 쪼개어 나가는 방식으로 시스템 구조를 설계하고 있다.

즉,

- 메인모듈(main module) 설정: 시스템 전체를 하나의 모듈로 간주하고 이것을 메인 모듈이라 한다. 메인모듈은 전체 시스템을 통괄하는 역할을 수행하게 되며, 이하에 서브시스템에 해당하는 여러 모듈들을 거느리게 된다.
- 기능별로 시스템을 반복 분해: 시스템을 기능 단위로 분해하되, 더 이상 하위 기능을 내포하는 기능이 없을 때까지 반복하고, 각각의 기능을 하나의 모듈로 설정한다. 각 모듈별로 필요한 입출력 정보는 계층적인 연결을 표시하는 화살선과 함께 표시한다.
  더 이상의 하위 모듈을 포함하지 않는 모듈을 **잎 모듈(leaf module)**이라 하며 실질적인 정보 가공이 이곳에서 이루어진다고 볼 수 있다. 그에 비해 잎 모듈보다 상위 계층의 모듈들은 하위 모듈들을 관리하는 역할을 주로 수행하게 된다.

설계된 시스템 구조를 표현하는 도구로 구조도, 기업 모형도, HIPO 다이어그램(Hierarchical Input-Process-Output Diagram) 등이 사용되고 있으나, 그중에서 구조도가 보편적으로 널리 사용되고 있다.

하향식 시스템 구조 설계 기법의 단점으로는 시스템 분해 기준이 명확하지 않다는 점이며, 이로 인해 설계자의 개인 경험이나 취향에 따라 설계가 이루어지기 때문에 설계자에 따라 설계된 시스템 구조가 다르며, 이에 대한 평가 방법이 없다는 부가적인 문제점이 발생한다.

또 시스템 규모가 커지면 구조도가 지나치게 복잡해져 체계적인 시스템 구조 설계가 불가능해지는 경우도 생길 수 있기 때문에 중규모 이상의 복잡한 시스템인 경우에는 구조적 설계 기법을 적용하는 것이 효율적이다.

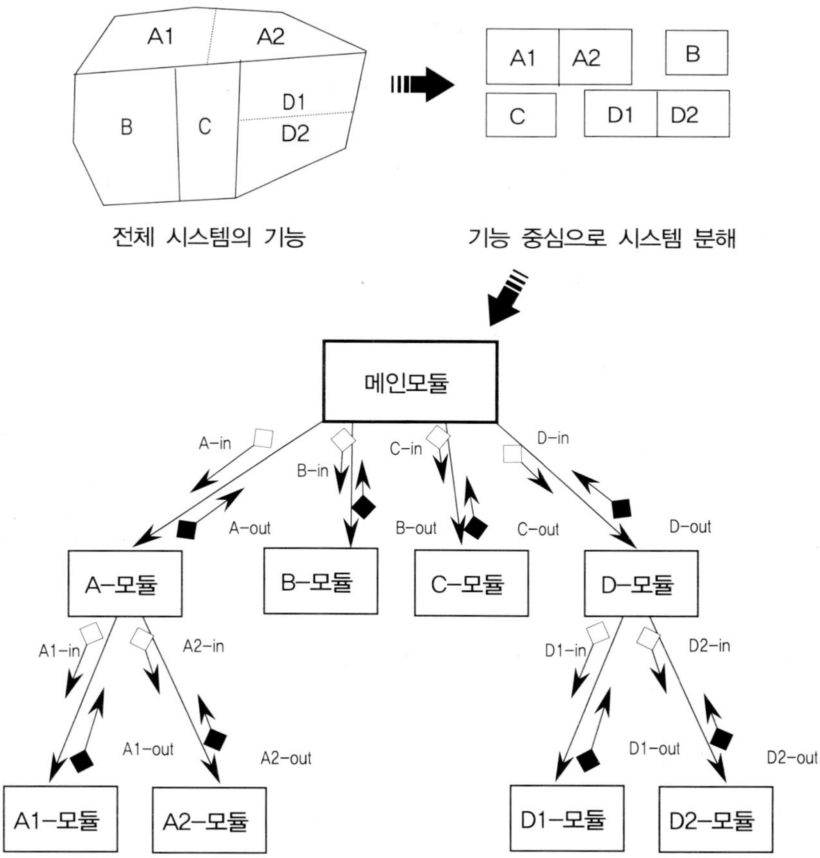

그림 10-11 **기능 분해를 이용한 하향식 시스템 구조 설계 예**

10.3. 모듈(프로그램) 설계

모듈 설계

- 모듈 기능 수행 논리 정의
- 모듈 간 인터페이스 정의

시스템 구조 설계에서는 기능 수행에 필요한 모듈과 모듈간의 관련성만을 정의하기 때문에 시스템의 전체 구조에 대한 외형적인 모양새만 갖추게 할 뿐이다.

따라서 시스템 구조 설계가 끝나면 각 모듈들의 기능 수행을 위한 실질적인 처리 과정을 정의해야 하고, 아울러 각 모듈간의 인터페이스에 대한 것도 정의해야 한다.

이처럼 시스템을 구성하는 각 모듈의 기능에 대한 수행 논리와 모듈간의 인터페이스를 정의하는 활동을 **모듈 설계(module design)**라 하며, 모듈이란 하나의 독립적인 기능을 수행할 수 있는 프로그램 단위를 말하기 때문에 경우에 따라서는 모듈 설계가 프로그램 설계(program design)와 같은 의미일 수 있다.

모듈 설계는 시스템 분석가나 설계자에 의해 수행되지만, 실질적인 프로그램 개발은 프로그래머(programmer)에 의해 수행되고, 최종 코딩 작업은 별도의 코더(coder)에 의해 행해진다는 것이 이론적인 정석이다.

그러나 대부분의 경우, 이론에서 제시하는 바처럼 업무 세분화가 이루어져 있지 않을 뿐만 아니라 영세한 업체인 경우에는 시스템 분석가가 모든 작업을 혼자서 도맡아 하는 경우도 있어서 업무 분장과 관련하여 착각하거나 오인하는 경우가 많다.

모듈 설계 시에는

- 각 모듈의 기능에 대한 수행 논리를 먼저 정의하고,
- 독립된 기능을 갖는 여러 모듈들이 시스템을 구성하게 되므로 이들 모듈 상호간의 연동을 위한 인터페이스에 관한 사항들을 정의해야 하며,
- 이를 근거로 모듈 명세서를 작성하여야 한다.

[1] 모듈의 수행 논리 정의

모듈 설계 시에는 다른 것에 우선하여 해당 모듈이 감당해야 하는 기능을 실질적으로 구현하는데 필요한 처리절차(알고리즘), 변수, 관련 파일이나 데이터베이스 등을 정의하게 되며, 이러한 작업에는 통상적으로 **의사코드**(疑似코드, pseudo code)가 널리 사용된다.

의사코드는 실질적인 프로그래밍 언어는 아니지만 프로그래밍 언어에서 공통적으로 널리 사용되는 명령어들을 키워드(keyword) 삼아 프로그램의 수행 논리를 자연스럽게 표현하는 일종의 개념적 표현 수단이다. 과거에는 주로 구조화된 영어 형식을 띄는 경우가 많았으나, 지금은 우리 한글로 표현하기도 한다. 어떤 언어 형식으로 표현되든 의사코드가 가져야할 가장 주요한 기능은 수행 논리를 정확하고 간결하게 표현할 수 있어야 한다는 점이다.

[표 10-1] 의사코드의 예

```
procedure   급여계산(직급, 월급여액)
        직급 : integer  /*직급의 범위는 1부터 5까지이다.*/
        월급여액 : integer  /*급여 및 세액 산출은 별도의 모듈에서 수행한다.*/

    if (직급 < 1 or 직급> 5)  print '직급 오류';
    else 급여처리과정 수행;
    endif;
End 급여계산
```

[2] 모듈 인터페이스 정의

여러 모듈을 유기적으로 결합하여 하나의 시스템을 구성할 때 각 모듈간의 간섭이 최소가 되도록 해야 한다. 즉 **모듈 독립성(module independency)**이 가능하다면 높아지도록 모듈을 설계해야 한다.

모듈 독립성이란? 임의의 모듈이 다른 모듈의 기능이나 내부 처리 절차에 구애되지 않고 자신의 기능을 수행할 수 있는 정도를 말하며, 모듈 독립성이 높으면 높을수록 내부 처리 절차의 변화가 다른 모듈에 영향을 미치지 않게 되어 각 모듈들을 독립적으로 개발하고 관리할 수 있게 되어 생산성이 높아지기 때문에 모듈 설계의 중요한 지침이 된다.

따라서 모듈 독립성을 높이기 위해서는 다른 모듈의 내부 처리 절차에 영향을 받지 않도록 모듈을 설계해야 함을 의미하며, 구체적으로는 다른 모듈과 연동할 때 꼭 필요한 정보만을 넘겨주고 넘겨받도록 모듈을 설계해야 한다.

이처럼 모듈 상호간의 연동을 위해 필요한 정보를 주고받기 위한 모든 수단을 총칭하여 **인터페이스(interface)**라 하며, 인터페이스 정의 시에는 모듈 이름과 기능, 매개변수와 그 속성 등을 정의하게 된다.

모듈 간의 인터페이스가 명확하게 정의되지 않으면 여러 명의 프로그래머가 독립적으로 프로그램을 개발할 때 많은 혼란을 초래하게 되어 프로그램 생산성이 저하되거나 심지어는 프로그램을 재개발해야 하는 사태가 발생할 수도 있다.

[3] 모듈 명세서 작성

프로그래머는 설계자가 작성한 모듈 명세서를 토대로 모듈(프로그램)을 개발하게 되므로, 모듈명세서에는 모듈에서 이루어져야 할 처리절차와 인터페이스에 관한 것들을 모두 포함하고 있어야 한다.

[표 10-2] 모듈명세서의 구성 요소

구분	정의할 내용
수행 논리	‣ 변수 이름과 속성 ‣ 관련 파일과 그 용도 ‣ 관련 데이터베이스 이름, 속성 ‣ 알고리즘 ‣ 오류처리방법 ‣ 화면설계
인터페이스	‣ 모듈 이름 ‣ 모듈 기능에 관한 간단한 설명 ‣ 사용한 프로그래밍 언어의 종류 ‣ 입력용 매개변수의 이름과 속성 ‣ 출력용 매개변수의 이름과 속성 ‣ 관련되는 상위 또는 하위 모듈 리스트 ‣ 관련 라이브러리(library)

10.4. 프로그래밍 설계서

프로그래밍 설계서

▌프로그램 개발 작업 지시서 역할

▌효과

- 공동개발을 가능케 한다.
- 프로그램 개발 생산성이 향상된다.
- 프로그래머 의존도를 낮출 수 있다.
- 프로그램을 표준화/규격화 할 수 있다.
- 프로그램 공유가 가능해진다.
- 시스템 운영/보수/유지관리에 도움이 된다.
- 신입자에 교육 훈련을 효율적으로 할 수 있다.

프로세스 설계가 시스템의 처리 과정을 거시적(macro)으로 본 것이라면 모듈 설계나 프로그램 설계는 이를 미시적(micro)으로 보는 것에 해당된다. 따라서 모듈 설계가 완료되면 모듈명세서를 토대로 모듈의 실질적인 기능을 수행하기 위한 세부적인 프로그램 개발 작업에 돌입하게 된다.

그러나 시스템의 전 모듈을 혼자 개발하기는 무척 어렵다. 시스템의 규모가 커질수록 혼자 개발하는 것은 점점 불가능해지게 마련이다. 이 때문에 대부분의 시스템 구축은 공동 작업을 통해 이루어진다. 공동작업은 항상 어렵다. 특히 프로그램의 공동 개발 작업은 더더욱 어렵다. 왜냐하면 프로그래머들의 생각과 능력과 구사하는 기술이 제각각 다르기 때문이다.

따라서 설계자는 이러한 면들을 염두에 두고 어쩌면 하나의 공동 기준을 설정한다는 차원에서 프로그래밍 설계서를 작성해야 하고, 프로그래밍 설계서에 의해 프로그램 개발 작업이 진행되도록 해야 할 필요가 있다.

10.4.1 프로그래밍 설계서의 필요성과 효과

프로그램(program)은 일의 처리 순서를 적어 놓은 것을 말하며, 비단 컴퓨터 분야에 국한되어 사용되는 용어는 아니다. 라디오 프로그램, TV 프로그램, 음악회 프로그램 등등 많은 분야에서 이 말을 사용하고 있다.

그러나 컴퓨터 분야에서의 프로그램은 컴퓨터가 처리해야 할 작업의 순서, 즉 수행 논리를 기록해 놓은 것을 말하며, 똑같은 결과를 만들어 내더라도 프로그래머에 따라 그 처리 절차나 기법이 동일하지 않다는 특징을 갖는다. 더구나 사람의 생각은 눈으로 확인될 수 없는 것이어서 다른 사람의 의도를 파악하기란 여간만 힘든 것이 아니다.

따라서 프로그램을 공동 개발함에 있어 절대적으로 필요한 의사소통과 정보 공유, 그리고 표준화에 대한 기준을 제시하기 위해서는 프로그래밍 설계서가 필요하다.

프로그래밍 설계서를 작성함으로써 얻을 수 있는 효과로는

- 프로그램 공동 개발을 가능하게 한다.
- 프로그램 개발 생산성을 향상시킨다.
- 담당자의 책임 범위가 명확해진다.
- 특정 프로그래머에 대한 의존도를 낮춘다.
- 프로그램을 표준화 / 규격화할 수 있다.
- 프로그램을 공유 재산화할 수 있다.
- 시스템 운영 / 보수 / 유지관리에 도움이 된다.
- 신입자에 대한 교육 및 훈련에 활용될 수 있다.

등을 거론할 수 있으나, 이외에도 실무적으로는 말로 표현할 수 없는 여러 가지 반사 이익을 챙길 수 있으므로 문서화 작업은 정확하고 치밀하게 이루어질수록 좋다.

10.4.2 프로그래밍 설계서 작성 방법

프로그래밍(programming)이란 프로그램 개발 작업을 총칭하는 말이며, 프로그래밍 설계서란 프로그램 작성에 관한 절차나 방법 등에 관한 구체적인 계획을 마련하고 그것을 적어 놓은 것을 말한다.

따라서 프로그래밍 설계서에는 프로그램 공동 개발을 위한 기준이나 표준화 방안 등도 포함되어야 하겠지만 무엇보다도 프로그램 작성에 관한 구체적인 절차나 방법과 같이 프로그램 개발에 필요한 실질적인 내용을 가급적 상세하게 담고 있어야 하며, 이를 바탕으로 프로그래머들이 프로그램을 작성할 수 있도록 해야 한다. 이런 면을 고려하면 프로그래밍 설계서를 만드는 주체는 프로그래머가 아니라 전체 시스템의 구조를 파악하고 있는 시스템 분석가나 시스템 엔지니어가 되어야 함을 알 수 있다.

프로그래밍 설계서의 이런 중요한 역할을 알고 있으면서도 실무 현장에서는 일정이 바쁘다거나 인력이 부족하다거나 귀찮다는 등의 이유로 이에 대한 작업을 소홀히 왔던 것도 사실이다.

이로 말미암아

- 형식적인 설계서 작성으로 실질적으로 도움을 주지 못하며,
- 체계화 및 표준화가 이루어져 있지 않아 문제가 발생했을 때 필요한 관련 정보가 어느 문서의 어느 항목에 기술되어 있는지를 몰라 실질적인 활용이 어려우며,
- 변경되는 내용들을 제때에 반영하지 못함으로써 현실과 맞지 않게 되어 무용지물이 되기도 하는 등의 문제점이 지속적으로 발생해 왔으며, 이러한 요인들이 시스템 유지보수비용이 전체 시스템 구축비용의 67% 정도나 차지하게 하는 한 요인이 되었다고 볼 수 있다.

이러한 문제점을 해결하기 위해서는 철저한 문서화 작업과 함께 색인 등과 같은 보조적인 수단을 이용하여 작성된 문서들을 보다 적극적으로 활용할 수 있는 방안을 마련하는 것도 중요하다.

프로그래밍 설계서에는 프로그램 작성에 필요한 다음과 같은 내용들을 담고 있는 것이 바람직하다. 여기서 제시하는 것은 다만 권장사항일 뿐 필수사항은 절대 아니다. 시스템의 특성에 따라 이외의 항목들도 얼마든지 추가될 수 있으며, 여기에서 제시하는 항목이라도 필요에 따라 변경할 수도 있고 삭제되어도 무방하다.

프로그래밍 설계서
작 성 자: 작성일자:
· 시스템 이름 및 업무 코드 · 설계 방침 · 프로세스 흐름도 · 코드표 · 입출력 설계표 · 프로그래밍 지시서 (1) 프로그램 이름 (2) 설계서 작성자 (3) 프로그래밍 작성 기간, 실시 시기 (4) 입출력 일람 (5) 처리개요 (6) 처리명세 - ① 전(前)처리, ② 입력처리, ③ 기간처리, ④ 출력처리, ⑤ 후(後)처리 (7) 프로그래밍 작성 후 제출해야 될 내용 (8) 참고자료

(1) **시스템 및 업무 명**: 설계 대상 시스템과 해당 업무의 이름을 적는다. 통상은 문서 표준화 지침이나 이름부여 표준화 방안(naming rule)에 따라 표준화된 방식의 코드를 기록한다.

이름부여 규칙은 거의 대부분 방법론에서 대단위, 중단위, 소단의의 3단계로 분류하고 각각 고유한 약자들을 사용하도록 하고 있다.

예▸ 학사시스템의 성적 데이터베이스를 검색하는 업무인 경우에는

HS_SCOREDB_001

(2) **설계 방침**: 프로그래머가 설계자의 의도를 알면 앞으로 이어질 작업에 대해 어느 정도 예측하고 대비할 수 있기 때문에 전체적인 작업 효율을 향상시킬 수 있다. 이처럼 프로그래머가 시스템 구축에 임하는 설계자의 전체적인 의향을 파악할 수 있도록 설계 계획과 방향 또는 프로그램을 통해서 얻고자하는 효과, 즉 목적에 대해 간략히 기술한다.

(3) **프로세스 흐름도**: 전체 작업의 흐름을 파악하고, 그에 합당한 역할을 수행할 수 있는 프로그램을 작성하게 하기 위해 필요하며, 이를 위해 프로그램 작성에 필요한 내용들을 해당 모듈에 간략하게 기술하는 것도 좋다.

(4) **코드표**(code table): 시스템의 일관성 유지와 프로그램 통합시의 엉클림을 없애기 위해서는 프로그램 작성에 필요한 코드표는 제공하는 것이 바람직하다. 해당 코드표가 없어서 프로그래머가 코드표를 만들어야 하는 경우에는 코드 설계 원칙에 따라 코드의 종류 및 작성 방법 등을 기술하여야 한다.

(5) **입출력 설계표**(input/output layout): 모든 프로그램은 원하는 출력을 만들어 내기 위해 작성되고, 게다가 입력 또한 원하는 출력을 생성하는데 필요한 것만 입력해야 하기 때문에 당연히 프로그램 작성에 필요한 입출력 설계표를 제공하여야 한다.
하드카피 출력인 경우에는 스페이싱 차트(spacing chart)를, 소프트카피 출력인 경우에는 디스플레이 차트(display chart or screen chart) 등을 이용하여 정확한 출력 형식을 제공하는 것이 바람직하다.

(6) **프로그래밍 지시서 작성**: 프로그래밍 지시서는 개개 프로그램 작성에 관한 지시를 담고 있는 부분이므로 프로그래밍 단위별로 작성되어야 하고, 가급적이면 이하의 내용을 포함하고 있는 것이 바람직하다.

01 프로그램 이름: 프로그램 이름은 이름 부여 규칙에 따라 일관성 있게 부여되어야 하므로 통상적으로는 설계자가 부여해 주도록 되어 있다.

02 설계서 작성자: 프로그램 개발과 관련된 협의/조정 등이 필요한 경우에 참조할 수 있도록 설계자의 인적 사항을 기록한다.

03 프로그램 개발기간과 실시시기: 프로그램 개발 기간은 프로그램이 구현해야 할 기능의 난이도 및 프로그래머의 능력 등을 고려하되, 플로차트 작성 단계/코딩 단계/시운전 단계로 구분하여 제시하고, 실제로 프로그램이 기동되어야 하는 실시 시기는 별도로 제시하는 것이 바람직하다.
실무에서는 항상 시간에 기기 때문에 단계별로 제시한 기간에 맞추어 작업하기가 어렵다. 그렇다고 개발기간을 길게 설정하면 시스템 구축비용이 늘어나기 때문에 그것 역시 곤란하다. 이러한 양면성을 고려하여 적절히 조절하되 흔히 데드라인(dead line)이라는 최후 시한을 실시시기로 제시하기도 한다.

04 입출력 일람: 입출력 설계서와 이름 부여 규칙에 근거하여 입출력 기기의 번

호나 이름, 데이터베이스 이름, 파일이름, 레코드 이름, 항목이나 속성(애트리뷰트) 이름 등을 제시하여야 한다. 프로그램 내에서 사용할 변수에 대해서는 이름 부여 규칙을 제시하는 것이 바람직하다.

05 처리개요: 프로그램에서 수행할 작업의 요점을 적는다.

06 처리명세: 데이터 처리와 관련된 내용들을 항목별로 나누어 지시하는 부분이다.

- 전(前)처리: 프로그램으로 데이터를 처리하기 전에 수행해야 할 처리를 알려준다.
- 입력처리: 데이터를 입력할 때 수행해야 할 작업들에 대한 지시사항을 알려주어야 한다. 과거 여러 대의 자기테이프를 사용하던 시절에는 입력 작업에서의 끝 처리가 아주 어려웠기 때문에 이 부분을 많이 강조해 왔으나, 지금은 주로 데이터베이스를 활용하기 때문에 특별히 지시 할 만한 것이 없어지고 말았다. 그러나 데이터베이스를 이용하지 않는 경우에는 오류 점검 등의 작업이 입력 과정에서 이루어져야 한다.
- 기간처리(基幹處理): 프로그램이 수행해야 할 실질적인 알고리즘에 해당하는 부분으로서 각 데이터의 실질적인 처리 방법을 기술한다.
- 출력처리: 처리 결과를 보존하거나 이용할 수 있도록 외부로 내보내는 것에 대한 사항들을 기술한다. 보고서인 경우에는 구체적인 항목과 형식을 제시하는 것이 바람직하다.
- 후(後)처리: 데이터 처리가 종료되었을 때 수행해야 할 작업들에 대해 기술한다. 예를 들면 출력된 보고서가 출력 설계에서 결정된 분배방식에 따라 분배될 수 있는 조치를 취하는 것 등이다.

07 프로그래밍 작성 후 제출해야 될 사항: 프로그래밍이 끝났을 때 제출해야 할 관련 실적물들을 기술한다. 제출된 실적물들은 향후 시스템 유지보수의 귀중한 자료로 활용되므로, 다소 번거로운 면이 있더라도 반드시 제출하도록 하여야 한다.

- 플로차트
- 프로그램 파일
- 컴파일 완료된 프로그램 리스트(program list)
- 프로그램에서 사용된 변수의 이름과 용도

· 프로그램에서 생성하는 오류 메시지의 종류와 그 의미

· 실행 결과(출력물)

08 참고 자료: 프로그래밍에 참고가 될 자료들을 기술한다.

10.5. 오류 검사 방법

오류 검사법

- 오류 발생 가능성은 항상 존재함
- 정확한 입력 데이터가 좋은 정보 생산
- 데이터 발생 현장에서의 오류
  - 효율적인 전표 설계, 육안 검사
- 입력 매체 변환 과정에서의 오류
  - 사람에 의한 대조 검사
- 시스템 입력 시의 오류
  - 모드, 형식, 논리, 범위, 대조, 공백, 순서, 체크디지트, 합계, 균형, 개수 검사
- 시스템 처리 시의 오류
  - 오버플로, 부호, 불능 검사

백 사람이면 백 가지 오류를 발생시킬 수 있고, 천 사람이면 천 가지 오류를 발생시킬 수 있다는 말이 있다. 이는 사람이면 누구나 잘못을 저지를 수 있음을 의미하는 것이다.

우리는 컴퓨터의 장점을 들라고 하면 거의 대부분의 사람들이 신속, 정확을 꼽지만 잘못된 데이터를 가지고는 아무리 빠르고 정확하고 싶어도 그렇게 될 수가 없다. 이 때문에 「GIGO(Garbage In Garbage Out)」 라 하여 입력 데이터의 중요함을 강조하고 있기도 하다.

궁극적으로 출력은 입력에 의해 결정되므로 양질의 정보를 생산하기 위해서는 양질의 데이터를 입력해야 하고, 이를 위해 모든 프로그램에 거의 반드시 데이터 검사 과정을 포함하도록 프로그램 설계가 이루어지거나, 데이터베이스인 경우에는 사용자가 설정하는 제약 조건에 따라 DBMS가 이러한 기능을 자동으로 수행하도록 되어 있다.

데이터 오류가 발생하는 것은 비단 데이터를 입력하는 경우에만 국한되는 것은 아니며, 데이터 발생 현장에서부터 오류는 얼마든지 발생할 수 있다. 뿐만 아니라 프로그램 처리 과정 중에도 얼마든지 데이터 오류가 발생할 수 있음을 알아야 한다.

예를 들면, 현장에서 발생한 '5'라는 데이터를 '3'으로 잘못 기록하는 경우, 프로그램에서 나누기 계산을 할 때 분모가 '0'이 되어서는 안 되는 경우가 이에 해당한다.

따라서 양질의 정보를 생산하기 위해서는 여러 상황에서 발생하는 다양한 데이터 오류를 검출할 수 있는 다양한 방안이 강구되어야 한다.

[1] 데이터 발생 현장에서의 오류 검사 방법

데이터가 생성되는 업무 현장에서 발생하는 오류를 줄일 수 있는 방법이라고는 인간공학적인 측면을 반영하여 입력 설계 시에 제시한 다양한 기법들을 적용하여 가급적 오류가 발생하지 않도록 주의를 기울이는 것 이외에는 별다른 도리가 없다.

신문이나 방송 등에 보도되는 사건들을 보노라면 도대체 어찌 저런 실수를 할 수 있을까? 싶지만 막상 그런 실수는 너와 나의 구분 없이 모두가 얼마든지 저지를 수 있음을 염두에 두어야 하고, 그런 실수를 하지 않기 위해서는 항상 긴장하여 세심한 주의를 기울이는 것이 상책이지만 제도적으로 보완해주는 방법으로는 입력 매체 설계 시에 전표 기입량이 최소가 되도록 고정 내용은 미리 인쇄해 두며, 기입 항목들을 한 곳에 집중 배치함으로써 이동 거리를 최소화하며, 전표의 구분을 쉽게 하기 위하여 용도별 색깔을 달리하는 등을 들 수 있다. 이외에 전표 작성자를 위한 교육과 홍보를 실시하는 것도 오류 방지에 도움이 된다.

데이터 발생 현장에서 수행할 수 있는 오류 검사의 방법으로는 사람의 눈으로 일일이 대조하는 방법을 들 수 있다.

[2] 데이터를 입력시키는 단계에서의 오류 검사 방법

전표에 기록된 데이터는 입력 담당자의 손을 거쳐 입력되기 때문에 데이터 발생 현장에서 작성한 전표에 전혀 오류가 없었다고 하더라도 입력 담당자의 실수에 의해 얼마든지 오류가 발생할 수 있다.

예를 들면, 'D'를 '0'으로 잘못 본다든지, 'I(영어 대문자 아이)'를 '1(숫자 일)'로 잘못 보는 등의 실수는 얼마든지 할 수 있다. 이를 방지하기 위해 영문자 'I'는 반드시 소문자(i)로만 사용하게 하고, 영대문자 'D'의 옆구리에 줄을 긋게 하는 등의 불문율을 적용시키고는 있지만 이와 유사한 오류는 물론이거니와 자판을 잘못 눌러 다른 문자가 입력되는 등의 잘못도 범할 수 있다.

이러한 오류를 방지하기 위해서는 일차적으로 입력 담당자가 항상 긴장하여 주의를 기울이어야 하고, 이차적으로는 모니터나 확인용 장치에 표시되는 문자가 데이터와 일치하는가를 눈으로 확인하거나 입력된 데이터를 인쇄하여 원본과 대조하는 등의 방법을 사용할 수 있다.

이외에도 동일한 데이터를 서로 다른 두 사람이 같이 입력하면서 일치 여부를 비교하는 방법도 있으나, 인건비 부담이 높아 잘 사용되지 않고 있다.

[3] 시스템 입력 시 오류 검사 방법

입력 설계 시에 제시한 다양 기법들을 적용하면 상당 부분의 오류를 걸러 낼 수 있기는 하지만 사람에 의해 이루어지는 검사는 아무래도 완전하지 않기 때문에 가급적이면 오류 검출 프로그램을 개발하고 활용하는 것이 바람직하다. 이 때문에 거의 모든 프로그램이 반드시 오류 검사 루틴(error check routine)을 포함하도록 설계되거나 별도의 유틸리티를 이용하여 오류 검사를 반드시 수행하도록 되어 있다.

데이터 입력 단계에서 적용할 수 있는 오류 방법으로는 다음과 같은 것들이 있으나, 관점에 따라 동일한 검사 방법으로 간주해야 할 것도 있음을 염두에 두어야 한다(코드 오류 검사 참조).

(1) **모드검사**(mode check): 데이터의 종류를 대별하면 문자 데이터와 숫자 데이터로 나눌 수 있는데, 입력된 데이터의 모드, 즉 문자 데이터인지 숫자 데이터인지를 검사하는 것을 말한다. 이런 유형의 검사는 변수 지정시의 형식에 따라 자동으로 검사되는 경우가 많다.

(2) **형식검사**(format check): 형식 검사는 입력되는 데이터가 프로그램에서 지정한 항목의 특성, 즉 항목의 구성형태와 자릿수 등이 일치하는지를 검사하는 것이다.

(3) **논리검사**(logical check): 논리적으로 생각했을 때 도저히 수용할 수 없는 데이터가 입력되는 것을 걸러 내기 위해 실시하는 검사이며, 다른 말로는 타당성 검사라고도 한다.
예를 들어 징병검사를 하는 데, 주민등록번호의 뒷부분 일곱 자릿수 중에서 첫 숫자가 2나 4인 경우가 이에 해당할 수 있다. 이 책을 쓰고 있는 이 순간까지 징병검사는 남자들만을 대상으로 이루어지고 있으며, 여자의 경우는 지원제도를 통하여 선발하기 때문이다.

(4) **범위검사**(range check): 지정된 항목이 가질 수 있는 값의 범위를 알 수 있을 때 적용할 수 있는 검사 방법으로서 한계 검사(limit check)라고도 한다.
예를 들어 학생들의 시험 점수가 0점에서부터 100점 사이라고 한다면 100점보다 더 많은 점수나 0점보다 더 작은 점수는 오류인 것으로 판정하는 식의 검사 방법이다.

(5) **대조검사**(matching check): 입력 데이터를 확실하게 검증된 데이터와 대조하여 일치여부를 판단하는 검사 방법이다.
예를 들어, 성적 처리를 위해 학생들의 학번을 입력했을 때, 입력된 학번이 마스터 파일에 등재되어 있는 학번 중의 하나가 아니라면 이 데이터는 잘못된 것이 분명하다.

(6) **공백검사**(blank check): 필수 항목인 경우에는 반드시 그 값을 가져야 한다. 이처럼 필수 항목의 값이 빈 공간인지를 검사하는 것을 공백 검사라 하며, 데이터베이스를 이용하는 경우에는 개체 무결성 보장을 위한 제약조건으로 적용되기도 한다.

(7) **순서검사**(sequence check): 입력 데이터들이 특정 순서로 입력되어야 하는 경우에 적용되는 검사이며, 먼저 입력된 데이터의 순서 값과 방금 입력된 데이터의 순서값을 비교하여 순서적으로 결함이 없는지를 판단하는 검사이다.

(8) **체크디지트검사**(check digit check): 입력 오류를 줄이기 위하여 추가로 입력하는 검사용 숫자를 이용하여 오류 여부를 판단하는 검사이다. 입력항목에 체크디지트를 추가하기 위해서 사용한 알고리즘과 동일한 알고리즘을 적용시켜 입력된 체크디지트와 프로그램에서 계산한 체크디지트가 일치하는지를 검사하고, 일치하지 않으면 오류가 발생한 것으로 판정하게 된다.

(9) **합계검사**(total check): 입력 데이터의 특정 항목에 대한 합계를 미리 구하고, 데이터가 입력된 후에 해당 항목의 합계를 구하고 이들의 일치 여부를 검사하는 것을 말한다. 이 검사법은 중요한 특정 항목이나 다른 값들을 산출하기 위한 기초 데이터 항목에 대한 검사로 많이 이용된다.

(10) **균형검사**(balance check): 부기에서와 같이 차변과 대변이 서로 같아야 하는 항목들에 대해 적용할 수 있는 검사 방법이다.

(11) **데이터 개수 검사**(data count check): 입력되어야 할 데이터의 개수를 알고 있는 경우에 적용할 수 있는 검사 방법이다.

[4] 데이터 처리 시 발생하는 오류 검사 방법

입력 오류가 없었다고 하더라도 연산 수행 과정에서도 오류를 발생시킬 수 있으므로, 이러한 경우를 대비하기 위하여 필요한 위치마다에 적절한 오류 검사 루틴을 작성해 넣어야 제대로 된 정보를 얻을 수 있다.

(1) **오버플로검사**(overflow check): 연산결과가 지정된 자리수나 값의 범위를 초과했는지를 검사하는 것이다.

(2) **부호검사**(sign check): 연산결과가 양수 혹은 음수로 한정되어야 하는 경우에 적용할 수 있는 검사 방법으로서 연산결과의 부호를 검사하여 데이터의 오류 여부를 판정한다.

(3) **불능검사**(impossibility check): 나눗셈에서 분모가 영(zero)인 경우를 불능이라 하며, 이런 경우가 발생하면 시스템이 중단되기 때문에 나눗셈을 수행하기 전에 이에 대한 검사를 실시하는 것이 바람직하다.

10.6. 프로그램 테스트

프로그램 테스트

▍테스트 방법
- 화이트박스 테스트: 세부 동작 검사
- 블랙박스 테스트: 입출력 중심의 기능검사

▍테스트 단계:
- 단위→통합→시스템→인수 테스트

▍단위 테스트: 개개 모듈의 내부적인 동작 확인

▍통합 테스트: 모듈 간 인터페이스 확인→체계화
- 하향식, 상향식, 혼합, 빅뱅 테스트

▍시스템 테스트: 통합 시스템을 종합적으로 테스트
- 복구, 보안, 강도, 성능 테스트

▍인수 테스트: 사용자 인수를 위한 테스트
- 알파 테스트: 개발자 참여, 개발 환경
- 베타 테스트: 개발자 배제, 사용 환경

프로그래밍 설계서에 의한 프로그램 개발이 완료되었다고 해서 그것으로 시스템 구축이 끝나는 것이 아니다. 흔히들 디버깅(debugging)이라고 하는 논리적 오류 검출 및 수정 보완 작업이 남아 있으며, 이 작업에 대한 판단 기준을 제시해 주기 위해서는 프로그램 테스트가 반드시 필요하다.

즉, 프로그램을 통하여 우리가 얻고자 한 결과(정보)와 실제 처리 결과의 일치 여부에 따라 디버깅 작업의 수행 여부가 결정되고, 이를 판단하기 위해서는 프로그램 테스트 과정을 반드시 거쳐야 함을 의미한다.

또 개개 프로그램을 독립적으로 테스트할 적에는 정상 결과를 생성하지만, 개개 프로그램들을 통합하여 종합적으로 테스트하면 엉뚱한 결과를 만들어 내는 경우도 있을 수 있기 때문에 프로그램 테스트는 다양한 방법으로 다양한 조건 하에서 이루어져야 한다.

결국 모든 테스트는 소프트웨어의 품질을 보증하기 위한 활동으로 간주할 수 있으므로, 철저한 테스트를 위해서는 별도의 테스트 팀이나 품질보증(quality assurance) 팀을 구성하여 테스트 계획수립→테스트 실시→결과보고의 절차를 밟도록 하는 것이 바람직하다.

[1] 테스트(시험) 방법

소프트웨어에 관한 테스트는 프로그램 내의 세부적인 동작이 제대로 동작하는 가를 시험하는 **화이트박스 테스트(white box test)**와 내부적인 처리와는 상관없이 프로그램 전체 동작, 즉 입출력을 중심으로 프로그램이 수행해야 하는 기능을 중심으로 실시하는 **블랙박스 테스트(black box test)**로 대별된다.

(1) **화이트박스 테스트**(white box test): 프로그램을 구성하는 각 명령이나 루틴들의 동작이 제대로 수행되는가를 면밀히 검토하는 것을 말한다.
화이트박스 검사를 게을리 하면 프로그램 시운전시에는 정상적인 동작을 하더라도 언젠가는 논리적 오류를 발생시킬 수 있음을 알아야 한다. 즉, 시운전시에 실무 현장에서 발생할 수 있는 모든 상황을 적용시켜보고 그에 대한 결과를 검토하고 오류가 발생한 부분을 수정·보완하는 수고를 했다면 어떤 유형의 데이터가 입력되더라도 논리적 오류가 발생하지 않겠지만, 이런 수고를 게을리 했다면 임계 상황적인 판단 조건이 발생했을 때의 정상 동작 여부를 검토하지 못했을 것이기 때문에 오류 발생은 당연한 결과가 된다. 이 말은 보편적인 데이터들만 입력되는 일상의 상황에서는 문제가 발생되지 않았겠지만, 아주 특별한 상황에서 발생하는 데이터에 의해서는 전혀 예측하지 못한 결과를 만들어 낼 수도 있다는 의미이다. 이러한 논리적 오류를 제거하기 위해서는 프로그램 내의 각 처리 루틴이나 명령들이 어떤 상황에서도 설계자의 의도대로 수행되는지를 면밀히 검토해야 한다.

화이트박스 검사를 제대로 하기 위해서는 현장에서 발생할 수 있는 모든 상황을 가능한 적용시켜 보아야 한다. 개발자 중심으로 편리한 조건들만으로 이루어지는 검사는 아무런 의미가 없다.

특히 문법적인 오류를 발생시키지 않는 타이핑 오류 등으로 인한 논리적 흐름의 혼란이나, 부적합한 가정으로 인한 처리과정의 우회나 무시(bypass) 등을 제대로 걸러 내지 못한다면 언젠가는 치명적인 오류를 발생하는 시스템이 되기 때문에 화이트박스 검사는 아주 중요하다고 말할 수 있다.

(2) **블랙박스 테스트**(black box test): 블랙박스(black box)란 내용을 문제 삼지 않고 원인과 결과 또는 입력과 출력만을 취급하는 과정이나 회로장치를 말하는 것이다. 이처럼 프로그램에서도 내부의 세세한 동작에 대해서는 관심을 두지 않고, 프로그램의 입력과 출력 사이에서 이루어지는 변화, 즉 프로그램이 수행하는 기능에 대해서 검사하는 것을 블랙박스 검사라 한다.

블랙박스 검사를 통해서는 각 단위 프로그램 사이에서 이루어지는 인터페이스에 관한 사항, 그리고 각 모듈이 수행하는 기능의 적합성 등에 관한 검사를 수행하게 된다.

[2] 테스트 단계

시스템 구축과 관련해서 이루어지는 프로그램 테스트는 단위 테스트→통합 테스트→시스템 테스트→인수 테스트의 순으로 이루어지는 것이 일반적이다.

(1) **단위 테스트** (unit test): 개개 프로그램이나 모듈별로 즉, 단위 기능을 수행하는 소프트웨어 단위로 화이트박스 테스트를 실시하여 각 프로그램이나 모듈의 내부적인 동작이 제대로 수행되는가를 검사하는 단계이다. 이러한 단위 테스트는 프로그램이나 모듈이 개발 되는대로 독립적으로 실시할 수 있다.

(2) **통합 테스트**(integrated test): 단위 테스트가 끝난 각 모듈들을 통합하여 블랙박스 테스트를 실시함으로써 각 모듈 상호간의 인터페이스와 관련된 사항들을 검사함과 동시에 별개로 작성된 소단위 시스템을 통합하기 위해 실시되는 테스트이다. 통합 테스트는 진행하는 방식에 따라 다음의 네 가지로 나눌 수 있다.

- **하향식 테스트**(top-down test): 위에서 아래로, 즉 상위 모듈에서 하위 모듈의 순서로 결합해 가면서 테스트를 실시하는 방식이며, 이 방식은 결과부터 확인하면서 점차 세부처리 모듈 쪽으로 테스트가 진행되기 때문에 신뢰도가 높다는 장점은 있지만 모듈의 개발 순서와 테스트 순서가 반대인 탓에 코딩과 테스트를 병행하기가 어렵다는 단점이 있다.

- **상향식 테스트**(bottom-up test): 하향식 테스트와는 반대로 아래에서 위로, 즉 하위 모듈에서 출발하여 점차 상위 모듈들을 순차적으로 결합해 가면서 테스트를 실시하는 방식이다. 이 방식에서는 하위 모듈부터 테스트가 시작되기 때문에 코딩과 테스트가 동시에 이루어진다는 점에서는 효율적이지만, 실제 운영될 환경에서 테스트하기 어렵고 상위 모듈이 결합되어봐야 최종 오류를 검출할 수 있기 때문에 심한 경우에는 전 모듈에 대한 테스트 혹은 개발을 처음부터 새로 해야 한다는 치명적인 사태가 발생할 수도 있다.

- **혼합 테스트**(sandwich test): 하향식과 상향식 방법을 혼합한 방식으로서, 두 방법의 장점을 이용할 수 있어서 성능이 우수하다는 평을 받고 있다.

- **빅뱅 테스트**(big bang test): 각 모듈을 한꺼번에 결합하고 테스트하는 방법으로서 방법적으로는 간단하지만 오류가 발생했을 때 원인 규명이 지극히 어렵다는 단점을 갖는다.

(3) **시스템 테스트**(system test): 관련 시스템들을 전체적으로 결합하고, 관련 요소들을 시스템 차원에서 테스트하는 것으로 복구(recovery) 테스트, 보안 (security) 테스트, 강도(stress: 처리 한계) 테스트, 성능(perform) 테스트 등을 실시하게 된다.

(4) **인수 테스트**(acceptance test): 사용자들이 시스템을 인수하기 위해 실시하는 테스트로서, 구현된 시스템이 사용자 요구 사항을 제대로 만족시키고 있는지를 조사하는 것으로 기술적인 면보다는 사용의 편리성 등을 비롯한 시스템 특성을 중심으로 테스트가 이루어지며, 개발자의 참여 여부에 따라 알파(alpha) 테스트와 베타(beta) 테스트로 나누어진다.

- **알파 테스트**(alpha test): 개발자가 관찰자의 자격으로 참여하는 가운데 이루어지는 테스트이다. 구체적으로는 사용자 중의 일부를 선택하여 개발환경에서 시스템을 사용하게 하고, 이를 개발자가 모터니링(monitoring)하면서 오류나 문제점을 찾아내는 테스트 방식이다.

- **베타 테스트**(beta test): 개발자가 배제된 상태에서 고객의 사용 환경에서 사용자가 직접 모든 것을 테스트하고, 그 결과를 개발자에게 알려주며, 개발자는 이를 토대로 시스템을 보완・수정하여 완성도를 높여 가기 위한 테스트 방법이다.

복습문제

01. 프로세스 설계의 개념을 설명하고, 나름대로의 그 중요성을 제시하시오.

02. 프로세스 설계에 적용될 수 있는 작업 유형의 종류를 열거하고 설명하시오.

03. 프로세스 설계 절차를 설명하시오.

04. 시스템 구조 설계의 필요성을 제시하시오.

05. 모듈 설계에서의 주요 활동을 설명하시오.

06. 프로그래밍 설계서의 필요성과 그 효과에 대해 설명하시오.

07. 프로그래밍 설계서에 포함되어야 할 내용들을 제시하시오.

08. 오류 검출 방법의 종류와 각 방법의 특징들을 비교 정리하시오.

09. 프로그램 테스트 방법의 종류와 세부적인 내역 및 절차 등에 대해 조사하시오.

10. 프로그램 테스트 단계의 필요성에 대해 알아보시오.

11. 테스트 단계별 테스트 종류를 세부적으로 조사하시오.

12. 종합적으로 프로그램 설계에서 가장 중요한 점이 무엇이라고 생각하는가?

Chapter 11

시스템 평가와 문서화

자신이 추구하는 아무리 사소한 일이라도 실패하기를 바라는 사람은 어느 누구도 없겠지만, 그렇다고 해서 모두 성공하는 것도 아니다.

시스템 구축도 마찬가지이다.

처음 분석 단계에서부터 설계와 구현에 이르기 까지 각 단계를 거치면서 성공적인 시스템 구축을 위해 면밀하게 준비하고 점검해 왔지만, 산재한 많은 위험 요소들로 인하여 시스템 구축이 반드시 성공한다고 장담할 수만은 없다.

더구나 구축된 시스템을 실무에 적용했을 때 계획과 잘 맞아 들어갈지는 어느 누구도 장담할 수 없으며, 특히 사용자의 요구 반영과 시스템 신뢰성 등은 실질적인 현장 적용을 통해서 확인되기 때문에 더더욱 그러하다.

물론, 프로그램 테스트 과정에서 이런 부분들을 어느 정도 평가하기는 하지만 아무래도 실무 현장에서 발생하는 모든 경우를 다 시험해 볼 수도 없을 뿐만 아니라 전체 조직을 대상으로 테스트 하기는 아무래도 곤란하다.

이런 연유로 인하여 구현된 시스템이 본격적으로 가동되기 전 단계, 실무적으로는 인수 테스트와 병행하여 혹은 시험 가동기간 중에 시스템 기능에 관한 사항만이 아니라 운영과도 관련된 모든 부분을 포함하는 시스템 전반에 대한 평가가 필요하며, 이것을 **시스템 평가**라 한다.

시스템 평가는

- 전반적인 운영 계획을 먼저 수립하고,
- 운영계획 만족 여부를 판단하기 위하여 기능과 성능 평가는 물론 신뢰성 평가와 함께 처리시간 평가를 실시하며,
- 평가 결과를 토대로 개선점을 도출하여 보완함으로써,
- 시스템을 안정적으로 정착시키는 순서로 진행된다.

이 과정에서 경우에 따라서는 구체적이고도 상세한 시스템 도입 효과 분석을 수행하기도 한다.

또, 향후의 시스템 관리 및 유지보수를 효율적으로 수행하기 위해서는 관련 자료들을 표준화하고 이를 반드시 문서화할 필요가 있다.

11.1. 시스템 평가의 필요성과 목적

<table>
<tr><td rowspan="2">시스템 평가</td><td>필요성</td><td>타당성 평가 때와는 달리
· 환경 변화
· 목표 달성 저해 요인 산재
· 평가 기준 변화</td></tr>
<tr><td>목적</td><td>· 시스템의 기능과 성능확인
· 시스템 신뢰도 확인
· 효율적인 시스템 운용계획 수립
· 시스템 도입 효과 분석
· 다른 시스템 개발 시에 동일한 실수 방지</td></tr>
</table>

우리가 자그마한 어떤 행사를 치르고 나더라도 행사의 준비에서부터 마무리까지의 전 과정에 대해 잘못은 없었는지 부족한 점은 없었는지 그리고 그 결과는 어떠했는지 등에 관하여 검토하는 회의를 하게 되는데, 이것을 통상 평가회의라고 한다.

이처럼 시스템 개발과 관련된 모든 것에 대해 잘 잘못과 미흡했던 점들을 검토하고, 그 결과를 토대로 개선점을 도출하기도 하고, 향후 새 시스템 구축을 위한 여러 정보들을 축적하는 등의 제반 활동을 **시스템 평가**라 한다.

평가를 위한 별도의 조직을 구성할 필요는 없으나, 통상적으로는 각 부서별 사용자 대표, 전산요원, 개발요원을 주축으로 평가팀을 구성한다. 만약 좀 더 객관적인 평가가 필요한 경우에는 자문위원을 위촉하거나 전문 컨설턴트를 고용하기도 한다.

[1] 시스템 평가 필요성

시스템 분석과 설계의 여러 단계들을 거쳐 오면서 매번 검토와 평가를 거치고, 프로그램 개발 단계에서는 단위별 테스트를 거쳐 통합 테스트, 시스템 테스트 그리고 최종적으로는 인수 테스트까지 거치지만 신 시스템을 현장에 적용하면 갖가지 문제들이 발생하게 마련이다. 소위 말하는 **시스템 안정화 기간**은 현실적으로 반드시 거쳐야 하는 필수 과정으로 간주해야 한다.

시스템 평가를 실시해야 하는 이유로 대략 세 가지 정도를 열거할 수 있다.

(1) **환경 변화:** 시스템 개발이 하루 이틀 만에 완료되는 경우는 거의 없으며, 규모에 따라 차이는 있겠지만, 통상적으로는 몇 개월 심지어는 몇 년씩 걸리는 경우도 있다. 따라서 시스템 구축 초기 단계의 환경과 시스템 가동 시의 환경이 다를 수 있으며, 더구나 시스템 개발이 진행됨에 따라 사용자들의 시스템에 대한 이해도가 넓어져 초기단계의 사용자 요구가 변경되거나 새로운 요구가 추가됨에 따라 초기 단계에서 설정한 시스템 목표와 실제 구현 시스템과는 차이가 있을 수 있다. 이 때문에 설계 시점과 가동 시점에서의 환경과 여건 변화에 따른 차이를 적절한 방법으로 바르게 평가하기 위해 시스템 평가가 필요하다.

(2) **목표 달성 방해 요인 산재:** 설정된 목표 달성을 저해하는 요소들이 매 단계별로 곳곳에 산재해 있다. 설정된 목표가 순조롭게 달성되는 경우도 있지만 준비를 철저히 한다고 해도 예상치 못한 상황들이 발생하기도 하고, 컴퓨터 성능이나 프로그래머의 능력이 기대에 못 미치기도 하는 등의 여러 요인에 의해 설정된 목표가 제대로 달성되지 못하기도 하기 때문에 설정된 목표 달성 여부를 확인하기 위해서 시스템 평가가 필요하다.

(3) **평가 기준 변화:** 새로운 기술의 등장이나 전반적인 경향 변동 등으로 인하여 시스템 설계 단계에서 의도 했던 평가기준과 시스템 가동 시의 평가기준이 달라질 수 있다. 이처럼 평가기준이 달라지는 경우에는 더 큰 손실을 입지 않기 위해서 시스템을 평가해 볼 필요가 있다.

[2] 시스템 평가의 목적

궁극적으로 시스템 평가를 실시하는 목적은

- 시스템의 기능과 성능 확인,
- 시스템 신뢰성(유용도) 확인,
- 효율적인 시스템 운용 계획 수립,
- 시스템 도입 효과 분석,
- 다른 시스템을 개발할 때 동일한 실수를 하지 않기 위해서 등 이다.

11.2. 시스템 평가 항목

시스템 평가항목

▎시스템을 가치 있게 하는 항목을 중심으로 평가

- 기능
- 성능
- 처리시간
- 신뢰성
- 연성과 융통성
- 경제성
- 개발계획의 이행여부

국어사전에서는 '평가(評價)'를 '물건 값을 헤아려 매김. 또는 그 값', '사물의 가치나 수준 따위를 평함. 또는 그 가치나 수준'이라고 풀이하고 있다.

그렇다면, 시스템 평가는 시스템의 가치나 수준을 평가하는 것이 되는 셈인데, 무엇을 기준으로 삼아서 평가를 실시해야 할까? 이 말은 바로 시스템이 시스템으로서의 가치를 갖게 하는 요소가 무엇인가? 하는 질문으로 연결될 수 있으며, 이는 시스템 평가가 바로 그러한 요소들을 중심으로 이루어져야 함을 의미하는 것이 된다.

전산 시스템의 가치는

- 기능,
- 성능,

- 처리시간,
- 신뢰성,
- 유연성과 융통성,
- 경제성 등과 같은 여러 요소에 의해 결정된다. 따라서 시스템 평가는 이러한 항목들을 대상으로 이루어져야 한다.

이외에도 시스템 개발이 계획대로 추진되었는지에 대해서도 평가해야 한다. 왜냐하면 시스템 개발계획은 바로 개발비용과 직결될 뿐만 아니라 기업이나 조직의 전반적인 운영계획에 차질을 빚을 수도 있기 때문이다. 이러한 점을 감안하여 현업에서는 개발완료기간(소프트웨어 납품기간)과 위반 시의 위약금에 관한 사항을 계약서 상에 명시하는 경우가 대부분이다.

[1] 기능 평가

시스템 기능 명세서에 정의된 각종 기능들이 제대로 구현되었는지, 즉 사용자 요구를 만족시킬 수 있는 제반 기능을 포함하고 있는지를 평가한다.

요구된 기능을 한꺼번에 모두 구현하지 못하는 경우에는 필수기능을 중심으로 우선순위에 따라 순차적으로 구현하는 대책을 수립해야 한다.

[2] 성능 평가

사용자 요구를 충족시킬 수 있는 성능을 가지고 있는가? 즉 동일한 기능을 수행하더라도 사용자가 요구하는 시간 내에 결과를 제공할 수 있는 처리 능력을 가지고 있는지 등을 평가한다.

만약, 성능 목표를 만족시키지 못하는 경우에는

- CPU의 처리 속도,
- 주기억장치의 용량,
- 파일 편성법과 접근방식 혹은 데이터베이스 시스템의 종류와 편성법,
- 입출력장치의 동작 속도,
- 보조기억장치의 용량과 성능,
- 프로그래밍 언어의 종류,
- 업무 처리 프로그램의 구조,
- 통신망 관련 사항들을 중심으로 재검토를 실시하여 개선점을 찾도록 노력해야

한다.

[3] 처리시간의 평가

시스템이 해당 업무를 처리하는 데 걸리는 시간은 발생 정보량을 비롯하여 구현 알고리즘, 입출력 장치의 성능 등에 따라 달라지며, 이에 대한 정확한 평가는 대단히 어렵다. 왜냐하면 구현된 시스템으로 현장 업무를 직접 처리해 보기 전에는 아무도 정확하게 처리 시간을 계산해 낼 수 없기 때문이다. 그러나 사용자가 원하는 시기에 출력 정보를 제공하지 못하는 시스템은 무용지물이기 때문에 처리시간에 대한 평가는 엄격히 이루어져야 한다.

처리시간은 시스템의 성능 그리고 작업 순서와 밀접한 관계가 있기 때문에 처리시간에 대한 평가 결과가 만족스럽지 못할 경우에는

- 성능 개선을 위한 제 방안을 강구하거나
- 작업 순서를 조정 및 재검토하여 처리시간을 단축시킬 수 있는 방안을 강구하여야 한다.

처리시간 평가는

- **입력 중심의 평가**: 프로세스 흐름도 순서와 주변장치의 동작 시간과 CPU의 처리 능력에 관한 데이터를 이용하여 처리시간을 계산한다. 이 평가에서의 기본 개념은 CPU의 처리속도는 전자적인 속도인데 비해 주변장치의 동작속도는 기계적인 속도이기 때문에 입력동작에 소요되는 시간이 전체 처리시간의 거의 대부분을 차지한다는 것이다.

- **프로그램에 의한 계산**: 프로세스 흐름도, 기기 구성, 파일 편성 등에 관한 정보를 이용하여 통상 시뮬레이터(simulator)라고 하는 자동화 프로그램을 이용하여 처리시간을 계산한다.

- **설계자의 경험에 의한 추정 평가**: 설계자의 경험을 바탕으로 작업 유형과 데이터 량에 따라 개략적으로 처리시간을 추정하는 등의 방법을 이용하여 수행할 수 있으나, 어느 한 가지 방법만으로는 처리시간을 정확하게 계산할 수 없기 때문에 통상적으로는 컴퓨터에 의한 계산 결과에 설계자의 경험에 따른 추정치를 추가하는 방법을 사용한다.

[4] 신뢰성 평가

신뢰성(reliability) 평가란 시스템이 고장을 일으키지 않고 얼마나 안정적으로 운용

되는 가를 평가하는 것으로써,

- 시스템 구성 요소별 신뢰도,
- 시스템 전체의 가동률,
- 신뢰성 향상을 위한 기기 구성 방안 등을 평가하고 검토하게 된다.

1) 신뢰성 평가 요소

시스템의 신뢰성은 주로 하드웨어의 정상적인 동작여부를 중심으로 평가하게 되며, 운용 시간 전체에 대한 정상적인 가동시간의 비율로 나타내는 가동률과 정상적인 동작시간의 평균(또는 고장 발생 사이의 평균 시간)을 나타내는 **MTBF(Mean Time Between Failure)**와 고장 수리 시간의 평균을 의미하는 **MTTR(Mean Time To Repair)**이 있다.

예를 들어 어떤 시스템이 다음처럼 운용되었다고 가정하면, 이 시스템에 대한 MTBF, MTTR, 시스템 가동률은 다음처럼 정의된다.

정상가동	고장	정상가동	고장	…	정상가동	고장	정상가동	고장
← T_1 →	D_1	← T_2 →	D_2	…	← T_{n-1} →	D_{n-1}	← Tn →	D_n

그림 11-1 임의 시스템의 운영 상태

- **평균가동시간 MTBF:** 고장 수리가 완료된 시점으로부터 다음 고장이 발생할 때까지 정상적으로 동작한 시간의 평균을 말하며, 이 시간이 길수록 시스템 가동률이 높아지고, 아울러 시스템의 신뢰성도 동반 상승한다.

$$\text{MTBF} = \frac{T_1 + T_2 + \ldots + Tn}{n}$$

- **평균수리시간 MTTR:** 고장 수리에 소요된 시간의 평균을 말하며, 이 시간이 길수록 시스템 가동률과 시스템의 신뢰성이 낮아진다.

$$\text{MTTR} = \frac{D_1 + D_2 + \ldots + D_n}{n}$$

- **시스템 가동률**: 시스템의 전체 운용 시간 중에서 시스템이 정상적으로 가동된 시간의 비율을 말하며, 다른 말로는 시스템 신뢰도 또는 **가용도(availability)**라고도 한다.

$$가동률 = \frac{MTBF}{MTBF + MTTR}$$

2) 신뢰성 평가 방법

시스템 신뢰성은 각 기기의 가동률과 구성 방법을 토대로 확률계산 방법에 의해 산출하는 것을 기본으로 하고 있으며, 시스템 구조상 고도의 신뢰성이 요구되는 부분에 대해서는 기기를 병렬로 구성함으로써 신뢰도를 향상시키기도 한다.

예를 들어 가동률이 0.9인 CPU와 가동률이 0.8인 프린터가 다음의 ①과 ②처럼 되어 있다고 가정하고, 각 경우의 신뢰성을 구해보자.

①

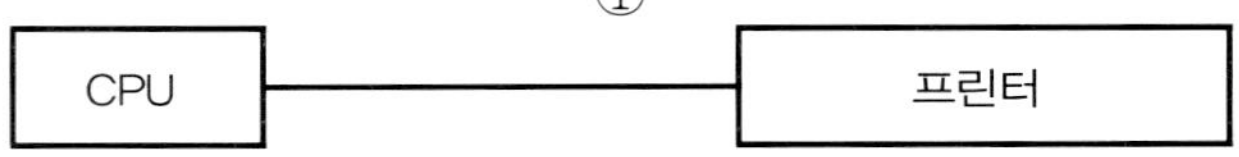

②

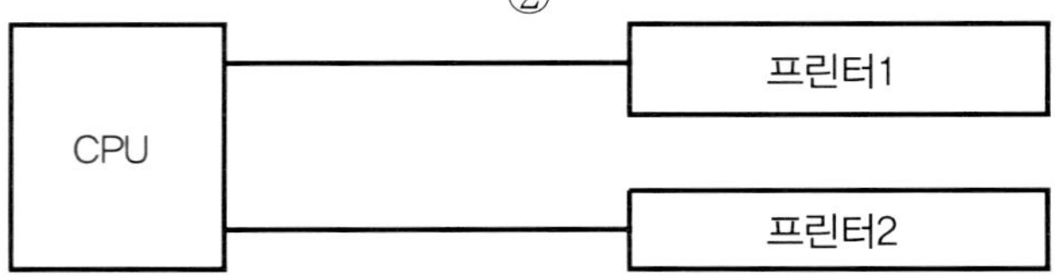

①의 경우는 직렬연결이므로 어느 한 장치라도 고장이 발생하면 시스템 전체가 동작불능의 상태가 된다. 따라서 시스템의 신뢰성은 두 장치의 가동률을 곱한 값, 즉 $0.9 \times 0.8 = 0.72$가 된다.

일반적으로 직렬로 연결된 장치들의 전체 신뢰도는 각 장치 가동률의 곱으로 계산된다.

$$직렬시스템의신뢰도 = y_1 \times y_2 \times y_3 \times \ldots \times y_n$$

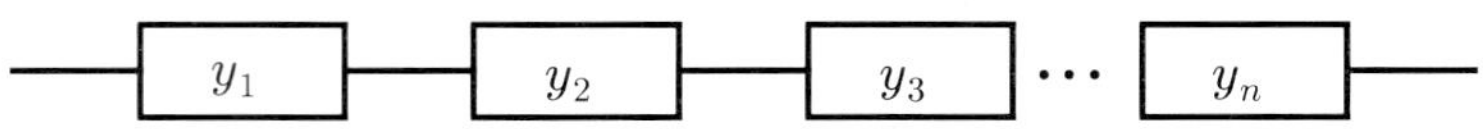

(y_1, y_2, y_3, …, y_n: 가동률)

②의 경우는 직렬연결과 병렬연결이 혼합된 상태이다. 이럴 경우에는 병렬연결 부분의 신뢰도를 먼저 계산한 다음, 직렬연결부분을 계산해야 한다.

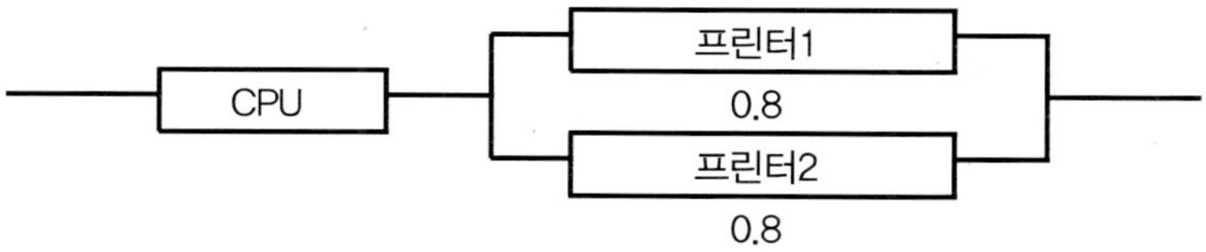

프린터가 병렬로 연결된 부분은 두 대의 프린터가 모두 고장일 경우를 제외하고는 항상 가동 가능하다. 따라서 이 부분의 가동률은 두 대의 프린터가 동시에 고장일 확률을 제외하면 된다.

즉, 두 대의 프린터가 동시에 고장일 확률이 $(1\text{-}0.8)\times(1\text{-}0.8) = 0.04$이므로, 프린터 부분의 가동률은 $1\text{-}0.04 = 0.96$이 된다.

일반적으로 병렬로 연결된 장치들의 신뢰도는 동시 고장률을 제외한 값으로 계산된다.

$$\text{병렬시스템의 신뢰도} = 1\text{-}\{(1\text{-}z_1) \times (1\text{-}z_2) \times \ldots\ldots\ldots \times (1\text{-}z_n)\}$$

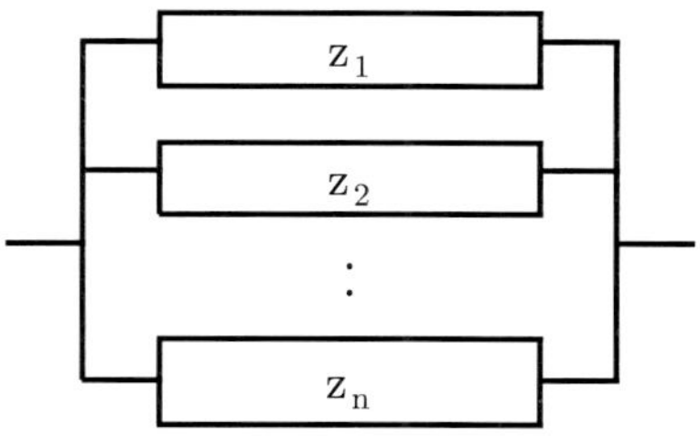

따라서 ②의 경우는 다음처럼 변형하여 생각할 수 있으며, 이러한 직렬 구조에 대한 신뢰도는 각 기기의 신뢰도를 곱한 것이 되므로

시스템의 신뢰도 $= 0.9\times0.96 = 0.864$가 된다.

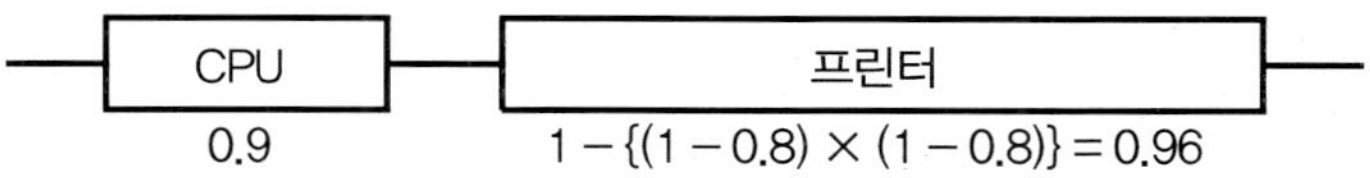

[5] 유연성 및 융통성

고려할 수 있는 모든 상황을 고려하여 현장에서 발생할 수 있는 모든 상황에 대처할

수 있는지를 평가하여야 한다. 이를 위해서는 오류가 발생할 수 있는 상황을 인위적으로 만들어 보기도 하고, 특히 임계 상황에 해당하는 데이터 값들을 제공하는 등의 평가가 필요하다.

[6] 경제성의 평가

시스템의 경제성은 당연히 개발비용과 운용비용 등에 비해 시스템 구축으로 인해 얻을 수 있는 모든 효과를 종합적으로 비교해야 한다. 특히 당장 금전적으로 환산하거나 계산할 수 없는 부분들, 즉 홍보 효과, 이미지 제고 효과, 장래의 변화에 대처하기 위한 투자 효과 등을 지나쳐서는 절대 안 된다. 경우에 따라서는 이런 부분을 더더욱 중요시해야할 때도 있을 수 있음을 인식하고 시스템을 평가해야 한다.

[7] 개발계획의 이행 여부

시스템 도입 검토 시에 작성한 시스템 개발계획을 토대로 시스템 구축의 각 단계별 업무 추진이 제대로 수행되었는지, 산출물은 제대로 생성되었는지 등에 관하여 충분히 검토해야 한다.

만약 미진한 부분이 있으면, 그 원인과 대책을 수립하여 개선점을 도출하거나 차후 동일한 실수가 반복되지 않도록 해야 할 필요가 있다.

11.3. 시스템 운용 계획

시스템 운영계획

▌효율적인 시스템 운용 방안 수립

▌고려 사항

- 시스템 운용과 관련된 업무 체계 검토,
- 각 업무별 작업량 산출,
- 시스템 운영과 조작 방식 검토,
- 시스템 유지보수에 관한 사항,
- 시스템 운영 조직 검토,
- 시스템 운용 일정(schedule) 작성,
- 시스템 운용비용 평가

막대한 비용을 들여 구축한 신 시스템이 일부 부서(업무)에만 만족을 안겨 주고 나머지 부서(업무)에는 그다지 도움을 주지 못한다면 그 시스템은 당연히 실패한 시스템이다.

그런데 똑 같은 시스템이라 할지라도 어떻게 운영하느냐에 따라 시스템의 성취도가 엄청나게 차이난다는 것이 정설이다. 따라서 시스템을 효과적으로 가동하기 위해서는 다양한 시스템 운용 계획을 수립하고 이를 평가하여 가장 효과적인 운영 계획에 근거하여 시스템을 운영하여야 한다.

이처럼 새로 구축된 시스템을 어떻게 운영하면 전체 조직이 만족할 수 있을까?를 궁리하는 작업이 바로 시스템 운용 계획 수립이다.

시스템 운영 계획 속에는

- 시스템 운용과 관련된 업무 체계 검토,
- 각 업무별 작업량 산출,
- 시스템 운영과 조작 방식 검토,
- 시스템 유지보수에 관한 사항,
- 시스템 운영 조직 검토,
- 시스템 운용 일정(schedule) 작성,
- 시스템 운용비용 평가 등이 포함되어야 한다.

[1] 시스템 운용과 관련된 업무 분담 체계 검토

과거에는 각 부서별 업무담당자가 전산담당부서(전산실)에 필요한 작업을 의뢰하기만 하면 전산담당부서에서는 알아서 다 처리하고 그 결과물, 즉 출력물을 업무담당자에게 갖다 주었던 시절도 있었고, 각 부서별 업무 담당 전산요원을 고정 배치했던 적도 있었으나, 근래에는 거의 대부분 업무담당자들이 프로그램 개발까지는 못 하더라도 개발된 시스템을 통하여 자기 업무는 처리할 수 있어야 하는 환경으로 바뀌었다.

이에 따라 시스템 운영과 관련하여

- 정보의 발생에서부터 입력 준비까지의 과정(준비과정),
- 정보의 입력에서부터 출력 생성까지의 과정(처리과정),
- 생성된 출력을 이용자에게 전달하기까지의 과정(후 처리과정)을 단계별로 나누어 어떻게 분담할 것인가를 검토해야 한다.

특히 요즈음과 같이 네트워크 환경이 잘 구축된 경우에는 이러한 업무 분담 체계가 유명무실한 것처럼 보이지만 사실은 그러하지 않으며, 이러한 업무 분담 체계에 따라 책임의 한계가 결정되고 시스템 운용 방식이 좌우될 수도 있음에 유의해야 한다.

[2] 각 업무별 작업량 산출

시스템 운용 계획을 수립하기 위해서는 시스템을 통해 처리되어야 할 업무별 작업량과 그에 따른 작업 소요 시간을 산출해야 한다. 이것에 대한 것은 프로그램 테스트의 시스템 테스트 단계에서 이루어지는 강도(stress) 테스트에서 일차적으로 실시되기는 하지만 각 업무별 작업시간을 토대로 전체 시스템의 처리시간을 평가하게 되므로 이와 관련하여 재평가가 이루어져야 할 필요가 있다.

작업량 산출과 관련해서는

- 정보의 수집과 분배 작업,
- 정보의 매체화 작업과 오류 검출 작업,
- 컴퓨터 처리 작업에 관한 것 등을 주로 고려하게 된다.

[3] 시스템 운영 및 조작 방식 결정

시스템 운영 방식에 따라 시스템 운영 조직의 구성이 결정될 수 있으며, 이것은 시스템 운영비용과 직결되므로 시스템 도입 효과와도 관계가 깊다.

시스템 운영 방식은 일괄처리방식(batch processing)과 실시간처리방식(real-time processing)으로 크게 대별되고, 또 조작을 누가 담당하느냐에 따라 개방식(open)과 폐쇄식(close)으로 나눌 수 있다.

- **개방식**: 개방식은 컴퓨터에 대한 조작권리를 개방했다는 의미의 조작방식이다. 즉, 이용자가 직접 컴퓨터를 조작하는 방식이다. 이 방식은 정형적인 업무를 처리하거나 시스템의 규모가 작아서 전문 오퍼레이터를 둘 필요가 없을 때 채택하는 방식이다.

- **폐쇄식**: 이 방식은 모든 컴퓨터 운용을 전문 오퍼레이터가 하는 방식이다. 이 방식을 채택하게 되면 컴퓨터 관리부서나 전문 오퍼레이터가 있어야 하고, 이용부서와의 긴밀한 협조 체계가 구축되어야 한다.

[4] 시스템 유지보수에 관한 사항

효율적인 시스템 운용 계획을 수립하기 위해서는 소프트웨어뿐만 아니라 하드웨어까지를 모두 포함한 유지보수방안과 그 비용을 종합적으로 검토하고, 그 결과를 시스템 운영 계획에 반영할 필요가 있다.

통상적으로는 시스템 개발 완료 후 1년 정도는 개발 업체가 관례적으로 무상유지보수를 담당하나, 그 이후 기간부터는 쌍방간의 유지보수계약에 의거하여 시스템을 관리하게 된다.

하드웨어의 경우도 거의 대동소이하나, 금액과 기간 이외에 부품 교환에 관한 사항, 정기 보수 기간 등에 대한 계약 이행 조건을 명확히 해야 한다.

[5] 시스템 운영 조직 검토

시스템 운영 조직에 관한 사항은 시스템 운용 및 조작 방식과 관련이 깊은 부분으로써, 신 시스템 운영과 관련하여 새로운 전담 조직을 만들 것인지 아니면 업무 담당자가 직접 시스템 운영에 참여하도록 할 것인지를 검토하는 것을 말하며, 이 사항은 시스템 운용에 소요되는 인건비와 관련이 깊기 때문에 반드시 검토되어야 한다.

근래에는 개인용 컴퓨터의 고성능화와 전산화에 대한 일반인들의 인식과 수준이 크게 향상되어 보편적으로 소규모 조직에서는 전담 조직이나 인력 없이 업무 담당자가 직접 운용하는 경우가 많고, 대규모 조직이라 할지라도 최소한의 전산 요원만으로 운용하는 경우가 많은 실정이다.

[6] 시스템 운용 일정(schedule) 작성

산출된 작업량을 효율적으로 처리하기 위한 작업 처리 순서를 결정하는 것을 말하며, 시스템 운용 일정에 따라 시스템의 가동률과 신뢰성이 크게 영향을 받는다는 점에 유의하여야 한다.

특히 전 단계 작업의 출력을 입력으로 하는 작업인 경우에는 작업 수행 시기의 적절성에 따라 자투리 시간 혹은 대기 시간의 장단(長短)이 결정되고 이러한 요인들이 누적되어 전체 시스템의 가동률이 크게 영향을 받게 된다.

따라서 시스템 운용 일정 작성과 관련해서는

- 작업량에 따른 작업 인원의 결정
- 정보의 흐름을 고려한 작업 시기 결정,
- 종합적인 시스템 운영 계획 수립과 검토 등의 작업이 이루어져야 한다.

[7] 시스템 운용비용 평가

시스템 운용 계획이 수립되면, 그에 수반되는 운용비용에 대한 것을 평가해 보아야 한다. 아무리 이상적인 시스템 운용 계획안이 수립되었다고 하더라도 경제적 비용 부담이 너무 커서는 실현 가능성이 희박해진다.

시스템 구축 목적도 경제 논리에 따라 환경 변화로 인한 여러 문제점들을 해결함으로써 업무 생산성을 높이자는 것이 아니었든가? 우회적으로 '경제 논리' 혹은 '경제성' 등의 용어를 사용하지만 직설적으로 표현한다면 '돈 적게 들이고 일 많이 할 수 있도록 하자는 것' 아닌가?

따라서 시스템 운용 계획 수립의 경우도 마찬가지의 논리로 적은 돈 들이고 시스템을 효율적으로 이용할 수 있는 방안을 작성해야 하는 것이다. 그러므로 시스템 운용에 수반되는 운용비용을 반드시 평가해 보고, 그 타당성을 검토해야 한다.

궁극적으로 시스템 운용비용으로는

- 시스템 관리자, 설계자, 프로그래머, 오퍼레이터 등에 대한 인건비,
- 컴퓨터 시스템, 매체용 기기, 공조 설비, 전원 설비 등의 하드웨어 비용,
- 각종 소프트웨어 구입비용 혹은 사용료,
- 하드웨어 및 소프트웨어 유지 보수료,
- 각종 기억매체, 용지 등의 전산 관련 소모품 구입비용,
- 각종 설비 및 비품의 감가상각비,
- 네트워크 사용을 위한 회선비용,
- 공공요금, 보험료 등의 제 경비 등을 총괄적으로 고려하여야 한다.

11.4. 시스템 도입 효과 평가

시스템 도입 평가

- 시스템 유용성 확인
- 개발 일정의 준수 여부
- 전략적 효과 달성 여부
- 경제적 효과 달성 여부

시스템 도입 효과를 평가한다는 것은 시스템 도입에 소요된 제반 비용과 시스템 도입으로 얻어지는 이득을 종합적으로 평가하는 것을 말한다.

시스템 도입 평가를 경제 논리에 국한시켜 생각한다면 초기 투자비용을 포함한 모든 비용(개발비용과 운용비용)과 시스템 도입으로 인해 얻어지는 모든 이득을 대비시켜 경제적 목표 달성 여부만을 따져야겠지만, 개발계획의 준수 여부에 따라 시스템 구축 비용이 달라진다는 점을 감안한다면 당연히 개발계획의 준수 여부를 평가해야 하며, 기획 단계에서 고려했던 기술적, 법률적 타당성 등과 같은 전략적인 차원에서의 고려 사항에 대해서도 면밀한 평가가 이루어져야 한다.

예를 들어, 고성능의 값비싼 컴퓨터 시스템에 대한 구매가 먼저 이루어지고 난 후, 소프트웨어 개발에 착수했다면 이것은 대단히 잘못된 시스템 개발계획이다. 그 이유는 굳이 설명하지 않아도 잘 알 수 있을 것이다.

따라서 시스템 도입 효과 평가는 시스템을 도입하는 전 과정을 대상으로 평가가 이루어져야 하지만, 현실적으로는 주로 비용과 비용의 소요시기 등을 중심으로 평가하고 최종적으로는 이득의 요소와 손해의 요소들에 대한 대비 분석을 통하여 평가 결론을 내리게 된다.

즉, 시스템 구축에 소요된 비용이 시스템 도입으로 인해 얻어지는 이익보다 많은 경우는 업무의 특성상 전산화 효과가 미미한 것을 무리하게 전산화했거나, 업무의 규모에 비해 시스템의 규모나 컴퓨터의 규모가 너무 큰 경우에 해당할 가능성이 높기 때문에 시스템 가동으로 인하여 향후 지속적으로 발생할 경제적 손실을 줄이기 위한 대책을 수립해야 하지만, 시스템 도입으로 인한 이득이 크면 클수록 전산화 효과, 즉 시스템 도입 효과가 큰 것으로 판정하게 된다.

그런데 시스템 도입 효과를 평가할 때 가장 곤란한 점은 모든 효과가 계수적으로 혹은 정량적으로 평가가 되지 않는다는 점이다.

예를 들어, 시스템 도입으로 인하여 보다 상세한 정보를 제공하는 등의 서비스 향상으로 인하여 매출이 신장되고, 결과적으로는 기업의 이윤이 더 늘어나는 경우에 그 효과를 정확히 계산해 내기는 어렵다. 그래도 이런 경우는 덜 하다. 시스템 도입으로 모든 업무 처리 과정이 투명해 지고 그로 인하여 신용도가 향상된 경우라든지, 혹은 기업의 이미지 개선 효과와 같은 경우는 그야말로 그 값어치를 계산해 내기가 참으로 어렵다.

이러한 이유로 인하여 시스템 도입 효과를 평가하는 데는 크게

- 모든 효과를 정량적으로 평가해 내는 방법과
- 정량적 평가가 어려운 부분은 그냥 그대로 나열하는 식으로 평가하는 방법의 두 가지로 나누어진다.

이것을 더러는 '기본적인 평가'와 '현실적인 평가'라고도 하며, 이러한 평가에 적용되는 비용과 이득의 요소는 다음과 같다.

[표 11-1] 시스템 도입 효과 평가 시에 적용되는 비용과 이득의 요소

	비용항목	이득항목	
일시비용 (개발비용)	• 기기 구입비 • 설비비(건물 포함) • 소프트웨어 개발비 • 신 시스템 전환비용 • 교육훈련비 • 비품비	• 인건비 감소 • 사무비 감소 • 작업 능률 개선 • 낭비 요소 감소 • 재고비용 감소 • 노력(수고) 경감	직접효과 (소극적)
경상비용 (운용비용)	• 인건비 • 임차료(감가상각비) • 보수료 • 회선사용료 • 소모품비 • 기타 일반관리비	• 관리 합리화 • 예측/계획/결정 최적화 • 서비스 향상 • 신뢰도 향상 • 홍보 효과 · 이미지 제고	간접효과 (적극적)

11.5. 부대설비의 검토

시스템 도입 평가

- 전산실
- 전원 설비
- 공조 설비

시스템 개발도 중요하지만 안정적으로 시스템을 운용하기 위한 제반 시설 및 기기들도 대단히 중요하다. 따라서 시스템 평가와 함께 이들에 대한 검토와 평가도 함께 필요하며, 관련 시설과 설비들로는 전산실과 전원 및 공조 설비들을 들 수 있다.

[1] 전산실(기계실, 컴퓨터실)

전산실은 컴퓨터 시스템이 자리하는 곳이기 때문에 컴퓨터와 주변 기기를 설치하는데 필요한 바닥 면적이 확보되는가?를 시작으로 컴퓨터 시스템 안정적 운용에 필요한 사항들을 중심으로 검토가 이루어져야 한다.

[표 11-2] 전산실 구성 관련 검토 사항

요소	유의점
바닥 면적	· 컴퓨터 시스템 및 주변기기 설치 면적 확보 · 작업자의 작업 공간 확보
바닥 하중	· 하중의 분포 · 바닥의 강도
진동 (지진)	· 공조 및 전원 시설의 진동 방지 · 보관 파일 매체의 안전 확보 · 전원의 자동 단전 · 2중 화재 발생 방지
화재	· 소방 설비 완비 · 피난 기구 확보 · 화재 등에 대비한 비상 통로 확보 · 전산실 배선 확인
습기	· 전산실 침수 방지 · 공조 기기 분리
방 범	· 출입구 제한 · 출입자 제한 및 감시 · 출입자 식별 장치 설치

여건과 구조에 따라서는 전산요원이 함께 근무하기도 하지만 관리와 보안상의 이유로 일반인의 출입이 제한되는 구역인 경우가 많으며, 가장 흔하게 사용되는 이름은 전산실이지만 더러는 기계실, 혹은 컴퓨터실로로 불리기도 한다.

[2] 전원 설비

컴퓨터 시스템의 안정적인 운용을 위해서는 안정적인 전원 공급이 필수적으로 필요하다. 특히 정전은 귀중한 데이터의 손실이나 컴퓨터 시스템의 치명적인 고장을 유발시키기도 하기 때문에 이에 대한 대비책을 철저히 세워야 한다.

전원의 안정적인 공급이 대단히 중요하기 때문에 통상은 이를 위하여 최소한 자동 전압 조정기(AVR: Automatic Voltage Regulator)와 정전압 정주파(CVCF: Constant Voltage and Constant Frequency) 등의 장치를 설치하고, 정전에 대비하기 위해서는 무정전원장치

(UPS: Uninterruptible Power Supply system)나 발전기(generator) 등의 설비를 갖추게 된다.

이러한 설비들과 관련해서 유의할 사항은 안일하게 생각하고 형식적으로 대처할 것이 아니라 실질적인 대비책이 되도록 충분한 용량의 설비를 확보해야 한다는 점이다.

특히 데이터베이스 구축이 보편화되고 있는 지금의 실정에서 정전으로 인하여 데이터베이스가 손상된다면 전체 조직이 마비상태에 빠지거나 공공성을 띄는 기업이나 조직인 경우에는 사회 전반에 상대한 파급효과를 불러 올 수도 있음을 명심하고 이에 대한 대비를 철저히 해야 한다.

[3] 공조 설비(空調 設備)의 검토

공조 설비라는 것은 공기 조절용 설비들, 대표적으로 에어컨(air conditioner)을 비롯한 냉난방용 및 습도 조절용 설비들을 통칭하여 항온항습 장치라 불리는 설비들을 공조 설비라 한다.

공조 설비들이 필요한 이유는 컴퓨터 시스템뿐만 아니라 모든 기계들이 작동할 때는 많은 열을 발생시키고, 일정 수준 이상으로 온도가 상승하면 고장과 오동작의 원인이 되기 때문에 정상적인 동작 온도를 유지시켜 주어야 하는 까닭이다.

근래에 들어서는 제조 기술의 발달로 온도에 대해 많이 강해지기는 했지만 그래도 컴퓨터와 같은 전자 장비들은 주위 온도에 민감하게 반응하기 때문에 많은 주의를 기울여야 한다.

공조 설비도 충분한 용량의 설비를 확보하는 것이 중요하다. 공보 설비의 용량을 결정하기 위해서는 컴퓨터 시스템의 발열량만이 아니라, 전산실의 넓이와 창의 크기, 출입자 수 등을 종합적으로 고려하여야 하며, 시스템의 중요도에 따라서는 설비의 이중화 여부도 검토해야 한다.

11.6. 신규 시스템으로의 전환

신 시스템으로의 전환

- 일시전환
- 병행처리
- 단계적 전6환
- 장소별 전환

개발 완료된 시스템의 본격적인 가동과 관련하여 기존 시스템으로부터 새로운 시스템으로 넘어가는 것을 신규 시스템으로의 전환이라고 표현하며, 이에 대한 것은 개발계획서 수립 시에 어느 정도 윤곽을 잡게 되거나, 적용 개발 방법론이 이상 중심법인가 혹은 현실 중심법인가에 따라 결정되기도 한다.

어느 경우이건 간에 신규 시스템으로 전환하는 방법은

- 일시전환,
- 병행처리,
- 단계적 전환,
- 장소별 전환 등의 네 종류로 나눌 수 있다.

[1] 일시전환

일시전환은 말 그대로 한 순간에 기존 시스템을 폐기하고 신 시스템으로 전환하는 것을 말한다. 통상은 인수 테스트가 끝난 후 특정일을 기하여 전격적으로 시스템 전환을 실시하는 경우가 이에 해당한다.

일시전환 방법을 사용하게 되면 신 시스템으로의 전환비용이 적다는 장점이 있기는 하지만 많은 위험을 내포하고 있기 때문에 불가피한 경우가 아니면 사용되지 않는다.

이 방법을 사용하려면 사전 테스트가 철두철미하게 이루어져야 함은 기본이고, 흔히 **필드 테스트(field test)**라고 하는 현장 적용 및 안정화 단계까지를 모두 거쳐 동작의 안정성이 사전에 충분히 검증되어진 시스템이라야 한다.

[2] 병행처리

이 방법은 기존 시스템과 신 시스템을 일정 기간동안 같이 운용하면서 신 시스템의 동작을 충분히 검증하면서 점차 신 시스템으로의 비중을 늘여가는 방법이다.

이 방법은 신 시스템의 안정성을 최대로 보장함으로써 시스템 오류로 인한 손해를 방지할 수 있다는 장점이 있는 대신, 병행처리 기간동안의 이중 작업을 수행하는데 소요되는 인건비 부담이 결코 만만치 않다는 문제점이 있다.

따라서 가능한 병행처리 기간을 최소화하는 것이 바람직하나, 병행처리로 인해 발생하는 비용과 예상 이익을 상호 비교하여 적정 기간을 결정하게 된다.

[3] 단계적 전환

전체 시스템에 대해 일괄적으로 한꺼번에 신 시스템을 적용하는 것이 아니라 개발 정도에 따라 업무별로 혹은 부서별로 신 시스템을 적용함으로써 위험 요소를 분산시키고 사용자들의 시스템 적응도를 높이기 위해 사용되는 시스템 전환 방법이다. 이 방법에서는 시스템 개발이 진척됨에 따라 신 시스템에 의한 업무 처리가 증가하는 반면 기존 시스템에 대한 의존도는 낮아지게 된다.

[4] 장소별 전환

장소별 전환 방법은 동일한 시스템이 여러 장소에 적용되어야 할 경우, 위험 부담을 최소화하기 위하여 표본적으로 어느 한 곳에 신 시스템을 적용시켜 그 결과를 확인한 후 다른 곳의 적용 여부를 결정짓는 방법이다.

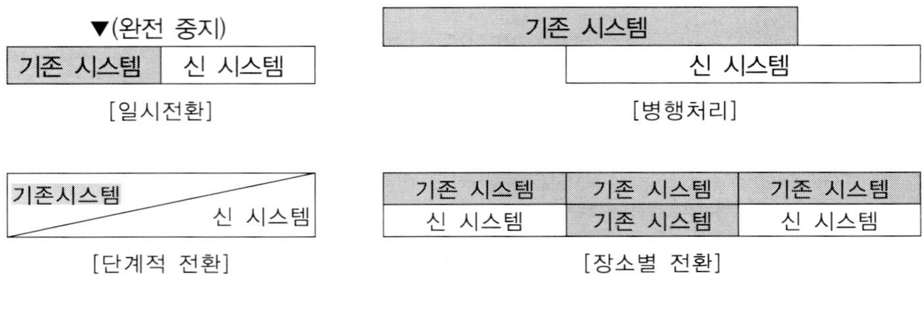

그림 11-2 신 시스템으로의 전환 방법 요약

11.7. 시스템 문서화

시스템 문서화

▌개발 단계별 문서 체계화
- 시스템 운용과 관련된 업무 체계 검토,

▌문서화 목적
- 시스템 유지보수관리
- 프로젝트 진척(일정) 관리
- 사용자 교육

시스템 문서화(documentation)란 각 개발 단계에서 생성한 문서들을 체계화하는 것을 뜻하며, 이러한 **문서화의 목적**은 시스템의 유지 관리 보수를 보다 효율적으로 하기 위함이다.

쉽게 말하자면 각 단계에서 수행한 활동과 그 결과들을 체계적으로 정리해 놓음으로서 시스템 조작과 관리, 각 프로그램의 동작과 오류에 대한 대처 등을 비롯한 여러 상황에 효율적으로 대처할 수 있도록 하는 것이 시스템 문서화의 주 목적이다.

예를 들어 아무리 훌륭한 시스템이라 할지라도 시스템 사용설명서(manual)가 제대로 만들어져 있지 않다면 과연 그 시스템을 얼마나 효율적으로 사용할 수 있겠는가? 그리고 또 시스템 오류가 발생했을 때 관련 자료들이 없다면 어떻게 대처할 것인가?를 생각해 보면 시스템 문서화의 중요성을 절감할 수 있다.

이러한 면을 고려하여 많은 전문가들은 시스템 문서화가 시스템 분석이나 설계, 개발보다 더 중요하다고 강조하고 있으며, 저자도 시스템 문서화의 중요성을 공감하여 이미 시스템 개발계획 수립에 이에 대한 표준화 방안을 제시하는 것이 바람직하다고 언급한 바 있으나, 개발자의 입장에서 보면 시스템 문서화와 같은 작업은 그다지 하고 싶은 작업이 아님은 분명하다. 그러나 반드시 해야만 하는 작업이다.

지금도 이런 덕목을 강조하는 회사가 있는지는 정확히 모르겠지만 과거에는 전산실 관리자가 수행하는 일 중에서 가장 중요한 것이 개발자로 하여금 프로그램 개발이 끝날 때마다 프로그램 사용설명서를 작성하도록 하게 하는 것이었다.

이런 현상이 생기게 된 사연은 개발자들이 프로그램 개발에만 매달릴 뿐 개발 완료된 프로그램 설명서를 전혀 작성하지 않았기 때문이다. 개발된 프로그램에 대한 설명서가 전혀 없기 때문에 개발자가 없으면 동작 시에 발생하는 오류 메시지의 의미조차 파악하기가 어려웠고, 프로그램을 공동개발하거나 일부 루틴을 수정하고 싶어도 각 변수가 무슨 용도로 사용되었는지를 알 수 없었기 때문에 단독으로 개발하거나 기존의 프로그램을 폐기하고 새 프로그램을 개발하는 등의 낭비가 많이 있어 왔다.

사실 자신이 작성한 프로그램이라 할지라도 기간이 어느 정도 지나고 나면 프로그램 수행 논리(algorithm)나 변수의 용도 등을 제대로 설명하기 어려운 것이 프로그램의 특성이다. 이런 특성으로 인하여 문서화가 제대로 되어 있지 않은 상태에서 개발자가 이직이라도 하게 되면, 구축 중인 모든 시스템을 전면 백지화하고 새로 시스템을 구축할 수밖에 없는 상황이 연출된 적도 있었다.

요즈음에는 문서화의 필요성과 중요성을 깊이 인식하고 있는 사람들이 과거에 비해 많이 늘었으며, 이에 따라 시스템 개발 전문 업체의 경우는 결과물(산출물) 작성을 가장 우선시하고 있는 경우가 많아지고 있으며, 시스템 개발 의뢰 조직에서도 그 무엇보다 시스템 관련 문서 자료를 우선적으로 챙기는 경우가 점차 많아지고 있다.

[1] 문서화의 목적과 효과

문서화의 주된 목적은 시스템의 효율적인 운용과 유지보수를 위함이다. 소프트웨어개발비용 중에서 가장 많은 부분을 차지하는 것이 시스템 보수유지관리비용이며, 무려 67% 정도에 달하는 것으로 조사된 바 있다. 그러나 시스템 문서화가 잘 되어 있는 경우에는 이 비용을 많이 줄일 수 있는 것으로 알려져 있다.

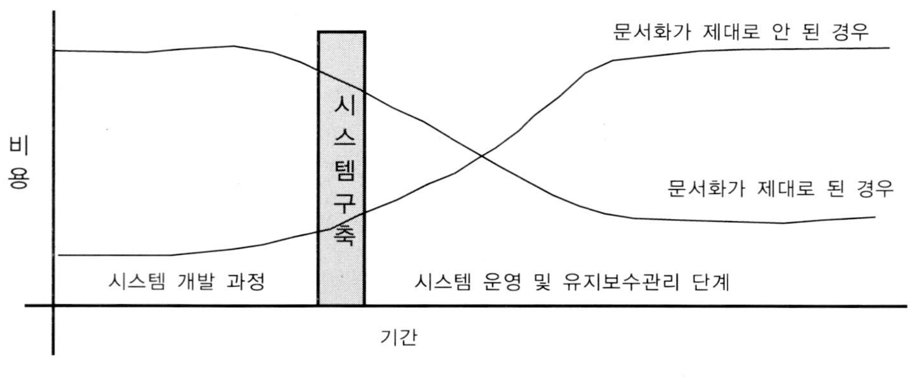

그림 11-3 문서화가 시스템 보수유지관리에 미치는 영향

이외에도

- 정보 축척,
- 프로젝트 진척 관리,
- 소프트웨어 공유화,
- 교육용 자료,
- 참고용 자료 등의 목적을 함께 추구하고 있다.

이에 따라

- 축적된 정보를 향후 다른 시스템 개발 시에 이용할 수 있게 되어 기술수준이 향상된다.
- 문서에 의한 정보 공유가 가능하기 때문에 전반적인 생산성이 향상된다.
- 문서화를 통하여 책임 한계를 명확히 할 수 있고, 그로 인하여 인계인수가 쉽게 이루어질 수 있다.
- 사용자 교육용 문서와 참고용 문서를 이용함으로써 시스템 보수유지관리가 효율적으로 이루어질 수 있으며, 이는 바로 생산성 향상으로 연결된다.

등의 효과를 얻을 수 있다.

[2] 문서화를 위한 표준화

시스템 문서화와 관련하여 또 한 가지 중요한 것은 표준화이다. 설사 문서화가 잘 되어 있다고 하더라도 문서 속에 사용된 용어, 항목(목차), 표기법, 규격 등이 작성자마다 다르고, 보관방법, 활용방법 등도 제각각이라면 아무 쓸모가 없게 되고 만다. 아니 오히려 더 심한 혼란을 초래할 수도 있다.

이런 혼란을 방지하기 위해서는 문서화에 대한 표준을 제정하고 적용시킬 필요가 있다. 이에 대한 자세한 사항은 제3장의 문서화계획을 참조하기 바란다.

[3] 문서화의 종류

문서화의 종류는 그 대상에 따라 네 영역으로 나눌 수 있다.

- **사용자를 위한 문서화:** 사용자들의 시스템 사용에 도움을 주기 위해 만드는 사용설명서가 여기에 속한다. 이 속에는 비디오나 오디오 및 온라인 도움말도 포함된다.
- **소프트웨어의 문서화:** 각 프로그램 설명서가 이 범주에 속한다. 이 속에는 각 프

로그램의 동작에 관한 설명과 함께 사용된 변수의 용도, 오류 메시지의 의미, 오류 발생시의 처리 방법 등이 포함되며, 주로 시스템 유지보수를 목적으로 작성된 문서들이다.

- **시스템의 문서화:** 소프트웨어 개발 주기의 각 단계마다의 산출물들을 중심으로 구성되는 시스템 개발과 관련된 전반적인 문서를 말한다.
- **시스템 운영을 위한 문서화:** 시스템 운영에 필요한 내용들, 예를 들면 프로세스 흐름도와 같이 시스템 운용에 필요한 문서들을 말한다.

[4] 효율적인 문서화를 위한 고려 사항들

모든 문서가 제대로의 역할을 효율적으로 수행할 수 있도록 하기 위해서 고려해야 할 사항으로는

- 표준화된 구성체계를 확립하고 이를 적용한다.
- 표준 용어를 사용하고 다른 의미로 해석될 수 있는 모호한 표현은 피한다.
- 필요한 사항의 누락을 피하기 위하여 문서의 전체 윤곽을 정한 후에 구체적인 부분을 작성한다.
- 주관적인 주장이나 표현은 피한다.
- 가급적 표나 도표 등을 사용하여 간결하고 명료하게 표현한다.
- 프로그램 소스 리스트 그 자체가 하나의 보고서가 되도록 작성한다.
- 다른 프로그램을 작성하는 지침서로 활용할 수 있도록 작성한다.

등을 들 수 있다.

복습문제

01. 시스템 평가의 필요성을 설명하시오.

02. 시스템 평가를 왜 하는지 그 이유를 설명하시오.

03. 시스템 평가 항목에 대해 설명하시오.

04. 시스템의 신뢰도를 평가하는데 적용되는 요소는 무엇인가?

05. 시스템의 가동률을 평가하는 방법을 설명하시오.

06. 시스템 운용 계획 수립 시에 고려해야 할 내용들을 설명하시오.

07. 시스템 도입 효과를 평가하는 근본 목적을 설명하시오.

08. 신 시스템 운용에 필요한 부대설비에 대해 설명하시오.

09. 신 시스템으로의 전환 방법의 특징과 장단점을 설명하시오.

10. 시스템 문서화가 왜 중요한지 그 이유를 나름대로 설명하시오.

11. 효율적인 시스템 문서화를 위한 방안을 설명하시오.

Chapter 12

개선된 프로그래밍 기법

과거 컴퓨터 초창기 시절에 하드웨어의 발전 속도에 비해 소프트웨어의 생산성이 상대적으로 매우 낮을 뿐만 아니라 그 품질도 일정치 못하는 현상이 나타나기 시작했고, 이러한 현상은 프로그램의 수가 늘어날수록 더 심해져 마침내는 소프트웨어 개발자의 열심한 노력에도 불구하고 예산 및 일정을 초과하기가 일쑤이었고 시스템 유지보수에도 많은 어려움을 유발시키기 시작했다. 이러한 모든 현상을 종합하여 **소프트웨어 위기(software crisis)**라 하며, 그 원인은 다름 아닌 바로 프로그램의 비구조성으로 인한 것이었다.

이로 인해 1960년대 후반에는 이른바 'GOTO' 논쟁 즉, 'GOTO' 명령은 프로그램의 구조를 복잡하게 만들어 생산성을 저하시킬 뿐만 아니라 프로그램 가독성까지 해치기 때문에 사용하지 말아야 한다는 주장과 함께 '순차(Sequencing)', '선택(Selection)', '반복(Iteration)' 명령만으로도 모든 처리가 가능할 뿐만 아니라, 이렇게 작성된 프로그램은 이해하기가 쉽기 때문에 오히려 좋은 프로그램이 된다는 주장이 제기되었다.

이것이 바로 구조적 프로그래밍의 원리이다.
구조적 프로그래밍을 위한 많은 기법들이 제안되고 적용되었으나, 그 중에서도 이장에서는 프로그램 품질 개선과 프로그래밍 생산성 향상뿐만 아니라 소프트웨어 개발 작업 전반에 걸쳐 기술적인 측면과 관리적인 측면 모두를 개선하기 위하여 IBM(International Business Machine)이 그 동안의 경험들을 바탕으로 개발한 모든 기법들을 총칭하는 IPT (Improved Programming Techniques)의 전반적인 개요를 중점적으로 알아보기로 한다.

12.1. IPT(Improved Programming Techniques)

IPT?

- 개선된 프로그래밍 기술
- 여러 관련 기법들을 종합/체계화
- 시스템 개발 작업의 기술적/관리적 효율성 증대 목적

IPT 기법들

개발 기술 관련 기법

- 구조적설계,
- 구조적 코딩,
- 하향식 프로그래밍,
- HIPO,
- N-S 차트,
- PDL

개발 관리 관련 기법

- 최고 프로그래머 팀,
- 워크스루(검사),
- 검열,
- 개발지원 라이브러리

IPT(Improved Programming Techniques)를 우리말로 굳이 번역하자면 '개선된 프로그래밍 기술'이 될 것이다. 이 말은 과거의 프로그래밍 기술보다 뭔가가 개선된 것이라는 의미를 내포하고 있으며, 이 말을 뒤집어 따지고 보면 이전의 프로그래밍 기법에 무엇인가 문제점이 있었다는 것을 의미하고 있다. 이런 면에서 이전의 프로그래밍 기법들이 내포하고 있었던 문제점을 먼저 살펴보고자 한다.

사실 프로그래밍 언어가 개발되고 나서 많은 프로그래머들이 나름대로의 기법과 기교를 이용하여 프로그램들을 개발해 왔으나, 특히 초창기 컴퓨터에서는 코어 메모리(core memory)를 메인 메모리로 사용했기 때문에 제조의 어려움으로 인하여 그 용량이 아주 작았을 뿐만 아니라 동작 속도도 그다지 빠르지 못하여 좋은 프로그램의 구비조건으로 가장 우선시 된 것이 '작은 프로그램, 빠른 프로그램'이었다.

이 말은 동일한 기능을 수행하되, 프로그램의 크기가 작아야 메인 메모리를 덜 차지

하게 되고, 그래야만 빠르게 실행될 수 있다는 의미를 내포하고 있었기 때문에 이를 위하여 프로그래머들은 온갖 기교를 다 부리게 되었고, 고난도의 기교를 구사하는 것이 자랑거리였던 시절도 있었으며, '프로그래밍은 예술이다(The art of programming).'라고 까지 했었다.

그러나 고난도의 기교를 구사한 프로그램일수록 이해하기가 어렵고 상황 변화에 따른 유지보수가 더 힘들 것임은 자명한 사실이다. 이로 인하여 시스템 유지보수비용이 개발비를 초과하는 현상과 소프트웨어 생산성이 하드웨어의 발전 속도를 도저히 따라가지 못하는 소위 말하는 **소프트웨어 위기(software crisis)**라는 현상이 생겨나기 시작한 것이다.

더구나 프로그램의 흐름을 제어하는 명령 중의 하나인 'GOTO'명령을 거의 무분별하게 사용함으로써 프로그램에서의 수행 논리가 마치 실타래처럼 엉켜 도달 불가능한 사장(死藏) 코드가 생기기도 하고, 더러는 무한 루프에 빠지기도 하며, 오류 발생시에 교정과 보수가 매우 어렵다는 사실이 알려지면서 1960년대 후반에는 이른바 'GOTO' 논쟁 즉, 'GOTO' 명령은 프로그램의 판독성을 해치고, 프로그램의 구조를 복잡하게 만들어 생산성을 저하시키기 때문에 사용하지 말아야 한다는 주장과 함께, 'GOTO' 명령 대신에 '**순차(Sequencing)**', '**선택(Selection)**', '**반복(Iteration)**' 명령만으로도 모든 처리가 가능할 뿐만 아니라, 이렇게 작성된 프로그램은 이해하기가 쉽기 때문에 오히려 좋은 프로그램이 된다는 구조적 프로그래밍 개념이 제시되었다.

과거 하드웨어가 비싸고 그 성능이 저급이던 시절에는 기교 중심의 프로그래밍 기법이 나름대로 설득력이 있었으나, 하드웨어의 성능은 엄청나게 높아지고 가격은 반비례적으로 낮아진 지금의 상황에서는 인건비를 중심으로 한 소프트웨어 비용이 시스템 구축에서의 더욱 큰 부담이 되고 있다.

더구나 시스템 유지보수 비용이 소프트웨어 개발비용의 절반 이상을 차지하고 있기 때문에 어떠한 방법으로든 개발과 유지보수가 쉽도록 프로그램을 작성하지 않으면 안 된다.

이러한 연유로 기교 중심의 어려운 프로그래밍에서 구조적으로 알기 쉬운 프로그래밍으로의 방향 전환이 필요했고, 마침내는 알기 쉽다는 것이 기술적으로 구현하기 쉬움만을 의미하는 것이 아니라 프로그램의 품질이 향상되어 유지보수 하기도 쉽다는 것을 깨닫게 되었다.

이런 과정 속에서 경험을 통해 만들어진 몇 가지 효과적인 기법들을 골라 모아서 일본 IBM이 체계화한 것이 **IPT(Improved Programming Techniques)**이다.

따라서 IPT는 새로운 개발 방법론이라기보다는 기존의 개발 기법들과 도구들 중에서 효과적인 것들을 골라 체계화한 것으로서 개발과 유지보수 양면, 즉 시스템 개발 전반에 걸쳐 기술적인 면과 관리적인 면 모두를 개선하고자 하는 기법들의 집합이라고 말 할 수 있으며, 각 기법들은 상호 보완적인 관계를 가지고 있는 경우가 많기 때문에 이들을 병행 적용함으로써 상승효과를 얻을 수 있는 것으로 알려져 있다.

[표 12-1] IPT에서의 기술적 및 관리적 기법

기술면	• 설계분야: 구조적설계(structured design)[복합설계, 기능설계] • 코딩분야: 구조적코딩(structured coding) • 테스트분야: 하향식 프로그래밍(top-down programming) • 설계보조수단 ① HIPO(Hierarchical Input Process Output) ② Nassi-Schneiderman Chart ③ 프로그램 기술 언어(PDL: Program Description Language)
관리면	• 개발조직분야: 선임 프로그래머 팀(chief programmer team) • 품질관리분야: 워크스루(walk-through)와 인스펙션(Inspection) • 개발지원분야: 개발지원 라이브러리(development support Library)

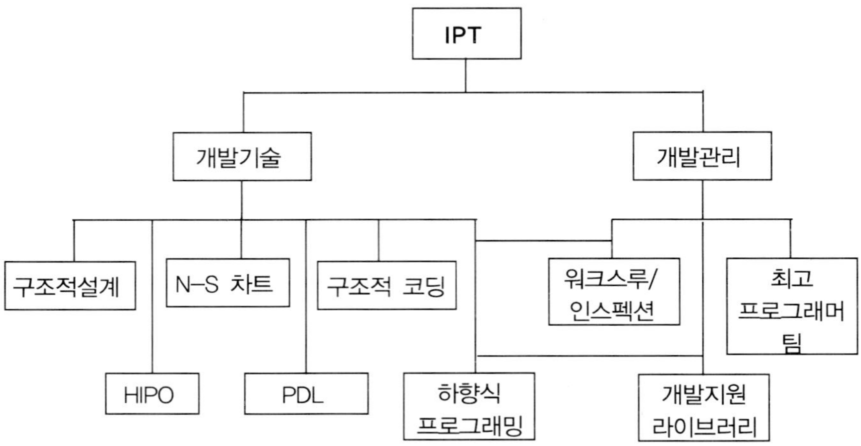

그림 12-1 체계화된 IPT의 기법들

12.2. IPT에서의 개발 기술 관련 기법

IPT

개발 기술 관련 기법
- 구조적설계,
- 구조적 코딩,
- 하향식 프로그래밍,
- HIPO,
- N-S 차트,
- PDL

IPT의 여러 기법들 중에서 우선 개발기술과 관련된 기법들을 먼저 소개하기로 한다.

[1] 구조적 설계(Structured Design)

구조적 설계는 분할정복(divide and conquer)의 원리를 적용하여 프로세스/프로그램 설계 단계에서 시스템 구조를 설계하는 것과 동일하게 프로그램을 기능 중심으로 하향 세분화하여 계층 구조를 형성하고, 이들 사이의 인터페이스까지를 설계하는 방법이다.

구조적 설계를 다른 말로는 복합 설계(composite design) 또는 기능 설계(functional design)라 하기도 하며, 그 대상에 따라 시스템의 구조적 설계와 프로그램의 구조적 설계로 나눌 수 있으나 기본적으로 적용되는 절차나 개념은 동일하다. 다만 이들 사이에는 좀 더 거시적으로 보느냐 아니면 미시적으로 보는 하는 관점의 차이만 존재한다.

궁극적으로 구조적 설계는 시스템에 대한 구조적 설계이건 프로그램에 대한 구조적 설계이건 간에

- 기능 중심으로 하향 세분화하여 모든 모듈을 정의하고,
- 모듈 사이의 계층 구조를 결정하며,
- 최종적으로는 모듈 사이의 인터페이스를 결정하는 절차를 밟아가는 설계 방법이며,

그 표현법으로는

- **버블 차트**(bubble chart): 전체의 흐름이나 부분간의 연관성을 나타내기 위해 주로 사용되며, 원과 화살표로 데이터 흐름을 중점적으로 표시하는 차트,

- **계층 구조도**(hierarchical diagram): 시스템의 구성을 트리 형태의 계층 구조로 표현한 도표가 주로 이용된다.

[2] 구조적 코딩(Structured Coding)

일반적으로 프로그래머라고 하면 프로그램 개발에 관련되는 모든 일을 도맡아하는 것으로 알고 있지만, 원래의 프로그래머는 문제 해결 논리, 즉 알고리즘을 제시하는 것만으로 자기의 임무가 완수되는 것으로 되어 있다. 프로그래머에 의해 제시된 알고리즘은 코더(coder)라고 불리는 별도의 사람에 의해 실질적인 프로그램 언어로 구현된다.

프로그래머가 제시한 알고리즘이 동일하더라도 코더의 능력이나 취향에 따라 실제적으로 구현된 프로그램은 상당한 차이를 보이게 된다. 예를 들어 프로그래머가 많은 고심 끝에 구조적 프로그래밍이 가능하도록 알고리즘을 제시했다고 하더라도 코더가 'GOTO' 명령을 무분별하게 사용한다면 구조적 프로그래밍은 불가능해지고 만다.

따라서 구조적 코딩은 구조적 프로그래밍이 가능하도록 코딩 기법을 표준화하기 위한 기법이라고 볼 수 있으며, 적정 프로그램 개념 도입과 3 가지의 기본 처리 구조를 적용하여 구조적 프로그래밍이 가능하도록 하고 있다.

구조적 프로그래밍이란? 1960년대 말 네덜란드의 E. W. Dijkstra(다익스트라) 교수가 주창한 프로그래밍 기법으로서 프로그래밍의 생산성과 유지보수의 효율성을 향상시키기 위하여 개발된 프로그래밍 기법이다.

이 기법의 근본 개념은 프로그램을 여러 갈래로 분기하여 복잡하게 만들지 말고, 순차, 선택, 반복의 논리 구조만을 적용함으로써 이해하기 쉽고, 수정하기 쉬우며, 정확성 검증이 쉬운 프로그램이 되도록 하자는 것이다.

그런데 여기서 말하는 **적정 프로그램(proper program)**이란

- 하나의 입구와 하나의 출구만을 가지고 있는 프로그램,
- 프로그램 내의 어떠한 명령이라도 최소한 한 번 이상 실행되는 프로그램, 즉 어떠한 조건이 부여되더라도 한 번도 실행되지 않는 사장된 코드를 가지고 있지 않는 프로그램을 의미한다.

이러한 프로그램이라면 '**순차(Sequencing) 처리**', '**선택(Selection) 처리**', '**반복(Iteration) 처리**'만으로 모든 처리가 가능할 뿐만 아니라, 이렇게 작성된 프로그램은 이해하기가 쉽기 때문에 프로그래밍 생산성과 유지보수의 효율성이 높아지는 것으로 알려져 있다.

구조적 코딩 기법에서 사용되는 세 가지 논리 구조는 다음과 같다.

- **순차처리**(sequence): 프로그램의 명령 또는 일련의 명령군을 표현된 순서대로 처리하는 형태의 처리이다.
- **선택**(selection): 부여된 조건에 따라 두 개의 서로 다른 처리과정을 선택하는 형태의 처리이다.
- **반복**(iteration): 주어진 조건이 만족되고 있는 동안 정해진 루틴을 반복하는 형태의 처리이다.

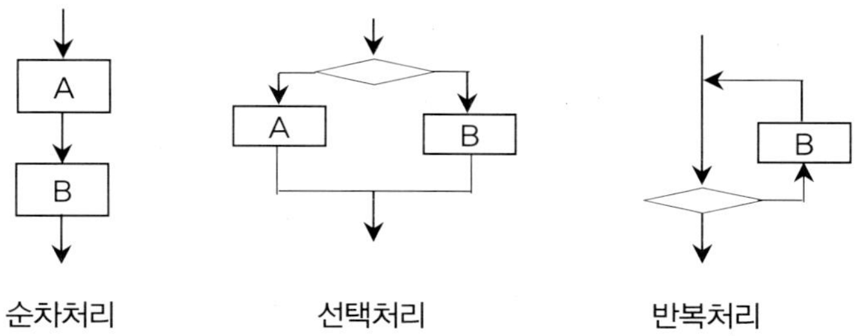

그림 12-2 **구조적 코딩에서의 세 가지 논리 구조**

그러나 부수적으로는 한 프로그램의 크기가 너무 커서 여러 장의 소스 리스트가 만들어진다면 프로그램 전체의 논리 구조를 파악하기가 어려울 것이기 때문에 프로그램 크기를 어느 정도 제한할 필요가 있고, 또 코딩 시의 실무적인 기법으로서 반복 처리의 중복 순서에 따라 들여쓰기(indentation)를 적용하여 시각적으로 프로그램의 논리 구조를 파악하기 쉽도록 해야 할 필요가 있으며, 무조건적인 'GOTO' 명령의 배척은 프로그램의 논리 구조를 흩뜨릴 수도 있기 때문에 'GOTO' 명령을 가능한 한 적게 사용하겠다는 생각을 할 필요가 있음도 인식해야 한다.

구조적 코딩과 관련되는 내용을 간추리면 다음처럼 요약할 수 있다.

- 프로그램이 하나의 입구(Entry)와 하나의 출구(Exit)만을 가지도록 한다.
- 프로그램 내의 모든 명령이 최소한 한 번은 실행되도록 한다.
- 'GOTO' 명령을 되도록이면 사용하지 않는다.
- 순차처리, 반복, 선택의 논리 구조만을 적용한다.
- 프로그램의 크기가 한두 쪽 정도로 적정선이 되도록 한다.
- 반복 명령의 수행 범위를 들여쓰기(Indentation)로 명확히 구분한다.
- 변수 명이나 레이블 명을 적절하게 부여함으로써 의미 파악이 쉽도록 한다.

[3] 하향식 프로그래밍(Top-down programming)

구조적 설계에서의 상위 모듈은 하위 모듈들을 구동하는 역할을 수행하기 때문에 드라이버(driver) 또는 구동 프로그램이라 하며, 하향식 프로그래밍은 시스템 구조상으로 가장 상위 모듈부터 시작하여 하위 모듈로 내려오면서 프로그램을 코딩하고, 테스트하면서 시스템 개발을 진척시키는 방법이다.

하향식 프로그래밍 기법을 적용하기 위하여 맨 처음 최상위 모듈을 개발한다는 것은 차상위 이하의 하위 모듈 인터페이스를 결정한다는 것과 동일한 의미를 가지게 되고, 최상위 모듈을 테스트한다는 것은 전체 시스템 구조를 테스트하는 것과 동일한 의미를 갖는다. 따라서 하향 프로그래밍 기법에서는 하위 모듈 테스트를 위한 별도의 구동 프로그램(드라이버)을 만들어야 할 필요가 없다는 장점을 갖는다.

또, 상향식 프로그래밍 기법의 경우는 하위 모듈들을 개발 완료하고 이들을 결합하여 시스템 테스트를 수행할 때 만약 오류가 발생하면 어느 모듈에서 오류가 발생했는지를 파악하기가 지극히 어렵지만, 하향식 기법에서는 이미 모듈간의 인터페이스가 확정된 상태이기 때문에 하위 모듈들은 상위 모듈의 부속품처럼 취급될 수 있어서 오류 검출과 수정이 아주 쉽다는 장점을 함께 갖는다.

이외에도 전체적인 구조가 완성된 상태에서 하위 모듈들이 미개발 상태이거나 개발 중이면 아무래도 압박을 받게 되고 이로 인하여 개발자들은 좀 더 분발하게 될 것이므로 프로젝트 진행이 빨라진다는 효과도 거둘 수 있다.

하향식 프로그래밍 기법에서 적용하는 상위 모듈부터 먼저 테스트한다는 개념, 즉 하위 모듈이 완성되지 않은 상태에서 상위 모듈을 테스트하는 것이 불가능하게 생각될 수도 있지만, 이러한 경우에는 하위 모듈의 수행 논리와는 무관하게 단지 입출력 조건만을 시험할 수 있는 '스터브(stub)'라는 잠정적으로 하위 모듈 역할을 수행할 모듈을 도입함으로써 이러한 문제를 해결할 수 있으며, 이 부분에 대한 미완성이 개발자를 압박하는 효과를 내기도 한다.

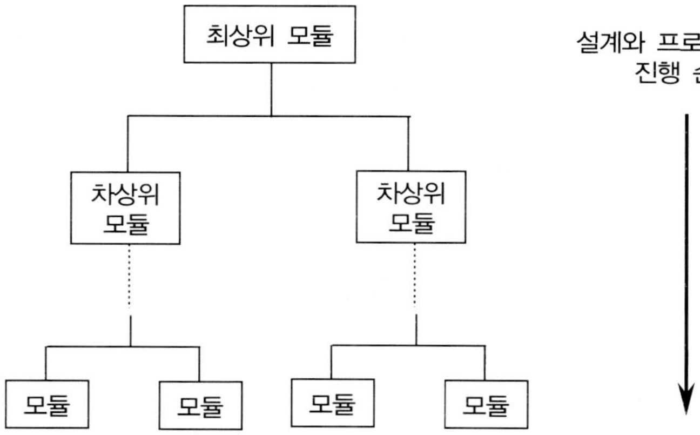

그림 12-3 **하향식 프로그래밍 기법의 개념**

결론적으로 하향식 프로그래밍 기법을 적용하면

- 시스템 테스트가 쉽고,
- 프로젝트 관리가 쉽다는 장점을 갖게 되어 프로그램의 품질이 높아지게 된다.

[4] HIPO(Hierarchy plus Input Process Output)

Hierarchy plus Input, Process, Output의 약자로서 하나의 계층과 입력, 처리, 출력을 의미하는 HIPO는 개발하고자하는 소프트웨어나 문서화 작업을 계층적으로 설계하고 구현하기 위한 도구로써 무엇보다 하향식 기능 중심의 기법이기 때문에 수행해야 할 기능들의 구조적 관련성을 중점적으로 표현하고 있어서 구조적 설계 기법과 병행 적용하면 설계와 함께 문서화에 관한 문제까지도 해결할 수 있다는 점에서 아주 유용한 기법이다.

HIPO에서는 다음의 세 가지 도표를 이용하여 소프트웨어 시스템을 설계하고, 관련 문서들을 작성한다.

- **도(형방)식 목차**(visual table of contents): 도식 목차는 기본적으로 문서의 구조를 나타내는 역할을 수행하며, 프로그램 구조를 정확하게 반영하지는 않는다. 그러나 일반적으로 프로그램 구조를 중심으로 개발과 문서화가 이루어지기 때문에 그 내용이 같은 경우가 많으며, 이로 인해 시스템 또는 문서의 구조를 이해하거나 필요한 부분을 찾는 색인용으로 사용될 수 있다.

- **총괄 도표**(overview diagram): 시스템이 수행해야 할 총괄적인 기능을 입력, 처리, 출력의 세 부분으로 나누어 전반적으로 표현한 도표이다.
- **상세 도표**(detail diagram): 개개 모듈이 수행해야 할 기능을 입력, 처리, 출력의 세 부분에 걸쳐 보다 구체적으로 나타난 도표이다.

HIPO의 특징과 사용했을 때 얻을 수 있는 효과

- 프로그램의 기능 구조를 계층적으로 도식화함으로써 전체적인 구조를 명확하게 파악할 수 있게 해주며, 그로 인하여 시스템 설계 시에 기능의 누락과 중복을 방지할 수 있다.
- 시스템 설계와 함께 완전한 문서화를 수행할 수 있다.
- 사용자와의 의사소통이 원활하게 이루어질 수 있다.

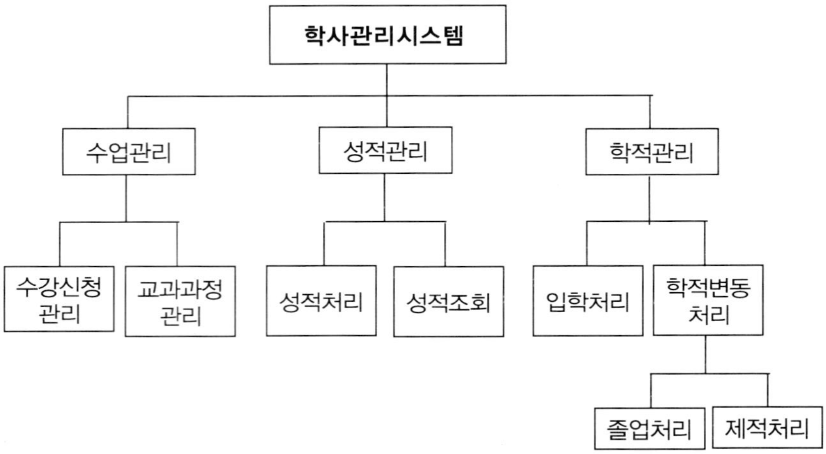

그림 12-4 도(형방)식 목차의 예

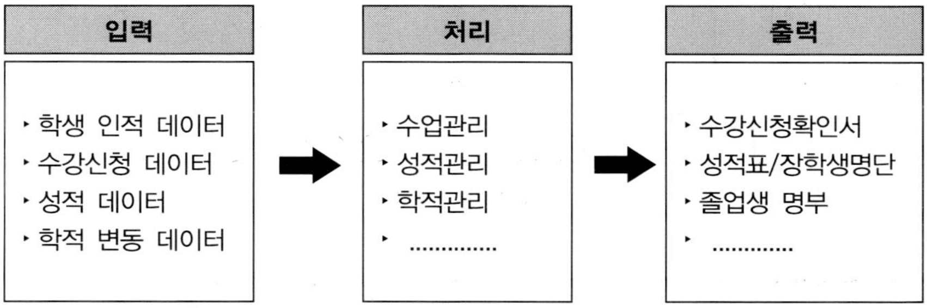

그림 12-5 학사시스템의 총괄 도표의 예

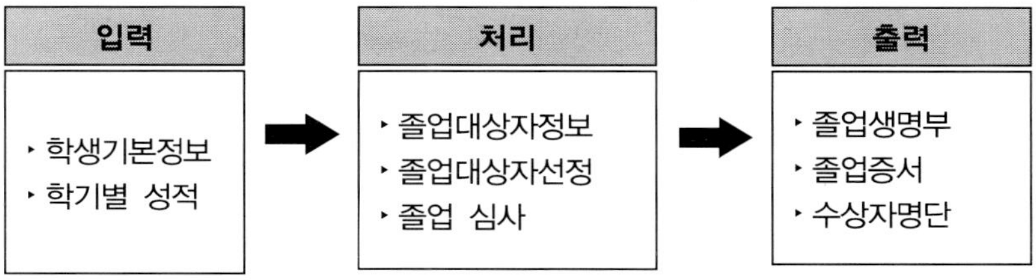

그림 12-6 졸업처리 모듈에 대한 상세 도표 예

[5] 나씨–슈나이더만 차트(Nassi–Schneiderman Chart)

나씨-슈나이더만 차트는 수행 논리 표현에 주안점을 두고 있는 기법으로서, 기존의 플로차트가 제어 구조를 제대로 표현하지 못하는 점을 개선한 것이라고도 볼 수 있으며, 특히 복합 조건의 처리를 시각적으로 명확하게 식별할 수 있도록 고안된 도표이다. 이 때문에 나씨-슈나이더만 차트를 이용하면 구조적 코딩을 아주 쉽게 수행할 수 있다.

나씨-슈나이더만 차트에서는 네 종류의 기본 기호를 사용하여 프로그램의 수행 논리를 표현하고 있으며, 필요에 따라 이들 기호를 조합하여 전체 논리를 표현한다.

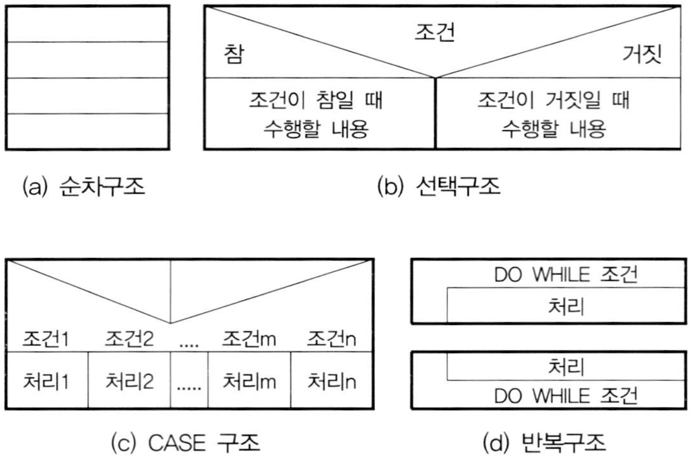

그림 12-7 N-S 차트 기호

[6] 프로그램 기술 언어

프로그램 기술 언어(PDL; Program Description Language)는 의사 언어(pseudo language)라고도 하며, 특정 언어 체계에 구애되지 않고 한정된 단어와 문장을 사용하여 자연어처럼 프로그램의 논리를 기술하기 위해 사용되는 언어 체계를 말한다.

프로그래밍 언어가 점점 인간의 일상 언어를 닮아가고는 있지만 그래도 역시 격차가 존재하기 때문에 일상 언어로 알고리즘을 기술하는 것은 부적당하다. 그렇다고 해서 특정 프로그래밍 언어로 알고리즘을 기술하면 해당 프로그래밍 언어를 모르는 사람은 역시 이해할 수 없다는 문제점을 안고 있다.

이러한 문제점을 해결하기 위해 고안된 PDL은 그 자체로 실행되는 프로그래밍 언어가 아니라 어디까지나 프로그램을 설계하고 기술하기 위한 언어로서, 궁극적으로 사람을 위한 것이며, 설계자와 프로그래머 사이 또는 프로그래머들끼리의 의사소통을 원활히 하기 위한 수단으로 널리 사용된다.

따라서 PDL을 사용하여 프로그램을 기술하게 되면

- 설계자와 프로그래머 상호간의 의사소통이 원활해 질 수 있으며,
- 그 자체가 문서화 수단이 될 수 있다는 아주 큰 장점을 가지고 있다.

일반적으로는 정해진 문법이나 어휘가 없기 때문에 자유롭게 사용할 수 있다고는 하지만, 불필요한 오해나 혼란을 줄이기 위해서는 팀 또는 시스템 개발 관련자들이 지켜야 할 최소한의 규칙이나 지침, 어휘 등을 정하고 이를 준수하도록 하는 것이 바람

직하다.

```
만일 A가 B 보다 크면
    A를 하나 감소시킨다.
그렇지 않으면
    B를 하나 감소시킨다.
만일 끝
```

그림 12-8 **프로그램 기술 언어의 예**

프로그램 기술 언어의 특징과 사용했을 때 얻을 수 있는 효과

- 원활한 의사소통이 가능하다.
- 그 자체로서 문서화될 수 있다.
- 시스템 검토용으로 사용할 수 있다.
- 특정 언어에 종속되지도 않으며, 문법적인 제약이 없다.
- 프로그래밍 언어를 모르는 사람도 사용 가능하다.
- 모듈의 수행 논리 설계 시에 사고과정을 체계화할 수 있다.
- 일반인들이 시스템 개발에 적극적으로 참여할 수 있다.
- 다른 기법에 비해 내용 전달이 쉽다.
- 프로그래밍 언어 교육의 보조 수단이 될 수 있다.

12.3. IPT에서의 개발 관리 관련 기법

IPT

개발 관리 관련 기법

- 최고 프로그래머 팀,
- 워크스루-검사,
- 인스펙션-검열,
- 개발지원 라이브러리

성공적으로 시스템 개발을 완수하기 위해서는 기술적인 측면도 대단히 중요하겠지만, 그보다 더 우선시해야 할 것은 바로 그러한 기술들을 구사할 실질적인 조직을 편성/운영하고 관리하는 일이며, 이것을 개발 관리라 한다.

개발 관리와 관련하여 그 효용성이 알려진 몇 가지 기법들에 알아보기로 한다.

[1] 최고 프로그래머 팀(Chief programmer team) – 팀장위주 운영방식

효과적으로 소프트웨어 개발을 수행하기 위해서는 가장 먼저 직무를 중심으로 조직을 편성해야 하며, 직무수행과 관련된 권한과 책임 그리고 상호관계를 명확히 설정함으로써 일사불란한 조직이 되도록 하여야 한다.

프로젝트 수행과 관련해서는 프로젝트의 규모나 성격, 특성 등 그리고 구성원들의 특성에 따라 그 규모가 달라질 수는 있으나, 통상 5명 이내의 팀(team)이라 불리는 소규모 조직을 많이 활용하게 되며, 이러한 팀의 운영방식으로는 팀원위주 운영방식, 팀장위주 운영방식, 계층식 조직위주 운영방식으로 나눌 수 있다.

팀원위주 운영방식은 장기적인 프로젝트 혹은 기술적 난이도가 높은 프로젝트에 적합한 운영방식으로서 모든 구성원들이 동등한 입장에서 개발 업무를 추진하게 되므로 업무만족도가 높다는 잇점을 가지고 있으나, 구성원의 능력이 동등해야한다는 점과 권한과 책임이 약하기 때문에 진행이 제대로 되지 않는 경우가 많으며, 특히 한 사람이라도 반대할 경우 개발 효율성이 급격히 저하된다는 치명적인 약점을 가지고 있다.

계층식 조직위주 운영방식은 중형 이상의 프로젝트에서 주로 이용되는 운영방안이다. 프로젝트의 규모가 커지면 팀원위주 운영방식은 도저히 적용하기가 어렵게 되고, 그렇다고 한 명의 책임자가 모든 업무를 관리할 수도 없기 때문에 중간 관리자를 두어 계층적인 구조를 형성하여 개발 업무를 담당하는 운영방식이다.

팀장위주의 운영방식에서는 팀의 강력한 조직력을 유발하기 위하여 최고의 프로그래밍 실력을 가진 프로그래머를 팀장으로 하고, 팀장으로 하여금 기술적·관리적 모든 권한을 행사할 수 있도록 하고 있으며, 이러한 운영방식을 일반적으로 영어 발음 그대로 "치프 프로그래머 팀(chief programmer team)"이라 하는 경우나 책들이 많다. 그러나 'chief'이라는 단어의 의미가 '최고의, 우두머리의, 제1위의'인 만큼 '최고 프로그래머 팀'이라고 제목을 붙이는 것이 더 타당할 것으로 보인다.

궁극적으로 '최고 프로그래머 팀'을 운영해 본 결과, 어느 운영방식보다 프로그램의 품질과 생산성이 향상되었음이 입증되어 이러한 운영방식이 시스템 개발 시에 널리 적용되고 있다.

'최고 프로그래머 팀'은 통상적으로 팀장, 부팀장, 일반 프로그래머, 프로그램 사서(program librarian, 라이브러리언) 등을 주축으로 하여 운영되지만 필요에 따라서는 시스템 분석자나 더 많은 프로그래머가 추가될 수 있다. 그러나 소인원의 팀을 편성함으로써 정보 교환을 원활하게 하는 것을 기본으로 삼고 있다.

팀장은 개발과 관련된 주요 의사 결정과 팀원들에 대한 업무 분배 그리고 핵심 작업은 직접 담당하며, 완성된 프로그램은 필히 팀장의 검토를 거쳐 품질 보증이 되도록 해야 한다.

팀장위주의 운영방식은 의사 결정이 신속하여 상황 변화에 재빠르게 대처할 수 있다는 장점이 있으나, 팀장 한 사람의 능력에 따라 프로젝트의 성패가 결정될 수 있다는 위험부담과 팀장의 대인관계 능력이 팀원들에게 미치는 영향이 크다는 등의 단점이 있다.

[2] 검토회의(review) – 검사(檢査)와 검열(檢閱) 워크스루(Walk-through)와 인스펙션(Inspection)

시스템 구축과 관련하여 발생하는 오류의 종류와 유형은 관점에 따라 다양하게 분류할 수 있으며, 이러한 오류를 찾아내는 방법도 당연히 다양할 수 있다.

일반적으로 오류라고 하면 있는 것 중에서 잘못된 것만을 의미하는 것으로 생각하기가 싶지만, 오류에는 잘못된 것만이 아니라 있어야 할 것이 없는 경우와 없어야 할 것이 있는 경우 등도 모두 포함시켜야 한다. 즉, 오류 수정의 최종 목표는 시스템 구축에 필요한 것이 제대로 자리 잡게 하자는 것이며, 이러한 목적을 달성하기 위한 활동이 바로 소프트웨어 품질관리이다.

소프트웨어 품질관리를 위한 대표적인 활동으로 볼 수 있는 것으로는 검토회의(review)를 들 수 있으며, 이는 소프트웨어 개발 단계마다의 산출물 혹은 프로그램을 검토하여 문제점을 찾아내고 그 해결을 촉구하는 회의를 지칭하는 일반적인 용어이며, 회의 준비와 진행방식에 따라 검사(walk through)와 검열(inspection)로 나눌 수 있다.

워크스루(walk through) – 검사

'walk through'의 숙어적인 의미는 '<역을> 대강 적당히 마치다.'라는 뜻을 가지며, 문맥상으로는 '걸어서 통과 한다'는 의미를 갖지만, 이것이 시스템 구축과 관련된 전문용어로서는 마치 사람이 공원을 산책하면서 통과하는 것처럼 검사요원으로 선정된 사람들이 비교적 가벼운 마음으로 소프트웨어 개발과 관련된 시스템 명세, 설계 결과, 프로그램 코드 등을 전반적으로 훑어보면서 오류, 모순, 불일치 등과 같은 문제점들을 검출하고 이를 기록하는 회의를 의미하고 있다.

아마도 거의 모든 실무자들이 경험하는 바이지만, 자신이 작성한 문서나 프로그램을 다른 사람이 검토하면 많은 오류들을 쉽게 찾아내는 데 비해 스스로의 검토에서는 번연히 있는 오류조차 찾아내지 못하는 수가 허다하다. 이러한 현상은 아마도 머릿속에 이미 형성된 관념이나 개념으로 인하여 실제의 현상을 제대로 보지 못하기 때문으로 추측된다.

따라서 자신이 개발한 프로그램이나 실적물들 속에 존재하는 문제점들을 가장 쉽고도 빠르게 많이 발견하기 위해서는 다른 사람으로 하여금 검토하게 하는 것이며, 바로 이러한 취지로 도입된 기법이 워크스루이다.

그러므로 워크스루에서는 검토 대상을 평가하고 그에 따른 책임을 추궁하는 것이 아니라 피검사자와 검사자 모두가 서로 배우고 도우며, 문제점을 가능한 일찍 발견하고자 노력할 뿐이다. 이 때문에 검사자들이라 할지라도 문제 해결 방안이나 수정 지침을 제시하지 않을 뿐만 아니라 검사 결과를 인사평가 등에 반영하지도 않는다. 다만 피검사자가 자신의 소프트웨어 품질 향상을 위하여 검사 결과 기록을 이용할 뿐이다.

쉽게 말하자면, 피검사자가 자신이 개발한 여러 실적물들에 대해 다른 사람으로 하여금 검토해 줄 것을 요청하고, 검사자들은 자신의 견해나 경험에 따라 문제점들을 지적하며, 피검사자는 검사자들의 지적을 토대로 자신이 개발하는 소프트웨어의 품질을 더욱 더 개선해 나간다는 것이 워크스루의 기본 취지이다.

따라서 워크스루를 성공적으로 진행시키기 위해서는 피검사자나 검사자 모두가 우호적인 생각으로 회의에 임하야 한다. 즉, 피검사자는 오류를 가능한 많이 쉽게 발견할 수 있도록 상세한 검토 자료를 검사자들에게 제공하여야 하며, 아울러 문제점 지적에 대해 변명을 하거나 방어적인 태도를 취해서는 안 된다. 또한 검사자들도 피검사자의 능력을 무시하거나 질책하거나 비판하는 등의 태도를 취해서는 안 된다.

인스펙션(Inspection) – 검열

'inspection'은 '정밀 검사'라는 의미를 갖는 단어이며, 시스템 구축과 관련해서는 워크스루를 좀 더 강도 높게 수행하는 것으로 간주할 수 있는 관리 기법이다.

워크스루에서는 지적된 문제점들을 문서화하고, 그것을 개발자 자신이 자신의 소프트웨어 품질 향상을 위해 활용하는데 비해, 인스펙션에서는 수정 지침을 제시할 수 있으며, 그에 따른 수정 여부 등에 대해 추적 조사하기도 한다.

뿐만 아니라 인스펙션에서는 발견된 오류를 형태별로 그 빈도를 집계 정리하여 관리용 데이터로 활용하는데, 이것은 워크스루를 보다 시스템화하여 검사 결과를 경험 데이터로 축적하고 이를 활용하고자 하는 것으로 볼 수 있다.

인스펙션의 실시는

- **계획수립**(planning): 검열관(참석대상자) 선정, 회의실 준비, 피검열자의 준비사항 확인 등 인스펙션 실시 계획을 수립하고 이를 통보한다.
- **개괄설명회**(overview): 검열 받을 내용의 개괄을 검열자들에게 전달한다.
- **준비**(preparation): 검열회의 실시 5일전 정도까지 검열에 필요한 모든 자료를 검열자들에게 전달한다.
- **검열회의**(inspection) **실시**의 순으로 이루어진다.

인스펙션의 효용성이 널리 전파되기 시작하면서 이제는 개발 과정 전반에 걸쳐 실시되고 있는 경우가 많아지고 있다.

[3] 개발 지원 라이브러리(Development support Library)

프로그래머라 하면 겉으로 보기에는 모든 면에서 대단히 논리적이고 체계적일 것으로 보이지만 그것은 어디까지나 소프트웨어를 설계하고 프로그래밍 하는 과정 중에 있을 때에 국한되는 이야기이고, 이들의 책상 위에는 항상 각종 서류나 출력 자료들이 산더미처럼 어지럽게 쌓여있기 마련이고, 서랍 속은 그야말로 난장판인 경우가 허다하다. 이로 인하여 더러는 중대한 실수를 유발하기도 하며, 특히 여러 명의 프로그래머들이 공동 작업을 수행할 적에는 대단한 주의를 기울여야 할 중대한 사안들이 발생되기도 한다.

이러한 전산인들의 특성을 감안하여 각종 프로그램 파일, 기술 문서 및 관련 자료들을 전문적으로 일괄 관리해 줌으로써 팀 전체의 생산성과 효율성을 높이기 위하여 비기술적 구성요원인 프로그램 사서(program librarian, 라이버러리언) 제도를 도입하였다.

이처럼 프로그램 사서가 프로그래머의 잡무 및 공동으로 활용되어야 할 자료들을 전문적으로 관리해 줌으로써 프로그래머들이 오로지 프로그램 개발에만 전념할 수 있게 하여 프로그램의 품질과 생산성을 향상시키고자 하는 기법이 바로 개발지원 라이브러리 기법이다.

파일 형태를 취하고 있는 모든 자료들은 내부 라이브러리(internal library)라는 이름으로 컴퓨터가 관리하고, 이들의 출력 혹은 복사 문서는 외부 라이브러리(external library)라는 이름으로 관리하여 프로젝트 참가자들이 항상 참조할 수 있도록 함으로써 정보 공유 수단으로 활용하는 경우가 많다.

12.4. 모듈화

모듈

- 시스템 분해에 가장 편리하게 사용될 수 있는 유용한 개념
- 구조적 설계의 기본 단위→시스템을 모듈의 집합으로 추상화

소프트웨어 위기를 극복하기 위해 고안된 다양한 기법에서 거의 공통적으로 제기하고 있는 개념이 구조화이며, 구조화는 근본적으로 시스템을 기능 단위로 분해하고, 이들을 구조적으로 혹은 계층적으로 체계화함으로써 프로그래밍 생산성을 극대화시키고자 하는 기법이다.

또 구조적 설계에서 가장 흔하게 사용되는 전문용어인 모듈(module)은 경우에 따라 서브루틴(subroutine), 서브시스템(subsystem), 소프트웨어 내의 단위 프로그램, 혹은 작업 단위(work unit), 기능 단위(functional unit) 등을 의미하기 때문에 시스템 분해에 가장 편리하게 사용할 수 있는 아주 유용한 개념이며, 구조적 설계 기법에서는 시스템을 모듈들의 집합으로 추상화하게 된다.

구조적 설계는 모듈 개념을 이용하여 시스템을 기능 단위로 분해하고, 그것을 계층 구조로 체계화하며, 최종적으로 모듈 사이의 인터페이스를 결정하는 설계 방법이며, 이 과정에서 모듈화(계층화, 구조화)된 시스템 구조, 모듈 사이의 인터페이스와 각 모듈의 외부 명세 등을 출력으로 얻는다.

또 같은 표현의 '기능 분해'라 할지라도 프로세스 설계에서의 기능 분해는 순서 중심의 기능 분해인 데 비해 구조적 설계에서의 기능 분해는 하향식 전개에 의한 계층적 기능 분해라는 점에서 다르다.

12.4.1 모듈화를 위한 계층적 기능 분할

계층적 기능 분할

- 전체 시스템을 모듈 단위로 분해
- 기능 중심으로 모듈 계층 구조 결정
- 모듈간의 인터페이스 정의

모듈 설계를 위해서는 기능단위로 시스템이나 소프트웨어를 하향식으로 세분화하여 계층 구조를 형성할 필요가 있으며, 이것을 계층적 기능 분할이라 한다. 즉 전체를 기능 단위로 세분화하고 이것을 계층적으로 표현하는 것이다.

구조적 설계 혹은 구조적 프로그래밍을 위해 기능 중심으로 시스템을 분할할 때 주의할 점은 시스템이 기능을 수행하는 순서와는 상관없이 다만 원하는 출력을 생성하기 위한 기능만을 고려해야 한다는 점이다.

시스템을 기능 중심으로 분해하기 위해서는

- 전체 시스템을 모듈 단위로 분해,
- 기능 중심의 모듈 계층 구조 결정,
- 모듈간의 인터페이스(Interface)를 정의하는 순으로 설계 또는 모듈 분해가 이루어져야 한다.

그런데 문제가 되는 것은 모듈로 분해할 때의 기준이 명확하지 않다는 점이다. 즉 하나의 시스템을 몇 개의 모듈로 분해할 것인가? 하는 것에 대한 지침이 마련되어 있지 않다는 점이다.

이런 문제점을 해결하기 위해서는

- 독립적으로 구현할 수 있도록(공동 개발, 응집도 강화, 결합도 최소화),
- 부품처럼 다른 업무에도 공통으로 사용할 수 있도록(재사용, 생산성 향상),
- 가시성을 향상시킬 수 있도록(이해하기 쉬움),
- 시험 용이성이 보장되도록(개발 생산성 향상),
- 각 모듈의 크기를 고려하여 지나치게 크거나 작지 않도록(가독성 향상, 개발 부담 감소) 모듈을 분해해야 한다.

12.4.1 모듈 설계

모듈설계

외부설계: 인터페이스 정의
- 모듈의 기능
- 모듈 이름 정의
- 매개변수의 개수와 대응관계
- 파급효과
- 입력 매개변수와 출력 매개변수의 구분
- 주석명령으로 문서화

내부설계: 수행논리 구현을 위한 설계

모듈에 관한 설계는 모듈 상호간의 관계를 정립하기 위한 외부설계와 모듈 내에서의 수행논리에 관한 내부설계로 나누어 생각할 수 있으나, 내부설계는 통상의 프로그래밍과 동일하기 때문에 여기서는 외부설계에 대해서만 간단히 알아보기로 한다.

모듈의 외부설계를 알기 쉽게 한 마디로 표현하자면 모듈 상호간의 인터페이스에 관한 것을 설계하는 것이라 할 수 있다. 즉 다른 모듈이 이 모듈을 이용(호출)할 때 필요한 것들을 설계하는 것을 말한다.

우선 다른 모듈이 이 모듈을 이용(호출)할 수 있도록 하기 위해서는

- 모듈의 기능,
- 모듈의 이름,
- 매개변수(parameter)의 개수와 대응관계 등을 기본적으로 알 수 있도록 해 주어야 할 것이다.

이외에도 해당 모듈이 실행되었을 때 다른 모듈이나 프로그램 전체 혹은 시스템 전체에 미치는 파급효과에 대해서도 알려 주는 것이 좋으며, 인수 중에서도 그 역할을 알 수 있도록, 즉 호출 모듈에서 데이터를 넘겨주는데 사용되는 인수와 피호출 모듈에서의 처리 결과를 넘겨받는 인수로 나누어 표현하는 것이 좋다.

따라서 외부설계는 이러한 것들을 충족시킬 수 있도록 진행되어야 한다.

이러한 내용들은 모듈 상호간의 인터페이스를 설계할 적에 이루어져야 하며, 프로그래밍 시에는 모듈 프로그램의 시작 부분에 주석문(comment statement)으로 표현해 두는 것이 바람직하다. 왜냐하면 모듈 소스 코드 리스트가 훌륭한 문서가 될 수 있기 때문

이며, 이로써 모듈 사용자에 대한 안내서 역할을 하게 되어 모듈의 효용성을 높일 수 있을 뿐만 아니라 유지보수 작업에도 아주 효율적으로 이루어질 수 있게 된다.

복습문제

01. 소프트웨어 위기의 핵심 내용을 설명하시오.

02. IPT 기법의 등장 배경과 필요성에 대해 설명하시오.

03. IPT의 효율성에 대해 나름대로의 견해를 밝히시오.

04. IPT의 각 기법들을 체계적으로 분류하고 정리해 보시오.

05. HIPO 기법의 특징과 장단점을 비교 정리하시오.

06. 프로그램 기술 언어에 대해 좀 더 상세히 조사하시오.

07. 구조적 코딩과 하향식 프로그래밍을 비교 설명하시오.

08. 워크스루와 인스펙션을 비교 설명하시오.

09. 모듈의 정의를 설명하시오.

10. 모듈화를 위한 기능 분해에 대해 설명하시오.

11. 바람직한 모듈 설계에 관한 자신의 견해를 종합 정리하시오.

Chapter 13

구조적 분석과 설계

구조적 분석과 설계는 근본적으로 '소프트웨어 위기'를 극복하기 위하여 제안된 기법이다.

사실 소프트웨어 위기를 극복하기 위해 가장 먼저 제안된 것은 '구조적 프로그래밍 기법'이었다. 여기서 말하는 구조적 프로그램이란 모든 프로그램이 하나의 입구와 출구를 가지며, 도달 불가능한 코드가 없고 무한 루프에 빠지지만 않는다면 'GOTO' 명령 없이도 '순차(Sequencing)', '선택(Selection)', '반복(Iteration)' 명령만으로도 모든 처리가 가능하다는 것이 증명됨으로써 등장한 개념이며, 이렇게 작성된 구조적 프로그램은 이해하기가 쉽기 때문에 프로그래밍 생산성을 높여 주고, 유지보수를 용이하게 할 수 있다는 주장이 제기되었다.

그러나 구조적 프로그래밍에 관한 연구가 지속되면서 소프트웨어의 생산성을 향상시키기 위해서는 단순히 구조적 프로그래밍 기법만을 적용시키는 것보다 그 이전 과정, 즉 시스템의 분석과 설계과정에도 구조적 개념을 바탕으로 한 설계기법이 적용되어야 한다는 주장이 제기되었고, 구조적 설계를 뒷받침하기 위해서는 사용자 요구 분석부터 구조적으로 실시해야 한다는 주장에 따라 다시금 구조적 분석 기법이 소개되었으며, 이 모든 것을 종합하여 **구조적 방법론**이라 한다.

그 동안 구조적 분석과 설계를 위한 여러 기법들이 많은 전문가들에 의해 제안되었으나, 1970년 전반부터 1980년대 후반에 걸쳐 E. Yourdon, T. De Marco, C. Gane, T. Sarson 등에 의해 널리 보급된 자료 흐름을 중심으로 한 구조적 분석 기법이 널리 이용되고 있다.

그러나 구조적 방법론은 시스템 구조와 모듈 설계를 중심으로 이루어지기 때문에 사용자 인터페이스, 파일과 데이터베이스, 입출력 방식에 대한 설계지침이 없다는 치명적인 약점을 가지고 있다. 이를 보완하기 위해서는 다른 방법론을 병행 적용할 필요가 있다.

이 장에서는 시스템의 구조적 분석 도구와 구조 분석 절차 및 설계 방법에 대한 기본적인 개념들에 대해서만 한정적으로 다룬다.

13.1. 구조적 분석의 개념과 기본 원리

구조적 분석?

- 전통적 분석의 한계성 극복
- 도형적 분석 도구인 자료흐름도와 서술적 분석 도구인 자료사전과 소단위 명세서를 이용하여 사용자 요구를 분석하고, 그 결과를 문서화하는 데 사용되는 체계적인 분석기법

구조적 분석 기법의 원리

- 그림(도형) 사용
- 추상화 원리
- 분할 정복 원리
- 계층적 구조화 원리

구조적 분석 기법(structured analysis methodology)은 전통적 시스템 분석 기법의 한계성을 극복하기 위해 제안된 분석기법으로서, 그 근원은 1968년 Dijkstra(다익스트라) 교수가 제안한 구조적 프로그래밍에서 찾을 수 있다.

구조적 프로그래밍 기법이 효율적이기는 하지만 날로 소프트웨어 수요가 급증할 뿐만 아니라 그 규모가 방대해짐에 따라 한계점을 드러내게 되었고, 이를 보완하여 소프트웨어를 보다 안정적으로 개발하기 위한 구조적 설계(structured design) 기법이 1970년대 중반 Yourdon(요든)에 의해 소개되었다.

시스템 구축의 성공 여부는 사용자의 만족도에 달려 있기 때문에 사용자 요구사항분

석이 성공의 첫 관문이라 할 수 있을 정도로 중요하다. 따라서 시스템 설계에 앞서 시스템 분석이 제대로 이루어져야 하기 때문에 이를 위한 구조적 분석(structured analysis) 기법이 1970년 후반 De Marco에 의해 제안되었다.

일반적으로 전통적인 시스템 분석과정에서는 그냥 연필과 종이를 무기삼아 시스템을 분석하는 경우가 많으며, 이러한 환경에서는 시스템의 규모가 커지고 복잡해지면 체계적으로 분석할 수 없는 경우가 많아진다.

뿐만 아니라 경험 많은 프로그래머가 분석 활동을 수행하는 경우가 많았기 때문에 사용자 요구 분석이 건성으로 이루어졌고, 체계적인 분석절차도 없었기 때문에 형식적인 분석 활동이 주를 이루었으며, 그로 인해 저질의 소프트웨어가 생산되어 유지보수 비용이 전체 개발비용의 67%를 상회하는 기현상이 발생되었던 것이다.

궁극적으로 구조적 분석은 도형적 분석 도구인 자료흐름도를 중심으로 사용자 요구사항을 분석하고, 그 결과를 문서화하는 데 사용되는 체계적인 분석 기법이다.

구조적 분석 기법의 원리

사용자 요구를 분석할 때의 가장 어려운 점은 분석 대상 시스템을 눈으로 보면서 서로 이야기할 수 없다는 점이다. 이 때문에 사용자는 사용자 나름대로 분석가는 분석가 나름대로 서로 다른 가상의 시스템을 제각각의 머릿속에 상상하고 있게 되며, 이것이 혼란을 초래하는 주 원인이 된다.

이러한 혼란을 막기 위해서는 글이나 말보다 전달력이 훨씬 뛰어난 것으로 알려진 그림이나 도형이나 도표 등을 이용하는 것이 효과적이기 때문에 구조적 분석에서는 도형적 도구를 이용하여 시스템을 분석하도록 하고 있다.

또 인간의 인지 능력은 많은 취약점을 가지고 있기 때문에 이를 극복하기 위하여 추상화, 분할정복, 계층적 구조화 등과 같은 몇 가지 원리를 추가적으로 적용시키고 있다(4.4절 참조).

(1) **그림(도형) 사용**: 그림이나 도형은 그 상징성으로 인하여 글이나 말을 통한 서술적 표현보다는 그 전달력이 훨씬 높으며, 또 직관적으로 이해할 수 있기 때문에 입체적이고도 종합적인 정보를 표현할 수 있다는 장점 외에 사용자와의 의사소통에도 많은 도움을 준다는 장점을 갖고 있는 도구이다.

(2) **추상화(abstraction) 원리**: 요약화라고도 하며, 처리방법을 배제하고 처리대상만을 부각시킴으로써 문제의 본질이 드러나게 할 수 있는 원리이다. 일반적으로

추상화는 많은 부분이 서로 관련성을 가지고 있는 복잡한 것을 다루는 데 효과적이다.

(3) **분할정복**(divide and conquer) **원리**: 대규모 시스템을 한꺼번에 다루기는 매우 어렵기 때문에 시스템 특성이나 개발자 능력에 따라 시스템을 적당한 규모의 서브시스템으로 분할함으로써 효율적으로 시스템을 구축할 수 있게 하는 원리이다.

(4) **계층적 구조화**(hierarchical structure) **원리**: 분할과 정복의 원리와 밀접한 관계가 있으며, 분할된 서브시스템을 계층적으로 구조화함으로써 시스템 전반의 기능과 구성을 이해할 수 있게 하는 원리이다.

13.2. 구조적 분석 도구

구조적 분석 도구

도형적 도구–시스템의 주 특성 고려

- 자료흐름도(DFD)
- 개체관계도(ERD)
- 상태전이도(STD)

서술적 도구

- 자료사전
- 소단위 명세서

궁극적으로 구조적 분석은 전통적 분석기법의 한계성을 극복하기 위하여 도형적 분석 도구인 자료흐름도(DFD; Data Flow Diagram)를 중심으로 하고, 보조적으로 서술적 분석 도구인 자료사전(data dictionary), 소단위 명세서(mini specification) 등을 이용하여 사용자 요구 사항을 분석하고, 그 결과를 문서화하는 데 사용되는 체계적인 분석 기법이다.

구조적 분석 기법이 제안될 당시에는 데이터 흐름에 따른 처리 기능 파악을 중요시하였으나, 1980년대 이후 데이터베이스 활용이 보편화되고 시스템의 규모가 방대해지고 복잡해짐에 따라 데이터 상호간의 관련성과 시간에 관한 특성을 고려하지 않을 수 없게 되었다.

이에 따라 최근의 구조적 분석에서는 동일 시스템의 세 가지 다른 측면, 즉 시스템의 기능적인 특성, 데이터 사이의 관련성, 시간 변화에 따른 시스템의 상태 변화를 나타내기 위하여 자료흐름도, 개체 관계도(ERD), 상태 전이도(STD: state transition diagram)를 각각 사용하며, 시스템의 주된 특성이 무엇인가에 따라 적절한 도구를 선택하여야 한다.

자료흐름도, 개체관계도, 상태전이도 등은 그 이름에서도 알 수 있듯이 각각 원하는 바를 그림을 통해 표현하고 있다. 그림은 상징적인 표현을 통해 전달 효과를 상승시키기는 하지만 각 구성 요소의 세부적인 사항을 표현하는 데는 부적합하다. 따라서 그림으로 표현하기 힘든 세부적인 정보들은 서술적인 분석도구를 이용하여 표현하는 것이 바람직하다.

이 때문에 구조적 분석에서는 도형적인 분석 도구와 서술적 분석 도구를 함께 사용하여 상호 보완적인 역할을 수행하도록 하고 있다.

종합적으로 구조적 분석에 사용되는 분석 도구는 도형적인 분석 도구와 서술적 분석 도구로 나누어지며, 이것을 그림으로 나타내면 다음과 같다.

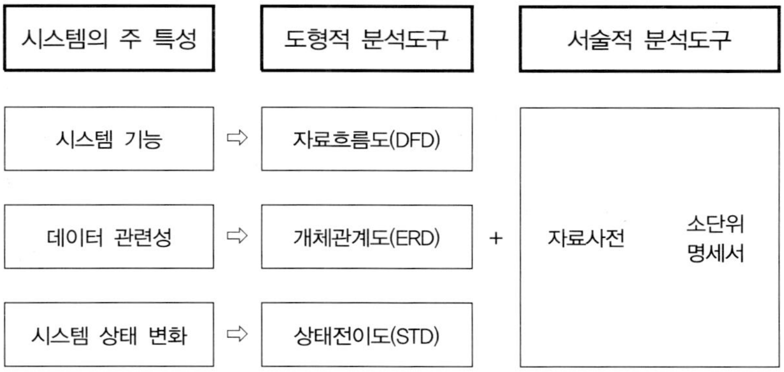

그림 13-1 구조적 분석 도구

이 책에서는 자료흐름도를 중점적으로 설명하고 있으며, 나머지 개체관계도와 상 태 전이도에 대해서는 소개하는 수준으로 설명하기로 한다.

13.2.1 자료흐름도(Data Flow Diagram)

자료흐름도

- 도형적 표현 도구
- 자료 흐름 중심 표현
- 하향식 전개 방식 적용
- 업무 흐름 파악, 작성/수정 용이
- 사용자 요구를 정확하게 파악/반영 가능
- 의사소통 원활
- 전달 효과 상승
- 구성 요소;
  - 외부개체, 처리과정, 자료흐름, 자료저장소
- 계층화
  - 상위도, 중위도, 하위도

소프트웨어는 입력 데이터를 가공 처리하여 사용자가 원하는 출력 데이터를 생성하는 일종의 도구이다. 그러므로 각 처리과정의 입력과 출력을 살펴보면 해당 처리과정의 기능을 알 수 있다. 이를 실증하는 사례로 전문 오퍼레이터들이 전체 시스템의 흐름을 파악하거나 작업 시의 실수를 방지하기 위하여 'Operation Chart'라는 것을 만드는 경우가 있다. 이 차트에서는 데이터 흐름과 그에 동반하는 각 프로그램 이름과 입/출력 데이터에 관한 정보(장치명, 파일명 등)를 도식적으로 표현하여 한 눈에 알아 볼 수 있도록 해 놓는다.

이처럼 데이터나 정보의 흐름을 중심으로 시스템의 기능을 분석하기 위해 사용하는 도식적인 분석 도구 중의 하나가 자료흐름도(Data Flow Diagram)이다.

자료흐름도는

- 도형적으로 표현되고,
- 자료 흐름을 중심으로 표현되며,
- 하향식 전개 방식을 적용함으로써 관련 기능들을 점진적으로 상세하게 표현한다는

특징을 가지고 있으며,

이러한 특징을 가지고 있는 자료흐름도를 이용함으로써

- 그림으로 표현되기 때문에 업무의 흐름을 쉽게 이해할 수 있고, 작성 및 수정 등이 쉽다.
- 자료 흐름을 중심으로 표현하기 때문에 사용자 요구를 정확하게 파악하고 이를 시스템 개발에 반영할 수 있다.
- 자료흐름도가 사용자와 분석자 간 공용어 역할을 하기 때문에 의사소통을 원활하게 할 수 있다.
- 도형적 표현으로 인하여 서술적 표현보다 전달 효과를 훨씬 높일 수 있다는 등의 효과를 얻을 수 있다.

자료흐름도를 **버블 도표**(bubble chart)라고도 하는 데, 이는 자료흐름도에서 처리과정을 나타내는 기호가 원형이기 때문에 붙여진 이름이다. 이러한 자료흐름도를 작성 할 때, 다음의 몇 가지 작성 요령을 준수하면 한결 효과적인 자료흐름도를 작성할 수 있다.

- 외부개체, 처리과정, 자료흐름, 자료저장소 등을 표현할 때 가급적이면 의미 있는 이름을 사용한다.
- 처리과정 마다에 번호를 부여하여 체계화한다.
- 자료흐름도를 계층화한다.
- 각 단계마다 6～7개 정도의 처리절차가 포함되도록 한다.
- 자료흐름도를 다른 모형과 일관성 있게 유지한다.
- 자료흐름도를 한 장에 표현할 수 있도록 작성한다.
- 한 장에 10개 이상의 처리과정이 포함되지 않도록 한다.

[1] 자료흐름도 구성 요소

Yourdon과 DeMarco에 의해 널리 보급된 초창기의 자료흐름도에서는 직사각형, 원, 이중선, 화살표 등의 네 가지 기호를 이용하여 시스템의 기능적 구성 요소 및 그들 간의 연관 관계를 표현하였으나, 그 후의 Gane과 Sarson은 좀 더 진보된 자료흐름도를 작성하기 위하여 이전의 기호를 변경하거나 추가하였다.

[표 13-1] 자료흐름도의 구성 요소

구성 요소	도형 표현	의 미
외부개체	외부개체 이름	데이터 공급처 또는 수신처 등과 같은 시스템 외부의 개체(entity)를 의미
처리과정 (process)	처리과정 이름	정보 처리과정 혹은 처리과정의 한 단계를 의미하지만 현실적으로는 하나의 프로그램인 경우가 많다. 처리과정 마다에 번호를 부여하면 체계화 가능
자료흐름 (data flow)	정보 이름 →	외부개체와 처리과정 혹은 처리과정끼리의 연결 화살표 방향은 데이터의 흐름방향 표시
자료저장소 (storage)	파일(DB명)	데이터 저장소, 즉 파일이나 데이터베이스를 의미

[표 13-2] Yourdon/DeMarco와 Gane/Sarson의 DFD 구성 요소 비교

구성 요소	Yourdon/DeMarco	Gane/Sarson
외부개체	외부개체 이름	[대각선은 반복의 의미임]
처리과정 (process)	처리과정 이름	색인 처리과정 물리적장소 [필요 정보 기록 가능]
자료흐름 (data flow)	정보 이름 →	정보 이름 →
자료저장소 (storage)	파일(DB명)	ID [자료저장고의 ID 기입 가능]
사물의 흐름		[일반 사물의 흐름표시가능]

[2] 자료흐름도의 계층화

시스템의 규모가 커서 자료흐름도를 한 장의 종이에 그릴 수 없을 때는, 정보의 표현 범위와 수준을 감안하여 하향식으로 세분하는 것이 바람직하다. 자료흐름도의 분할은 더 이상 세부 기능으로 나눌 필요가 없을 때까지 반복하며, 그 수준에 따라 상위도, 중위도, 하위도의 순으로 계층화된 자료흐름도를 얻을 수 있다.

(1) **상위도**: 상위도를 다르게는 **배경도(context diagram)**라고도 하며, 시스템의 전체 기능과 그 기능에 필요한 입출력 관계, 즉 컴퓨터 외부와의 연결 상태를 종합적으로 나타내는 그림으로서 의사 결정을 위해 사용되기도 한다.

(2) **중위도**: 중위도란 상위도와 하위도를 제외한 모든 자료흐름도를 지칭한다. 통상적으로는 상위도에 너무 많은 처리과정이 포함되거나 그 기능이 복잡한 경우에 이를 세부적으로 분할하여 작성한 자료흐름도가 중위도이다.
따라서 중위도에 그려지는 내용은 상위도 보다는 상세하고 하위도 보다는 개략적이며, 업무 중간 관리자가 전체적인 작업의 흐름과 기능을 파악하는데 알맞은 자료흐름도이다.

(3) **하위도**: 단위 처리과정, 즉 더 이상 세부 기능으로 분할될 수 없거나 분할할 필요가 없는 처리과정으로만 구성된 자료흐름도를 말하며, 거의 상세 플로차트 수준의 자료흐름도이다.

[3] 자료흐름도 작성 절차

자료흐름도를 언뜻 보면 마치 플로차트와 동일한 것으로 착각할 수도 있으나, 근본적으로 여러 가지 점에서 차이가 난다.

- 플로차트에서는 처리과정을 오로지 순차적으로만 표현할 수 있지만, DFD에서는 이를 병렬로 표현할 수 있으며,
- 플로차트에서는 데이터에 대한 수행논리를 중점적으로 표현하지만 DFD에서는 자료 흐름을 통한 기능 파악에 중점을 두고 있으며,
- DFD에서는 정상적인 업무 흐름만을 중시할 뿐 오류 처리에 관한 것은 그다지 고려하지 않으며,
- DFD에서는 분할정복의 원리에 따라 조각 맞추기 식의 분석이 가능하므로 입체적으로 업무를 분석할 수 있다는 점 등에서 차이가 난다.

따라서 플로차트 작성하듯이 자료흐름도를 작성하려 해서는 안 되며, 일반적으로 다음의 절차에 따라 자료흐름도를 작성하게 된다.

(1) 기본적으로 하향식 분할정복 원리를 적용하여 개략적인 자료흐름도에서 상세한 자료흐름도의 순으로 작성한다.

(2) 가장 먼저 개발 범위를 설정하기 위한 상위도(context diagram, 배경도)를 작성한다.

(3) 입력 데이터와 처리과정, 그리고 출력 데이터를 하나의 데이터 흐름으로 표현한다. 이 과정에서 저장을 필요로 하는 부분은 파일로 표현하도록 하며, 모든 입출력에 대해 이 과정을 반복 적용한다.

(4) 각 데이터 흐름에 의미 있는 이름을 부여한다. 이름을 부여하기가 곤란한 경우는 부적절한 데이터 흐름이기 때문에 재검토할 필요가 있으며, 데이터 흐름이 행동을 포함하지 않도록 유의해야 한다.

(5) 상대적으로 하위 자료흐름도가 완성되면 상대적인 상위 자료흐름도와의 모순 발생 여부를 검토하고, 보완 수정한다.

(6) 최하위 자료흐름도가 완성될 때까지 (3)에서 (5)까지의 과정을 반복한다.

(7) 최하위 자료흐름도가 완성되면 각 처리과정에 대한 소단위 명세서(mini specification)를 작성한다.

앞에서 보인 학사시스템을 대상으로 자료흐름도 작성 예를 보이고자한다.

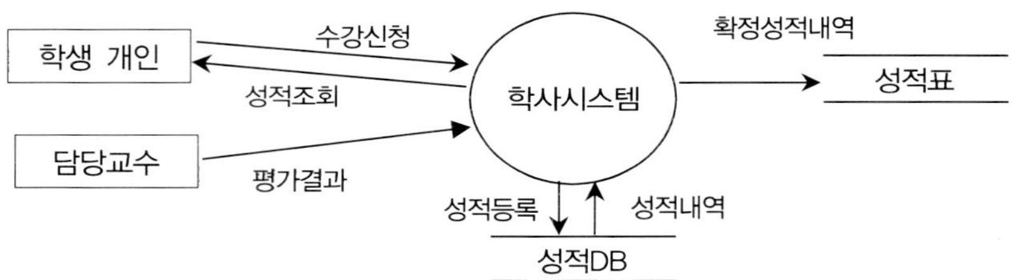

그림 13-2 **학사시스템 상위도**

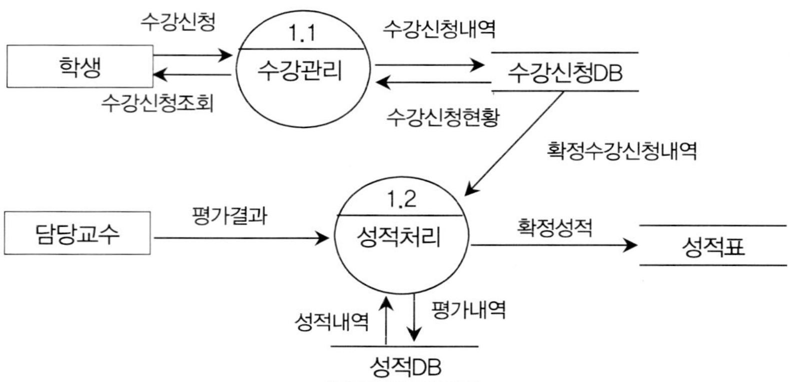

그림 13-3 **학사시스템 중위도**

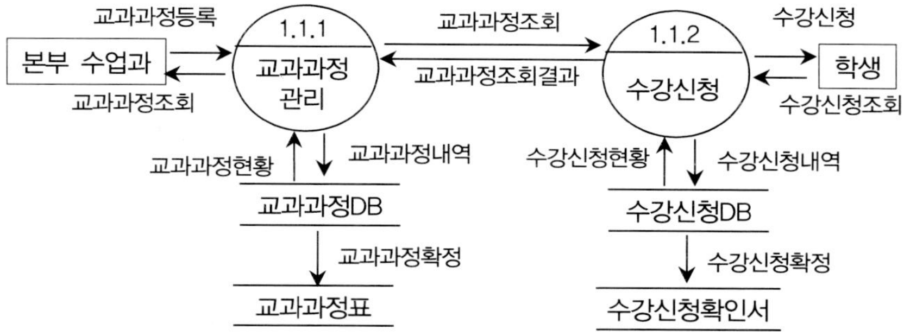

그림 13-4 학사시스템 하위도의 일부

13.2.2 자료사전(data dictionary)

자료사전(data dictionary)

- 서술적 분석 도구
- 데이터에 대한 데이터의 집합(meta data)
- 자료흐름도 완성을 위한 보조적 도구

자료사전은 자료흐름도에 표현할 수 없는 데이터 관련 여러 세부 사항을 서술적으로 나타냄으로써 자료흐름도를 완성시키기 위한 보조적인 분석도구이며, 자료흐름도에 나타난 모든 자료흐름 및 자료저장소에 대한 정의들을 보관하고 있는, 즉 데이터에 대한 데이터의 집합(meta data)이다.

[1] 자료사전에 정의되는 내용

일반적으로 업무 담당자는 자신의 업무와 관련되는 것들에만 관심을 갖기 때문에 자료사전의 필요성에 대해 의아하게 생각할 수도 있으나, 시스템 전체를 관장하는 분석가의 입장에서 본다면 하나의 시스템에서 필요로 하는 데이터의 종류는 우리가 쉽게 짐작할 있는 수의 범위를 훨씬 뛰어 넘는 경우가 많다.

따라서 시스템 분석을 효율적으로 수행하기 위해서는 시스템 내에서 사용되는 데이터 전반에 관한 사항들을 총괄적으로 관리할 필요가 있다.

자료사전에 등록되는 내용의 대부분은 프로그래밍 시에 정의하는 변수나, 파일, 데이터베이스 등에 관한 것들이다.

구체적으로는

- 데이터 항목과 상호 관계(데이터베이스 정의에 해당),
- 데이터 항목의 속성(형식, 범위, 크기, 정밀도, 자리수 등),
- 자료흐름과 저장소의 이름과 의미,
- 주석
- 동의어(synonym) 등이 자료사전에 등록되며, 이러한 데이터는 시스템 활동을 정확히 파악하는데 필수적으로 필요한 데이터이다.

[2] 자료사전에서의 자료구조

자료사전(data dictionary)은 자료흐름도에 나타난 자료흐름과 자료저장소를 비롯한 데이터에 전반에 관한 정보를 한 곳에 모아 놓은 것으로써 개발자들이 쉽게 이해하고 사용할 수 있어야 한다.

이를 위해서는 이름만으로 정의된 내용을 찾아 볼 수 있도록 작성되어야 하는데, 이러한 목적을 달성하기 위해서는 별도의 유틸리티 혹은 기능이 풍부한 문서편집기 등을 사용할 필요가 있다.

또, 각 항목들이 명확히 정의되어야 하는데, 이를 위해서는 다음의 연산자(기호)를 사용하여 자료사전을 작성하고 있다.

[표 13-3] 자료사전 정의에 사용되는 연산자

기호	용도	의미
=	자료정의	자료 항목을 정의한다.
+	연결구조	복합적인 자료 요소를 구성한다.
{ }	반복구조	자료가 여러 번 반복하여 발생한다.
[ ]	선택구조	열거된 내용 중에서 선택한다.
( )	옵션구조	필요한 경우에만 선택할 수 있다.
* *	주석	주석으로 자료의 의미나 속성을 기술한다.
|	구분자	열거된 항목들을 구분할 때 사용한다.
/ 또는;	대체요소	대체요소들을 나열할 때 사용한다.

시스템에서의 처리대상이 되는 레코드들은 여러 항목들이 연결되어 구성된 처리 단위

이며, 그 유형에 따라 연결구조, 옵션구조, 반복구조, 선택구조 등을 이루게 된다. 이들에 대한 사용 예를 간단히 보이면 다음과 같다.

(1) **연결구조**: 복합 데이터를 구성하고 있는 기본 데이터 항목의 연결을 표시한다.
예 ▸ 학번 = 입학년도 + 학과코드 + 개인고유번호

(2) **반복구조**: 반복되는 데이터를 { } 속에 표시하고, 발생 가능한 횟수는 반복기호 앞과 뒤에 각각 기록하는데, 반복기호 앞에는 최저반복횟수를, 반복기호 뒤에는 최고반복횟수를 기록한다. 반복횟수가 생략되면 최저회수는 '0'으로, 최고횟수는 무한대로 간주된다.
예 ▸ 수강신청 = 학번 + 이름 + 3{과목코드}8 ; 학생들이 수강신청 할 때 학번과 이름을 적어야 하며, 최소 3과목에서 최대 8과목까지 수강신청 할 수 있음을 나타내고 있다.

(3) **선택구조**: 여러 개의 항목들을 [ ] 속에 나열하고, 그중에서 하나를 선택할 때 사용된다. 여러 항목들을 상호 구분하고자 할 때는 '|' 연산자를 적용한다.
예 ▸ 학과 = [기계과 | 금속과 | 전기과 | 컴퓨터과 | 건축과 | 기타]

(4) **옵션구조**: 경우에 따라 선택적으로 적용할 수 있는 항목들을 표현할 때 사용된다. 아울러 추가적인 설명을 부가하고자 할 때는 주석연산자를 사용한다.
예 ▸ 신상정보 = *학생들의 신상정보는 학번 순으로 정렬됨*
= 학번 + 이름 + (주소 | 전화번호 | 휴대전화번호)

(5) **동의어 정의**: 필요에 따라 동일한 대상에 대해 두 가지 이상의 명칭을 부여해야 할 경우가 있을 수 있는데, 이러한 것을 동의어(synonym)이라 한다.
예 ▸ 주민등록증 = * 동의어 : 민증 *
= 주민등록번호 + 이름 + 주소 + 발행기관

(6) **자료흐름 정의**: 시험 성적들을 입력하고 각 과목 성적을 한데 모아 최종 성적표를 출력해 내는 경우를 가정하여 자료흐름을 정의해 보면, 우선 '시험 성적' 데이터가 입력되어야 하고, 그것을 토대로 '성적표'가 출력되어야 한다.
예 ▸ 시험 성적 = 3{학번 + 이름 + 성적}8
성적표 = 학번 + 이름 + 3{등급}8 + (주소)

(7) **자료저장소 정의**: 자료저장소는 통상 파일이나 데이터베이스를 의미한다.
예 ▸ 재학생파일 = 1{학번 + 이름 + 주소 + 전화번호}

13.2.3 소단위 명세서(mini specification)

소단위 명세서

- 구조적 언어; 영어 혹은 한글
- 의사결정표 혹은 의사결정도

2정의 상세한 처리절차를 명기할 방법이 없다는 문제점을 안고 있다. 이러한 문제점을 해결함으로써 자료흐름도를 보다 완전하게 하기 위한 서술적 보조도구가 바로 소단위 명세서이다. 따라서 소단위 명세서는 각 처리과정마다에 대해 작성되어야 한다.

소단위 명세서는 주로

- 구조적 언어(structured language),
- 의사결정표(decision table) 혹은 의사결정도(decision tree)를 사용하여 작성하지만, 더러는 나씨-슈나이더만 차트(Nassi-Schneiderman Chart)를 이용하는 경우도 있다.

소단위 명세서는 분석가 혼자만을 위한 것이 아니며, 오히려 설계자와 사용자를 위한 측면이 더 많기 때문에 이들을 위해

- 이해하기 쉽도록 작성되어야 하고,
- 수행논리가 명확하게 표현되어야 한다는 점에 유의하여야 한다.

[1] 구조적 언어에 의한 소단위 명세서 작성

구조적 언어란 각 처리과정(프로그램, 모듈)의 수행논리를 보다 쉽게 이해할 수 있도록 표현하기 위하여 고안된 일종의 인위적인 언어 체계이다. 이런 연유로 의사언어(pseudo language) 혹은 의사코드(pseudo code)라고도 하며, IPT 기법에서의 프로그램 기술 언어(PDL: Program Description Language)와 동등한 개념이다.

과거에는 구조적 영어가 주로 사용되었으나, 지금은 한글로 표현하는 경우도 많아지고 있다. 우리 한글이 우수하다고는 하지만 컴퓨터와 관련해서는 장애적인 요소가 많은 것이 사실이다.

예를 들면, 구조적 영어에서는 대소문자를 이용하여 단어의 용도를 구별할 수 있으나, 구조적 한글에서는 글자의 외형만으로는 단어의 용도를 구분할 방법이 없다는 문제점이 있다. 즉, 구조적 언어 속의 단어가 데이터 이름인지 아니면 명령을 나타내는 것인지를 구별할 방법이 없다는 점이다.

따라서 소단위 명세서를 작성할 때는 구조적 언어의 종류와 무관하게

- 논리적 단계에 따라 번호를 부여함으로써 논리구조를 분명히 할 것,
- 논리적 단계에 따라 들여쓰기(indentation)를 함으로써 논리구조가 가시적으로 드러나도록 할 것,
- 논리적 단계는 가급적 3단계(3계층) 이내로 할 것,
- 명세서가 한 장을 초과하지 않도록 작성할 것 등에 유의하는 것이 바람직하다.

구조적 언어에서는 정해진 문법이나 어휘가 없기 때문에 자유롭게 사용할 수 있다고는 하지만, 불필요한 오해나 혼란을 줄이기 위해서는 팀 또는 시스템 개발 관련자들이 지켜야 할 최소한의 규칙이나 지침, 어휘 등을 정하고 이를 준수하도록 하는 것이 바람직하다. 이를 위해 통상적인 구조적 언어에서는 사용 가능한 단어를 최소한으로 제한하고 있으며, 문장의 비정형성으로 인한 혼란을 줄이기 위해서는 순차(sequence), 반복(iteration), 선택(selection)의 문장 구조만을 사용하도록 제한하고 있다.

구조적 영어를 대상으로의 예를 [표 13-4]에 나타내었다.

[표 13-4] 구조적 언어에서의 명령 예

ADD, COMPUTE, CONVERSION, DELETE, DIVIDE, EXTRACT, GET, INSERT, MERGE, MOVE, MULTIPLY, PERFORM, PRINT, PUT, READ, REPLACE, SELECT, SET, SORT, SUBTRACT, SUM, WRITE, ...

[표 13-5] 구조적 언어에서의 문장 구조와 표현 예

문장 구조	그래픽 표현	구조적 언어에 의한 표현
순차구조	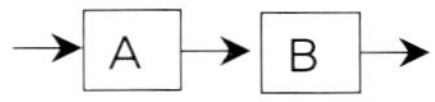	: 문장 A 문장 B :

반복구조	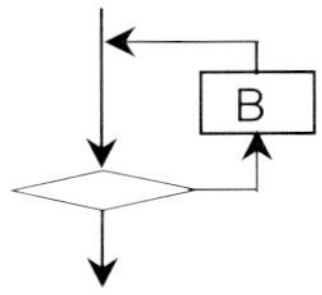	WHILE 조건 DO
		문장
		ENDWHILE

	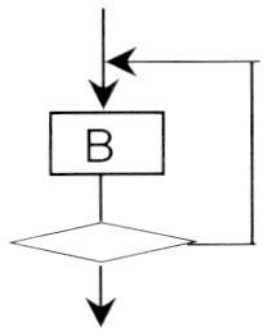	REPEAT 문장 UNTIL 조건

선택구조	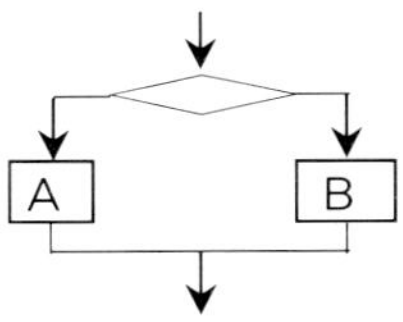	IF 조건 THEN
		문장 A
		ELSE
		문장 B
		ENDIF

	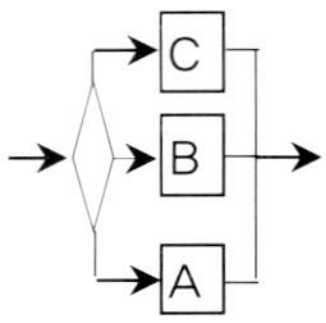	DO CASE CASE 조건 1 문장 A CASE 조건 2 문장 B : ENDCASE

[2] 의사결정표와 의사결정도에 의한 소단위 명세서 작성

의사결정표

의사결정표는 의사결정을 위해 사용되는 표를 말한다.

의사결정표에서는 의사 결정을 위한 여러 환경, 즉 조건을 제시하고 각 환경에 따라 어떤 행위를 할 것인가를 선택할 수 있도록 해 둠으로써

- 조건의 수가 많아도 조건의 조합이 누락되는 경우가 없도록 하며,

- 각 조건 조합에 해당하는 활동을 선택할 수 있게 함으로써 정확한 결정을 내릴 수 있게 하며,
- 다중 IF문이나, CASE 문, SELECT 문 등으로 비교적 용이하게 구현할 수 있도록 해 준다는 등의 장점을 가지고 있다.

이러한 장점을 갖는 의사결정표는 매우 많은 조건에 대한 점검이 이루어져야 할 경우에 유용하게 사용될 수 있는 기술적 보조도구로서 하나의 표로 표현된다.

[표 13-6] 의사결정표의 예

		규칙							
		1	2	3	4	5	6	7	8
조건	비가 오는가?	○	○	○	○	×	×	×	×
	추운가?	○	○	×	×	○	○	×	×
	일요일인가?	○	×	○	×	○	×	○	×
활동	우산을 준비한다	×	○	×	○	×	×	×	×
	외투를 입는다	×	○	×	×	×	○	×	×
	출근한다	×	○	×	○	×	○	×	○

의사결정도

의사결정도는 의사결정에 필요한 과정을 그림으로 나타내고 있다는 점에서 의사결정표와 다르며, 관점에 따라서는 의사결정표보다 더 쉽게 이해할 수 있다는 장점을 가지고 있다고 말할 수 있다.

좀 더 쉽게 설명한다면 의사결정표에서의 조건을 차례대로 물어가거나, 아니면 가지 형태로 나열하면서 그 끝에 활동을 명기하는 식의 표현이 의사결정도이다.

의사결정도는 통상적인 플로차트에서의 선택구조를 중첩시켜 표시하는 방법도 있을 수 있고, 혹은 가지 형태로 표현하는 방법도 있을 수 있다.

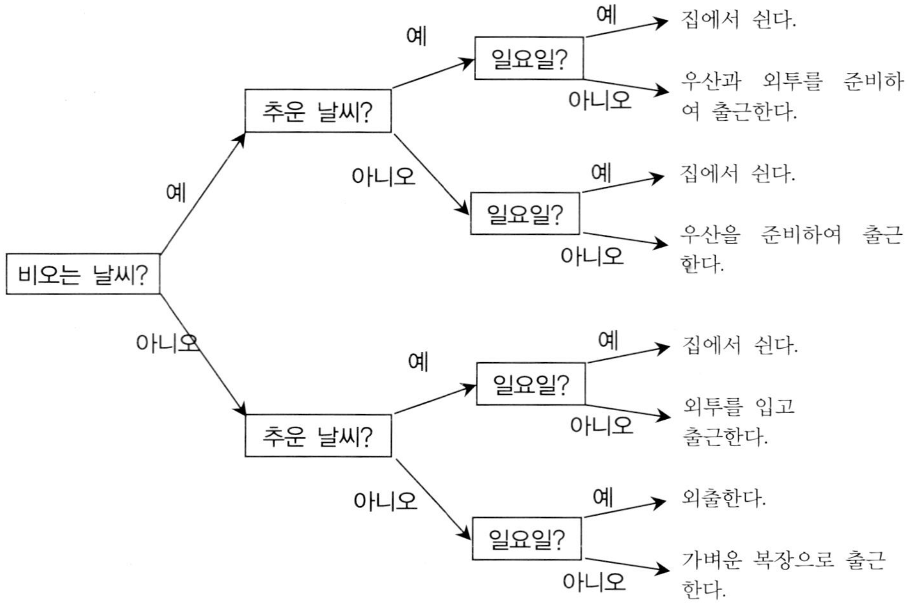

그림 13-5 의사결정도의 활용 예

13.2.4 개체관계도(9.5절 참조)

개체관계도(ERD: Entity Relationship Diagram)는 ER 다이어그램이라고 부르며, 1976년 Peter Chen 제안한 도형적 분석도구 중의 하나이다.

개체관계도는 현실세계의 객체, 즉 시스템에서의 처리대상인 개체와 개체들 사이에서 형성되는 관련성을 비롯하여 개체의 구성 요소인 항목(속성) 등을 종합적으로 표현하기 위해 만든 도구이며, 특히 데이터베이스 설계 시에 아주 폭 넓게 이용되고 있다.

따라서 개체관계도에 관한 내용은 데이터베이스 설계와 관련한 설명에서 모두 다루었기 때문에 9장 5절의 내용을 참조하기 바란다.

13.2.5 상태전이도(state transition diagram)

실시간 시스템(real time system)은 인터럽트나 마우스 클릭에 의한 이벤트(event) 발생 등과 같은 외부로부터의 자극에 반응하여 즉시 동작해야 한다는 특성을 가지고 있다. 이처럼 시스템의 특성이 기능보다는 처리시간에 우선을 두는 경우에는 자료흐름도나 개체관계도를 이용하여 시스템을 분석하기가 곤란하다.

상태전이도(state transition diagram)는 시간 특성이 우선시되는 시스템의 동작 변화를 나타내는 데 효과적인 도구로서, 시스템 상태, 상태 변화, 조건과 행동의 세 가지 요소로 구성된다.

(1) **시스템의 상태**: 시스템의 상태는 통상 직사각형으로 나타내고, 그 속에 시스템의 상태를 짧게 기록한다.

(2) **상태 변화**: 외부로부터의 자극에 의해 시스템의 상태가 변화하게 되는데, 이러한 상태 변화를 표시하는 데는 화살표가 사용된다.

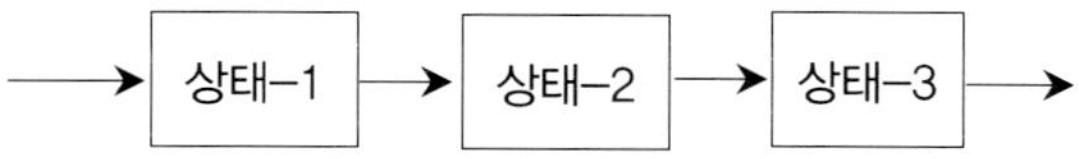

그림 13-6 상태 변화 기호의 사용 예

(3) **조건과 활동**: 시스템의 상태 변화를 발생시키는 외부의 자극을 조건(condition)이라 하고, 조건에 따라 시스템이 수행하는 동작을 활동(activity)라 하며, 보다 완전한 상태전이도를 만들기 위해서는 조건과 활동을 병기할 필요가 있다.

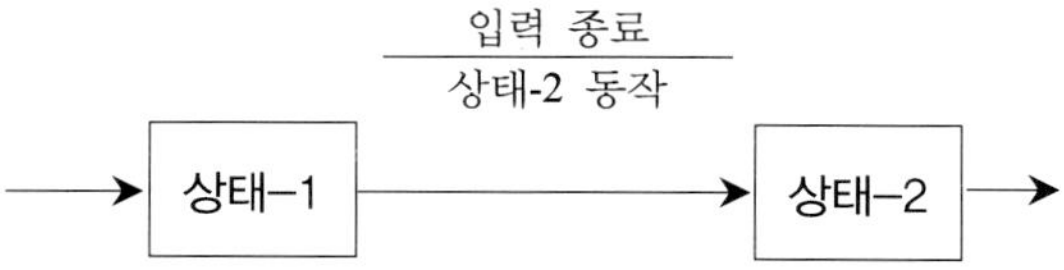

그림 13-7 조건과 활동의 표시 예

13.3. 구조적 분석 절차

구조적 분석 기법에서는 전통적 분석 기법의 한계성을 극복하기 위하여 도형적 분석 도구인 자료흐름도와 병행하여 서술적 분석도구인 자료사전과 소단위 명세서를 보조적으로 사용하고 있다.

따라서 구조적 기법을 이용하여 시스템을 분석하는 과정은

- 시스템의 현재 환경을 분석하고,
- 시스템 환경 분석결과를 토대로 자료흐름도를 구성하고,
- 자료흐름도를 하향식으로 상세화하고,
- 자료흐름도의 대상이 되는 자료에 대한 자료사전을 작성하며,
- 최하위 자료흐름도의 각 처리과정의 명세서, 즉 소단위 명세서를 작성하는 순으로 진행된다.

이러한 과정을 그림으로 표현하면 다음과 같다.

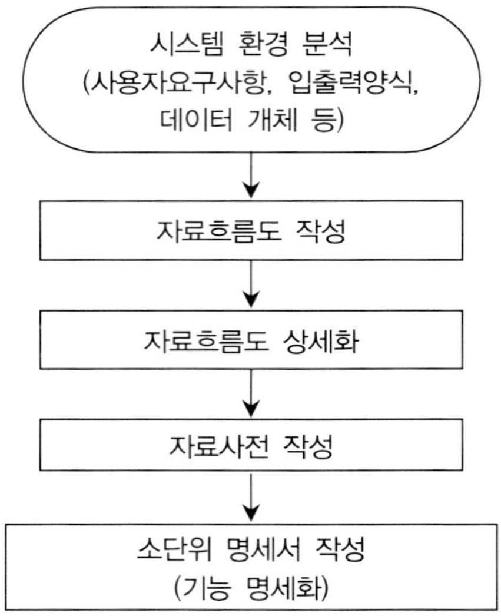

그림 13-8 구조적 분석 절차

13.4. 구조적 설계

구조적 설계는 구조적 분석 결과인 자료흐름도와 자료사전 그리고 소단위 명세서를 이용하여 실질적인 해결 방안을 모색하는 과정이다. 즉, 구현하려는 시스템의 구조와 각 구성 요소인 모듈의 수행논리와 상호간의 인터페이스 등을 구상하는 작업이다.

따라서 구조적 설계는 자료흐름도와 자료사전 그리고 소단위 명세서를 바탕으로

- 시스템 구조를 기능(function) 중심이나 트랜잭션(transaction) 중심 혹은 이 둘을 병용하여 설계하고,
- 시스템을 구성하는 각 처리단위인 모듈을 설계하고,
- 이상의 설계 결과를 평가하여 수정 보완하고,
- 구현을 위한 준비로서 프로그래밍 설계를 수행하는 절차로 진행된다.

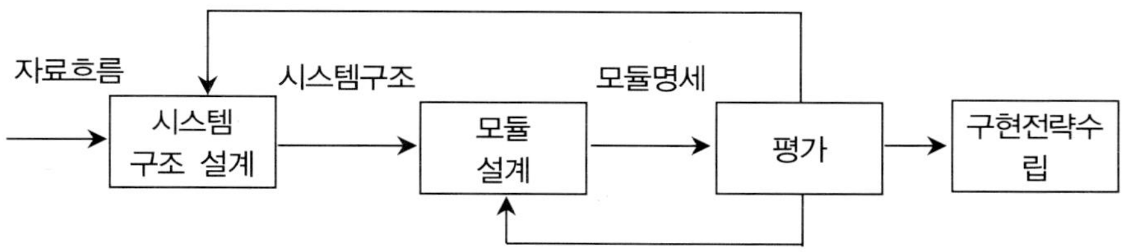

그림 13-9 구조적 설계 절차

13.5. 구조적 설계의 평가

<table>
<tr><td rowspan="3">모듈의 품질
(평가기준)</td><td>모듈 결합</td><td>· 자료 결합
· 스탬프 결합
· 제어 결합</td><td>· 외부 결합
· 공통 결합
· 내용 결합</td></tr>
<tr><td>모듈 응집</td><td>· 기능적 응집
· 순차적 응집
· 통신적 응집
· 절차적 응집</td><td>· 시간적 응집
· 논리적 응집
· 우연적 응집</td></tr>
<tr><td colspan="3">결합도는 낮게, 응집도는 높게 설계</td></tr>
</table>

구조적으로 설계가 잘 되었는지? 못 되었는지?를 평가하는 척도로는 **모듈 결합도(degree of module coupling)**와 **모듈 응집도(degree of module cohesion)**가 주로 이용된다. 결론적으로 모듈 결합도는 낮을수록 응집도는 높을수록 모듈 설계가 잘 된 것으로 평가받는다.

예를 들어, A 모듈을 수정했는데 B 모듈의 처리 결과가 달라지거나, B 모듈을 수정하기 위해서는 C 모듈의 내부 논리를 알아야 한다고 가정하자. 이런 식으로 설계된 모듈의 품질은 좋은 것인가? 아니면 나쁜 것인가?

어느 경우든 설계가 잘된 모듈이라고 답하기는 어려운 것이 사실이다. 만약 이런 식으로 모듈 설계가 이루어졌다면 이것은 모듈화라기보다는 그냥 단순히 프로그램을 적당한 크기로 나누어 놓았다고 표현하는 것이 옳을 것이며, 모듈화를 통하여 얻고자한 프로그램 개발 생산성 향상, 효율적인 프로젝트 진행 관리, 효율적인 시스템 유지보수 등은 고사하고 오히려 역효과를 가져오는 결과를 초래한 셈이 된다.

모듈의 결합도와 응집도는 Yourdon에 의해 모듈화 프로그래밍 기법으로 소개되었으며, 설계 단계에서부터 이 개념을 적용하면 시스템 품질 향상에 많은 도움을 주는 것으로 알려져 있으나, 관점에 따라서는 너무 비정형적이어서 현실적으로 적용 불가능하다고 까지 비난하는 경우도 있다.

[1] 모듈 결합도(module coupling)

결합(結合)이란 둘 이상의 사물이나 사람이 서로 관계를 맺어 하나가 되는 것을 의미한다. 따라서 모듈의 결합도는 둘 이상의 모듈이 서로 관계를 맺음으로써 형성되는 상호 의존도를 나타내는 것이라 말할 수 있으며, 구체적으로는 모듈 수행 시에 주고받는 데이터의 양과 종류, 그리고 특성에 따라 상호 의존의 정도, 즉 결합의 강도와 종류가 결정되며, 대략 여섯 가지로 나눌 수 있다.

의존의 반대말은 독립이다. 따라서 의존성이 낮을수록 독립성이 강하기 때문에 결합도가 약할수록 독립성이 강하며, 이로 인하여 모듈 결합도와 모듈 독립성은 같은 개념을 나타내기 위한 사용될 수 있다. 또 상호 의존성은 결국 종속성으로 발전하게 되며, 이는 프로그래밍 생산성을 크게 저하시키는 요인이 되기 때문에 가능한 한 모듈 결합도가 낮도록 모듈을 설계하라고 하는 것이다.

결합이 강한 모듈은 교환하는 데이터(정보) 양이 많기 때문에 다른 모듈의 영향을 많이 받을 수밖에 없으며 이로 인해 자신의 본질적인 기능 수행에 차질을 가져 오게 될 확률이 높아진다. 따라서 결합도가 높다는 것은 모듈 설계가 잘못 되었음을 반증하는 것이라 볼 수 있으며, 결합도를 낮추기 위해서는 불필요한 데이터 수수(授受)를 찾아 내어 제거할 필요가 있다.

결합도가 낮다는 것은 모듈 설계가 잘 이루어져 독립성이 강한 모듈들로 분할되었음을 의미하며, 결합도가 낮은 모듈 간에는 상호 작용이 거의 일어나지 않기 때문에 한 모듈에서 발생한 오류가 다른 모듈에 영향을 미치게 되는 파급 효과를 줄일 수 있을 뿐만 아니라 한 모듈의 변경이 다른 모듈에 그다지 영향을 미치지 않으므로 유지보수 작업을 부분적으로 수행할 수 있다는 등의 장점을 갖는다.

모듈의 결합 형태는 모듈 사이에서 데이터를 주고받는 형식, 양, 역할 등에 따라 다음처럼 결정된다.

(1) **자료결합**(data coupling): 두 모듈을 연결하는 매개변수의 내용이 오로지 출력 생성에 꼭 필요한 데이터일 경우가 이에 해당한다. 이런 유형의 모듈 결합을 설계하기 위해서는 각 모듈의 정확한 동작을 파악하고, 각 모듈의 수행논리에 꼭 필요한 데이터만을 넘겨주고 넘겨받도록 해야 한다. 이런 정확성을 유지하기 위해서는 설계자와 프로그래머 모두가 상당한 노력을 기울여야 한다.
데이터를 중심으로 결합된 자료 결합 형태의 모듈은 상호 독립성이 강하며 수행논리가 분명하기 때문에 모듈 결합 형태 중에서 가장 바람직한 것으로 평가되고 있다.

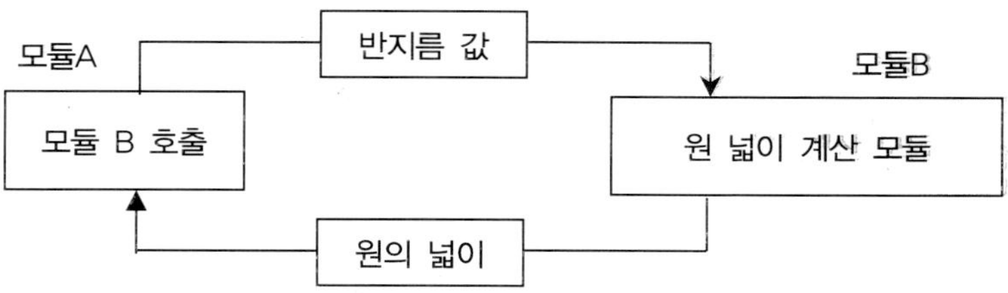

그림 13-10 모듈의 자료 결합 형태

(2) **스탬프결합**(stamp coupling): 자료 결합과 유사하나, 꼭 필요한 데이터만이 아니라 혹시나 필요할지도 모른다는 생각으로 불필요한 데이터까지를 넘겨주고 넘겨받도록 설계된 모듈들의 결합 형태이다.

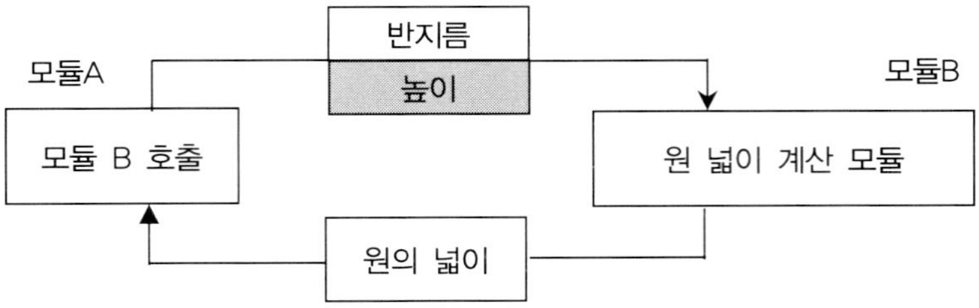

그림 13-11 스탬프 결합 형태 **모듈B로 넘어간 데이터 중에서 '높이'는 사용되지 않음

통상적으로 레코드(record)나 배열(array) 단위, 즉 구조체(structure) 자료 구조를 사용하는 경우에 정확한 데이터 하나하나를 콕콕 찍어서 지정하는 것이 귀찮아서 혹은 대충대충 넘어가자는 식의 생각으로 레코드나 배열 내에 불필요한 데이터마저 주고받음으로써 이루어지는 결합형태이다. 이처럼 꼭 필요하지도 않으면서 모듈 사이를 이동하는 데이터를 떠돌이 데이터(tramp data)라 하며, 오류의 발생과 전파의 주원인이 될 수 있기 때문에 제거하는 것이 좋다. 떠돌이 데이터가 제거되어 꼭 필요한 데이터만 주고받게 되면 자연적으로 자료 결합 형태가 된다.

(3) **제어결합**(control coupling): 두 모듈을 연결하는 매개변수의 내용이 다른 모듈의 수행논리를 제어하기 위한, 즉 제어정보를 주고받도록 설계된 결합형태이다. 예를 들면, 매개변수의 값이 '0'이면 'READ' 동작을 수행하고, '1'이면 'WRITE' 동작을 수행하도록 하는 식의 결합 형태이다.
이런 형태로 결합된 모듈들은 모듈의 독립성이 아주 심하게 낮아질 뿐만 아니라 경우에 따라서는 하위 모듈이 상위 모듈의 동작을 제어하는 경우도 발생하게 되어 심각한 문제를 발생시킬 수도 있다.
이런 유형의 결합 형태는 복합적인 기능을 갖는 모듈을 세분할 때 주로 발생하는 결합 형태로서 같은 범주의 기능을 하나의 모듈에 집중시킴으로써 해결할 수 있다.

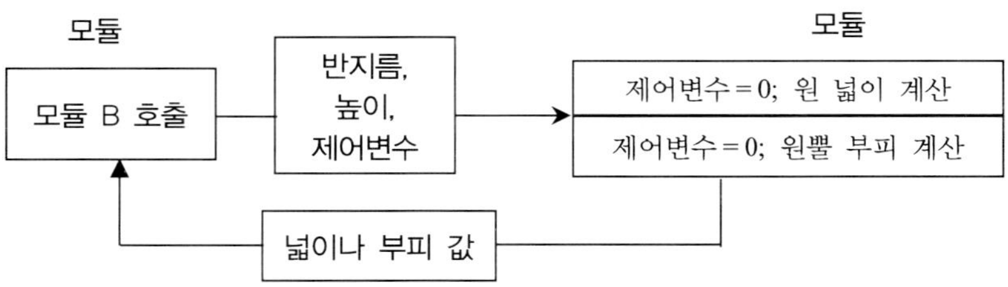

그림 13-12 모듈의 제어 결합 형태

(4) **외부결합**(external coupling): 다른 프로그램이나 모듈의 변수를 그대로 인용하는 경우가 이에 해당한다. 실질적인 프로그래밍 언어를 예로 들어 설명한다면 Visual BASIC 등에서 사용하는 전역 변수를 하위의 여러 모듈들이 공용으로 사용하여 데이터를 주고받는 경우, 또는 C 언어에서의 외부변수를 이용하는 경우 등이 이에 해당한다고 볼 수 있다.
외부 결합 형태는 상위 모듈의 정보를 여러 개의 하위 모듈이 공유해야 하거나, 모듈 사이의 정보 교환이 빈도가 높은 경우에 적합한 결합 형태이다.

(5) **공통결합**(common coupling): 모듈들이 공유할 수 있는 기억장소를 마련하고, 이를 통해서 자연스럽게 데이터를 주고받는 결합 형태를 말한다.
과거 초창기 컴퓨터 시절에 메인 메모리의 용량이 부족해서 작업하기가 곤란했던 시절에 애용되었던 기법들이다. 특히 FORTRAN과 COBOL 등의 프로그래밍 언어에서 그 진가를 발휘하기도 했으나, 지금은 풍부한 메모리 용량 덕분에 거의 사용되지 않는 실정이다.

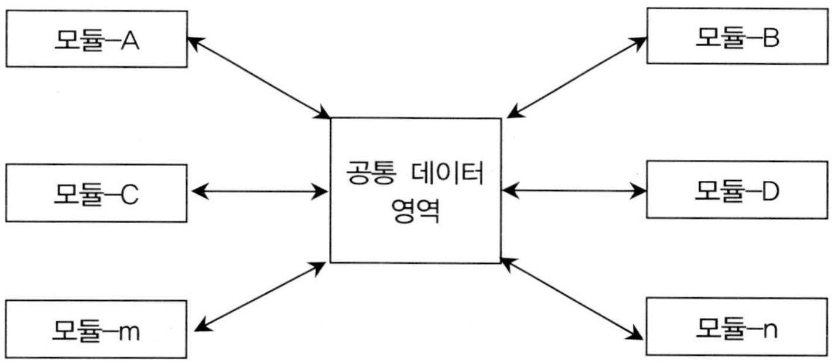

그림 13-13 모듈의 공통 결합 형태

공통 결합 형태를 취하게 되면 가장 문제가 되는 것이 아무 모듈에서건 데이터 값을 변경할 수 있다는 점이다. 이것이 좋은 점도 있지만 그보다는 나쁜 점이 더 많다는 것이 일반적인 견해이며, 주요한 문제점들을 간추리면 다음과 같다.

- 음성적으로 데이터 교환이 이루어지기 때문에 오류의 근원지를 찾아내기가 어렵다.
- 오류가 발생하면 관련 모듈 전부로 전파된다.
- 모듈의 재사용이 매우 어렵다.
- 모듈의 보수유지를 위해서는 관련 모듈들을 모두 이해해야 한다.

따라서 가능하다면 공통 결합 형태를 줄이는 것이 바람직하며, 만일 꼭 필요하다면 꼭 필요한 데이터만으로 최소한의 공용기억장소를 운영하는 것이 바람직하다.

(6) **내용결합**(contents coupling): 한 모듈에서 다른 모듈로 분기하거나, 다른 모듈의 내부 수행논리를 직접 실행하거나 혹은 다른 모듈의 내부 자료를 수정하는 경우 등이 이 형태의 결합에 해당한다. 고급 프로그래밍 언어에서는 컴파일러에 의해 이러한 부분들이 사전에 거의 모두 걸러지지만, 어셈블리 언어나 기계어를 사용하는 경우에는 자칫 이러한 실수를 범할 수 있음에 유의해야 한다.
내용 결합의 형태에서는 모듈 개념이 적용되지 않은 경우와 동일하게 모듈로 구획 지어 놓은 영역의 내용들이 다루어질 수 있기 때문에 모듈의 독립성이 완전하게 없어지는 형태가 된다. 이러한 결합 형태는 시스템 구현과 유지보수에 많은 장애를 초래할 수 있기 때문에 가급적이면 구사하지 않는 것이 바람직하다.

결론적으로 모듈 결합의 형태와 강도는 모듈 상호간에 주고받는 데이터의 양과 그 역할에 의해 결정되며, 결합의 강도는 자료결합→스탬프결합→제어결합→외부결합→공통결합→내용결합의 순으로 점차 강해진다.

모듈의 결합도가 강하다는 것은 결국 모듈 상호간의 의존성이 커짐을 의미하며, 이는 모듈 설계가 효율적으로 이루어지지 못했음을 의미하기 때문에 가능하다면 자료 결합의 형태가 되도록 모듈 설계가 이루어지도록 해야 한다.

이를 위해서는

- 모듈을 호출할 때는 꼭 필요한 데이터나 정보만을 주고받도록 하고,
- 모듈 사이의 데이터나 정보 교환은 반드시 매개변수를 이용하여 명시적으로 수행하며,
- 독립 기능단위로 모듈을 구성하여 제어정보의 필요성을 없앨 필요가 있다.

[2] 모듈의 응집도(Degree of module cohesion)

응집(凝集)은 '(분산 또는 용해되어 있던 물질이) 한데 엉기는 것'을 의미하기도 하고, '사물이 한데 모임'을 뜻하기도 하는데, 모듈의 응집도는 모듈을 구성하는 프로그램의 명령문들이 모듈의 기능을 수행하기 위해 얼마나 뭉쳐져 있느냐 하는 정도를 나타내는 용어이다.

쉽게 말한다면 모듈의 기능을 수행하는 데 필요한 명령들만으로 되어 있느냐? 아니면 다른 목적을 수행하는 명령문들도 포함되어 있느냐?에 따라 응집력의 강함과 약함을

평가하게 된다.

응집력이 약하다는 것은 다른 모듈에 대한 의존성이 상대적으로 그만큼 높다는 것을 의미하기 때문에 모듈의 응집도는 모듈의 독립성을 평가하는 척도가 된다. 즉, 응집력이 높으면 다른 모듈의 지원 없이 독자적으로 기능을 수행해 낼 수 있지만, 응집력이 약하다는 것은 모듈 내에 이질적인 요소들을 함께 포함하고 있다는 의미이기 때문에 다른 모듈과의 결합이 필연적으로 발생하게 되고, 이로 인하여 모듈의 독립성은 아주 낮아지게 된다.

궁극적으로 응집도가 높다는 것은 모듈은 설계가 잘 이루어졌음을 나타내기 때문에 모듈 내의 불필요한 요소들을 제거함으로써 모듈의 응집도가 높아지고, 독립성이 강해지도록 모듈을 설계하는 것이 이상적이라 할 수 있다.

모듈의 응집도는 모듈에 포함된 명령문들의 기능적 관련성에 따라 다음의 일곱 가지로 나눌 수 있으며, 응집도가 강할수록 바람직한 모듈 구성 형태이므로 응집도가 강한 모듈부터 약한 순으로 설명하기로 한다.

(1) **기능적 응집**(functional cohesion): 모듈 내의 모든 구성 요소가 한 가지 기능을 수행하도록 구성된 모듈을 말하며, 가장 강한 응집도를 갖는 가장 바람직한 모듈 구성형태라 할 수 있다. 이것은 바로 하나의 모듈 속에 여러 기능을 포함시키지 않는 것이 정보 이동량이 적어서 구현뿐만 아니라 유지보수에도 효율적임을 의미하는 것이라 볼 수 있다.

(2) **순차적 응집**(sequential cohesion): 일의 처리 순서에 따라 모듈의 구성 요소가 순서적으로 구성된 경우가 여기에 해당한다. 이에 따라 전 단계에서의 처리 결과가 다음 단계의 입력으로 사용되기 때문에 수행논리의 흐름이 혼란스럽지 않으며, 모듈 호출 시에 교환되는 정보의 양도 기능적 응집의 경우와 유사하다. 그러나 하나의 기능을 수행하는 데 필요한 순서가 누락되거나 불필요한 순서가 포함되는 경우가 있을 수 있기 때문에 유의해야 할 필요가 있다.

(3) **통신적 응집**(communicational cohesion): 통신적 응집은 정보 응집이라 하기도 하며, 모듈의 스탬프 결합과 연관지어 생각해 볼 수 있는 모듈 구성이다. 모듈의 스탬프 결합에서는 넘겨받은 데이터 중의 일부만을 사용하지만, 통신적 응집에서는 넘겨받은 데이터를 전부 사용하기는 하되, 모듈 내의 각 구성 요소들이 서로 다른 항목을 사용하는 모듈 구성 방식이다.
예로서는, 학생에 관한 정보를 모두 포함하고 있는 레코드를 넘겨받아 'A' 루틴에서는 성적처리와 관련된 작업을 하고, 'B' 루틴에서는 도서의 대출/반납 등과 같은 업무를 처리하는 경우를 들 수 있다.

통신적 응집은 같은 데이터를 넘겨받는다는 이유로 여러 기능을 하나의 모듈 속에 포함시킨 것이기 때문에 모듈의 독립성이 저하되는 바람직스럽지 않은 결과를 초래하기도 한다. 따라서 가능한 한 기능별로 모듈을 독립시키는 것이 바람직하다.

(4) **절차적 응집**(procedural cohesion): 일의 처리 절차가 정해져 있는 경우에 해당하는 모듈 구성이다. 순차적 응집과 다른 점은 데이터 흐름에는 연관성이나 순서가 없다는 점이다. 즉, 제각각의 처리에 필요한 데이터가 다 다를 수가 있으나 처리 절차는 고정되어 있는 경우가 여기에 해당한다.

(5) **시간적 응집**(temporal cohesion): 모듈을 구성하고 있는 요소들이 순서적으로 실행되는 것이 아니라 시간적 상황에 따라 수행되도록 작성된 모듈이 여기에 해당된다.

예를 들면 시스템 초기화 모듈은 시스템을 초기화할 때 실행되는 모듈로서 언제 실행되든지 상관없이 '시스템을 초기화'하는 항상 동일한 기능을 수행하며, 내용적으로는 다양한 부분들을 다루어야 하기 때문에 처리 순서나 데이터 사이에 공통점이 거의 존재하지 않는 특징을 가진다.

시간적 응집 형태로 구성된 모듈은 상호 이질적인 요소들이 결합된 경우가 많기 때문에 일반적으로 상당히 복잡하고, 정보 교환량도 많은 편이어서 그다지 바람직한 구성 형태는 아니다.

(6) **논리적 응집**(logical cohesion): 논리적으로 생각했을 때 서로 관련성이 높은 기능들을 한데 모아 모듈을 구성한 형태로서, 매개변수를 공동으로 이용하려는 경우에 주로 이용하는 구성 형태이다.

따라서 모듈이 호출되었을 때 전 기능이 수행되는 것이 아니라 한 순간에 하나의 기능만 수행되게 되며, 궁극적으로는 모듈의 독립성이 보장되지 않는다는 문제점을 내포하고 있는 모듈 구성 형태이다.

예를 들어 이동 방법을 강구할 때, 운송 수단이라는 측면에서 생각한다면 비행기, 기차, 배, 버스, 택시, 자전거, 마차 등을 고려할 수 있지만, 실제로 이동할 때는 어느 한 가지 운송 수단만 이용하게 되는 경우가 여기에 해당한다고 볼 수 있다.

논리적 응집은 내부적으로 여러 기능들을 포함하고 있기 때문에 모듈의 이용 효율이 상대적으로 낮아지고, 유지보수도 어렵다는 문제점을 가지게 된다.

(7) **우연적 응집**(coincidental cohesion): 말 그대로 다양한 기능들이 우연히 하나의 모듈 속에 포함된 경우가 여기에 해당하며, 모듈화 효과가 전혀 나타나지 않을 수 있는 가장 나쁜 모듈 구성 형태에 속한다. 통상적으로 모듈의 크기만을 고려해 획일적으로 시스템을 분해했을 때 자주 나타나는 모듈 구성 형태로서, 다른 모듈과의 연관성이 강하기 때문에 유지보수가 아주 어렵다는 문제점을 가진다.

전반적으로 모듈의 구성 형태는 기능적 응집 또는 순차적 응집 형태가 바람직하기 때문에 이외의 다른 모듈 구성 형태는 기능을 중심으로 명령문들을 적절히 분류하여 기능적 응집이나 순차적 응집 형태가 되도록 모듈을 재구성하는 것이 바람직하다.

이외에도 모듈을 설계할 적에는

- 지나치게 세분화하지 말고, 관련 사항들이 하나의 모듈 속에 포함되도록,
- 하나의 모듈이 너무 많은 모듈을 호출하지 않도록, 즉 팬-아웃(fan out)의 범위가 사람의 인지 능력 한계인 7±2이내에 있도록,
- 하나의 모듈이 너무 많은 모듈로부터 호출당하면 관련 상위 모듈을 유지보수 하는데 많은 어려움이 따르기 때문에 팬-인(fan in)을 적절히 유지하도록,
- 하나의 모듈이 너무 크면 수행논리 파악이 어렵고 유지보수가 역시 어렵기 때문에 모듈의 크기가 적당하도록,
- 시스템이 제 성능을 제대로 발휘할 수 있도록 시스템의 구조가 상하좌우를 비롯하여 전체적으로 균형을 이루도록 해야 할 필요가 있다.

[표 13-7] 모듈 결합도의 비교

특징	내용 결합	공통 결합	외부 결합	제어 결합	스탬프 결합	데이터 결합
모듈간 직접 데이터를 참조	Y	N	N	N	N	N
인터페이스 데이터는 외부와 공통적		Y	Y	N	N	N
인터페이스 정보가 제어 정보를 가지고 있다.				Y	N	N
인터페이스 데이터가 데이터 구조를 가지고 있다.	N	Y	N		Y	N

[표 13-8] 결합도 속성

결합도	타 모듈과의 독립성	오류 발생 가능성	다른 프로그램에서의 실용 가능성	확장성
데이터	높다	낮다	높다	높다
스탬프	보통	보통	보통	보통
제어	보통	보통	보통	보통
외부	낮다 → 보통	높다	낮다 → 보통	낮다
공통	낮다	높다	낮다	낮다
내용	낮다	높다	낮다	낮다

[표 13-9] 응집도 속성

강도	다른 모듈로부터의 독립성	오류 발생 가능성	다른 프로그램에서의 실용 가능성	확장성
기능적	높다	낮다	높다	높다
정보적	높다	보통	높다	높다
연락적	보통	낮다	낮다	보통
순차적	보통	낮다	낮다 → 보통	보통
시간적	낮다	보통	낮다	보통
논리적	보통	높다	보통	낮다
일치적	낮다	매우 높다	낮다	낮다

복습문제

01. 프로세스 설계의 개념을 설명하고, 나름대로의 그 중요성을 제시하시오.

02. 구조적 분석의 개념을 설명하시오.

03. 구조적 분석의 기본 원리를 설명하시오.

04. 자료흐름도를 설명하시오.

05. 자료흐름도에서 하향식 기법으로 상세화(refine)하는 과정을 설명하시오.

06. 자료사전의 용도와 그 중요성에 대해 자신의 의견을 종합적으로 정리하시오.

07. 소단위 명세서 작성에서의 유의해야 할 사항을 설명하시오.

08. 구조적 분석 절차를 설명하시오.

09. 구조적 설계의 각 단계를 상세하게 조사하여 정리하시오.

10. 구조적 설계의 평가에 대한 타당성을 조사하시오.

11. 모듈 결합도에 대해 조사 분석하시오.

12. 모듈 응집도에 대해 조사 분석하시오.

13. 바람직한 모듈 설계에 대해 자신의 의견을 종합 정리하시오.

Chapter 14

객체지향 분석과 설계

객체지향기법(object oriented methodology)은 소프트웨어 위기를 극복하기 위해 구조적 분석기법이 제안된 후에, '객체(object)'라는 새로운 개념을 바탕으로 등장한 진보된 시스템 분석 및 설계 기법으로 알려져 있다.

소프트웨어 위기의 근본적인 원인은 프로그램의 생산성 저하에 있다. 이 말은 필요한 만큼의 소프트웨어를 제때에 신속하게 개발해 내지 못한다는 것을 의미한다. 이 말을 뒤집어 생각해 보면 필요한 소프트웨어를 대량으로 신속하게 개발할 수만 있다면 소프트웨어 위기를 극복할 수 있다는 것과 동일한 의미가 된다.

과거 산업이 발달하지 못했을 때는 하나의 물건을 생산하는 데에도 많은 시일이 소요되었다. 왜냐하면 생산자 혹은 제작자가 원료를 구하는 것에서부터 제작하는 것까지 모두를 담당해야 했기 때문이다. 이러한 문제점을 해결하기 위하여 '분업'이라는 개념이 도입되어 필요한 부품들을 전문적으로 생산하고 이것들을 조립하여 완제품을 생산해 내기 시작함으로써 생산성이 엄청나게 높아졌다.

이러한 기법을 소프트웨어 개발에도 적용할 수는 없을까? 프로그램은 고유한 수행 논리를 수행하기 때문에 불가능하기만 한 것일까?

그렇지는 않다고 말할 수 있다. 프로세스 설계에서 살펴본 바대로 프로세스를 구성하는 작업 유형들이 한정되어 있듯이 수행 논리도 유사한 것들을 하나로 묶어 개념화 혹은 추상화하고, 각기 실행 여건의 변화를 수용할 수 있도록 할 수만 있다면 부품화할 수 있는 가능성은 아주 높다고 볼 수 있다.

객체지향기법은 이미 개발된 소프트웨어를 부품처럼 합성하거나 재사용성을 확대하기 위한 기법이며, 1990년대에 들어서면서부터 소프트웨어 위기를 극복할 수 있는 중심 기술로 부각되고 있다.

14.1. 객체지향의 개념

객체지향 주요 개념

- 객체
- 클래스
- 메시지
- 관련성
- 캡슐화
- 상속성
- 다형성

객체지향(object-oriented) 개념은 1960년 노르웨이의 Ole-Johan Dahl(달)과 Kristen Nygaard(뉘고르)가 알골(ALGOL)을 확장하여 프로세스 지향적 시뮬레이션 언어의 하나인 Simula-I을 개발하면서 처음 사용된 것으로 알려져 있으며, 이후 Simula-67을 통해 소개되기 시작하였다.

이후로 1972년에 미국 제록스(Xerox)사의 팰러앨토(Palo Alto) 연구 센터(PARC)에서 개발한 객체 지향 프로그래밍 언어이자 개발 시스템인 Smalltalk-72가 발표되고, 추가적인 여러 개념과 이론을 반영한 Smalltalk-80이 1980년에 발표되면서 객체지향 개념이 본격적으로 널리 알려지기 시작했으며, Smalltalk-80을 많은 프로그래밍 언어 연구 분야에서 참조했기 때문에 Smalltalk-80이 자칫 객체지향 프로그래밍 언어의 원조로 인식되고 있는 경우가 많다.

종래의 절차적인 프로그래밍 언어에서는 처리의 흐름이 근간을 이루었기 때문에 동일 데이터에 적용되는 여러 연산이라도 순차적인 흐름이 형성되도록 프로그래밍 할 수밖에 없었다. 즉 하나의 프로그램 내에서 전체 작업이 순차적으로 처리되도록 프로그램을 작성해야 했기 때문에 상황이 조금만 달라져도 매번 프로그램을 새로 작성할 수밖에 없었고, 그로 말미암아 프로그램 생산성이 매우 낮을 수밖에 없었다.

물론 여러 프로그램에서 빈번하게 사용되는 같은 유형의 데이터에 대한 동일한 연산인 경우에 국한하여 서브루틴 혹은 부 프로그램, 함수, 모듈 등의 이름으로 독립시켜 재사용할 수 있었으나, 그다지 널리 활용되지는 못했던 것이 사실이다.

이로 말미암아 시스템 유지보수에 막대한 비용을 지불할 수밖에 없었고, 결과적으로는 소프트웨어 위기를 야기하게 되었던 것이다.

이에 비해 '객체지향' 기법에서는 데이터를 중심으로 데이터에 적용될 수 있는 다양한 연산들을 미리 정의하고 결합하여 하나의 단일체로 만들어 두고, 필요할 때마다 이들을 재사용할 수 있게 함으로써 프로그램 생산성을 획기적으로 향상시켜 소프트웨어 위기를 극복할 수 있게 하고 있다.

'객체지향'이라는 것은 말 그대로 객체를 목표삼아 나아가는 것을 의미하기 때문에 객체지향 기법에서 가장 중요한 것은 당연히 객체(object)이다. 그러나 단순히 객체 하나만으로 모든 것이 해결되는 것은 아니며, 객체 상호간의 정보교환을 통하여 하나의 프로그램을 형성하기 위한 메시지(message), 객체의 재사용을 가능케 하는 상속성(inheritage) 등을 포함한 세 가지 개념이 근간을 이루고 있다.

이하에 객체지향 기법과 관련된 여러 개념들에 대해 포괄적으로 살펴보기로 한다.

[1] 객체(object)

객체란 작업 수행에 필요한 데이터 구조(data structure)와 이를 대상으로 하는 연산(operation)들로 구성된 소프트웨어 모듈이라고 정의할 수 있으며, 구체적으로는 사람들이 의미를 부여하고 분류하는 **모든 개념적 단위**와 관련 활동을 포함하는 집합체가 바로 객체이다.

예를 들면 '손님'이라는 실세계에서의 개체(entity)가 음식점에 들어가서 음식을 '주문'할 때, 개체인 '손님'과 손님이 행하는 동작인 '주문'을 하나로 묶어서 생각하면 그게 바로 객체이다. 이와 마찬가지로 손님을 맞이하는 '주인'이라는 개체가 행하는 '판매'라는 행위를 한 단위로 본다면 이것 역시 객체가 된다.

객체가 데이터 구조를 갖는다는 것은 객체가 어떤 상태를 나타내고 있음을 의미하는데, 데이터 구조를 구성하는 각 항목을 속성(attribute)라 하고 각 객체의 활동을 전후하여 속성의 값이 변하고, 속성의 값에 따라 객체의 상태가 결정된다.

또 객체가 연산을 포함하고 있다는 것은 각 객체가 어떤 기능을 수행할 수 있음을 의미하며, 객체에서의 연산, 즉 객체가 (메시지를 받아) 실행해야 할 구체적인 연산은 **메소드(method)**라 부르는 프로그램의 형태로 구현된다. 따라서 객체가 다양한 기능을 수행해야 한다면 그 수만큼 메소드가 정의되어야 한다.

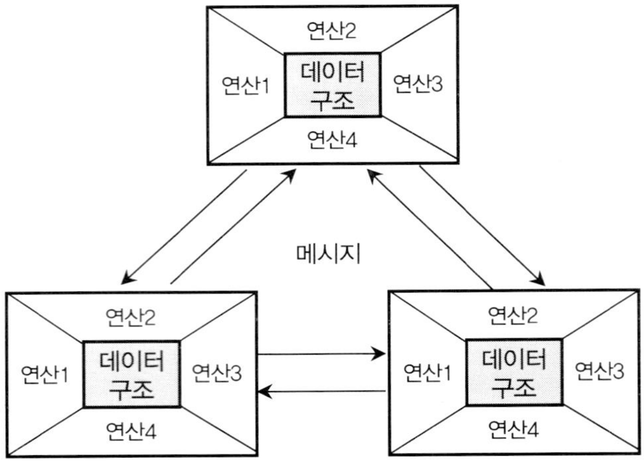

그림 14-1 객체와 객체지향 프로그램의 개념

이러한 객체의 개념은 일상생활에서 발생하는 제반 현상을 바라보는 개념과 동일하기 때문에

- 시스템 분석과 설계를 위한 훌륭한 의사소통 수단이 될 수 있다.
- 분석과정에서 작성된 개체 모델을 설계 단계에서도 그대로 사용할 수 있다.
- 객체는 안정적이어서 안정된 시스템 모델을 얻을 수 있다.
- 객체 자체가 개념적으로 모듈이기 때문에 구조화가 잘 이루어진 시스템을 구축할 수 있다는 등의 효과를 얻을 수 있다.

[2] 캡슐화(encapsulation)

캡슐화의 의미는 '캡슐에 넣기'이다.

객체지향 기법과 관련해서는 무엇을 캡슐 속에 넣는가? 왜 그렇게 하는가?를 알아야 할 필요가 있다.

캡슐화는 객체를 생성하는데 필요한 개념이다. 즉, 데이터와 관련 연산들을 한 덩어리로 묶어버리는 버리는 개념이다. 그렇게 함으로써 내부적인 사항을 감출 수 있게 되어(정보 은폐 information hiding), 객체를 외부로부터 보호할 수 있게 된다.

사용자의 입장에서는 객체 내의 데이터 구조와 연산의 종류를 아는 것만으로 객체를 이용할 수 있게 하는 개념이다. 이것은 마치 자동차 운전자가 자동차의 동작 원리나 그 구조를 모르고도 연료를 주입하고 시동을 걸어 목적지까지 운전해 가는 것과 같은 이치이다.

이러한 개념을 적용함으로써

- 객체의 내용을 보호하고,
- 객체의 정보를 외부에서 임의적으로 접근하거나 조작할 수 없게 하며,
- 정의된 합법적인 연산을 통해서만 결과에 접근할 수 있게 하며,

궁극적으로는 객체의 공유화와 재사용성을 높여 프로그래밍 생산성을 향상시키게 되는 효과를 얻을 수 있다.

[3] 클래스(class)

클래스는 같은 유형에 속하는 객체들의 공통된 속성과 메소드를 정의한 것으로써 객체를 만들어내는 일종의 형틀(template) 역할을 수행하는 것이라 할 수 있으며, 이것을 역으로 표현하자면 클래스란 동일한 데이터 구조와 연산을 갖는 객체들의 집단을 말하며, 더러는 **객체 유형(object type)**이라고도 한다.

예로서 '교수'라는 클래스를 생각해 보자.

'교수'라는 클래스는 '직번', '이름', '직위', '소속 학과', '주소', '전화번호' 등의 속성과 '강의', '학생지도', '연구', '저술' 등의 메소드(활동)로 구성되고, 객체의 속성이 구체적인 값을 가지게 되면 현실 세계에 존재하는 실질적인 개체를 나타내는 객체가 생성된다. 이렇게 생성된 개별적인 객체를 인스턴스(instance)라 하기 때문에 결국 객체와 인스턴스는 동의어가 되는 셈이다.

결론적으로 요약하자면 클래스는 객체를 만들어 내는 일종의 개념적인 틀일뿐이기 때문에 정보 처리의 실체로는 이용되지 않는다. 이에 비해 객체는 클래스로부터 생성된 실체이기 때문에 반드시 하나의 클래스에 속하게 되며, 클래스에 정의된 연산의 실질적인 적용 대상이 된다.

[표 14-1] 클래스

클래스 이름	교수
속성 (데이터 구조)	직번 이름 직위 소속 학과 주소 전화번호
메소드 (활동)	강의 학생지도 연구 저술

[표 14-2] 클래스로부터 생성된 객체(인스턴스)들

교수	교수	교수	교수	교수
780502 윤지민 교수 컴퓨터 서울 9123	890506 김민주 교수 컴퓨터 대구 9253	900501 강아름 부교수 철학과 부산 9456	940501 박찬기 조교수 전자과 광주 9337	990503 서철수 전임강사 기계과 대전 9272
강의 학생지도 연구 저술	강의 학생지도 연구 저술	강의 학생지도 연구 저술	강의 학생지도 연구 저술	강의 학생지도 연구 저술

[4] 상속성(inheritance)

'상속inheritance'은 '이어 받음' 또는 '물려받음'을 뜻하는 명사이다.

객체지향 기법에서의 '상속'은 '클래스들을 계층화 했을 때 하위 클래스가 상위 클래스의 모든 내용들을 그대로 물려받는 것'을 의미한다. 따라서 이 성질을 이용하면 하위 클래스는 상위 클래스의 모든 속성과 연산을 그대로 보유하게 되며, 이는 곧 상위 클래스의 재사용을 의미하는 것으로서 객체지향 기법에서의 중요한 기본 개념이 된다.

상속에 관한 예로 동물의 경우를 생각해 보자

우선 동물계는 1. 해면동물, 2. 강장동물, 3. 편형동물, 4. 선평동물, 5. 윤형동물, 6. 환형동물, 7. 연체동물, 8. 절지동물, 9. 모악동물, 10. 극피동물, 11. 원색동물, 12. 척추동물 등의 열두 종류로 나눌 수 있고, 이중에서 척추동물은 다시금 원구류, 어류, 양서류, 파충류, 조류, 포유류 등으로 세분할 수 있다. 이중에서 포유류에 속하는 동물로는 사람을 비롯하여 소, 돼지, 개, 토끼, 돌고래 등을 들 수 있다.

모든 동물이 갖는 공통적인 속성으로는 일단 '숨을 쉬고, 움직일 수 있다'는 것이며, 척추동물이 갖는 공통적인 속성으로는 동물이 갖는 속성, 즉 '숨 쉬고 움직인다'는 속성에 '등골뼈를 가지고 있다'라는 속성이 추가된다. 또 포유류는 척추동물이 가지고 있는 속성에 '젖으로 양육된다.'라는 속성이 추가되며, 포유류 중의 사람에게는 포유류의 공통 속성에 '직립 보행', '지능', '웃음' 등과 같은 고유한 속성이 추가될 수 있다.

[표 14-3] 상속에 의한 계층 구조 형성의 예

동물	척추동물	포유류	사람
호흡	호흡	호흡	호흡
움직임	움직임	움직임	움직임
	등골뼈	등골뼈	등골뼈
		젖	젖
			직립보행

이처럼 상위 계층의 속성이 하위 계층으로 전달되는 것을 상속이라 하며, 상위 계층일수록 모든 하위 계층들이 갖는 공통 속성을 가져야 하므로 자연히 그 속성이 간단하고 하위 계층으로 갈수록 상위 계층이 갖는 속성에 해당 계층을 특징짓는 개별 속성들을 추가하게 되어 상대적으로 많은 속성을 가질 수밖에 없게 된다.

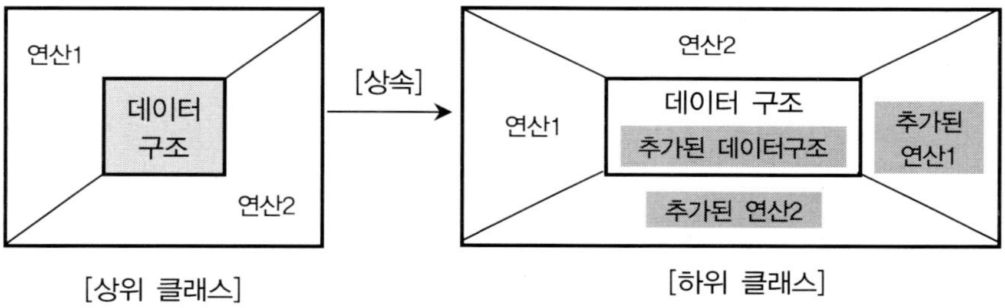

그림 14-2 상속을 이용한 하위 클래스 생성 예

클래스의 경우도 이와 마찬가지로 하위 클래스에서는 상위 클래스에서 정의된 모든 사항을 그대로 상속받아 사용할 수 있기 때문에 독자적으로 필요로 하는 데이터 구조나 연산을 추가함으로써 새로운 하위 클래스를 생성할 수 있게 된다.

[5] 메시지(message)

독립적으로 정의된 객체들이 하나의 프로그램을 형성하려면 어떤 형태로든 상호 연결될 수 있어야 한다. 좀 더 직설적으로 표현한다면 작업 수행에 필요한 객체들을 호출하고 그 결과를 전달받을 수 있어야 한다.

이처럼 객체로부터 응답을 얻기 위해 객체에 전달되는 일종의 명령을 메시지(message)라고 하며, 메시지에는 객체의 이름, 연산 이름, 연산에 필요한 매개변수들이 포함되어야 한다.

메시지를 전달받은 객체에서는 메시지 내용에 따라 수행해야할 연산이 무엇인지를 알아내고 정의된 절차에 따라 결과를 만들어낸다.

객체지향 기법에서는 프로그램(소프트웨어)을 객체들의 집합으로 간주하고, 객체들을 동적으로 연결함으로써 업무 처리가 이루어지도록 하고 있는데, 이것은 결국 메시지를 이용하여 객체들을 서로 연동(連動) 시킴으로써 프로그램이 실행되도록 한다는 의미이다.

[6] 다형성(polymorphism)

다형성(多形性)polymorphism이라는 말은 같은 종류이면서 드러나는 모양이나 성질이 다른 것을 나타내는 말이다.

객체지향 기법에서는 동일한 자료구조와 동일한 이름의 연산이 여러 클래스에 정의되어 있더라도 메시지를 수신한 객체의 연산이 수행되기 때문에 전혀 혼란이 발생하지 않는다.

이처럼 동일한 이름의 연산이라 할지라도 연산을 정의하고 있는 클래스의 특성에 따라 별개의 동작을 수행하기 때문에 같은 메시지에 대해 제각각 다른 행동을 하는 것으로 간주할 수 있고, 바로 이러한 특성을 연산의 다형성이라 한다.

[7] 관련성(relationship association)

클래스와 객체 사이에 형성되는 물리적 또는 개념적 연결 관계를 관련성이라 하며, 관련성은 객체지향 분석 시에 객체들을 클래스별로 분류하거나 객체와 클래스 사이의 연관 관계를 설정하는 데 필요한 정보를 제공한다.

관련성을 규명할 때는

- **멤버쉽**(membership): 관련성의 종류와 그 의미가 무엇인가?
- **카디날리티**(cardinality): 농도라고도 하며 발생빈도가 어떠한가?
- **선택성**(optionality): 관련성 형성이 필수적인가? 선택적인가?를 염두에 두어야 한다.

[표 14-4] 객체지향 개념에서의 관련성

관련성 종류	의미	특성
is-associated-with	연관화 (association)	
is-member-of	소속화 (membership) 분류화 (classification)	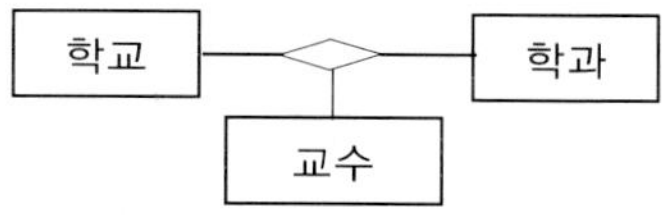
is-part-of	집단화 (aggregation)	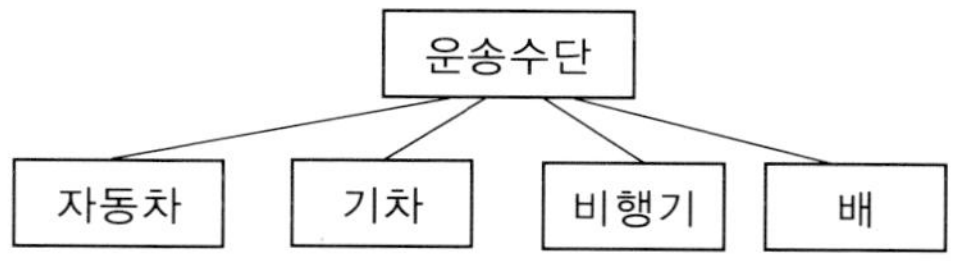
is-a	특수화 (specialization) 일반화 (generalization)	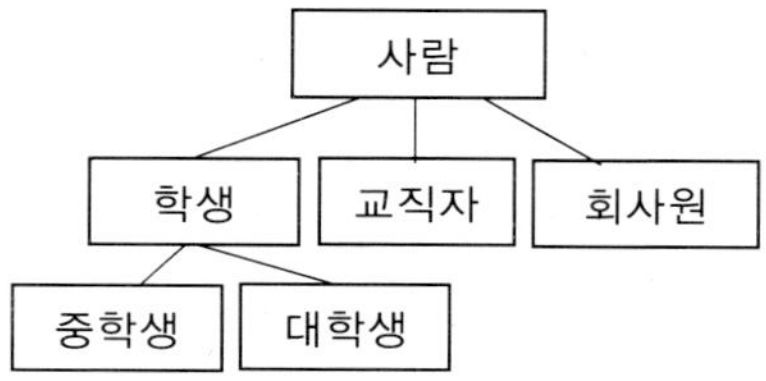

14.2. 객체지향 시스템 개발 절차

객체지향 시스템 개발 절차

▌객체지향 분석

- 문제 정의
- 객체 다이어그램

▌객체지향 설계

- 구현 기술
- 메시지 구조

▌객체지향 프로그래밍

- 객체지향 프로그래밍 언어
- 객체지향 DBMS 이용

객체지향 시스템의 구축 절차도 전통적인 기법에서와 마찬가지로 분석→설계→프로그래밍의 단계를 거친다. 다만, 매 단계마다에서 적용하는 개념과 산출물이 전통적인 기법과 다르다는 차이가 있다. 이러한 점을 명확히 하기 위하여 그냥 '분석' 또는 '설계'라 하지 않고, '객체지향'이라는 접두사를 부가하여 '객체지향 분석', '객체지향 설계', '객체지향 프로그래밍'이라 한다.

[1] 객체지향 분석(OOA; Object-Oriented Analysis)

'객체지향 분석'은 대상 업무의 특성과 문제, 즉 어떤 대상에 대하여 언제 어떤 일들이 발생하는가를 정의하는 작업이며, 다르게는 객체 모델을 정의하는 작업이라고도 표현한다.

구체적으로는 실세계의 문제 영역으로부터 객체를 선정하고, 이후로 객체 사이의 의존관계, 각 객체의 속성과 연산, 객체 상호간의 메시지 등을 정의함과 동시에 이들을 대상으로 객체 다이어그램(object diagram)을 작성하는 과정이다.

[2] 객체지향 설계(OOD; Object-Oriented Design)

'객체지향 설계'란 객체지향 분석에서의 결과물인 객체 모델을 실제로 구현하는 데 필요한 사항들을 구체화하는 작업이다. 이 과정에서의 고려대상으로는 객체의 내부 활동을 구현하기 위한 구현 기술과 다른 객체와의 메시지 교환에 필요한 통신약속, 즉 프로토콜(protocol)을 확정하는 것으로 대별될 수 있다.

구체적으로 구현 기술과 관련해서는 객체의 활동을 의미하는 연산과 관련 자료구조와 수행논리(알고리즘) 등을 그리고 프로토콜 확정과 관련해서는 객체 상호간의 메시지 교환이 원활하게 이루어지도록 메시지 구조(인터페이스)를 결정하는 것이라 할 수 있다.

[3] 객체지향 프로그래밍(Object-Oriented Programming)

객체지향 프로그래밍이란 객체지향 설계 결과를 프로그램으로 작성(변환)하는 작업을 말한다. 이론적으로는 객체지향의 기본 개념인 개체, 클래스, 상속의 개념을 모두 지원하는 Smalltalk, C++ 등과 같은 객체지향언어를 사용하여 프로그래밍 하는 것이 가장 좋다고 말할 수 있지만, 개발자들의 경험이나 시스템의 특성 등을 고려하여 구현언어나 도구를 선택하는 것이 보다 현실적이라 말할 수 있다.

예를 들면, 객체의 개념 정도만을 반영하고 있는 객체기반언어인 Ada를 사용하는 것이 더 효과적일 수도 있고, 아니면 구조적 프로그래밍 언어로 알려져 있는 C나 Pascal 등을 사용하는 것이 효과적일 수도 있다. 뿐만 아니라 객체지향 데이터베이스관리시스템(OODBMS)을 도구로 이용하는 것이 더 효과적일 수 있다.

'객체지향'이라는 개념이 프로그래밍 언어에서 출발하기는 했으나, 지금은 객체지향 인터페이스, 객체지향 데이터베이스, 객체지향 운영체제 등에서 볼 수 있듯이 객체지향 개념을 적용하는 시스템이나 언어의 수식어처럼 사용되고 있으며, 이는 객체지향 개념이 실세계를 바라보는 새로운 시각으로 자리 잡고 있음을 의미한다. 따라서 특정 프로그래밍 언어에 집착하기 보다는 시스템의 특성, 개발 환경, 개발자의 기호도, 사용자의 수준 등을 고려하여 프로그래밍 언어를 선택하는 것이 훨씬 현실적이라 말할 수 있다.

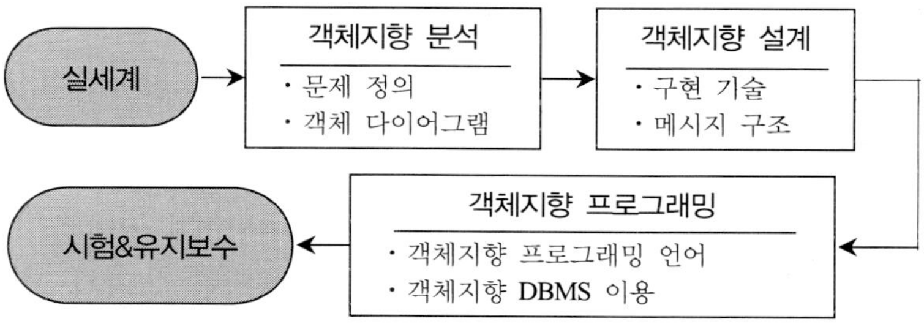

그림 14-3 객체지향 개발 절차

14.3. 객체지향 분석

객체지향 분석에서 가장 먼저 이루어져야 할 작업은 전산화할 적용 업무나 시스템 안에서 상호 작용하는 객체들을 추출하는 일이다. 이것을 절차적 프로그래밍 언어의 개념으로 설명한다면 다름 아닌 바로 변수를 정하는 일이다. 변수를 정한다는 것은 무엇인가 처리 대상을 정하고, 그것을 대상으로 어떤 활동(동작)을 하겠다는 것을 나타낸다고 볼 수 있다.

객체지향 기법이 갖는 프로그래밍 생산성 향상은 객체지향의 기본 개념인 상속성에 기인하며, 또 객체들이 하나의 프로그램을 이루기 위해서는 상호 간의 연결고리를 파악하고, 메시지를 통하여 이들을 이용할 수 있어야 한다.

그리고는 각 객체들이 실질적인 연산을 수행하기 위해서는 합당한 데이터 구조를 가져야 하고, 그러한 데이터 구조를 대상으로 수행될 연산을 정의하게 된다.

끝으로 이러한 객체들을 상호 연결할 메시지 구조를 정의해야 한다.

따라서 객체지향 분석은 통상적으로 다음의 순으로 이루어진다.

- 현실세계를 반영할 객체를 정의한다.
- 객체 사이의 상호 의존 관계를 파악한다.
- 객체의 속성과 연산을 정의한다.
- 메시지를 정의한다.

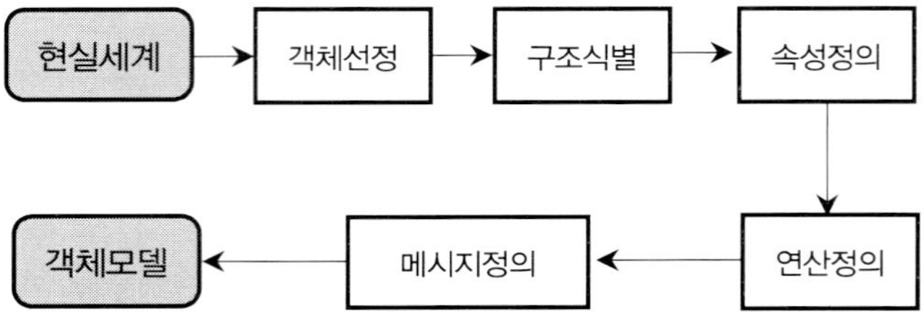

그림 14-4 **객체지향 분석 절차**

14.4. 객체지향 설계

객체지향 설계

- 메시지정의: 객체이름, 연산이름, 인수
- 구현기술결정; 데이터 구조, 연산 알고리즘, 상속구조

객체지향 설계 단계에서는 객체지향 분석과정에서 정의된 객체와 메시지를 이용하여 하나의 프로그램을 형성하기 위한 작업을 수행한다.

객체지향 설계 단계에서 이루어지는 작업으로는

- 객체 상호간의 연동에 필요한 메시지 교환을 위한 통신 약속, 즉 프로토콜(protocol) 정의와
- 각 객체의 내부 동작을 정의하는 구현 기술의 결정으로 크게 나눌 수 있다.

객체지향 기법이 적용된 시스템이 정상적으로 동작하기 위해서는 무엇보다도 객체들의 **동적 바인딩(dynamic binding)**이 필수적이다. 이것을 가능하게 하는 것이 메시지이며, 메시지에 의해 객체들이 상호 유기적으로 연결되어 하나의 시스템을 구성하

게 된다. 따라서 메시지는

- 객체 이름(object),
- 연산 이름(operation),
- 인수(parameter)

등으로 구성되며 이러한 메시지에 의해 연산의 다형성이 보장되는 등의 장점을 갖게 된다.

메시지를 주고받는 것에 대한 것이 정의되고 나면, 각 객체별로 수신된 메시지에서 요구하는 연산을 수행하는데 필요한 구현 기술, 구체적으로는 다음의 사항들을 설계하게 된다.

- 속성을 표현하는 내부적인 데이터 구조를 정의한다.
- 객체 내의 연산 수행 알고리즘을 정의한다.
- 속성과 연산의 상속 구조를 확정한다.

14.5. 객체지향 프로그래밍

객체지향 기법을 적용하여 분석하고 설계한 시스템은 당연히 객체지향 프로그래밍 언어로 코딩되는 것이 가장 바람직하다. 왜냐하면 객체지향 개념을 지원하는 객체지향 프로그래밍 언어를 사용하면 클래스를 이용한 재사용성과 상속에 의한 확장성이 보장되기 때문에 대형 시스템이라 할지라도 빠른 기간 내에 정확하게 구현할 수 있기 때문이다.

만약 객체지향 개념을 지원하지 않는 프로그래밍 언어를 사용하게 되면 객체지향 개념을 프로그래머가 구현해야 하기 때문에 많은 부담을 감내해야 하며, 그로 인해 프로그래밍 생산성이 저하될 것은 기정사실로 간주해야 한다.

객체지향 프로그래밍 언어라 할지라도 객체, 클래스, 상속에 관한 개념을 어느 정도 지원하느냐에 따라 구분이 달라진다. 현존하는 객체지향 프로그래밍 언어 중에서 객체지향 기본 개념을 지원하는 정도에 따라 이들을 구분하면 다음과 같다.

[표 14-5] 객체지향 프로그래밍 언어의 분류

- 객체 기반(object-based) 프로그래밍 언어: Ada, Actor
- 클래스 기반(class-based) 프로그래밍 언어: Clu
- 객체지향 프로그래밍 언어: Smalltalk, C# 등

객체지향 프로그래밍을 구현하는 한 방법으로 객체지향 데이터베이스를 들 수 있으나, 순수 객체지향 데이터베이스는 그 구현이 어려워 아직 제대로 구현되지 못하고 있는 실정이다.

이보다 앞서 관계형 데이터베이스가 성능이 좋지 못한 단점은 있으나 이해가 쉽다는 점에서 널리 사용되기 시작했고, 근래에 들어서는 관계 데이터베이스 시스템의 이러한 장점에 객체지향 개념을 결합시킨 객체지향 데이터베이스가 이용되기 시작하고 있다.

객체지향 분석과 설계를 보다 확실하게 이해하기 위해 실무사례를 연구한다는 차원에서 Coad와 Yourdon 혹은 Rumbaugh, Booch 등의 사례를 많이 들고 있으나 이 책에서는 모두 생략하기로 한다.

왜냐하면 한 권의 책으로 구조적 분석과 설계 그리고 객체지향 분석과 설계까지를 모두 다룬다는 것은 무리라는 생각과 함께 책의 분량도 감안하지 않을 수 없기 때문이다.

구조적 분석 및 설계 그리고 객체지향 분석 및 설계에 대해서는 별도의 책으로 묶어낼 예정이다.

복습문제

01. 객체지향의 개념을 설명하시오.

02. 객체지향의 주요한 개념에 대해 설명하시오.

03. 객체지향 시스템 개발 절차를 설명하시오.

04. 객체지향 분석을 설명하시오.

05. 객체지향 설계에 대해 설명하시오.

06. 객체지향 프로그래밍에 대해 설명하시오.

07. 객체지향 프로그래밍 언어의 종류를 조사하고, 그 결과를 정리하여 제출하시오.

08. 객체지향 프로그래밍 언어의 수준을 분류하시오.

찾아보기

Index

D

E

T

U

V

W

ㄱ

ㅅ

ㅇ

ㅍ

ㅎ

정가 29,000원

시스템 분석 및 설계

2019년 1월 21일 초판 인쇄
2019년 1월 28일 초판 발행

저자와의
협의하에
인지생략

저　자: 이명섭
발행자: 송　준
발행처: 홍릉과학출판사
주　소: 서울시 강북구 인수봉로 50길 10
01093
등　록: 1976년 10월 21일 제5-66호
전　화: (02) 999-2274~5, 903-7037
팩　스: (02) 905-6729
e-mail: hongpub@hongpub.co.kr
http://www.hongpub.co.kr
ISBN: 979-11-5600-633-6